Das Superbuch der Traumdeutung

Das Superbuch der TRAUM DEUTUNG

Alles über Wesen, Sprache und Analyse von Träumen

Mit großem Lexikon der Traumsymbole

Bassermann

Der Text des Buches entspricht den Regeln
der neuen deutschen Rechtschreibung.

ISBN 3 8094 1114 0

Zeichnungen: Norbert Lösche
Layout/Gesamtherstellung:
FROMM MediaDesign GmbH, Selters/Ts.
Redaktion: Stefanie Rödiger
Herstellung: Eva Kumar
Druck: Tesínská Tiskárna, Cesky Tesin
Printed in Czech Republic

1 03350197 + 1 00760192 X 817 2635 44536271

Inhaltsverzeichnis

Vorwort zum Träumen 9

Der Traumschlaf – Erholung für Geist und Seele oder vergeudete Zeit? 11

Schlaf- und Traumphasen 12
Phasen des Schlafs 13
Unterschiede zwischen Traum- und Tiefschlaf 16
Störungen des Traumschlafs 20
Versäumte Träume werden nachgeholt 22

Wissenschaftliche Erkenntnisse 23
Ursprung der Träume 23
Merkmale des Traumschlafs 25
Die unbewusste Traumarbeit 26
Verdichtung von Inhalten 27
Verschiebung der Bedeutung 28
Umsetzung in Traumbehandlungen 29
Träume jenseits von Logik und Moral 30
Funktionen des Traumschlafs 32
Bindung psychischer Spannungen 33
Verarbeitung von Konflikten und Problemen 34
Scheinbefriedigung von Wünschen 36
Ausleben vernachlässigter Möglichkeiten 37
Träume als Quelle der Kreativität 38
Sind Träume überflüssig? – Eine umstrittene Theorie 40

Traumanalyse – ein Weg zum Selbst mit einigen Hindernissen 42

Traumdeutung im Wandel der Zeit 43
Mystisch-religiöse Deutungen in der Antike 43
»Teufliches Blendwerk« – Traumdeutung im finsteren Mittelalter 46
Die moderne Traumanalyse 47
Freuds »Königsweg« zum Unbewussten 48
Andere Wegbereiter wissenschaftlicher Traumdeutung 50
Traumanalyse in der Psychotherapie 51

Träume als Botschaften des Unbewussten 52
Was können Träume aussagen? 53
Verschlüsselte Inhalte der Träume 54
Bilder – Die »Sprache« der Träume 55
Allegorien 56
Archetypen 57
Metaphern 58
Symbole 59
Die fünf »Traumreiche« 60
Häufige Inhalte der Träume 63
Körperlich verursachte Träume 63
Verarbeitung von Tagesresten 65
Erinnerung an verdrängte Erfahrungen 66
Angst- und Albträume 68
Hemmungs- und Verlegenheitsträume 69
Träume mit sexuellem Inhalt 71
Wunsch- und Begehrensträume 72

Selbstanalyse der Träume als Lebenshilfe für innere Ruhe und Selbsterkenntnis 73

Praktischer Nutzen der Traumdeutung 74
Wobei können Träume helfen? 74
Selbsterkenntnis und innere Harmonie 75
Lösung von Konflikten und Problemen 76

Entscheidungen treffen im Einklang mit sich selbst 78
Kreativität und Weisheit des Unbewussten anzapfen 80
Reifung der Persönlichkeit 81
Leichtere psychische Störungen selbst verarbeiten 82
Vorahnungen im Traum – kann man ihnen trauen? 84
Grenzen der selbstständigen Traumanalyse 88
Wann ist Traumdeutung gefährlich? 88
Widerstände gegen die Selbstanalyse 89
Selbsttäuschungen bei der Deutung 90
Ernstere seelische Störungen erfordern fachliche Hilfe 91

Voraussetzungen für eine selbstständige Traumanalyse 92
Training der Traumerinnerung 92
Führen eines Traumtagesbuchs 95
Entwicklung der bildhaften Vorstellungskraft 97
Einfache Grundübungen 99
Übungen für Fortgeschrittene 101
Entspannung und Meditation erleichtern die Deutung 103
Schematische und Trivialdeutungen vermeiden 107
Realitätskontrolle oder Traumanalyse verhindert Selbsttäuschung 109

Gesteuerte Träume – Antworten aus dem Unbewussten abrufen 110
Voraussetzungen der Traumsteuerung 110
Absichten der Traumlenkung 111
Positive Träume fördern 112
Spezielle Einsichten gewinnen 114
Konflikte und Probleme leichter lösen 115
Technik der Traumsteuerung 117

So deutet man Träume richtig 118
Erinnerung und Niederschrift des Traums 118
Spontane Einfälle stimmen nicht immer 119
Schema zur Traumanalyse 120

Systematische Arbeit mit einem Traum 122
Grundidee herausarbeiten 122
Die Phasen des Traumgeschehens aufteilen 124
Arbeit mit den Traumbildern 125
Gesamtdeutung des Traums 132
Zusammenhängende Traumserien erkennen 134
Kontrolle der Traumdeutung 135

Praktische Konsequenzen aus der Traumanalyse 137

Das große Lexikon der Traumsymbole – traditionelle und moderne Deutungen 139

Adressenverzeichnis 478

Literaturhinweise 479

Vorwort zum Träumen

Viele Menschen sind felsenfest davon überzeugt, dass sie niemals träumen. Subjektiv gesehen haben sie damit sogar irgendwo Recht, denn wenn man sich nicht an die Träume erinnert, dann ist das so ähnlich, als hätte man überhaupt nicht geträumt. Aber es besteht kein Zweifel daran, dass jeder gesunde Mensch Nacht für Nacht träumt, denn der Wechsel zwischen Traum- und Tiefschlafphasen gehört zum nächtlichen Schlaf-Wach-Rhythmus des Menschen. Das beweisen zahlreiche wissenschaftliche Untersuchungen, bei denen zum Beispiel die Veränderungen der Hirnstromwellen und die typischen Augenbewegungen hinter den geschlossenen Lidern objektiv festgestellt wurden.

Die meisten wissen zwar, dass sie träumen, weil sie sich ab und zu an ihre Träume erinnern, nehmen das aber einfach als gegeben hin. Andere ahnen instinktiv, dass zumindest einige ihrer Träume sehr wohl eine Information aus den Tiefen der Persönlichkeit enthalten, aber sie wissen nicht, wie sie diese entschlüsseln sollen. Oft scheuen sie auch die Mühe, regelmäßig mit den Träumen zu arbeiten. Dahinter kann auch eine gewisse Angst stehen, denn wer zu viel über die Träume weiß, dem erscheinen sie leicht »unheimlich«, Botschaften aus einem Bereich der Seele, den man besser verschlossen hält. Nicht selten hat man vor allem Angst, bei der Analyse der Träume mit Einsichten in die eigene Persönlichkeit konfrontiert zu werden, die nicht zum bewussten Selbstbild passen. Oder man wird wieder an längst verdrängte Erfahrungen erinnert, die unangenehm und schmerzlich sind.

Und dann gibt es noch einige Menschen, die arbeiten mit ihren Träume, beziehen die Botschaften aus dem Unbewussten ganz selbstverständlich in ihr Leben mit ein, indem sie diese analysieren und aus den Erkenntnissen praktische Konsequenzen ziehen. Sie leben nicht schlecht damit, denn wenn man sich durch die Träume besser kennen und verstehen lernt, findet man zu mehr innerer Harmonie, man lebt mehr im Einklang mit sich selbst, kann die Weisheit, Erfahrung und Kreativität des Unbewussten »anzapfen« und vieles leichter bewältigen.

Gleichgültig, ob Sie sich nie an Ihre Träume erinnern, sie einfach rasch wieder vergessen oder bereits damit arbeiten, das vorliegende Buch wird Ihnen immer als praktische Lebenshilfe zur Verfügung stehen, wenn sie genügend zur Traumanalyse motiviert sind. Sie lernen, wie man die Traumerinnerung verbessert, innere Widerstände gegen die Analyse der verschlüsselten Botschaften überwindet, systematisch an die Deutung herangeht und Fehler dabei weitgehend ausschließt, ja sogar die Träume indirekt steuert, damit man auf Fragen die entsprechenden Antworten erhält.

Dazu geben wir nicht nur einige pauschale Bedeutungen der einzelnen Traumsymbole an, die teils aus alten Quellen stammen, teils auf den Erkenntnissen der modernen Traumforschung beruhen. Solche »Generaldeutungen« sind zwar nützlich, um Denkanstöße zu geben und den richtigen Weg zur Deutung zu weisen, aber sie dürfen nie die individuelle Analyse ersetzen. Jeder Traum enthält eine Botschaft an Sie persönlich, und wie Sie diese verstehen und befolgen, das will dieses Buch erklären. Viel Spaß und Erfolg bei Ihrer regelmäßigen Traumarbeit, die vielleicht bald zur täglichen Gewohnheit wird.

Der Traumschlaf – Erholung für Geist und Seele oder vergeudete Zeit?

Gutes, ungestörtes Schlafen ist sehr wichtig für Gesundheit und Wohlbefinden. Man merkt es dann, wenn wir eine Nacht schlecht geschlafen haben: Man fühlt sich abgespannt, mürrisch und gereizt. Es fällt schwer, sich zu konzentrieren, und man kommt einfach nicht richtig auf die Beine. Das gibt sich jedoch wieder, sobald man die nächste Nacht gut durchgeschlafen hat. Dauern die Schlafstörungen aber länger an (wie es bei über 20 Millionen Bundesbürgern der Fall ist), werden die obigen Reaktionen zum Dauerzustand, außerdem kommen oft bald noch körperliche Funktionsstörungen hinzu, die schließlich zu organischen Krankheiten führen können.

Der Schlaf ist ein Urbedürfnis aller höheren Lebewesen, angefangen bei manchen Fischen und Vögeln, die auch schon kurze Zeit träumen. Entzieht man Menschen in Experimenten den Schlaf, reagieren die Versuchspersonen darauf schon ab dem vierten Tag sehr deutlich auch mit körperlichen Reaktionen (zum Beispiel Fieber) und geraten schließlich in einen Dämmerzustand mit völliger Desorientiertheit in Raum und Zeit. Mehr als elf Tage hält niemand den Schlafentzug durch, dann wird der Schlaf von Körper und Seele erzwungen.

Untrennbar mit dem Schlaf verbunden sind die Träume. Traum- und Tiefschlafphasen wechseln sich immer regelmäßig ab.

Untrennbar mit dem Schlaf verbunden sind die Träume. Wie Untersuchungen mit Messungen der Hirnstromaktivitäten und der Augenbewegungen hinter geschlossenen Lidern beweisen, wechseln sich Traum- und Tiefschlafphasen während der Nacht regelmäßig ab.

Während der Tiefschlaf vor allem der körperlichen Erholung zu dienen scheint, ist der Traumschlaf hauptsächlich für die seelisch-geistige Regeneration wichtig. Bei Säuglingen und Kleinkindern (vielleicht aber auch noch bei Erwachsenen) dient der Traumschlaf außerdem der Reifung des Gehirns. Deshalb schlafen zu früh geborene Kinder praktisch nie traumlos, bei Säuglingen und Kleinkindern bis um das zweite Lebensjahr macht der Traumschlaf noch ungefähr 50 % des Schlafs aus. Danach setzt dann der normale Traumschlaf-Tiefschlaf-Rhythmus mit ungefähr 20 % Traumanteil ein. Alte Menschen träumen wesentlich weniger (6 bis 10 %) und schlafen in der Nacht auch insgesamt kürzer, nicken dafür aber am Tag öfters kurz ein.

Vielleicht ist der Traumschlaf sogar die Urform des Schlafs, aus dem erst der Tiefschlaf im Lauf der Evolution hervorging, wie manche Schlafforscher vermuten. Jedenfalls steht fest, dass Störungen des Traumschlafs, die zum Beispiel durch Alkohol oder Schlafmittel entstehen, am nächsten Tag zu ähnlichen Symptomen wie Störungen des Tiefschlafs führen, selbst wenn man die ganze Nacht scheinbar ungestört durchgeschlafen hat.

Schlaf- und Traumphasen

Im Volksmund nennt man den Schlaf auch »den kleinen Bruder des Todes«. Das beruht auf der irrigen Vorstellung, dass man im Schlaf völlig passiv wird und das Bewusstsein verliert. Manche ängstliche Menschen leiden deshalb sogar unter Schlafstörungen, weil sie sich nicht in diesen vermeintlich »todesähnlichen« Zustand sinken lassen möchten.

Tatsächlich sind wir im Schlaf keineswegs passiv, wie oft angenommen wird, und blenden auch die Umwelt nicht völlig aus. Manche Körperfunktionen werden zwar »auf Sparflamme« geschaltet, andere arbeiten im Schlaf sogar verstärkt. Auch das Gehirn bleibt im Schlaf aktiv und produziert unter anderem die Träume. Selbst die Sinnesorgane sind nicht völlig abgeschaltet, wie Experimente zeigten. Wenn man einem Schläfer zum Beispiel eine Liste mit Namen vorliest, reagiert er, sobald sein eigener Name fällt, auch im tiefsten Schlaf. Eltern können aus dem Tiefschlaf aufschrecken, wenn im Raum nebenan ein Säugling leise wimmert.

Das Gehirn bleibt auch während des Schlafs aktiv und produziert die Träume. Selbst die Sinnesorgane arbeiten in abgeschwächter Form weiter.

Phasen des Schlafs

Nach heutigem Wissen wird der Schlaf vor allem durch zwei Zentren im Zwischenhirn gesteuert. Das eine Zentrum hemmt das Erwachen, das andere fördert das Aufwachen. Durch ihr sorgfältig aufeinander abgestimmtes Zusammenspiel sorgen diese beiden Zentren für den Wachzustand oder den Schlaf.

Hinzu kommen aber noch andere Faktoren, zum Beispiel Geräusche in der Umgebung, Geruchsreize, Stoffwechselschlacken und Giftstoffe (wie Alkohol und Medikamente) im Blut und der allgemeine Spannungszustand im vegetativen Nervensystem. Bei Erwachsenen spielen außerdem noch Gewohnheiten, die sich im Lauf des Lebens eingeschliffen haben, und äußere Zwänge (zum Beispiel die Arbeitszeiten), die den natürlichen Schlaf-Wach-Rhythmus verändern, eine wichtige Rolle, während Säuglinge und Kleinkinder noch weitgehend dem natürlichen, angeborenen Takt folgen.

Nach den neuen Erkenntnissen der Chronobiologie, die sich mit den »inneren Uhren« (Biorhythmen) befasst, besteht auch noch ein Zusammenhang zwischen Schlafbedarf und Jahreszeiten. In der »dunkleren« Jahreszeit von Oktober/November bis März/April nimmt der Schlafbedarf um bis zu 30 Minuten pro Nacht zu, eine Art »Winterschlaf« also, den man aber noch nicht genau erklären kann.
Trotz intensiver Forschungen sind die komplexen Zusammenhänge, die den Schlaf-Wach-Rhythmus bestimmen, bislang erst teilweise bekannt.

Säuglinge und Kleinkinder benötigen 16 bis 20 Stunden Schlaf am Tag, Schulkinder 10 bis 12 Stunden, Erwachsene schlafen in der Regel nur noch 7 bis 9 Stunden.

Im Durchschnitt benötigen Säuglinge und Kleinkinder 16 bis 20 Stunden Schlaf am Tag, davon etwa 50 % Traumschlaf. Schulkinder schlafen je nach Alter nur noch 10 bis 12 Stunden, bei Erwachsenen pendelt sich der Rhythmus dann bei durchschnittlich 7 bis 9 Stunden (mit individuellen Schwankungen von 4 bis 10 Stunden) ein. Im Alter schläft man nachts oft nur noch 4 bis 5 Stunden, dafür aber am Tag zwischendurch.

Der Schlaf beginnt mit einer Art Dämmerzustand zwischen Wachen und Schlafen, in dem das Bewusstsein wie »benebelt« wird. In dieser ersten Stufe treten bei der Messung der Hirnstromwellen im Elektroenzephalogramm (EEG) gezackte Linien mit niedrigen Ausschlägen nach oben und unten auf.

Aus diesem Zustand gleitet man dann unmerklich in die zweite Stufe, der Tiefschlaf beginnt. Nun weist das EEG spindelförmige, an- und abschwellende Zacken auf, die für den leichten Tiefschlaf typisch sind.

In der dritten Stufe, die ungefähr 30 Minuten nach dem Einschlafen beginnt, vertieft sich der Schlaf weiter. Kennzeichnend sind im EEG die Deltawellen mit größeren Ausschlägen.

Schließlich erreicht man mit Stufe vier den intensivsten Tiefschlaf. Das EEG zeigt nun Deltawellen an, die im Vergleich zur dritten Stufe höher waren.

Insgesamt dauert die erste Tiefschlafphase 90–120 Minuten. Danach wird der Schlaf oberflächlicher und das Gehirn »arbeitet aktiver, es produziert« Träume.

Insgesamt dauert diese erste Tiefschlafphase 90 bis 120 Minuten. Danach wird der Schlaf oberflächlicher. Die Hirnstromwellen zeigen an, dass das Gehirn aktiver arbeitet und Träume »produziert«. Die Aktivität des Gehirns kann dabei die im Wachzustand übertreffen, ohne dass der Schlaf unterbrochen wird. gleichzeitig treten die für den Traumschlaf typischen schnellen Augenbewegungen hinter den geschlossenen Lidern auf. Nach den englischen Worten rapid eye movements (= rasche Augenbewegungen) bezeichnet man den Traumschlaf abgekürzt auch als REM-Schlaf, den Tiefschlaf dagegen als Non-REM- (oder orthodoxen) Schlaf. Die erste Traumschlafphase dauert ungefähr 10 Minuten.

Anschließend gelangt man ähnlich wie beim Einschlafen stufenweise wieder in den Tiefschlaf, der erneut 90 bis 120 Minuten dauert. Dem folgt die nächste Traumschlafphase, die bereits 20 Minuten anhält.

Nachdem man nun also 3 bis 4 Stunden Tiefschlaf und etwa eine halbe Stunde Traumschlaf hinter sich hat, nimmt der Tiefschlaf deutlich ab, der Traumschlaf aber immer mehr zu. Die dritte Tiefschlafphase dauert nur noch ungefähr 60 Minuten, die dritte Traumschlafphase dagegen schon etwa 30 Minuten. Danach folgt nochmals etwa eine Stunde Tiefschlaf und die vierte Traumschlafphase, die ungefähr 40 Minuten dauert.

Nach erneutem kurzem Tiefschlaf folgt zum Abschluss eine letzte, 10 bis 70 Minuten dauernde Traumschlafphase. Aus ihr erwacht man normalerweise und kann sich danach an die letzten Träume meist am besten erinnern.

Abweichungen von den obigen Zeitangaben kommen vor allem bei den letzten Phasen des Schlafs häufiger vor, das hängt davon ab, wie lange man insgesamt pro Nacht schläft. Die obigen Angaben gelten für ungefähr 8 Stunden Nachtschlaf als Durchschnittswert. Davon weichen viele Menschen mehr oder minder deutlich ab, im Allgemeinen schläft man über 7 bis 9 Stunden täglich.

Wann man am besten zu Bett geht, richtet sich nach dem individuellen Schlaftyp. Die Mehrzahl aller Menschen erlebt gegen 22 Uhr den ersten Tiefpunkt. Übergeht man die damit verbundene Müdigkeit, kann man sich durchaus bald wieder munter fühlen. Es fällt dann aber häufig schwer, 1 bis 2 Stunden später rasch einzuschlafen. Oft liegt man sogar bis zum nächsten Tiefpunkt zwischen 2 und 3 Uhr morgens wach oder der Schlaf bleibt oberflächlich und wenig erholsam. Selbst wenn man morgens entsprechend länger schläft, fühlt man sich doch unausgeschlafen. Es ist also offenbar sehr wichtig, den richtigen Zeitpunkt für das Einschlafen zu finden und diesem auch im Alltag Beachtung zu schenken.

Bei wenigen Menschen gibt es nur einen nächtlichen Tiefpunkt, der so gegen Mitternacht liegt. Vorher gelingt es diesen Menschen oft schwer, in den Schlaf zu finden. Deshalb ist es bei diesem Schlaftyp sinnvoll, mit dem Zubettgehen bis zum mitternächtlichen Tiefpunkt abzuwarten. Wer nämlich zu früh zu Bett geht und nicht gleich einschlafen kann, wird dadurch oft so unruhig, dass auch der Schlaf ab dem Tiefpunkt noch gestört wird.

Im Allgemeinen gehören diejenigen, die den ersten Tiefpunkt gegen 22 Uhr erleben, zu den »Lerchen«, also zu den Menschen, die morgens frühzeitig erwachen und rasch »auf Touren« kommen. Man bezeichnet sie in der Schlafforschung als Morgenmenschen. Die anderen nennt man Nachtmenschen, die »Eulen«. Sie fühlen sich morgens oft noch schlapp und mürrisch (»Morgenmuffel«), erreichen ihren Leistungsgipfel erst gegen Mittag, bleiben dafür aber bis spät am Abend, wenn die »Lerchen« bereits im Bett liegen, noch frisch und munter.

Es ist wichtig, dem individuellen Schlaf-Wach-Rhythmus zu folgen. Viele Schlafstörungen ließen sich dadurch vermeiden, denn der rhythmusgerechte Schlaf ist gesünder und erholsamer.

Genau feststellen lässt sich der individuelle Schlaftyp meist anhand der Pulsmessung. Bei »Lerchen« erhöht sich der Puls nach dem Erwachen, es kommen mehr als vier Schläge auf einen Atemzug. Bei den »Eulen« dagegen liegt die Pulsfrequenz morgens niedriger, auf einen Atemzug entfallen weniger als vier Pulsschläge. Außerdem haben Morgenmenschen meist einen normalen bis erhöhten Blutdruck, während er bei Nachtmenschen oft zu niedrig ist.

Bisher weiß man noch nicht genau, wie diese beiden Schlaftypen entstehen, zu denen jeder Mensch mehr oder minder ausgeprägt neigt. Der Blutdruck mag dabei ebenso eine Rolle spielen wie Schwankungen der Körpertemperatur im Tagesverlauf. Letztlich lassen sie sich wohl auf einen anlagebedingten Biorhythmus zurückführen, denn der Schlaftyp ändert sich im Lauf des Lebens auch dann nicht, wenn man durch äußere Umstände (meist feste Arbeitszeiten) gezwungen ist, ständig davon abzuweichen.

So weit wie möglich sollte man versuchen, dem individuellen Schlaf-Wach-Rhythmus zu folgen. Allein dadurch ließen sich viele chronische Schlafstörungen vermeiden oder zumindest bessern, denn der rhythmusgerechte Schlaf ist gesünder und erholsamer. Und da natürlich auch der Traumschlaf davon abhängt, wie gut oder schlecht man insgesamt schläft, schafft das auch eine wichtige Voraussetzung für die Arbeit mit den Träumen. Morgenmenschen haben es in dieser Hinsicht leichter als die Nachtmenschen, weil ihr Schlaf-Wach-Rhythmus weitgehend mit den üblichen Lebens- und Arbeitsbedingungen übereinstimmt. Abendmenschen können allenfalls versuchen, über die gleitende Arbeitszeit ihrem Rhythmus besser gerecht zu werden.

Unterschiede zwischen Traum- und Tiefschlaf

Die Traum- und Tiefschlafphasen unterscheiden sich in vielerlei Hinsicht voneinander. Zu den wichtigsten objektiven Unterscheidungsmerkmalen gehören die bereits genannten Veränderungen der Hirnstromwellen und die für den Traumschlaf typischen raschen Augenbewegungen.

Die Körperfunktionen werden über das vegetative Nervensystem in der Tiefschlafphase wesentlich eingedämmt.

Im Tiefschlaf werden verschiedene Körperfunktionen »auf Sparflamme« heruntergeschaltet. Das erfolgt hauptsächlich über das vegetative Nervensystem, das jene lebenswichtigen Funktionen steuert, die ohne unser bewusstes Zutun automatisch ablaufen. Im Schlaf übernimmt der parasympathische Anteil des vegetativen Nervensystems die Vorherrschaft, der im Gegensatz zu seinem am Tag im Wachzustand überwiegenden Gegenspieler Sympathikus vor allem den Energieverbrauch und die Aktivität drosselt, aber für den Aufbau und die

Speicherung neuer Energie für den kommenden Tag sorgt. Aufgrund der parasympathischen Einflüsse erschlaffen alle Skelettmuskeln, die im Wachzustand für die Bewegungen zuständig sind. Zwischendurch können grobschlägige Zuckungen der Glieder als Zeichen zentralnervöser Spannungsentladungen in der Gehirnrinde auftreten. Die Reflexe, mit denen wir auf plötzliche Gefahren spontan ohne Umweg über das Gehirn aus Zentren des Rückenmarks heraus reagieren können, bleiben auch im tiefen Schlaf voll intakt (bei der Ohnmacht hingegen gehen sie verloren).

Auch der Spannungszustand der Blutgefäße, der durch kleine, vom vegetativen Nervensystem versorgte Muskeln zustande kommt, verringert sich, sodass der Blutdruck sinkt. Verstärkt wird die Blutdrucksenkung noch durch die Verlangsamung des Herzschlags. Das kann vor allem bei bestehenden Kreislaufstörungen, niedrigem Blutdruck und Herz-Gefäß-Erkrankungen soweit führen, dass es zur akuten Mangeldurchblutung des Gehirns kommt, die zu Angstträumen führt oder den Schlaf unterbricht. Gehäuft treten solche Herz-Kreislauf-Sensationen am frühen Morgen zwischen 2 und 5 Uhr auf (hier kann ein Zusammenhang mit dem zweiten nächtlichen Tiefpunkt bestehen), sodass man diese Zeitspanne in der Medizin auch als die »biologische Krisenzeit« bezeichnet.

Im Tiefschlaf wird die Atmung oberflächlicher und langsamer, denn der Organismus benötigt weniger Sauerstoff als im Wachzustand.

Ferner wird im Tiefschlaf die Atmung oberflächlicher und langsamer. Da man kaum noch aktiv ist, benötigt der Organismus weniger Sauerstoff als im Wachzustand. Bei manchen Menschen kommt es sogar zur Schlaf-Apnoe (Atemlosigkeit), bei der etwa alle 30 Minuten die Atmung für ungefähr 30 Sekunden zum Stillstand kommt. Dadurch erwacht man und findet erst nach einiger Zeit wieder in den Schlaf, sodass jede Nacht ein erhebliches Schlafdefizit entsteht. Hauptsächlich tritt die Schlaf-Apnoe, deren Ursachen noch nicht endgültig geklärt sind, bei Männern ab 40, Schnarchern, Übergewichtigen und Bluthochdruckkranken auf.

Da im Tiefschlaf die Energiegewinnung und -speicherung im Vordergrund der Stoffwechselaktivität steht, nimmt auch die Körpertemperatur ab, denn zu ihrer Erhaltung ist ständiger Energieeinsatz notwendig. Normalerweise spürt man davon jedoch nichts, weil man ja warm zugedeckt im Bett liegt. Wenn sich die Zudecke aber verschoben hat, kann der Körper den Wärmeverlust nicht mehr ausgleichen, man nimmt die Kälte wahr und wacht in der Regel auf.

Die Verdauungsorgane werden im Tiefschlaf vermehrt durchblutet. Das schafft eine Voraussetzung dafür, dass aus der Nahrung Energie für den nächsten Tag gewonnen werden kann.

Viele Menschen haben Probleme zu schlafen, wenn im Schlafzimmer Licht brennt oder die Sonne durch das offene Fenster scheint.

Von den Sinnesorganen werden die Augen am deutlichsten durch den Lidschluss gegen die Außenwelt abgeblendet. Hinter den Lidern verengen sich auch noch die Pupillen, sodass dieses für die Orientierung im Wachzustand wichtigstes Sinnesorgan weitgehend »ausgeschaltet« ist. Allerdings dringt etwas Licht auch durch die geschlossenen Lider; deshalb schlafen viele Menschen schlechter, wenn im Schlafzimmer das Licht brennt oder frühmorgens die Sonne durch das offene Fenster scheint.

Die Ohren und die Nase können nicht wie die Augen geschlossen werden, sondern nehmen nach wie vor die Sinnesreize der Umwelt auf. Allerdings erhöht sich die Reizschwelle für akustische und Geruchssignale, sodass man zum Beispiel nicht durch den üblichen Geräuschpegel erwacht; das ist auch eine Frage der Gewöhnung an die Reize der Umwelt. Überdies findet durch das Gehirn offenbar auch im Tiefschlaf eine Reizselektion statt; sie führt dazu, dass man selbst auf schwache Geräusche, die den Schlaf eigentlich nicht unterbrechen dürften, zum Beispiel das leise Weinen eines Kindes, als Mutter oder Vater sofort erwacht, auf den vorbeifahrenden, wesentlich lauteren LKW aber nicht reagiert.

Der Tiefschlaf dient hauptsächlich der körperlichen Regeneration und der Energiegewinnung. Dagegen scheint der Traumschlaf für das seelische Gleichgewicht wichtig zu sein.

Auch andere Sinnesorgane werden im Schlaf nicht abgeschaltet, sondern nur gedämpft, damit man durch die üblichen Eindrücke nicht geweckt wird. Früher, als der Mensch noch im Freien schlief und ständig von Gefahren bedroht wurde, war das lebensnotwendig, damit er auch aus dem Tiefschlaf heraus sofort reagieren konnte. Heute hat die Fortdauer der Reizaufnahme im Tiefschlaf ihren lebenswichtigen Sinn weitgehend verloren, kann sogar mit zu Schlafstörungen beitragen, wenn man zum Beispiel in einer lauten Umgebung wohnt.
Während der Tiefschlaf vor allem der körperlichen und teilweise auch der geistigen Regeneration und der Energiegewinnung dient, scheint der Traumschlaf hauptsächlich für das seelische Gleichgewicht notwendig. Er unterscheidet sich in mehrfacher Weise vom orthodoxen Schlaf.

Auffälligstes körperliches Merkmal des REM-Schlafs sind die schon mehrfach erwähnten raschen Bewegungen der Augen hinter den geschlossenen Lidern, die im Schlaflabor mit Elektroden genau nachweisbar sind. Sie gelten als primäres, also beweiskräftiges Anzeichen für den Traumschlaf. Man erklärt sie vor allem daraus, dass die Träume hauptsächlich in Bildern ablaufen, denen die Augen wohl folgen. Es gelang in Untersuchungen, bei einzelnen Träumen eine Beziehung zwischen der Richtung der Augenbewegungen und den Trauminhalten nachzuweisen, zum Beispiel horizontale Bewegungen während des Traums von einem Tennisspiel. Ob sich das aber verallgemeinern lässt, steht nicht sicher fest, denn es gibt auch Untersuchungsergebnisse, nach denen die Augenbewegungen unabhängig von den Trauminhalten ablaufen. Selbst bei blinden Menschen kommt es bei den Träumen zu Augenbewegungen, denn sie träumen ebenfalls in Bildern, sofern sie nicht blind geboren wurden oder in der frühen Kindheit erblindet sind.

Selbst bei blinden Menschen kommt es bei den Träumen zu Augenbewegungen, denn sie träumen ebenfalls in Bildern, sofern sie nicht blind geboren wurden oder in der frühen Kindheit erblindet sind.

Zu den sekundären, also nicht ganz so eindeutigen Merkmalen des Traumschlafs gehört die tiefe Entspannung der Skelettmuskulatur, die noch stärker als im Tiefschlaf erschlafft. Sogar Patienten, die am Wundstarrkrampf erkrankt sind, entspannen die Muskulatur noch im Traumschlaf, was während der Tiefschlafphase nicht gelingt.

Wesentlich aktiver als im Tiefschlaf sind während der Träume einige andere Organfunktionen. So wird zum Beispiel die Atmung beschleunigt und vertieft, das Herz arbeitet schneller und der Blutdruck erhöht sich. Dadurch verbessert sich unter anderem die Durchblutung des Gehirns, das ebenfalls aktiver arbeitet, um die Träume zu »produzieren«. Die ebenfalls verstärkte Durchblutung der Geschlechtsorgane führt bei Männern zur Erektion des Gliedes, bei Frauen wird die Scheide feucht; diese natürliche Reaktion tritt bei allen Träumen auf, nicht nur bei denen mit sexuellem Inhalt. Unter Umständen kommt es sogar zum Samenerguss, bei Frauen zum Orgasmus.

Schließlich kann man während der Träume auch noch eine lebhafte Mimik im Gesicht wahrnehmen. Diese Ausdrucksbewegungen stehen im Zusammenhang mit dem Inhalt der Träume. Die Palette der Ausdrucksmöglichkeiten reicht dabei – wie im Wachzustand auch – vom Lächeln und leichten Erstaunen bis hin zum Entsetzen oder zur panischen Angst.

Träume erfüllen vielerlei Funktionen, angefangen bei der Muskelentspannung bis hin zur Scheinbefriedigung von Wünschen, die man sich im Wachzustand nicht gestattet. In erster Linie sind sie notwendig für die Erholung und Stabilisierung des Seelenlebens. Man mag noch so gut und tief geschlafen haben, wenn der Traumschlaf behindert wurde, erwacht man am Morgen nicht richtig ausgeruht und frisch.

Störungen des Traumschlafs

Wie der Tiefschlaf kann auch der Traumschlaf erheblich gestört werden. Oft bestehen beide Störungen nebeneinander, denn wenn man allgemein an Schlafstörungen leidet, wirkt sich das natürlich auch auf die Träume aus.

Zu den häufigsten Ursachen der Traumschlafstörungen gehört der Genuss von Alkohol. Schon die kleinsten Mengen stören die Traumschlafphasen, größere verhindern sie sogar.

Zu den wichtigsten Ursachen der Traumschlafstörungen gehört der Alkohol, den viele schlafgestörte Menschen abends vor dem Zubettgehen trinken, um den Schlaf durch Betäubung zu erzwingen, in den sie ohne diese Hilfe nicht mehr finden. Vom Alkohol weiß man mit Sicherheit, dass er schon in kleinen Mengen die Traumschlafphasen stört, in größeren Dosen sogar verhindert. Man schläft dann wirklich »wie ein Toter«, der Giftstoff Alkohol verhindert die Aktivitäten des Gehirns, die Träume produzieren. Der Kater am Morgen nach reichlichem Alkoholkonsum ist auch mit auf den behinderten REM-Schlaf zurückzuführen.

Einige häufig verwendete Schlaf- und Beruhigungsmittel können den Traumschlaf behindern, zum Beispiel die Barbiturate. Sie schränken die Aktivitäten des Gehirns durch ihre betäubende Wirkung ein, sodass weniger oder gar keine Träume entstehen können. Wenn man tatsächlich einmal ein Schlafmittel einnehmen muss, dann am besten nur pflanzliche Medikamente, zum Beispiel mit Baldrian und Hopfen, die den Traumschlaf nicht beeinträchtigen. In schweren Fällen sind nach ärztlicher Verordnung bestimmte Psychopharmaka (Tranquilizer) möglich, die den Traumschlaf auch nicht einschränken. Da sie aber zur Sucht führen können, sind sie allenfalls für wenige Tage angezeigt.

Immer häufiger beobachtet man heute ein Phänomen, das der französische Nervenarzt Professor Jules Dorpier als negative Traumunruhe bezeichnete. Sie tritt häufiger bei Frauen auf, oft schon vor dem 30. Lebensjahr. Kennzeichnend ist die Neigung zu negativen Trauminhalten, wie Katastrophen- oder Kriegsträume. Französische Wissenschaftler führen das vor allem darauf zurück, dass wir heute über die Massenmedien Unruhen und Kriege »frei Haus« ins Wohnzimmer geliefert bekommen. Dadurch nehmen wir an ihnen teil, werden unter symbolischen Stress gesetzt, der die Nerven aufpeitscht. Im Traum wird dann versucht, diese Ereignisse nochmals nachzuvollziehen, um sie zu verarbeiten. Das gelingt jedoch nicht, weil die Belastungen sich ständig wiederholen.

Negative Traumunruhe stört den Traum- und Tiefschlaf, man kann dadurch sogar erwachen. Die Träume werden zu stark von den negativen Inhalten geprägt. Sie können ihre Funktion als Erholung für das Seelenleben nicht mehr richtig erfüllen. Deshalb erwacht man am Morgen schlecht erholt, abgespannt, gereizt und deprimiert, kann sich schwer konzentrieren und neigt zu negativen Gedanken, selbst wenn man die ganze Nacht durchgeschlafen hat. Im Lauf der Zeit werden durch die negative Traumunruhe sogar bestehende Krankheiten verschlimmert, vor allem seelisch-nervöse Störungen, Herz-Kreislauf- und Magen-Darm-Krankheiten, Rheuma sowie Störungen des Seh- und Hörvermögens.

An den Folgen der negativen Traumunruhe wird besonders drastisch deutlich, wie wichtig die Träume für die körperliche und seelisch-geistige Gesundheit sind. Aber auch Störungen des Traumschlafs aus anderen Gründen hinterlassen – vor allem bei längerer Dauer – erhebliche Folgen. Wenn die Träume nur eine Nacht behindert sind, weil man vielleicht zu viel Alkohol getrunken hat, fühlt man sich am Morgen danach meist unausgeschlafen, abgespannt, gereizt und wenig leistungsfähig. Oft kommen auch vorübergehende depressive Verstimmungen hinzu, weil die Träume ihre psychohygienischen Funktionen nicht erfüllen konnten. Nach der folgenden Nacht verschwinden diese Zustände wieder, wenn man ungestört schlafen und träumen konnte.

Ist der Traumschlaf auch nur eine Nacht gestört, fühlt man sich am Morgen unausgeschlafen, abgespannt, gereizt und leistungsunfähig. Auch kann es zu depressiven Verstimmungen kommen.

Dauern die Traumschlafstörungen länger an, kommt es vor allem im psychischen Bereich zu erheblichen Störungen. Untersuchungen mit Versuchspersonen im Schlaflabor, die man jedes Mal weckte, sobald die Messgeräte den Beginn eines Traums anzeigten, ergaben zum Beispiel, dass schon nach

Länger andauernde Störungen des Traumschlafs führen dazu, dass die Träume am Tag ins Bewusstsein durchbrechen und kurze Ausfälle des Bewusstseins auftreten.

zwei Nächten ohne Traumschlaf vor allem Gereiztheit bis hin zur offenen Aggressivität und teilweise massive Angstzustände auftreten können. Länger andauernde Störungen des Traumschlafs führen dazu, dass die Träume am Tag ins Bewusstsein durchbrechen (Tagträume) und kurze Ausfälle des Bewusstseins auftreten, die unter Umständen mit schweren Unfällen enden. Schließlich können sich sogar halluzinatorische Sinnestäuschungen mit Verkennung der Realität und wahnartige Zustände wie bei Geisteskrankheiten (Psychosen) einstellen. Das zeigt ebenfalls, wie wichtig der ungestörte Traumschlaf für die Erhaltung der seelisch-geistigen Gesundheit und Leistungsfähigkeit ist.

Versäumte Träume werden nachgeholt

Wenn man dem Seelenleben die Gelegenheit dazu gibt, versucht es, die versäumten Träume nachzuholen, um wieder ins Gleichgewicht zu kommen. Das weiß man vor allem aus der Behandlung alkoholkranker Menschen, die infolge des Alkoholmissbrauchs lange Zeit nicht mehr ungestört träumen können. Bei ihnen kommt es am Anfang der Entziehungskur zur deutlichen Zunahme des Traumschlafs, der im Einzelfall bis zu 90 % des gesamten Nachtschlafs ausmachen kann. Viele der Träume werden als besonders bunt und lebhaft erlebt, zum Teil sind sie aber auch angstbeladen. Es ist so, als ob eine lange Zeit vertrocknete Quelle plötzlich mit Macht wieder sprudelt. Erst nach geraumer Zeit normalisiert sich das Verhältnis von Traum- und Tiefschlaf wieder. Ob tatsächlich alle im Lauf der »Alkoholikerkarriere« versäumten Träume nachgeholt werden, ist allerdings fraglich, vielleicht ist das auch nur zum Teil möglich. Ähnlich wie Alkoholkranke erleben auch diejenigen, deren Träume lange Zeit durch bestimmte Schlafmittel behindert wurden, nach dem Absetzen des Medikaments anfangs eine deutliche Zunahme der Träume. Dadurch kann der Schlaf behindert werden, aber man darf deshalb keinesfalls erneut zum Schlafmittel greifen, sonst beginnt der Teufelskreis wieder. Nach der Einnahme pflanzlicher oder homöopathischer Schlafmittel, die keinen traumlosen Schlaf erzwingen, sondern den natürlichen Schlaf fördern, nimmt der Traumschlafanteil nicht zu, sobald man darauf verzichtet.

Es wird sogar diskutiert, ob Wahnvorstellungen, die bei Psychosen auftreten, nicht als unterdrückte Träume zu verstehen sind, die ins Tagesbewusstsein durchbrechen. Dafür spricht zwar manches, aber es fehlen noch ausreichend gesicherte wissenschaftliche Erkenntnisse.
Die Tatsache, dass versäumte Träume zumindest teilweise nachgeholt werden, sobald sich dazu die Gelegenheit bietet, oder so mächtig werden, dass es zu Tagträumen kommt, zeigt deutlich, welche Bedeutung dem Traumschlaf zukommt.

Wissenschaftliche Erkenntnisse

Träume gehören seit alters zu den Geheimnissen des Lebens. Sie faszinierten, bedrängten und ängstigten die Menschen zu allen Zeiten. Deshalb entstanden schon früh die unterschiedlichsten Erklärungen für den Traumschlaf. Aber erst in den letzten Jahrzehnten gelang es der Schlafforschung zusammen mit der Psychologie, das Geheimnis des Traumschlafs teilweise zu lüften. Allerdings sind noch längst nicht alle Fragen geklärt, und manche Theorien lassen sich nicht miteinander vereinbaren. Ob das menschliche Gehirn jemals in der Lage sein wird, die Träume, die es produziert, völlig zu verstehen, ist fraglich. Aber auch mit dem heutigen Wissen ist es schon möglich, die Träume wenigstens so weit zu erklären, dass man praktisch damit arbeiten kann.

Träume gehören seit alters zu den Geheimnissen des Lebens, sie faszinierten, bedrängten und ängstigten die Menschen zu allen Zeiten.

Ursprung der Träume

Wie und wo die Träume entstehen, ist bisher noch nicht endgültig geklärt. Die vermehrten Aktivitäten mancher Hirnareale beim Traum, die man im EEG nachweisen kann, weisen darauf hin, dass der Traumschlaf durch das komplexe Zusammenspiel verschiedener Abschnitte des Gehirns zustande kommt. Außerdem sind dabei auch chemische Botenstoffe (Neurotransmitter) des Nervensystems beteiligt.

Für die Umschaltung vom orthodoxen Tiefschlaf in den REM-Schlaf sorgt jener Teil des Gehirns, den man wegen seiner Färbung als Locus caeruleus (lateinisch: locus = Ort, Stelle, caeruleus = blau) bezeichnet. Dieses bläulichgraue Feld besteht aus einer Ansammlung von zahlreichen pigmentierten Ganglien-(Nerven-)zellen. Es befindet sich über dem Hirnstamm am seitlichen Rand der vorderen Abschnitte der Rautengrube, die den Boden des IV. Hirnventrikels (mit Flüssigkeit gefüllte Hirnkammer) in der Tiefe des Schädels bildet.

Von zentraler Bedeutung für das Entstehen der Träume scheint das Hormon Vasotocin zu sein, das in der Zirbeldrüse im Gehirn abgesondert wird.

Von zentraler Bedeutung scheint außerdem das Hormon Vasotocin zu sein, das von der Zirbeldrüse im Gehirn abgesondert wird. Wie dieser körpereigene Stoff zu Träumen führt, kann man noch nicht genau erklären. Fest steht jedenfalls, dass man Vasotocin im Körper nur während der Träume nachweisen kann, wenn man die Hirn-Rückenmarks-Flüssigkeit (Liquor cerebrospinalis) zur Untersuchung aus dem Rückenmarkskanal entnimmt. Bei Kindern, die noch länger träumen, liegt seine Konzentration deutlich höher als bei Erwachsenen, außerdem wirkt von außen verabreichtes Vasotocin bei Kindern stärker traumschlaffördernd als bei Erwachsenen. Den höchsten Vasotocinwert stellt man regelmäßig bei besonders lebhaften, bunten Träumen fest.

Wenn man Vasotocin experimentell auf die Nasenschleimhaut träufelt, werden dadurch lebhafte, bunte Träume ausgelöst. Dazu genügt schon die winzige Dosis von nur 0,001 Milligramm (1 Milligramm = 1 Tausendstel Gramm). Außerdem konnte man auf diese Weise in Versuchen schon hartnäckige Schlafstörungen heilen. Allerdings steckt diese Therapie noch in den Kinderschuhen und lässt noch viele Fragen ungelöst, sodass heute noch nicht absehbar ist, ob und wann sie einmal in größerem Umfang angewendet werden kann.

Vasotocin wirkt wahrscheinlich gemeinsam mit einem hormonartigen Neurotransmitter des Gehirns, der als Serotonin bezeichnet wird. Er entsteht im Körper aus dem Eiweißbaustein (Aminosäure) Tryptophan, der kürzlich in die negativen Schlagzeilen geriet, weil daraus hergestellte Schlafmittel nach gentechnischen Manipulationen bei der Herstellung plötzlich zu schweren Nebenwirkungen führten. (Deshalb sind diese Medikamente inzwischen verboten.) Die Bedeutung der körpereigenen Serotoninausschüttung ist noch nicht ausreichend bekannt. Unter anderem weiß man heute, dass der Wirkstoff für den Schlaf-Wach-Rhythmus, den Antrieb und die Stimmung wichtig ist, bei Depressionen und Migräne eine Rolle spielt. Die Gehirnzellen, die Serotonin enthalten, scheinen die Wirkung von Vasotocin zu verstärken.

Das komplette Zusammenwirken von Vasotocin, Serotonin und anderen Neurotransmittern bei der Steuerung des Schlaf-Wach-Rhythmus und des Traumschlafs kann man heute noch nicht ganzheitlich erfassen. Vermutlich kennt man noch nicht einmal alle dieser chemischen Botenstoffe, die unser ganzes Seelenleben, unsere Stimmungen, Antriebe, Bedürfnisse und viele andere psychische Funktionen bestimmen. Von der weiteren Aufklärung, an der weltweit gearbeitet wird, kann man vielleicht irgendwann einmal auch die Heilung schwerer seelischer Krankheiten erwarten.

Merkmale des Traumschlafs

Die wichtigsten, äußerlich erkennbaren Merkmale des REM-Schlafs lernten wir bereits bei den Unterschieden zwischen Traum- und Tiefschlaf genau kennen. Hauptsächlich handelt es sich dabei um die folgenden:

- Als primäres Merkmal die raschen Augenbewegungen hinter geschlossenen Lidern nach oben, unten und seitlich, die mit den Trauminhalten in Beziehung stehen können.
- Stärkere Erschlaffung der Muskulatur als im Tiefschlaf.
- Beschleunigung der Atmung und des Pulses sowie Erhöhung des Blutdrucks.
- Erektion des männlichen Gliedes und Feuchtigkeit in der weiblichen Scheide, auch wenn die Träume keine sexuellen Inhalte haben.
- Ausdrucksbewegungen im Gesicht, die von den Trauminhalten geprägt sind.

Traumhandlungen sind vor allem dadurch gekennzeichnet, dass alle Gesetze von Raum und Zeit, Vernunft, Logik und Moral, denen wir im Wachzustand folgen, aufgehoben sind.

Außerdem weiß man, dass man aus Träumen nicht plötzlich aufschrecken oder gar schlafwandeln kann, wie es aus dem Tiefschlaf heraus möglich ist. Auch kommt es während der Traumschlafphasen nie zum Bettnässen. Epilepsiekranke erleben während der Träume keinen akuten Anfall.

Das Traumgeschehen selbst wird vor allem dadurch gekennzeichnet, dass alle Gesetze von Raum und Zeit, Vernunft, Logik und Moral, denen wir im Wachzustand folgen, aufgehoben sind. Das ist einer der Gründe, weshalb man viele Träume nicht auf Anhieb verstehen kann. Sie können zum Beispiel

Erfahrungen, Eindrücke, Ereignisse und Personen, die man im Lauf des Lebens zu unterschiedlichen Zeiten erlebte, vermischen, sodass völlig neue Situationen entstehen, die mit früheren realen Vorgängen nichts mehr zu tun haben. Dadurch werden die Träume zum Teil zu einer Quelle der Kreativität, die sich gerade dadurch auszeichnet, dass verschiedene Faktoren in einen neuen Zusammenhang gebracht werden. Oft treten im Traum auch Wünsche und Bedürfnisse auf, die sich nicht mit den gängigen, in der Realität gültigen Moralvorstellungen vereinbaren lassen und im Wachzustand deshalb unterdrückt werden. Auf diese Merkmale des Traumschlafs kommen wir später noch ausführlich zurück.

Die unbewusste Traumarbeit

Die Inhalte der Träume stammen aus den verschiedenen Quellen, von denen wir im Wachzustand oft überhaupt keine Ahnung mehr haben. Längst vergessene, verdrängte Erfahrungen des Lebens spielen dabei ebenso wie unterdrückte Triebe, Bedürfnisse und andere psychische Vorgänge eine Rolle. Außerdem hängen viele Träume mit Ereignissen des vorangegangenen Tages oder mit körperlichen Vorgängen im Schlaf zusammen. Das erklärt zum Beispiel auch, weshalb man Krankheiten manchmal »vorausahnen« kann, von denen man im Wachzustand überhaupt noch nichts spürt. Das alles wird bei der Traumarbeit, die unbewusst, also ohne Zutun von Verstand und Willen abläuft, zu Träumen verwoben, hinter denen man die Ursprünge nicht auf Anhieb, sondern erst nach gründlicher Analyse erkennt. Der vordergründige Inhalt eines Traums darf also nie mit seinem wirklichen Sinn, mit der verschlüsselten Traumaussage verwechselt werden.

Vordergründige Inhalte von Träumen dürfen nie mit dem eigentlichen Sinn, mit der verschlüsselten Traumaussage verwechselt werden.

Die wichtigsten Vorgänge bei der Traumarbeit sind Verdichtungen und Verschiebungen der verschiedenen Elemente sowie die Umsetzung in die Traumhandlungen, an die man sich dann erinnert.

Verdichtung von Inhalten

Die Verdichtung von Inhalten im Traum hat nichts Geheimnisvolles, man verwendet diese Technik auch im Alltag ganz selbstverständlich. Typisches Beispiel dafür ist die Bruchrechnung, bei der man nach einem Hauptnenner sucht, um die Rechenoperation durchführen zu können. Auch Gedichte stellen eine typische Form der Verdichtung (daher der Name) von Ereignissen, Erfahrungen und ähnlichen Sachverhalten dar.

Auf den Traum übertragen bedeutet Verdichtung, dass verschiedene Elemente zu Traumbildern als »Hauptnenner« zusammengefasst werden. Dabei gehen die einzelnen Teile unter und sind bei oberflächlicher Erinnerung an das Traumgeschehen nicht mehr erkennbar. Erst durch die Traumanalyse gelingt es später, die Elemente, die durch die Verdichtung verschlüsselt wurden, wieder zu erkennen.

Die Verdichtung von Inhalten bedeutet, dass verschiedene Elemente zu Traumbildern als »Hauptnenner« zusammengefasst werden.

Kompliziert wird das Verständnis der verdichteten Traumbilder dadurch, dass bei der Traumarbeit nicht nur Elemente zusammengefügt werden, die zeitlich und räumlich, nach Vernunft und Logik zusammenpassen. Vielmehr werden dabei auch Faktoren, die überhaupt nicht zusammengehören, ja sogar im Widerspruch zueinander stehen, zu Traumbildern verdichtet. Das kann zum Beispiel dazu führen, dass ein Traum zunächst angstbeladen ist, im weiteren Verlauf aber in ein Gefühl von Sicherheit und Geborgenheit umschlägt. Auch Wortspielereien, mehrdeutige Redewendungen und Scherze gehören zu den typischen Folgen der Verdichtung einzelner Elemente zu Traumbildern.

Nach welchen Gesetzen sich die Traumverdichtung vollzieht, ob sie überhaupt festen Regeln folgt, kann noch nicht genau beantwortet werden. Die Verdichtung verfolgt vor allem den Zweck, die tatsächlichen Elemente so zu verändern, dass sie von den seelischen Kontrollinstanzen zugelassen werden können. Damit wird zum Beispiel verhindert, dass psychische Inhalte, die man fürchtet oder für die man sich schämt, ungeschminkt in den Träumen sichtbar werden. Da jeder Mensch seine ganz persönlichen »Leichen im Keller« hat, etwa die vermeintlich dunklen Seiten seiner Persönlichkeit und seiner lebensgeschichtlichen Entwicklung oder schmerzliche, beschämende Erfahrungen des Lebens, erfolgt auch die Traumverdichtung zumindest teilweise individuell unterschiedlich.

Deshalb gibt sie aber bei der Traumanalyse auch Auskunft über die uneingestandene Problem- und Konfliktsituation eines Menschen, die zwar als unangenehm bis quälend empfunden werden kann, aber für die Selbsterkenntnis und Reifung der Persönlichkeit unabdingbar ist.

Verschiebung der Bedeutung

Bei der Verschiebung werden wichtige Trauminhalte in den Hintergrund gedrängt, sie erscheinen nebensächlich im gesamten Traumgeschehen.

Die zweite wichtige Methode des Unbewussten, bei der Traumarbeit den wahren Inhalt eines Traums so zu verzerren, dass die seelischen Kontrollinstanzen ihn überhaupt zulassen und er bei oberflächlicher Betrachtung nicht zu erkennen ist, besteht in der Verschiebung der Bedeutung. Das geschieht ganz einfach dadurch, dass die Akzente verlagert werden. Was tatsächlich wichtig an dem Trauminhalt ist, wird in den Hintergrund gedrängt, erscheint nebensächlich im Traumgeschehen. Dafür rücken unwichtige Elemente des Traums stark in den Vordergrund, werden demonstrativ »aufgebläht«, um die Aufmerksamkeit auf sich zu lenken.

Zur Traumverschiebung verwendet das Unbewusste bei der Traumarbeit häufig Erfahrungen und Ereignisse des täglichen Lebens, die so unbedeutend waren, dass sie überhaupt nicht richtig wahrgenommen wurden. Sie werden mit den eigentlich wichtigen Trauminhalten verknüpft, auch wenn sie in keinerlei Beziehung zu ihnen stehen. Da es sich um vertraute, harmlose Elemente handelt, deren Ursprung nicht voll bewusst ist, richtet sich die Aufmerksamkeit zunächst auf sie. Wenn man es bei einer oberflächlichen Deutung belässt, gerät man dadurch leicht auf eine falsche Fährte, der man umso lieber folgt, als sie nicht zur unangenehmen Selbsterkenntnis zwingt.

Auch die Traumverschiebung dient dem Zweck, die Inhalte so zu verzerren, dass man nicht direkt mit uneingestandenen, abgelehnten Seiten der eigenen Persönlichkeit und verdrängten Erfahrungen konfrontiert wird. Das ist eine Voraussetzung dafür, dass sie überhaupt die Kontrolle des Unbewussten passieren und nach dem Erwachen in Erinnerung bleiben können. Man kann also auch aus der Art der Akzentverschiebung wieder Rückschlüsse auf die Persönlichkeit, ihre verdrängten Probleme und Konflikte ziehen. Das geschieht oft im Rahmen einer Psychoanalyse nach Sigmund Freud, für den die Traumdeutung der »Königsweg« zum Unbewussten war.

Umsetzung in Traumhandlungen

Nachdem die Elemente des Traums bei der unbewussten Traumarbeit verdichtet und verschoben wurden, müssen sie zur Traumhandlung vereinigt werden. Das führt erst dazu, dass aus den einzelnen Teilen ein zusammenhängender Traum mit einer eigenen Dramaturgie entsteht.

Wir wissen heute noch nicht, welche Areale des Gehirns und welche körpereigenen chemischen Botenstoffe an dieser Umsetzung der Traumelemente in lebendige, bildhafte Handlungen beteiligt sind. Möglicherweise spielen das bereits genannte Hormon Vasotocin und vielleicht auch der Neurotransmitter Serotonin dabei die entscheidende Rolle. Möglich ist, dass die Zusammensetzung der einzelnen Traumelemente, die mithilfe dieser chemischen Stoffe durch das Gehirn transportiert werden, letztlich in den zahlreichen Nervenzellen des bereits genannten Locus caeruleus über dem Hirnstamm stattfindet, der mit Sicherheit für die Umschaltung von Tiefschlaf auf Traumschlaf zuständig ist. Durch die Verbindungen, in denen die vielen Ganglienzellen hier miteinander stehen, könnte der »Grundstoff«, aus dem die Träume bestehen, zu den verschiedensten Handlungen »verwoben« werden. Aber wie gesagt, dies ist vorläufig nur eine Theorie neben anderen, für die es keine ausreichend gesicherten Beweise gibt.

Man muss davon ausgehen, dass neben den genannten beiden chemischen »Traumstoffen« und dem Locus caeruleus noch andere körpereigene Botenstoffe und Areale des Gehirns an der Umsetzung in Traumhandlungen beteiligt sind. Anders wäre es nicht zu erklären, dass im Traum zum Beispiel längst vergessen gewähnte Erinnerungen, die bis in die früheste Kindheit zurückreichen, wieder auftauchen können oder körperliche Empfindungen und äußere Sinneseindrücke während des Traumschlafs zum Teil unmittelbar in die Traumhandlungen einbezogen werden. Das alles zeigt, dass Traumhandlungen durch ein sehr komplexes Zusammenspiel von Gehirnteilen, Neurotransmittern, Gedächtnisfunktionen, Sinneseindrücken und Körperempfindungen zustande kommen. Der menschliche Geist kann das alles wissenschaftlich noch nicht exakt erfassen. Selbst Computersimulationen mit sehr leistungsfähigen Maschinen können bisher die zahllosen Funktionsabläufe des Gehirns erst zu einem geringen Teil nachvollziehen.

Traumhandlungen kommen durch ein sehr komplexes Zusammenspiel von Gehirnteilen, Neurotransmittern, Gedächtnisfunktionen, Sinneseindrücken und Körperempfindungen zustande.

Träume jenseits von Logik und Moral

Die Träume können durchaus streng logisch und vernünftig aufgebaut sein. Manchmal können sie sogar eine Lösung für ein schwieriges Problem enthalten. Träume genügen zum Teil auch hohen moralischen Ansprüchen. Es trifft also keineswegs zu, dass es in jeder Traumhandlung unvernünftig, chaotisch und unmoralisch zugeht. Aber die Träume müssen nicht den Gesetzen von Logik und Vernunft, Zeit und Raum, Moral und Ethik folgen. Im Traum können sich völlig fantastische, absurde, obszöne und kriminelle Handlungen abspielen, zu denen man im Wachzustand niemals fähig wäre. Das ist individuell sehr unterschiedlich und noch nicht genau erklärbar. Vom vernünftigen und moralischen Verhalten im täglichen Leben muss das Traumgeschehen jedenfalls nicht abhängen. Ein nüchterner, sachlicher Mensch kann in seinen Träumen die chaotischsten und fantastischsten Abenteuer erleben, ein friedlicher Mensch die schwersten Gewalttaten begehen.

Die Abweichung der Träume von den im bewussten Leben gültigen Regeln und Normen hat ihren Ursprung hauptsächlich in der Traumarbeit. Wenn Trauminhalte verdichtet und ihre Bedeutungen verschoben werden, kann ein Traum oftmals nicht mehr vernünftig und moralisch sein.

Viele Kinder träumen weniger verschlüsselt, da sie noch nicht so wie Erwachsene durch Erziehung und Bildung an gängige Moralvorstellungen und Regeln der Vernunft angepasst sind.

Darüber hinaus spielen aber noch zahlreiche individuelle und soziale Einflüsse eine Rolle, die die Traumarbeit maßgeblich mit beeinflussen. Deshalb träumen Kinder, die noch nicht so stark wie Erwachsene durch Erziehung und Bildung an unsere gängigen Moralvorstellungen und Regeln der Vernunft angepasst wurden, noch weniger verschlüsselt. Erst mit der Geschlechtsreife (Pubertät) nimmt die Verschlüsselung der Trauminhalte deutlich zu. Auch sehr selbstsichere und selbstbewusste Menschen, die nicht so stark von den gängigen Wertvorstellungen abhängig sind, zeigen häufig weniger verschlüsselte Träume. Sie haben es offenbar nicht nötig, ihre Eigenschaften, Wünsche, Bedürfnisse und Erfahrungen so stark vor sich selbst zu verschleiern, weil sie sicher in sich selbst ruhen und ausgeglichen und zufrieden sind.

Aber auch Träume, die völlig fantastisch und chaotisch jeder Vernunft widersprechen, weisen bei genauerer Analyse immer ihre eigene »innere Logik« auf. Sie ergibt sich aus dem, was durch die Traumarbeit verborgen werden soll. Wenn zum

Beispiel jemand die Einsicht in eine verdrängte frühere Erfahrung fürchtet und deshalb im Traum nicht zulassen kann, dann ist es durchaus logisch und vernünftig, dass er sie durch scheinbar unlogische Traumhandlungen vor sich selbst verbirgt. Wenn man diese »innere Logik« eines Traums erst einmal erkannt hat, gelingt es oft leicht, die dahinter stehenden Verdichtungen und Verschiebungen zu analysieren und dadurch die Traumaussagen besser zu verstehen.

Auch unmoralisch und gewissenlos sind die Traumhandlungen keineswegs, selbst wenn ihr Inhalt so erscheinen kann. Man muss sich von der Vorstellung lösen, dass man an Träume die gleiche moralische Messlatte wie an das tatsächliche Verhalten im Wachzustand anlegen kann. Bei der Traumarbeit können durch Verdichtung und Verschiebung Traumhandlungen entstehen, die allen gängigen Moralvorstellungen widersprechen, ohne dass dahinter tatsächlich unmoralische Absichten des Träumers stehen. Der Mord, den man im Traum begeht, muss keinesfalls anzeigen, dass man jemanden wirklich umbringen will. Er ist meist die Folge der Aneinanderreihung verschiedener Elemente zu Traumhandlungen, die den wahren Trauminhalt verzerren. Deshalb besteht auch bei solchen, scheinbar zutiefst unmoralischen, abartigen oder obszönen Träumen kein Anlass, auf eine Deutung zu verzichten, um sich nicht als eine Art Monster erkennen zu müssen.

Das Traumgewissen als seelische Kontrollinstanz entscheidet, in welcher Form Träume zugelassen werden.

Für die innere Moral der Träume sorgt das Traumgewissen, von Sigmund Freud auch als »Traumzensur« bezeichnet. Als seelische Kontrollinstanz entscheidet es, in welcher Form die Träume zugelassen werden. Wenn zum Beispiel in einem Traumelement ein Wunsch enthalten ist, den man sich im Alltag nicht einzugestehen wagt, weil er vielleicht unmoralisch erscheint, könnte ein Traum, der diesen Wunsch offen zum Ausdruck bringt, zu schweren Schuldgefühlen, Selbstvorwürfen und Angst vor Bestrafung führen. Deshalb sorgt die Traumzensur dafür, dass der »unerlaubte« Wunsch so bearbeitet wird, dass man ihn schließlich in verschleierter Form doch akzeptieren kann. Vielleicht wird im Traum das Objekt, auf den sich der Wunsch richtet, durch ein anderes »erlaubtes« ersetzt, vielleicht rückt der Wunsch durch Verschiebung in den Hintergrund, wird durch Nebensächlichkeiten überlagert, sodass man ihn bei oberflächlicher Erinnerung überhaupt nicht wahrnimmt. Auf diese Weise können Spannungen, die mit Wünschen verbunden sind, vermindert werden.

Sinngemäß prüft das Traumgewissen auch alle anderen Trauminhalte auf ihre »Zulässigkeit«, ehe sie mehr oder minder verzerrt erlaubt werden. Die stärksten Veränderungen der ursprünglichen Trauminhalte nimmt die Traumzensur oft bei sexuellen Bedürfnissen vor, die auch heute in unserer scheinbar so aufgeklärten Gesellschaft noch immer tabuisiert werden.

Seelische Kontrollinstanzen arbeiten bei Träumenden nicht autonom, sondern sie stehen in enger Beziehung mit der Erziehung und den dabei verinnerlichten Moral- und Wertvorstellungen der Gesellschaft.

Das Traumgewissen arbeitet nicht autonom, seine Kontrollfunktionen stehen in enger Beziehung mit der Erziehung und den dabei verinnerlichten Moral- und Wertvorstellungen der Gesellschaft sowie mit der individuellen lebensgeschichtlichen Entwicklung eines Menschen. Deshalb kann die Zensur bei einem Menschen Trauminhalte noch zulassen, die bei einem anderen schon schwere Schuldgefühle, Selbstvorwürfe und Angstzustände erzeugen. Wir unterliegen zwar alle ähnlichen Werten, Normen und anderen sozialen Einflüssen und Zwängen, aber während der eine aufgrund seiner Persönlichkeit und Entwicklung nicht an den Buchstaben der Verhaltensregeln und Erwartungen klebt, sondern souverän damit umgeht, kann der andere sich nicht die kleinste Abweichung davon erlauben, ist vielleicht sogar noch strenger mit sich selbst, als es die Gesellschaft verlangt.

Das Traumgewissen hat also vor allem die Aufgabe, die Traumarbeit so zu steuern, dass Bedürfnisse, Wünsche und andere Trauminhalte in eine Form gebracht werden, die man individuell zulassen kann. Bei der Traumanalyse lassen sich auch diese Funktionen der Zensur des Unbewussten aufdecken und deuten, wobei man wichtige Einblicke in die Persönlichkeit, ihre Probleme und Konflikte gewinnt.

Funktionen des Traumschlafs

Der REM-Schlaf ist für die Erholung und Stabilisierung vor allem des Seelenlebens unentbehrlich, daran besteht heute kein begründeter Zweifel mehr. Welche Funktionen er dabei erfüllt, steht noch nicht genau fest. Man nimmt an, dass der Abbau psychischer Spannungen mit Verarbeitung von Konflikten und Problemen dabei besonders wichtig ist, vielleicht erst den ungestörten Schlaf ermöglicht. Außerdem kann die scheinbare

Befriedigung von Wünschen und das Ausleben von Möglichkeiten, die im täglichen Leben zu kurz kommen, nicht erkannt werden oder nicht erlaubt sind, zu den Hauptfunktionen des Traumschlafs gehören.

Bindung psychischer Spannungen

Ähnlich wie die Skelettmuskulatur des Körpers steht auch das Seelenleben ständig unter einer gewissen Spannung. Sie ist unter anderem für unsere Antriebskräfte, Gefühle und das Temperament mit verantwortlich. Diese psychische Spannung wird von verschiedenen Einflüssen bestimmt. Stress von außen spielt dabei ebenso eine Rolle wie innere Bedürfnisse, Emotionen, ungelöste Konflikte und viele andere Inhalte der Psyche. Der gute, ungestörte Schlaf setzt voraus, dass Körper und Seelenleben genügend Spannung abbauen. Andernfalls kann man nicht einschlafen, wacht nachts wieder auf, wenn die Spannungen sich wieder verstärken, oder schläft zwar durch, aber unruhig und wenig erholsam. Aus der Beobachtung, dass die Skelettmuskulatur sich im Traum noch stärker als im Tiefschlaf entspannt, und aus einigen anderen Merkmalen des REM-Schlafs leiten einige Traumforscher die Theorie ab, dass im Traum psychische Spannungen gebunden werden, was über das vegetative Nervensystem auch zur vertieften körperlichen Entspannung führt.

Der gute, ungestörte Schlaf setzt voraus, dass Körper und Seelenleben genügend Spannung abbauen. Sonst wacht man häufig in der Nacht auf, oder schläft zwar durch, aber unruhig und wenig erholsam.

Endgültig bewiesen ist diese Vorstellung zwar noch nicht, aber sie leuchtete ein. Das Traumgeschehen könnte einmal Energie binden, die außerhalb der Träume die psychische Spannung bewirkt. Außerdem vielleicht von den Ursachen der Spannungen ablenken, sodass sie vorübergehend gelöst werden können. Aus dieser Sichtweise wird der Traum also zum »Hüter« des Schlafs, der das Spannungsniveau absenkt.

Interessant ist in diesem Zusammenhang noch eine ähnliche Theorie, nach der die Träume vor allem eine Art »Sicherheitsventil« für Gefühle und damit verbundene Spannungen darstellen. Die Träume erlauben uns danach, Nacht für Nacht mehrmals das »Chaos der Gefühle«, die wir im Wachzustand mehr oder minder stark kontrollieren, ohne Angst zuzulassen und abzureagieren, sodass Spannung abgebaut wird. Das steht im Einklang mit der Tatsache, dass die Träume oft gefühlsbetont und chaotisch ablaufen.

Manche Vertreter der zweiten Theorie meinen sogar, dass wir in den Träumen vorübergehend auf harmlose Weise »geisteskrank« werden, um Emotionen und Spannungen abzureagieren. Dann könnte man die Psychosen auch als eine Form des Träumens zur falschen Zeit verstehen. Dafür sprechen manche Fakten, zum Beispiel die Verwirrtheitszustände, die bei Traumschlafentzug auftreten, und die Tatsache, dass zum Beispiel schizophrene Menschen weniger als Gesunde träumen und die versäumten Träume offenbar nicht nachholen. Außerdem spielen Neurotransmitter wie Serotonin, das für den Schlaf wichtig ist, und Noradrenalin, das sich vermehrt im Locus caeruleus ansammelt, wenn vom Tiefschlaf auf REM-Schlaf umgeschaltet wurde, auch eine wichtige Rolle für das psychische Gleichgewicht, die Stimmungen, Antriebe und andere seelische Funktionen. Bei Psychosen stellt man oft fest, dass diese Botenstoffe entweder im Übermaß oder zu gering vorhanden sind.

Die Erkenntnisse und Theorien der modernen Traumforschung werfen mehr neue Fragen auf, als sie beantworten. Vielleicht wird sie aber einmal dazu beitragen, neue Therapien durch Neurotransmitter bei Psychosen zu entwickeln, die heute erst unzulänglich behandelt werden können.

Verarbeitung von Konflikten und Problemen

Die Konflikte, Probleme und Sorgen des täglichen Lebens, denen wir alle mehr oder minder stark ausgesetzt sind, behindern heute bei vielen Menschen den Schlaf. Man kann nicht einfach abschalten und entspannt in den Schlaf hinübergleiten. Nach dem Zubettgehen grübelt man noch lange über Probleme und Sorgen nach, oder man schreckt mitten in der Nacht deswegen wieder aus dem Schlaf auf.

Psychische Spannungen werden in den Träumen gebunden und dadurch zumindest teilweise entschärft.

Eine der Funktionen des Traumschlafs besteht wahrscheinlich darin, alle diese störenden Einflüsse zu be- oder verarbeiten. Das kann zur negativen Traumunruhe (siehe Seite 21) führen, die den Schlaf erheblich behindert. Häufiger bewirkt die Einbeziehung der Konflikte, Probleme und Sorgen in das Traumgeschehen aber wohl eine Entlastung des Seelenlebens und sichert den Schlaf. Die psychischen Spannungen werden in den Träumen gebunden und dadurch zumindest teilweise entschärft. Außerdem kann der Traum solche Belastungen so gut verarbeiten, dass sie am nächsten Morgen viel an Bedeutung verloren haben. Nachdem man sich im Traum mit ihnen auseinander setzte, fällt einem vielleicht auf, dass sie überhaupt nicht so schwerwiegend und unlösbar sind, wie man zunächst im Wachzustand annahm, als man noch vom Ereignis direkt beeinflusst war. Das Unbewusste kann offensichtlich mit seiner angesammelten Erfahrung und Weisheit durchaus realistisch prüfen, welche Bedeutung den Konflikten, Problemen und Sorgen tatsächlich zukommt, und sie gleichsam über Nacht vom Tisch fegen, wenn sie sich nach der Prüfung und Bearbeitung durch das Unbewusste als banal erweisen. Im Volksmund rät man deshalb ja seit langem, bei Problemen erst einmal »darüber zu schlafen«, weil am nächsten Tag »alles anders aussieht«; diese Weisheit beruht wohl auf der unbewussten Be- und Verarbeitung von Belastungen und Schwierigkeiten im Traum.

Nicht selten werden in den Träumen sogar Lösungen für Konflikte, Probleme und Sorgen offenbart, auf die man in der Routine des Alltags nie gekommen wäre. Die Erfahrung, Weisheit und Kreativität des Unbewussten kann originelle Vorschläge entwickeln, die durchaus realistisch sind, wenn man sie richtig versteht und ausführt. Ein oft zitiertes Beispiel dafür ist die Entdeckung des Benzolrings durch den Chemiker Kekulé, der entscheidenden Einfluss auf die moderne Chemie nahm. Nachdem sich der Wissenschaftler lange Zeit mit diesem Problem vergeblich abgemüht hatte, kam ihm die Lösung buchstäblich in einem Traum, dessen symbolischen Inhalt er richtig interpretierte.

Allerdings halten längst nicht alle Lösungen, die in Träumen auftauchen, einer kritischen Realitätsprüfung stand. Man darf sich also nicht blind auf die Träume verlassen, sondern muss sehr genau zwischen sinnvollen und scheinbaren Lösungen unterscheiden. Aber auch wenn sich im Wachzustand herausstellt, dass eine »Traumlösung« nicht realistisch und durchführbar ist, erfüllt sie doch wenigstens den Zweck, vorübergehend von Spannungen zu entlasten.

Man darf sich nicht blind auf seine Träume verlassen, sondern muss sehr genau zwischen sinnvollen und scheinbaren Lösungen unterscheiden.

Durch Traumsteuerung kann man das Unbewusste übrigens gezielt veranlassen, Lösungen für reale Konflikte, Sorgen und Probleme in den Träumen anzubieten, die in der Realität funktionieren. Darauf kommen wir später ausführlich zurück.

Scheinbefriedigung von Wünschen

Es gibt wohl kaum einen Menschen, der wirklich wunschlos glücklich ist. Unsere Wünsche und Bedürfnisse, die teilweise bewusst werden, teils unterschwellig bestehen, übersteigen fast immer bei weitem die Möglichkeiten, die uns zur Befriedigung offen stehen. Die unbefriedigten Bedürfnisse und Wünsche aktivieren unsere Antriebskräfte und Bestrebungen.

Wünsche und Bedürfnisse erzeugen psychische Spannungen, auch wenn sie nicht bewusst sind. Gerade dann, wenn die Befriedigung versagt bleibt oder die Wünsche und Bedürfnisse abgelehnt und unterdrückt werden (weil sie vielleicht unmoralisch erscheinen und Schuldgefühle wecken), treten besonders hohe Spannungen auf. Sie können zu ernsten Störungen der psychischen Gesundheit und über das vegetative Nervensystem zu körperlichen Funktionsstörungen (psychosomatischen Krankheiten) führen.

Träume bieten die Möglichkeit, die mit den Wünschen und Bedürfnissen verbundenen Spannungen abzubauen. Dadurch wird das psychische Gleichgewicht erhalten oder wieder hergestellt.

Träume bieten die Möglichkeit, die mit den Wünschen und Bedürfnissen verbundenen Spannungen abzubauen. Dadurch wird das psychische Gleichgewicht erhalten oder wieder hergestellt. Das Unbewusste bedient sich mehrerer Möglichkeiten:

- In den Träumen kann mehr oder minder eindeutig auf Wünsche und Bedürfnisse hingewiesen werden, die erlaubt sind, im Wachzustand aber verdrängt werden; nachdem man sie mithilfe der Träume erkannt hat, kann man sie tatsächlich befriedigen.
- Für einen Teil der Wünsche und Bedürfnisse bieten die Träume selbst eine Form der Befriedigung, indem die angestrebten Ziele in der Traumhandlung offen oder symbolisch verwirklicht werden; natürlich bleibt das immer eine Scheinbefriedigung, denn im Wachzustand hat man nichts davon, aber es werden zumindest für einige Zeit innere Spannungen abgebaut.
- Schließlich können Träume, die von Wünschen und Bedürfnissen handeln, auch offen oder verschlüsselt aufzeigen, in welcher Weise man die Ziele in der Realität tatsächlich verwirklichen könnte; solche Lösungen entstehen aus dem Schatz an Wissen und Erfahrung, der im Unbewussten schlummert. Sie sind oft originell, weil die Kreativität im Traum ungewöhnliche, aber trotzdem realistische Wege vorschlagen kann.

Aufgrund der Bedeutung, die unerfüllte Wünsche und Bedürfnisse für die psychische Gesundheit haben, kann man die Traumarbeit damit nicht hoch genug einschätzen. Sie ist ein Akt der »Psychohygiene«, die das psychische Gleichgewicht erhält. Das bedeutet, dass die innere Harmonie, die durch Frustration gefährdet wird, wieder hergestellt werden kann.

Ausleben vernachlässigter Möglichkeiten

Das Leben bietet jedem Menschen eine Fülle von Möglichkeiten, sich im Einklang mit seiner Persönlichkeit, seinen Anlagen, Fähigkeiten, Interessen und Bedürfnissen zu verwirklichen. Niemand kann diese Fülle je ganz ausschöpfen. Man muss Prioritäten setzen und viele Möglichkeiten vernachlässigen, sonst verzettelt man sich. Wenn das in der richtigen Weise geschieht, leidet man nicht unter den Beschränkungen, sondern kann trotzdem ein erfülltes, befriedigendes Leben führen. Neben dem Zwang zur Konzentration auf das, was persönlich wichtig erscheint, unterliegen wir aber noch einer Vielzahl anderer Einflüsse, die uns in der Selbstverwirklichung einschränken. Das beginnt meist schon in der frühen Kindheit durch die Erziehung, die oft von den Erwartungen der Eltern an das Kind, aber zu wenig von dessen individuellen Bedürfnissen geprägt wird. Dabei verkümmern die ersten Chancen zur freien Verwirklichung, die später nur schwer wieder geschaffen werden können, denn die Einflüsse dieser ersten Jahre bestimmen das ganze weitere Leben mit.

Später gehen dann viele weitere Möglichkeiten im Alltag unter, in dem die alltäglichen Notwendigkeiten im Vordergrund stehen. Stress, Routine und eingeschliffene Gewohnheiten kommen hinzu, die im Lauf der Zeit immer mehr den Blick für all das verstellen, was das Leben sonst noch zu bieten hat. Das führt häufig zur inneren Leere und chronischen Unzufriedenheit, deren Ursachen aber oft verdrängt werden, weil man nicht mehr genug Mut und Energie aufbringt, etwas zu ändern. Ähnlich wie bei den Wünschen und Bedürfnissen können die Träume auch in dieser Situation in mehrfacher Hinsicht nützlich sein:

- Eine der wichtigsten Funktionen der Träume besteht sicherlich darin, überhaupt auf die vernachlässigten eigenen Möglichkeiten aufmerksam zu machen, die man bewusst oft nicht mehr wahrnimmt; wenn man solche offenen oder verschlüsselten Hinweise aus den eigenen Träumen richtig versteht, dann enthalten sie einen starken Aufforderungscharakter, der häufig noch dadurch unterstrichen wird, dass sich die Träume in ähnlicher Form mehrmals wiederholen. Das Unbewusste protestiert damit gleichsam gegen die übermäßige Einschränkung der Lebensmöglichkeiten im realen Alltag.

- Außerdem können viele Träume Denkanstöße, Anregungen und Beispiele dafür geben, wie man zukünftig aus der Beschränkung des Alltags ausbrechen kann. Sie mögen manchmal verrückt erscheinen, aber trotzdem sollte man sie nicht einfach beiseite schieben. Gerade die strenge Vernunft und Zweckmäßigkeit, der viele Menschen im Leben zu folgen suchen, beschneiden das »Abenteuer des Lebens« übermäßig, reduzieren es weitgehend auf die bloße Ausführung von Funktionen. Wenigstens ab und zu sollte man sich deshalb ein wenig Unvernunft leisten, die das Leben bereichert.
- Nicht zuletzt haben die Träume noch die Aufgabe, als eine Art Ventil den inneren Druck abzulassen, der durch die Einschränkung der Lebensmöglichkeiten aufgebaut wird. Da nie alle Möglichkeiten genutzt werden können, bieten die Träume die Gelegenheit, ohne Angst vor der Missbilligung anderer das auszuleben, auf das man im Wachzustand verzichten muss. Das entspricht der Scheinbefriedigung von Bedürfnissen, reduziert also die inneren Spannungen.

Träume lassen als eine Art Ventil inneren Druck ab, der durch die Einschränkung der Lebensmöglichkeiten aufgebaut wird.

Auch das Erkennen und Ausleben der im Alltag vernachlässigten Möglichkeiten gehört zur Psychohygiene, die für innere Ausgeglichenheit und seelische Stabilität sorgt. Verbessern kann man diese Wirkung noch, wenn man eine der modernen Körperpsychotherapien erlernt. Vor allem die Bioenergetik nach Alexander Lowen verfolgt unter anderem das Ziel, dem Menschen wieder die Fülle seiner Lebensmöglichkeiten zu erschließen. Durch die Traumanalyse werden dazu die individuell richtigen Wege aufgezeigt.

Träume als Quelle der Kreativität

Kreativität ist heute ein wenig zum modischen Schlagwort geworden, das allzu oft nur noch als leere Worthülse gebraucht wird. Diese Abwertung ist bedauerlich, denn die Fähigkeit zum eigenständigen schöpferischen Denken gehört zu den wichtigsten Eigenschaften des Menschen. Zwar kann Kreativität auch spielerisch sein, aber sie trägt oft ganz praktisch mit zur Lösung von Problemen bei, die durch das nüchterne Denken allein nicht bewältigt werden können.

Kinder sind noch spontan kreativ, was sich daraus erklärt, dass ihr Weltbild noch nicht durch starre Denkgewohnheiten, Vorstellungen und Überzeugungen eingeengt wird. Später, wenn sie durch Erziehung, Bildung und Nachahmung erst einmal alles übernommen haben, was für die (meisten) Erwachsenen selbstverständlich ist, leidet ihre Kreativität häufig erheblich darunter. Nach Untersuchungen in den USA gibt es unter den kreativen Menschen überdurchschnittlich viele, die in ihrer Kindheit vernachlässigt wurden oder sogar in asozialen Verhältnissen aufwuchsen; das verhindert offensichtlich eine zu starke Anpassung an starre Normen. Außerdem zwingt es überdies zur Kreativität, um unter diesen ungünstigen Verhältnissen zu überleben.

Träume weisen alle Hauptmerkmale der Kreativität auf. Sie passen sich nicht üblichen Denkgewohnheiten an (Nonkonformismus), sondern lassen auch erhebliche Abweichungen zu, setzen Objekte und Sachverhalte in neue Beziehungen zueinander (Originalität) und verwenden alltägliche Dinge auf andere, ungewöhnliche Art (Flexibilität).

Träume besitzen alle Hauptmerkmale der Kreativität. Sie passen sich nicht üblichen Denkgewohnheiten an, setzen Objekte und Sachverhalte in neue Beziehungen zueinander und verwenden alltägliche Dinge auf andere, ungewöhnliche Art.

Aus der Kreativität der Traumarbeit ergibt sich die Frage, ob Träume nicht eine Art »Kreativitätstraining« darstellen, das uns befähigen kann, den Alltag besser zu meistern. Dafür sprechen zum Beispiel die kreativen, originellen, teilweise durchaus realistischen Lösungen, die in Träumen für Probleme und Konflikte, die uns im realen Leben beschäftigen und beunruhigen angeboten werden. Mit Sicherheit konnte ein solcher Trainingseffekt aber noch nicht nachgewiesen werden.

Aus der regelmäßigen Beschäftigung mit Träumen kann man jedenfalls als Nebenwirkung eine Steigerung der Kreativität erwarten. Die Traumdeutung verlangt geradezu danach, vom starren Denken abzuweichen, denn sonst fällt es viel schwerer, die verschlüsselten Traumaussagen zu verstehen. Neben der unmittelbaren Lebenshilfe, die Träume bieten können, gehört auch diese Anregung des schöpferischen Denkens zu den erwünschten Folgen der Traumdeutung.

Eine Funktion von Träumen soll das »Einschleifen« von Erfahrungen und Lerninhalten des vergangenen Tags in das Langzeitgedächtnis sein.

Darüber hinaus scheinen Träume auch noch eine Rolle bei Lernprozessen zu spielen, was ebenfalls mit der Kreativität in Beziehung steht. Es gibt Theorien, nach denen eine Funktion der Träume im »Einschleifen« von Erfahrungen und Lerninhalten des vergangenen Tags in das Langzeitgedächtnis und in der Anpassung der »Programme« des Gehirns an neue Verhältnisse bestehen soll. Dafür spricht zum Beispiel die Tatsache, dass Säuglinge und Kleinkinder, die noch ungleich mehr als Erwachsene zu lernen haben, so lange träumen. Aber auch diese Vorstellung konnte noch nicht endgültig wissenschaftlich bewiesen werden.

Sind Träume überflüssig? – Eine umstrittene Theorie

Wenn die Theorie, die der britische Schlafforscher James A. Horne 1990 beim 10. Kongress der Europäischen Gesellschaft für Schlafforschung in Straßburg vortrug, tatsächlich zuträfe, dann wäre nicht allein dieses Buch nur noch Makulatur. Auch die Psychoanalyse und andere Therapien, die mit Traumdeutung arbeiten, brächen zusammen. Aus Untersuchungen in seinem Schlaflabor an der Universität Loughborough zog Horne nämlich den Schluss, dass Träume praktisch überflüssig sind. Zur Erholung sind danach nur die ersten Tiefschlafphasen notwendig, die von kurzen REM-Phasen unterbrochen werden, nicht aber der durch längere Traumschlafphasen gekennzeichnete Schlaf in der zweiten Nachthälfte. Diese bezeichnete Horne als das Relikt aus einer Art Schlaftrieb, dem wir uns willenlos hingeben.

Die Vorstellungen, die auch außerhalb der Fachpresse verbreitet wurden, können beim einen oder anderen Leser Zweifel am Sinn der Traumanalyse wecken. Deshalb sollen hier einige kritische Überlegungen dazu angestellt werden:

- Die Theorie Hornes, die keineswegs allgemein anerkannt ist, sondern von den meisten Fachleuten als Spekulation zurückgewiesen wird, bleibt zunächst die Antwort auf eine entscheidende Frage schuldig: Warum sorgte die Natur dafür, dass alle höheren Tiere und Menschen Nacht für Nacht träumen, wenn das für die Erholung überflüssig wäre? Es gibt in der Natur nichts, was keinen biologischen Sinn hat. Schon deshalb kann diese Theorie nicht richtig sein.

- Außerdem verkennt Horne die Tatsache, dass nur die wenigsten Menschen mit etwa vier Stunden Nachtschlaf auskommen, was den von ihm als wichtig bezeichneten Tiefschlafphasen in der ersten Nachthälfte entspricht. Richtig ist vielmehr, dass die meisten Menschen nach so kurzem Schlaf nicht erholt und ausgeschlafen erwachen. Sie fühlen sich müde, abgespannt und sind wenig leistungsfähig, gereizt und deprimiert. Es ist zu einfach, das aus einem »Schlaftrieb« zu erklären, für den es ohnedies keinen Beweis gibt, und zu behaupten, dass man mit so wenig Schlaf auskäme, wenn man das nur wollte. Die praktische Erfahrung lehrt, dass der versäumte Schlaf ebenso wie der Traum vom menschlichen Organismus schlicht erzwungen wird, wenn man längere Zeit entgegen dem persönlichen Schlaf-Wach-Rhythmus nur so kurz schläft.
- Schließlich vergisst diese Theorie auch noch die lange Erfahrung der Psychoanalyse und ähnlicher Therapieformen mit der Deutung von Träumen. Sie belegt zweifelsfrei, dass den Träumen sehr wohl eine Bedeutung für die psychische Gesundheit des Menschen zukommt. Tatsache ist unter anderem, dass man aus Träumen zuverlässige Rückschlüsse auf seelische Vorgänge ziehen kann, die als zutreffend beweisbar sind. Das kommt in der Praxis zu häufig vor, als dass man es auf bloßen Zufall zurückführen könnte. Vielmehr wird daran gerade deutlich, dass die Träume eine ihnen eigene Funktion erfüllen.

Die Motive, die den Wissenschaftler veranlassten, mit einer derart vagen Theorie an die Öffentlichkeit zu treten, sind schwer nachvollziehbar, sofern es ihm nicht nur darum ging, zu provozieren und Aufsehen zu erregen. Sicher, wir wissen heute noch längst nicht alles über die Träume, sodass auch für völlig neue Vorstellungen Raum sein muss. Wenn diese aber so wenig fundiert sind und so deutlich von gesicherten Erkenntnissen und Erfahrungen abweichen, tragen sie kaum etwas zum besseren Verständnis des Traumgeschehens bei.

Lassen sie sich also nicht verunsichern, wenn Sie mit Ihren Träumen arbeiten wollen. Seit Jahrtausenden ziehen Menschen daraus Nutzen, um sich selbst besser zu verstehen und ein erfüllteres, glücklicheres Leben im Einklang mit sich selbst zu führen.

Traumanalyse – ein Weg zum Selbst mit einigen Hindernissen

Seit Menschen sich ihrer Individualität bewusst sind, streben sie wohl auch danach, sich selbst zu erkennen, zu verstehen und zu verwirklichen. Es gibt verschiedene Wege, um zum Kern der Persönlichkeit vorzudringen. Meditative Übungen sind zum Beispiel eine Möglichkeit, die heute oft genutzt wird, die Analyse von Träumen ist eine andere. Man muss sich natürlich nicht unbedingt mit seinen Träumen befassen, um ein erfüllteres Leben in innerer Harmonie zu führen. Aber wenn man sich dazu entschließt, sollte man sich auf eine abenteuerliche, manchmal mühselige und nicht immer angenehme Reise durch das Selbst einstellen, die eigentlich nie ein Ende findet. Selbst wenn man viele Jahre lang die eigenen Träume analysiert, wird man sich niemals vollkommen ergründen können. Auch hier gilt, dass der Weg das Ziel ist. Allein schon das Streben nach mehr Selbsteinsicht und Selbstverwirklichung wird das ganze Leben des Menschen bereichern und positiv verändern.

Die Botschaften aus dem Unbewussten faszinierten, bedrängten und ängstigten die Menschen zu allen Zeiten, spürten sie doch instinktiv, dass den Träumen eine Bedeutung zukommt. Vermutlich begann der Mensch, sich spätestens dann intensiver mit seinen Träumen zu beschäftigen, als er sesshaft geworden war und dafür mehr Muße fand.

Die ersten Belege für eine systematische Traumdeutung reichen ungefähr vier Jahrtausende zurück.

Die ersten Belege für eine systematische Traumdeutung, die wir heute kennen, reichen allerdings nur ungefähr vier Jahrtausende zurück. Damals waren es vor allem die Priester, Heiler und Schamanen der antiken westlichen und asiatischen Hochkulturen, die sich mit der Traumdeutung befassten. Manches, was sie damals erkannten, erwies sich auch im Lichte der modernen Traumforschung und Psychologie als richtig, sodass man immer noch auf diese alten Quellen zurückgreifen kann. Auch in diesem Buch werden die Erfahrungen der antiken Traumdeutung zum Beispiel in Indien berücksichtigt, soweit sie mit den heutigen Kenntnissen zu vereinbaren sind. Zwar sind sie vermischt mit den mystisch-religiösen Vorstellungen jener Zeit, die uns heute fremdartig vorkommen, aber wenn man dahinter den eigentlichen Sinn erkennt, sind sie durchaus gerechtfertigt und wichtig.

Traumdeutung im Wandel der Zeit

Der Trend zur Spezialisierung in der Wissenschaft, aber auch in vielen anderen Lebensbereichen, ist ein Symptom unserer Zeit. Zwar ermöglichte die Konzentration auf einen eng begrenzten Fachbereich oft, dass schnellere Fortschritte erzielt wurden, aber der Bezug zur Ganzheit ging dabei meist verloren. Wissenschaftskritiker meinen dazu denn auch ironisch, dass man heute »immer mehr von immer weniger weiß, bis man schließlich von nichts alles wissen wird«.

Unter anderem ist die fortschreitende Spezialisierung mit dafür verantwortlich, dass Medizin und Psychologie heute viel zu wenig zusammenarbeiten, sich teilweise sogar befehden. Der Mensch als Ganzheit von Körper, Geist und Seele bleibt dabei auf der Strecke, die wirksame Behandlung vieler Krankheiten, die mit psychischen Vorgängen in Zusammenhang stehen, wird verhindert. Nur zaghaft versuchen die beiden Disziplinen heute wieder, miteinander »ins Gespräch« zu kommen, nachdem die ständige enge Wechselbeziehung zwischen körperlichen und seelisch-geistigen Funktionen nicht mehr länger ignoriert werden kann.

Fortschreitende Spezialisierung ist mit dafür verantwortlich, dass Medizin und Psychologie heute viel weniger zusammenarbeiten als früher, sich teilweise sogar befehden.

Mystisch-religiöse Deutungen in der Antike

In der Antike gab es eine solche krasse Spezialisierung noch nicht. In vielen Hochkulturen des Altertums waren es vor allem die Priester, die sowohl für das Heil der Seele als auch für die Gesundung des Körpers zuständig waren. Das ermöglichte eine umfassende Ganzheitstherapie, die man erst heute wieder vorsichtig anstrebt. So betrachtet, war die antike Heilkunst der modernen, zu einseitig körperlich orientierten Schulmedizin trotz all ihrer unbestreitbaren Fortschritte sogar überlegen.

Die enge Verknüpfung von Religion und Ganzheitsmedizin bewirkte, dass man viele körperliche und seelische Phänomene, die man anders nicht zu klären vermochte, auf den Einfluss von Göttern, Geistern und Dämonen zurückführte. Auch die Träume wurden so verstanden und deshalb meist sehr ernst genommen. Die Traumdeuter standen in hohem Ansehen, waren manchmal sogar mächtiger als der Herrscher, denn von ihren Aussagen hingen viele seiner Entscheidungen ab. Dafür lebten sie aber auch riskant, denn wenn sich ihre Voraussagen als falsch erwiesen, kostete sie das nicht selten das Leben.

Die ältesten Belege für eine systematische Deutung von Träumen als Botschaften, Weissagungen und Befehle der Gottheiten stammen aus dem antiken Ägypten.

Die ältesten Belege für eine systematische Deutung von Träumen als Botschaften, Weissagungen und Befehle der Gottheiten und anderer mystischer Mächte stammen aus dem antiken Ägypten. Hier verfasste man sogar schon eine Art »Traumlexikon«, in dem die Bedeutung vieler Traumsymbole erklärt wurde. Auch im alten Indien, wo man traditionell in inniger Beziehung mit dem Kosmos und den Göttern lebte, entstanden erste Aufzeichnungen zur Traumdeutung. Bekannt wurde ferner das Traumbuch der Assyrer und Babylonier, in dem das gesamte damalige Wissen von den Träumen zu einer Art »Handbuch« zusammengefasst wurde.

Für die moderne Traumanalyse sind diese ersten, teilweise erhaltenen Schriften nicht nur von historischem Interesse. Wenn man das mystische »Beiwerk«, das in der damaligen Weltanschauung und Religiosität begründet ist, einmal außer Acht lässt und sich auf den Kern der Aussagen konzentriert, zeugen diese nicht selten von scharfer psychologischer Beobachtung. Deshalb werden wir später im alphabetischen Lexikon der Traumsymbole auch diese überlieferten Deutungen der Ägypter, Assyrer, Babylonier und Inder in »modernisierter« Form berücksichtigen.

Die Traumanalyse im antiken Griechenland war wissenschaftlicher. Vor allem der berühmteste Arzt jener Zeit, Hippokrates von Kos (460 bis 370 v.Chr.), der als Begründer der Medizin gilt, sah in den Träumen nicht nur den Einfluss der höheren Mächte, sondern erkannte wohl erstmals auch einige körperliche Besonderheiten des Traumschlafs. Aber er blieb doch noch dem mystisch-religiösen Denke seiner Zeit verhaftet. Therapeutisch wurden Träume in Griechenland bereits von Äskulap (Asklepios) im Tempelschlaf genutzt. Er galt in der griechischen Mythologie als Sohn des Gottes Apollon und soll die Heilkunst von dem Zentauren Cheiron erlernt haben. Andere Ansätze, die Traumdeutung auf eine wissenschaftlichere Grundlage zu erstellen, gingen damals von den berühmten griechischen Philosophen Aristoteles und Platon aus.

Schon Hippokrates sah in den Träumen nicht nur den Einfluss höherer Mächte, sondern erkannte auch einige Besonderheiten des Traumschlafs.

Im antiken Rom dagegen nahm man offiziell eine ablehnende Haltung gegenüber der Traumdeutung ein. Es scheint, dass in der straffen Verwaltung des riesigen römischen Imperiums für etwas so Individuelles wie Träume kein Platz war, weil man über sie keine Macht und Kontrolle ausüben konnte. Deshalb galten sie fast schon als staatsfeindlich. Es soll sogar zu mancher Hinrichtung gekommen sein, wenn ein Traum, der dem Herrscher zu Ohren gelangte, ihm missfiel. Trotzdem gab es im Volk natürlich Traumdeutung, aber eine »Traumkultur« konnte sich unter den ungünstigen Bedingungen im alten Rom nicht entwickeln.

Am Ende dieses kurzen, keinesfalls vollständigen Überblicks über die Traumdeutung in der Antike, noch ein kurzer Abstecher in die jüdische und islamische Welt. Hier waren die Träume lange Zeit Eingebungen und Weisungen Gottes, denen der Mensch bedingungslos zu gehorchen hatte. Die jüdischen Traumdeuter gingen sogar davon aus, dass ein Traum entweder eine göttliche Botschaft enthält oder keinerlei Bedeutung hat. Wer diese Botschaften zu entschlüsseln verstand, galt als heilig. Später änderte sich das jedoch, die von Gott gesandten Träume wurden zum Wunder, zur Offenbarung, die nur wenigen Auserwählten zuteil wurde.

In der jüdischen und islamischen Welt waren die Träume lange Zeit Eingebungen und Weisungen Gottes, denen der Mensch bedingungslos zu gehorchen hatte.

Die streng religiöse Ausdeutung der Träume fand ihren Niederschlag auch in den religiösen Lehren der Mohammedaner und Juden. Im Koran und im Alten Testament stößt man auf zahlreiche göttliche Offenbarungen, die aus heutiger Sicht als Träume zu verstehen sind. Vor allem der Prophet Mohammed hatte viele solcher Träume. So nahm die Traumdeutung jener Zeit großen Einfluss auf die wichtigsten Weltreligionen, das Christentum und den Islam.

Unsere Träume sind Teile von uns, mit denen wir arbeiten können, um glücklicher und zufriedener zu leben.

Anzumerken bleibt noch, dass das Wissen um die Träume in der Antike meist nur wenigen zugänglich war. Das Volk wurde darüber nicht unterrichtet. Das trug wohl mit dazu bei, dass viele Menschen auch heute noch eine gewisse Scheu vor den Träumen spüren und sich nicht so recht an die Deutung heranwagen. Dieses Buch soll nicht zuletzt auch dabei helfen, diese unberechtigte Scheu zu überwinden. Unsere Träume, das sind Teile von uns, vor denen wir uns nicht zu ängstigen brauchen. Wenn wir es gelernt haben mit ihnen zu arbeiten, können wir glücklicher und zufriedener leben.

»Teuflisches Blendwerk« – Traumdeutung im finsteren Mittelalter

Das Mittelalter wird oft als eine finstere Epoche bezeichnet. Es war durch Aberglauben, Hexenwahn, Angst vor der Inquisition der übermächtigen Kirche und Unwissenheit der breiten Masse geprägt. In einem solchen intoleranten Geistesklima konnte sich eine wissenschaftlich fundierte Traumdeutung, zu der Hippokrates und andere griechische Denker der Antike die ersten Ansätze geschaffen hatten, nicht entwickeln. Weder der Kirche noch der Obrigkeit konnte daran gelegen sein, den Menschen in ihren persönlichen Träumen einen unkontrollierbaren Freiraum zu lassen.

Die Einstellungen der Mächtigen zu den Träumen waren zwiespältig. Wenn sie in ihrem Sinn waren, galten sie als göttliche Offenbarungen. Wichen sie davon ab, wurden sie als »teuflisches Blendwerk« verdammt. Der Träumer oder Traumdeuter lief dann Gefahr, auf dem Scheiterhaufen der Inquisition als Ketzer zu enden.

Es ist erstaunlich, dass sich trotzdem auch im Mittelalter eine Art »Traumkultur« mit zahlreichen Veröffentlichungen entwickelte. Sie brachten aber keinen nennenswerten Fortschritt, sondern beruhten größtenteils auf den Vorstellungen der antiken Traumdeutung, soweit diese von Kirche und Obrigkeit als »unverdächtig« zugelassen wurden. Viele Denkansätze der Antike wurden dabei unterdrückt, sodass die Traumdeutung eher behindert und zurückgeworfen wurde.

Ab der zweiten Hälfte des 14. Jahrhunderts, vor allem aber im 15. und 16. Jahrhundert, trat dann mit der Renaissance eine Wende ein. Nachdem das Geistesleben jahrhundertelang unterdrückt worden war, begann nun als Reaktion darauf die »Wiedergeburt der Antike« (Renaissance). Man besann sich auf die Werte dieser Epoche, um das geistige Leben endlich wieder zu beleben. Begünstigt wurde das noch durch den schwindenden Einfluss der Kirche, die durch die Reformation Martin Luthers und anderer gespalten war.

Nun konnte sich allmählich auch eine neue Form wissenschaftlicher Traumforschung entwickeln. Sie ging zunächst von den Ansätzen in der Antike aus, befreite sich dann aber bald völlig von den religiös-mystischen Vorstellungen und verfiel ins andere Extrem, indem sie die Träume als rein körperliche Vorgänge untersuchte. Damit ging die Traumforschung auf die Medizin über. Teilweise bekam ihr das recht gut, denn dabei wurden auch die letzten mystischen Erklärungen über Bord geworfen. Aber das Seelenleben als Ursprung der Träume, von dem man ohnehin noch nicht viel wusste (Psychologie als eigenständige Disziplin gab es damals noch nicht), klammerte man dabei völlig aus.

Die Versuche, Träume allein aus körperlichen Prozessen streng rational zu erklären, misslangen natürlich und führten teilweise zu Theorien, die nicht minder okkult als die früheren mystischen Vorstellungen waren. Man unternahm zum Beispiel Versuche mit körperlichen Reizen, denen man bestimmte Träume direkt zuordnete, oder führte Angstträume auf bestimmte Schlaflagen zurück. Solche körperbedingten Träume kommen zwar tatsächlich vor, aber man kann unmöglich jeden Traum daraus erklären, wie damals versucht wurde.

Die moderne Traumanalyse

Sigmund Freud gab die wichtigsten Impulse zur modernen Traumanalyse.

Die Entwicklung der modernen Traumdeutung steht in enger Beziehung zur Emanzipation der Psychologie von der Theologie, Philosophie und Medizin im 19. Jahrhundert. Dadurch wurde sie zu einer eigenständigen wissenschaftlichen Disziplin, die allerdings bis heute eine Art Zwitterstellung einnimmt, weil man sie teils den Naturwissenschaften, teils den Geisteswissenschaften zuordnet. Die wichtigsten Impulse zur Traumanalyse gingen von dem Wiener Nervenarzt Sigmund Freud aus, aber auch viele andere trugen ihren Teil dazu bei.

Freuds »Königsweg« zum Unbewussten

Sigmund Freud, der Vater der Psychoanalyse und Begründer der modernen Traumdeutung, wurde am 6. Mai 1856 in Nordmähren geboren. Sein medizinisches Studium absolvierte er in Wien, unter anderem am physiologischen Laboratorium des angesehenen deutschen Physiologen Ernst W. Ritter von Brücke. Dort beschäftigte sich Freud vorwiegend mit Aufbau und Funktionen des Nervensystems.

Nach seiner Promotion 1881 arbeitete Freud als Arzt am Wiener Allgemeinen Krankenhaus unter dem bekannten Neurologen Theodor H. Meynert, der ihm die Fortsetzung seiner Untersuchungen über das Nervensystem ermöglichte. In dieser Zeit veröffentlichte Freud auch seine erste wichtige wissenschaftliche Arbeit, die sich mit der Kokapflanze beschäftigte; die Veröffentlichung trug maßgeblich mit zur Einführung des Kokains als Schmerz- und Betäubungsmittel in die Medizin bei.

Im Lauf der Zeit wandte sich Freud aber immer mehr der Erforschung psychischer Krankheiten zu. Seine erste Studie über die Hysterie publizierte er noch gemeinsam mit dem Wiener Neurologen Josef Breuer, von dem er sich aber bald trennte, um seine eigenen Forschungen zu betreiben.

Im Jahr 1885 habilitierte Freud zum Dozenten, 1902 wurde er zum Professor in Wien berufen. Hier lebte er bis 1938; als sich Österreich dem nationalsozialistischen Deutschland anschloss, emigrierte Freud wegen seiner jüdischen Abstammung nach England. In seinem Londoner Exil starb er am 23. September 1939 an Krebs, gegen den er lange Jahre angekämpft hatte.

Freuds Erkenntnisse über das Unbewusste und die Triebe waren revolutionär und passten nicht in das Bild, das man sich damals vom Menschen als vernunftbegabtes Wesen machte.

Von Anfang an stand Sigmund Freud im Kreuzfeuer der Kritik und Anfeindung. Seine Erkenntnisse über das Unbewusste und die Triebe waren revolutionär und passten nicht in das Bild, das man sich damals vom Menschen als vernunftbegabtes Wesen machte. Besonders scharf wurde er wegen seiner Theorien zum Sexualtrieb angegriffen, die in der prüden Wiener Gesellschaft der Jahrhundertwende einen Aufschrei der Empörung auslösten. Aber er fand auch zahlreiche Anhänger, die in ihm einen Reformator der Psychologie sahen, die sich nicht so recht weiterentwickelte. Manche seiner Schüler wandten sich später wieder von ihm ab und gingen eigene Wege, vor allem A. Adler und C. G. Jung. Aber bis heute gehört die klassische Freudsche Psychoanalyse zu den wichtigsten, am häufigsten durchgeführten Methoden der Psychotherapie, die sich im Lauf der Jahrzehnte nicht grundlegend geändert hat.

Mittlerweile wird das Werk von Sigmund Freud erneut kritisiert. Es gibt ernst zu nehmende Verdachtsmomente, dass er es mit der wissenschaftlich korrekten Arbeit nicht immer genau nahm. So soll er zum Beispiel Fälle so »zurechtgebogen« haben, dass sie seine Theorien untermauerten, obwohl sie in Wirklichkeit anders verliefen. Außerdem wird seine Psychoanalyse immer heftiger kritisiert, unter anderem deshalb, weil sie zu lange dauert und sich keiner wissenschaftlichen Erfolgskontrolle unterziehen will. Nicht zuletzt entzündet sich die Ablehnung auch wieder an Freuds Vorstellungen von der Sexualität, der er wohl eine zu große Bedeutung beimaß.

Aber auch die berechtigte Kritik an Freuds Psychoanalyse und die Zweifel an der Aufrichtigkeit seiner wissenschaftlichen Arbeit können seine Bedeutung für die moderne Psychologie nicht mindern. Unabhängig davon gebührt ihm das Verdienst, mit der Ergründung des Unbewussten und der Träume die gesamte Weiterentwicklung der modernen Psychologie entscheidend geprägt und das Bild vom Menschen tief greifend verändert zu haben.

Die Träume waren für Sigmund Freud der wichtigste Schlüssel zum Unbewussten.

Die Träume waren für Sigmund Freud der wichtigste Schlüssel zum Unbewussten, jenem Bereich des Seelenlebens, der uns im Wachzustand normalerweise nicht zugänglich ist. Er bezeichnete die Traumdeutung deshalb gerne als »via regia«, den Königsweg zur Erforschung des Unbewussten bei der Psychoanalyse. Seine grundlegende Arbeit dazu veröffentlichte Freud im Jahr 1900 unter dem Titel »Die Traumdeutung«. In diesem Werk legt er dar, dass Träume weder Botschaften von Göttern und anderen Mächten noch bloße körperliche Vorgänge sind, sondern aus dem unbewussten Bereich der Psyche stammen. Ihre Funktion besteht nach Freud hauptsächlich darin, verborgene und verdrängte Bedürfnisse, Wünsche und Triebe (vor allem sexuelle) symbolisch zum Ausdruck zu bringen und scheinbar zu befriedigen. Indem man in der Traumanalyse, die fester Bestandteil der Psychoanalyse ist, diese verdrängten Inhalte wieder bewusst macht, können sie verarbeitet und in die Persönlichkeit integriert werden. Das ist, grob vereinfacht gesagt, das Grundprinzip der tiefenanalytischen Therapie, die von Freud begründet wurde. Aus heutiger Sicht maß Freud der Sexualität sicherlich zu viel Bedeutung bei. Das mag zum Teil aus seinen eigenen psychischen Problemen erklärbar sein, die er zeitlebens zu analysieren und dadurch zu bewältigen suchte. (Er schaffte es zum Beispiel nie, seine Nikotinsucht zu überwinden, selbst als Kehlkopfkrebs bei ihm diagnostiziert wurde.) Zum Teil war das aber auch in der Sexualmoral seiner Zeit begründet, die tatsächlich viel stärker als heute zu Neurosen führte. Der Bedeutung seiner Arbeit tut das aber keinen Abbruch.

Andere Wegbereiter wissenschaftlicher Traumdeutung

Da Freud durch seine Erkenntnisse vom Unbewussten und von den Träumen Neuland beschritt, wurde er zum Vordenker praktisch aller Psychologen seiner Zeit. Sein Einfluss reicht bis in die heutige Psychologie, die trotz aller neuen Erkenntnisse und Weiterentwicklungen in ihrer heutigen Form ohne Freud nicht denkbar wäre. Zwei seiner Schüler, mit denen er zeitweise eng zusammenarbeitete, gingen später eigene Wege und wurden ebenfalls weltweit bekannt: Carl Gustav Jung und Alfred Adler.

Carl Gustav Jung und Alfred Adler waren zwei Schüler Freuds, die später ihre eigenen Wege gingen und ebenfalls bekannt wurden.

Der Schweizer Jung kritisierte an Freuds Lehre vor allem die Fixierung auf die Sexualität. In der von Jung begründeten komplexen Psychologie stehen nicht so sehr die sexuellen Inhalte im Vordergrund, sondern vor allem die Konflikte, die bei der Entfaltung des Selbst auftreten. Sie finden ebenso ihren Ausdruck in den Träumen wie die von Jung in der Traumanalyse eingeführten Archetypen aus dem kollektiven Unbewussten, das die überpersönliche, allgemein-menschliche Grundlage der Seele bildet (siehe Seite 57). Damit stellte Jung eine Beziehung zwischen den mystischen Vorstellungen des Altertums und der wissenschaftlichen Traumdeutung her.

Auch Adler, der die Individualpsychologie begründete, lehnte die Überbetonung der Sexualität, wie sie in den Lehren Freuds zu finden ist, ab. Für ihn wird der Mensch vor allem vom Streben nach Macht und Geltung beherrscht und gerät dadurch in Konflikte, die auch in seinen Träumen zum Ausdruck kommen.

Neben Adler und Jung, den beiden Schülern Sigmund Freuds, deren eigenständige Lehren am meisten Beachtung fanden, sind noch einige weniger bekannte zu erwähnen, vor allem:

- Wilhelm Stekel stimmte Freud in vielen Punkten zu, beachtete aber neben den sexuellen auch die Geburts- und Todessymbole in den Träumen, untersuchte telepathische Träume (zum Beispiel Vorahnungen) und erkannte, dass es Traumserien gibt, die in innerem Zusammenhang stehen.
- Otto Rank erforschte vor allem noch die Beziehungen zwischen Träumen und Mythen, Sagen, Märchen und Dichtung; er trug so viel mit zu Jungs Traumtheorie bei.
- Alphonse Maeder und Paul Bjerre stehen mit ihren Vorstellungen von den Träumen C. G. Jung sehr nahe; Bjerre wies außerdem darauf hin, dass viele Träume der Verarbeitung von Ereignissen des Alltags dienen, die sonst das Seelenleben unnötig belasten.
- Unter den amerikanischen Traumforschern sind vor allem noch Edward S. Tauber, Erich Fromm, Alfred Kinsey und Calvin S. Hall zu nennen, denen es weniger um Theorien, sondern um die praktische Arbeit mit den Träumen als Lebenshilfe ging.

Die moderne wissenschaftliche Traumanalyse gründet auf der Arbeit vieler Forscher. So unterschiedlich, zum Teil sogar widersprüchlich ihre Theorien auch sind, eignen sie sich doch alle, dem Phänomen Traum aus verschiedenen Richtungen näher zu kommen. Eine umfassende Theorie, die alle Fragen beantwortet, gibt es bisher noch nicht.

Traumanalyse in der Psychotherapie

Manche Methoden der Psychotherapie, wie zum Beispiel die Verhaltenstherapie, kommen ohne Traumanalysen aus, andere wenden sie nicht regelmäßig an. Von großer Bedeutung ist die Traumdeutung aber bei allen Formen der tiefenpsychologischen Behandlung, die das Unbewusste erforscht. Hier gilt nach wie vor im Sinne Freuds, dass Träume den »Königsweg« in die Tiefen der Persönlichkeit darstellen.

Von großer Bedeutung ist die Traumdeutung bei allen Formen der tiefenpsychologischen Behandlung, die das Unbewusste erforscht.

Die Traumanalyse im Rahmen der Psychotherapie wird vor allem zur Behandlung von Neurosen genutzt. Diese psychischen Störungen entstehen durch Konflikte, Enttäuschungen und ähnliche negative Lebenserfahrungen, die oft weit in die Kindheit zurückreichen. Sie wurden unverarbeitet ins Unbewusste verdrängt, weil man den damit verbundenen seelischen Schmerz nicht ertragen kann. Dadurch verschwinden sie zwar aus dem Bewusstsein, wirken aber unmerklich fort und führen zum Beispiel zu Verhaltensstörungen, deren Ursachen man nicht mehr kennt und deshalb auch nicht beseitigen kann.

In den Träumen tauchen diese Inhalte mehr oder minder stark codiert wieder auf. Wenn man sie deutet, erkennt man die verdrängten Erfahrungen wieder. Sie können dann nachträglich verarbeitet und überwunden werden, und die damit einhergehenden Störungen verschwinden. Das ist mit unangenehmen bis schmerzlichen Einsichten verbunden, gegen die erhebliche innere Widerstände auftreten, die mithilfe des Therapeuten überwunden werden.

Die Traumanalyse im Rahmen einer Therapie nimmt meist viel Zeit in Anspruch und darf nur von einem erfahrenen Fachmann durchgeführt werden, sonst können weitere seelische Schäden eintreten. Es ist zum Beispiel sehr wichtig, dass der Therapeut den richtigen Zeitpunkt erkennt, wann er seinem Patienten die Deutung der Träume mitteilen darf, der falsche Moment könnte die ganze Arbeit zunichte machen. Außerdem werden bei der Therapie neben der Traumanalyse noch andere Techniken angewandt, um das Unbewusste zu erforschen, vor allem die freien Einfälle (Assoziationen), die ähnlich wie Träume verdrängte Inhalte zutage fördern und ebenfalls gedeutet werden müssen. Deshalb sollte die Selbstanalyse von Träumen nie bei ernsteren psychischen Problemen durchgeführt werden. Sie eignet sich in erster Linie zur besseren Selbsterkenntnis.

Selbstanalyse von Träumen nie bei ernsteren psychischen Problemen durchführen.

Träume als Botschaften des Unbewussten

Unsere Träume enthalten oft Botschaften, die für uns persönlich wichtig sind. Das ahnten schon die Traumdeuter der Antike. Aber sie werden uns nicht von Göttern, Dämonen oder anderen höheren Mächten eingegeben, wie man damals annahm. Sie entstehen in uns selbst durch das Zusammenwirken verschiedener biochemischer Stoffe und Areale des Gehirns. Träume sind als Botschaften aus jenem großen Teil der Psyche, von dem wir im Wachzustand keine Kenntnis haben, aus dem wir aber stärker beeinflusst werden, als die meisten Menschen sich vorstellen können. Außerdem stehen unsere Träume, wenn man Jungs Theorie vom kollektiven Unbewussten folgt, mit den gesammelten Erfahrungen der Menschheit seit Anbeginn menschlichen Daseins auf der Erde in Zusammenhang, die in den Träumen in Symbolen (Archetypen) durchbrechen. Es lohnt sich also, sich mit diesen Botschaften aus der Tiefe des Selbst zu beschäftigen, damit man mit sich selbst in Einklang kommt und von der Weisheit des Unbewussten profitiert.

Was können Träume aussagen?

Triviale Träume, die Alltagserlebnisse verarbeiten, dienen in erster Linie der Entlastung von inneren Spannungen.

Es gibt triviale Träume, die Alltagserlebnisse verarbeiten, denen man überhaupt nichts entnehmen kann. Sie dienen in erster Linie der Entlastung von inneren Spannungen. Man darf also nicht versuchen, hinter jedem Traum einen tieferen Sinn zu suchen, wie es bei der Selbstanalyse manchmal vorkommt. Das führt nur zu Fehlinterpretationen, die nicht weiterhelfen. Wenn man also partout keinen Sinn, keine Botschaft hinter einem Traum zu erkennen vermag, kann man ihn im Allgemeinen ad acta legen. Meist spürt man es instinktiv, wenn ein Traum keine wichtige Botschaft enthält.

Ein Teil der Träume ist aber durchaus wichtig und aussagefähig. Auch das fühlt man häufig instinktiv, wenn man sich zum Beispiel immer wieder unwillkürlich mit einem Trauminhalt befasst, der einem nicht »aus dem Kopf geht«. Das Unbewusste schickt uns in den Träumen nicht nur Botschaften, es versucht auch, uns auf wichtige Dinge aufmerksam zu machen, oder bietet kreative Lösungen für reale Alltagsprobleme. Wer mithilfe dieses Buchs gelernt hat, auf seine Träume zu achten, sie zu verstehen, wird viel leichter die wichtigen von den unwichtigen zu unterscheiden wissen.

Es gibt die verschiedensten Botschaften, die sich hinter Träumen verbergen können. Das hängt entscheidend mit von der Persönlichkeit und den individuellen Lebensumständen ab. Zu den häufigsten Aussagen der Träume gehören:

- Einblicke in die verborgenen Seiten der eigenen Persönlichkeit, die zwar nicht bewusst sind, aber das Verhalten, Denken und Fühlen oft maßgeblich mit beeinflussen; wenn man die Träume richtig deutet, gewinnt man immer bessere Selbsterkenntnis und kann eher im Einklang mit sich selbst leben und die Fülle der eigenen Lebensmöglichkeiten wesentlich besser ausschöpfen.
- Hinweise auf verdrängte Erfahrungen, Konflikte und ähnliche Probleme, die ebenfalls starken Einfluss auf das Leben nehmen, ohne dass man sich dessen bewusst ist; wenn man sie mithilfe der Traumanalyse erkennt, können sie endgültig verarbeitet werden. Die verdrängten Erfahrungen verlieren so ihren störenden Einfluss.
- Konkrete Vorschläge zur Lösung bestehender Konflikte und Probleme, die im Wachzustand nicht einfallen, weil nur die Träume uneingeschränkt die Weisheit, Erfahrung und Kreativität des persönlichen und kollektiven Unbewussten nutzen; auch wenn diese Hinweise in den Träumen nicht immer praktisch nutzbar sind, wird man dadurch doch wenigstens angeregt, neue kreative Lösungen zu suchen.

Die Hauptaussagen der Träume bieten die Möglichkeit, das Leben auf eine breitere Grundlage zu stellen, indem man das Unbewusste mit in die Lebensgestaltung einbezieht.

Diese Hauptaussagen der Träume bieten also die Möglichkeit, das Leben auf eine breitere Grundlage zu stellen, indem man den weiten Bereich des Unbewussten mit in die Lebensgestaltung einbezieht. Das bedeutet Psychohygiene im Sinne von Vorbeugung seelischer Störungen und praktische Hilfe bei der Bewältigung des täglichen Lebens. Vielleicht lebt es sich nicht einfacher, wenn man die Traumbotschaften beachtet, denn sie führen nicht unbedingt zu angenehmen Einsichten. Mit Sicherheit lebt man dadurch aber bewusster und erfüllter.

Verschlüsselte Inhalte der Träume

Die Arbeit mit den Traumbotschaften wäre sicher populärer, vor allem aber wesentlich einfacher, wenn man sie immer auf Anhieb erkennen und verstehen könnte. Aber das ist im Allgemeinen nicht möglich. Zwar gibt es auch Träume, die man ohne lange Analyse versteht, weil sie kaum verschlüsselt sind, aber sie sind oft nicht besonders wichtig. Ausgerechnet jene Träume dagegen, die wichtige Einblicke in die eigene Persönlichkeit, in verdrängte Wünsche, Erfahrungen und Konflikte zulassen, werden meist besonders stark verzerrt. Das ist einfach zu verstehen: Wenn die Traumzensur sie offen zulassen könnte, müsste man sie ja auch nicht aus dem Tagesbewusstsein ins Unbewusste verdrängen, sondern könnten sich ihrer ständig bewusst bleiben. Dann wären die Träume überhaupt nicht notwendig, um darauf hinzuweisen.

Die Verschlüsselung der Traumbotschaften erfolgt vor allem durch Verdichtung und Verschiebung der Bedeutung.

Die Verschlüsselung (Codierung) der Traumbotschaften erfolgt vor allem durch Verdichtung und Verschiebung der Bedeutung. Dadurch werden zwischen einzelnen Elemente neue Beziehungen hergestellt und Akzente anders gesetzt, als es der tatsächlichen Bedeutung entspricht. Hinzu kommt dann noch die »Übersetzung« der veränderten Botschaften in die »Traumsprache«, die in erster Linie aus Bildern besteht.

Die Codierung ist aber nicht das einzige Problem bei der Entschlüsselung von Träumen, denn man kann die Allegorien, Symbole und anderen »Vokabeln« der Träume verstehen lernen. Das gelingt mit etwas Übung immer leichter und zuverlässiger. Aber gegen die Entzifferung des »Traumcodes« erheben sich oft mächtige innere Widerstände, die eine Traumanalyse zusätzlich komplizieren. Bestimmte Teile des unbewussten Seelenlebens versuchen dadurch mit allen Mitteln, die Deutung zu verhindern, um der Konfrontation mit unangenehmen Einsichten aus dem Weg zu gehen. Teils wird die Analyse dadurch blockiert, sodass man überhaupt keinen Sinn in einem Traum mehr zu erkennen vermag, teils so verfälscht, dass man zu falschen, oft trivialen Erkenntnissen gelangt.

Solche Widerstände können so stark sein (vor allem bei psychischen Krankheiten), dass man sie aus eigener Kraft nicht überwinden kann. Dann bleibt nur die fachliche Hilfe, bei der zunächst die Widerstände selbst analysiert und durch Einsicht in ihre Ursachen überwunden werden.

Bilder – die »Sprache« der Träume

Die Träume haben zwar ihre eigenen »Vokabeln«, aber ihre »Sprache« ist uns trotzdem nicht fremd. Sie stammt ja aus unserem eigenen Unbewussten. Deshalb kann sich der Sinn eines Traums manchmal spontan ohne Analyse erschließen. Meist muss man die Traumsprache aber entschlüsseln, und dazu ist es notwendig, sie genauer zu kennen.

Bausteine, aus denen sich die Traumsprache zusammensetzt, sind keine Wörter oder Laute, sondern Bilder.

Die Bausteine, aus denen die Traumsprache besteht, sind keine Wörter und Laute, sondern Bilder. Damit erinnert sie an eine der ältesten Schriften der Menschheit, die altägyptischen Hieroglyphen, die aus 500 Zeichen bestand. Vielleicht ist es kein Zufall, dass ausgerechnet die Ägypter schon sehr früh die Kunst der Traumdeutung beherrschten, weil ihnen der Umgang mit bildhaften Zeichen vertraut war. In unseren Tagen fällt es dagegen vielen Menschen schwer, mit solchen Bildern umzugehen. Unser Alltag wird von Verstand und Logik beherrscht, da bleibt wenig Raum für bildhafte Vorstellungen, die oft genug als »Einbildung« abgewertet werden. Neben den Bildern können in den Träumen zwar auch noch akustische und Geruchsempfindungen auftauchen, aber das ist relativ selten der Fall.

Die Bilder werden in der Traumarbeit nach den eigenen, individuellen Gesetzen der Träume zu beweglichen Handlungen zusammengefügt. Dabei werden die Bilder meist zu Allegorien Metaphern und Symbolen, oder sie tauchen als Archetypen auf. Mit diesen »Vokabeln« der Traumsprache wollen wir uns jetzt genauer befassen.

Allegorien

Die Allegorien sind eine Kunstform der Sprache, die man auch oft in der Dichtung findet. Das griechische Wort bedeutet übersetzt Gleichnis oder Sinnbild. Es zeigt an, dass ein ganz abstrakter Begriff in einem sehr anschaulichen Bild versinnbildlicht wurde.

Die Allegorien versinnbildlichen immer nur einen abstrakten Begriff, sie sind niemals doppeldeutig.

Es gibt zahlreiche solcher Allegorien, die in den Träumen häufig auftauchen. So ist zum Beispiel das Gerippe eine Allegorie des Todes, eine Frau mit verbundenen Augen Sinnbild des Rechts und der Gerechtigkeit. Im Gegensatz zu den Symbolen sind die Allegorien niemals doppeldeutig, sondern versinnbildlichen immer nur einen abstrakten Begriff.

Oft werden den allegorischen Bildern noch Attribute (Merkmale) beigefügt, die den Sinn untermalen. Das Gerippe als Allegorie des Todes trägt zum Beispiel noch das Stundenglas und eine Sense. Die Justitia trägt als Attribut eine Waage, die für ausgleichende Gerechtigkeit steht. So werden die Allegorien eindeutiger. Manche Attribute können sich auch verselbstständigen, wenn ihr Sinngehalt stark genug ist und sind dann meist nicht mehr eindeutig gegen die Symbole abzugrenzen. Die Waage kann zum Beispiel auch allein die Gerechtigkeit symbolisieren, ein Füllhorn der Fortuna auch für sich allein schon Glück bedeuten.

Es fällt im Allgemeinen nicht schwer, solche Allegorien und Attribute in den Träumen zu erkennen, weil sie auch im täglichen Leben gebräuchlich sind.

Archetypen

Die Archetypen sind Urbilder, die man nicht nur in Träumen, sondern auch in Märchen, Sagen, Mythen, Religionen und in der Kunst findet.

Mit den Archetypen erweiterte der Schweizer Freud-Schüler und -Kritiker C. G. Jung die Traumanalyse vom individuellen in den allgemein-menschlichen Bereich. Diese Urbilder (Ursymbole) findet man nicht nur in den Träumen, sondern auch in den Märchen, Sagen, Mythen, Religionen und in der Kunst, und zwar unabhängig vom Kulturkreis, von der Rasse, Nationalität oder vom Geschlecht. Sie entstanden in der Frühzeit der Menschheitsgeschichte aufgrund der damaligen Erfahrungen, Eindrücke und Vorstellungen. Die Ursymbole haben ihren Sinn bis heute nahezu unverändert bewahrt. Voraussichtlich werden sie auch viele Generationen nach uns noch im gleichen Sinn wie heute verwenden.

Wie die Weitergabe der Archetypen über die Jahrtausende hinweg erfolgte, kann heute noch nicht erklärt werden. Die überlieferten Mythen der Menschheit mögen dabei eine Rolle spielen. Manche Traumforscher diskutieren aber auch die Frage, ob eine Weitergabe über die Erbanlagen (Gene) möglich ist, das Wissen um die Bedeutung der Archetypen also zur genetischen »Grundausstattung« der Menschen gehört. Beweise hierfür gibt es bisher aber nicht.

Fest steht jedoch, dass die Ursymbole aus dem kollektiven Unbewussten stammen, das Jung als überpersönlichen Bereich der Seele neben das von Freud entdeckte individuelle Unbewusste stellte. Hier fließen die menschlichen Entwicklungen seit grauer Vorzeit zusammen, die ebenfalls über die Jahrtausende hinweg weitergegeben werden.

Archetypen sind nicht geheimnisvoll, wir kennen sie alle aus dem Alltag und verbinden alle bestimmte Vorstellungen damit. Zu den typischen Ursymbolen gehören zum Beispiel Vater und Mutter mit den verschiedenen Formen (wie Stiefmutter, Schwiegermutter, Großvater und noch andere), die bestimmte Vorstellungen, Erwartungen an das Rollenverhalten wecken. Auch das Kreuz der christlichen Religionen ist ein Archetypus, den man schon in heidnischer Vorzeit als Symbol kannte. Aus dem asiatischen Raum stammt das Urbild des Mandalas, eine symbolische Zeichnung, die Kreis und Quadrat als Gegensätze in sich vereint und sehr unterschiedlich ausgeschmückt wird. Das Mandala symbolisiert die Selbstwerdung des Menschen. Es wird in asiatischen Meditationsübungen, die dieser Selbstwerdung dienen, auch als Hilfe zur tiefen Versenkung verwendet. Schließlich sei noch der uralte Archetypus Uroboros genannt, eine Schlange, die sich selbst in den Schwanz beißt. Sie versinnbildlicht das Urchaos, in dem sich das Bewusstsein erst noch entwickeln musste. Uroboros vereint in sich alle Widersprüche, die am Anfang der menschlichen Entwicklung vorhanden sind.

In den Träumen sind Archetypen oft sehr aussagefähig, weil sie aus den Tiefen der Psyche stammen und urmenschliche Erfahrungen zum Ausdruck bringen.

Archetypen in den Träumen sind oft besonders aussagefähig, weil sie aus den Tiefen der Psyche stammen und urmenschliche Erfahrungen zum Ausdruck bringen, die auch im Rahmen einer langen Psychoanalyse oft nur schwer an die Oberfläche des Bewusstseins zu heben sind. Vielleicht erklären sich aus den Archetypen auch manche Vorahnungen in Träumen, die später erstaunlich genau in Erfüllung gingen. Spekulativ könnte man annehmen, dass wir über das kollektive Unbewusste in Bereiche eintreten können, die jenseits unserer dreidimensionalen Alltagswelt liegen. Dafür könnte man sogar einige Theorien der modernen Mathematik und Physik anführen. Aber man entfernt sich damit von der wissenschaftlich fundierten Traumdeutung in Richtung Esoterik. Wer das nicht von vornherein ausschließt, gelangt durch die Deutung der Archetypen vielleicht zu überraschenden, erschütternden Einsichten und Erfahrungen. Im Rahmen dieses Buchs soll darauf aber nicht näher eingegangen werden. Das Lexikon im hinteren Teil des Buches wird später eine Reihe häufiger Archetypen genauer erklären.

Metaphern

Die Metaphern kennt man ebenfalls aus der Alltagssprache und der Literatur. Man versteht darunter einen bildhaften Vergleich, ein Wort mit übertragener Bedeutung. Eine typische Alltagsmetapher ist zum Beispiel das »Haupt der Familie«.

Für alle Metaphern ist kennzeichnend, dass sie eine doppelte Bedeutung besitzen. Die eine ist offensichtlich, vordergründig und im Alltag gebräuchlich, die andere wird nur im Einzelfall im übertragenen Sinn verwendet. Es ist unmöglich, dass beide Bedeutungen gleichzeitig gebraucht werden, aber es besteht ein enger Zusammenhang zwischen der offensichtlichen und übertragenen Bedeutung. Wenn man zum Beispiel von einer Mimose spricht, kann man immer nur entweder die Pflanze oder einen überempfindlichen Menschen meinen. Aber die Überempfindlichkeit des Mimosenstrauchs, der auf Erschütterungen und Berührungen sehr stark reagiert, wird auf den »mimosenhaften« Menschen übertragen, es besteht also ein enger Sinnzusammenhang. Auch Metaphern kommen in Träumen recht häufig vor. Man muss sich bei der Deutung oft fragen, ob ein Vorgang vordergründig oder im übertragenen Sinn zu verstehen ist. Wenn die gebräuchliche Bedeutung keinen rechten Sinn ergibt, kann man im Allgemeinen davon ausgehen, dass es sich bei dem Traumbild um eine Metapher handelt.

Unter einer Metapher versteht man einen bildhaften Vergleich, ein Wort mit übertragener Bedeutung.

Symbole

Vereinfachend spricht man oft generell von den Traumsymbolen, aber das ist so pauschal nicht richtig. Bei den Symbolen handelt es sich um eine besondere Form der Traumbilder, die neben den Allegorien, Archetypen, Metaphern und Attributen auftauchen. Die Unterscheidung fällt allerdings nicht immer ganz leicht.

Das griechische Wort Symbol bedeutet Sinnbild oder Wahrzeichen. Es unterscheidet sich von den anderen »Vokabeln« der Traumsprache vor allem dadurch, dass es eine reale, mit den Sinnen wahrnehmbare Erscheinungsform enthält. Gleichzeitig hat es aber auch eine abstrakte Bedeutung, die man damit verknüpft. Demnach sind Symbole bildhafte Worte mit doppelter Bedeutung, die man erst bei der Analyse erkennt. Sie führen oft auch zu bestimmten Gefühlsregungen und Vorstellungen.

Symbole sind bildhafte Worte mit doppelter Bedeutung, die man erst bei der Analye erkennt.

Häufig handelt es sich bei den Symbolen um Lebewesen, denen man bestimmte Eigenschaften zuschreibt, für die sie sinnbildlich stehen. Dafür gibt es zahlreiche Beispiele, etwa der stolze Adler, die friedfertige Taube, der Lorbeerzweig oder das Eichenlaub, mit dem man Sieger bekränzt.

Die Symbole sind nicht so universal und zeitlos gültig wie die Archetypen. Zum Teil sind sie nur in einzelnen Kulturkreisen oder kleineren Gruppen und Gemeinschaften bekannt (beispielsweise in Religionsgemeinschaften und Sekten) oder kommen zwar in allen Kulturen vor, aber in unterschiedlicher Bedeutung. Die Farbe Weiß versinnbildlicht zum Beispiel im asiatischen Raum oft die Trauer um einen Verstorbenen, im europäischen Kulturkreis dagegen hat sie mit Trauer überhaupt nichts zu tun, sondern wird unter anderem als Symbol der Unschuld verstanden. Außerdem unterliegen die Symbole im Laufe der Zeit oft einem Bedeutungswandel.

Die Symbole unterliegen im Lauf der Zeit oft einem Bedeutungswandel, passen sich dem Zeitgeist an.

Diese Besonderheiten der Symbole muss man bei manchen Träumen berücksichtigen, wenn diese zum Beispiel offenkundig in einer anderen Zeit oder in einem anderen Kulturkreis spielen, von dem man irgendwann einmal – zum Beispiel durch Lektüre – Kenntnis erhielt.

Die fünf »Traumreiche«

Nach den alten Vorstellungen, die teilweise durch die moderne Traumforschung bestätigt wurden, spielen sich Träume in verschiedenen »Reichen« ab. In der altindischen Traumdeutung unterschied man in Anlehnung an die vier Elemente die Bereiche Erde, Feuer, Luft und Wasser. Dazu kam noch das Traumreich des Tuns und Denkens.

Es ist unmöglich, dass ein Traum gleichzeitig zu mehreren dieser Traumreiche gehört. Man kann sogar feststellen, dass die wichtigsten Träume eines Menschen vorwiegend aus einem dieser Bereiche stammen, aus den anderen aber seltener auftreten. Das hängt entscheidend mit von der Persönlichkeit und ihrer lebensgeschichtlichen Entwicklung ab.

Traumreich Erde

Daraus stammen alle Träume, die sich mit konkreten, greifbaren Dingen befassen. Dabei können wirklich Erde, Felsen und andere irdische Dinge vorkommen, aber auch alles, was Menschen der Erde entnehmen und gestalten, zum Beispiel Häuser, Burgen und Ähnliches.

Wer vorwiegend so träumt, steht meist in enger Beziehung zur Erde und Natur, schöpft daraus seine Kraft und Sicherheit.

Meist handelt es sich um ruhige, tatkräftig zupackende, praktisch veranlagte Menschen, die entschlossen und durchsetzungsfähig sind. Sie zeigen allerdings auch eine gewisse »Erdenschwere« im Sinne eines phlegmatischen Temperaments, das sie behindern kann.

Traumreich Feuer

Aus ihm kommen die Träume, die mit Licht und Wärme, aber oft auch mit Gefahren zu tun haben. Typische Bilder aus diesem Reich sind zum Beispiel Hitze, lodernde Brände, zuckende Blitze, leuchtende Sterne, das behagliche Feuer im Kamin, die stille Flamme einer Kerze oder die Morgen- und Abendröte, Symbole also, die sehr unterschiedliche Inhalte zum Ausdruck bringen können.

Im Traumreich Feuer haben alle Träume mit Licht und Wärme aber auch mit Gefahren zu tun. Typische Bilder sind zum Beispiel Hitze, lodernde Brände aber auch die stille Flamme einer Kerze.

Wer häufig Träume aus diesem Bereich erlebt, neigt oft zu einem rasch aufbrausenden Temperament (Choleriker), handelt unüberlegt und voreilig und wird schnell ungerecht, kann sich aber auch selbst begeistern und andere mitreißen. Das »innere Feuer« verlöscht bei einigen rasch wieder, entpuppt sich also als Strohfeuer, das wenig bewegt, es kann aber auch ruhig und beständig brennen, Frieden und Geborgenheit vermitteln. Zu anderen Menschen finden diese Persönlichkeiten meist rasch Kontakt, den sie durch ihr unüberlegtes, ungerechtes Verhalten nicht selten bald wieder stören oder sogar zerstören. Deshalb sind sie auf Dauer nicht immer beliebt.

Traumreich Luft

In diesem Traumreich sind jene Menschen zu Hause, die das Leben sorglos und von seiner heiteren Seite nehmen. Die unvermeidlichen Schicksalsschläge können sie nicht nachhaltig erschüttern. Zum Teil werden sie durch diese Lebensgrundeinstellung auch zu leichtfertig und erleiden dann nicht selten Schiffbruch. Außerdem stehen ihnen oft ihr etwas phlegmatisches Temperament, das mangelnde Durchsetzungsvermögen und die leichte Beeinflussbarkeit durch andere im Wege.

Dem entspricht, dass sie auch in ihren Träumen häufig die Sorgen und Belastungen des Alltags zur Seite schieben, sich über sie in die Lüfte erheben. Träume vom Fliegen mit schönen Erlebnissen sind typisch, wobei sich die Träumer oft in Vögel verwandeln, bevorzugt in liebenswerte Singvögel, kaum in Adler oder ähnliche Raubvögel, die ihrer Persönlichkeit nicht entsprechen.

Ein sorgloses Naturell kann zu positiven Lebenseinstellungen führen und ist nicht grundsätzlich falsch, wenn man dabei doch noch mit beiden Beinen im Leben steht, die Realität nicht aus den Augen verliert. Das ist beim Überwiegen von Träumen aus dem Bereich der Luft häufig wegen mangelnder Reife der Persönlichkeit, teils verbunden mit einer gewissen Naivität nicht mehr der Fall.

Traumreich Wasser

Aus diesem Bereich kommt alles, was mit dem klassischen Element Wasser zu tun hat. Typische Träume drehen sich vor allem um das Wasser selbst in seinen verschiedenen Erscheinungsformen (wie See, Meer, Regen), aber auch um Getränke, Wolken, Fische oder Wasservögel.

Der Träumer, der aus diesem Bereich viele Träume empfängt, ist oft ein ruhiger Mensch, der sehr zurückgezogen lebt und zur Melancholie neigt. Willen, Temperament und Durchsetzungsvermögen sind bei ihm nicht stärker ausgeprägt, er regt sich selten auf und lebt beschaulich und flexibel, getreu der Devise, dass das »weiche« Wasser auch den härtesten Felsen (also Widerstand) überwindet, wenn es genug Zeit dazu hat. Diese stille Beharrlichkeit kann im Leben viel erreichen, bedeutet zum Teil aber auch eine erhebliche Selbstbeschränkung und übertriebene Bescheidenheit.

Traumreich Tun und Denken

Alle Trauminhalte, bei denen es nicht konkret um praktische Verrichtungen geht, werden dem Traumreich Tun und Denken zugeordnet.

Alle Trauminhalte, die nicht zu einem der vier elementaren Traumreiche gehören, werden dem Bereich des Tuns (Handelns) und Denkens zugeordnet. Die Unterscheidung ist nicht immer klar möglich, weil wir ja auch in den anderen vier Bereichen körperlich und geistig aktiv sind. Grundsätzlich kann man aber sagen, dass die meisten Trauminhalte, bei denen es nicht konkret um praktische Verrichtungen geht, dem Tun und Denken zuzuordnen sind.

Die Persönlichkeiten, deren Träume überwiegend aus diesem Bereich stammen, verhalten sich gegenüber anderen Menschen meist aufrichtig, aber auch etwas distanziert, weil sie genau prüfen, mit wem sie sich einlassen wollen. Trotz ihrer formellen Freundlichkeit gegenüber anderen gelten sie deshalb teilweise als etwas überheblich und stolz, was jedoch nicht zutrifft. Mit ihren Gefühlen halten sie sich zurück, lassen sich nur selten davon hinreißen, denn sie planen alles möglichst genau und handeln erst nach reiflicher Überlegung. Das bedeutet einen Verlust an Spontaneität, der ihr Leben etwas verarmen lässt.

Zur besseren Selbsterkenntnis kann man über längere Zeit hinweg verfolgen, aus welchem der fünf Traumreiche die Träume hauptsächlich stammen. Daraus gewinnt man dann ebenfalls wichtige Einblicke in die eigene Persönlichkeit, in individuelle Grundtendenzen und beständige Lebenseinstellungen. Sie sichern die auf andere Weise gewonnenen Erkenntnisse ab.

Häufige Inhalte der Träume

Träume enthalten die unterschiedlichsten Elemente und Handlungen, abhängig von der Persönlichkeit und Situation des Träumenden. Einige Inhalte kommen aber besonders oft vor. Dazu gehören vor allem körperbedingte, sexuelle und Wunschträume. Wenn man ihre Merkmale kennt und von ihrer Grundbedeutung weiß, fällt es oft wesentlich leichter, den Einstieg in die Analyse der einzelnen Träume zu finden. Deshalb stellen wir nun die wichtigsten dieser Inhalte genauer vor. Allerdings darf man sich nie dazu verleiten lassen, einfach diese allgemeinen Deutungen zu übernehmen, denn sie werden den individuellen Inhalten nicht vollständig gerecht.

Träume enthalten die unterschiedlichsten Elemente und Handlungen, abhängig von der Persönlichkeit und Situation des Träumenden.

Körperlich verursachte Träume

Zu Beginn der modernen Traumanalyse versuchte man, praktisch alle Träume aus körperlichen Vorgängen zu erklären. Das war falsch und führte zu teilweise obskuren, skurrilen Vorstellungen. Aber es besteht doch kein Zweifel daran, dass körperliche Veränderungen auf Träume Einfluss nehmen können. Allerdings entstehen die Träume selbst nicht durch solche Vorgänge im Körper, diese werden lediglich mit im Traumgeschehen verarbeitet.

Es gibt keine festen Regeln, nach denen bestimmte physische Vorgänge bei jedem Menschen zu den gleichen Träumen führen. Was bei dem einen vielleicht das Gefühl erzeugt, als schwebte der Kopf oder ein anderer Teil des Körpers frei und losgelöst im Raum, kann bei einem anderen vielleicht Angstzustände oder Todesträume hervorrufen, das ist individuell ganz verschieden.

Die meisten körperbedingten Träume sind ohne tiefere Bedeutung. Sie können zum Beispiel durch einen stärkeren Blutdruckabfall in der »biologischen Krisenzeit« zwischen 2 und 5 Uhr morgens, durch Missempfindungen, die bei zentralnervöser Spannungsentladung in der Gehirnrinde oder bei Umschaltungen im vegetativen Nervensystem vorübergehend auftreten, oder durch äußere Temperaturreize, wenn man nicht mehr warm zugedeckt ist, in den Träumen entstehen.

Es gibt auch Träume, die ganz konkret auf eine Erkrankung hinweisen.

Allerdings gibt es auch manche Träume, die ganz konkret auf eine Erkrankung hinweisen, von der man bisher noch nichts spürt. Zum Teil werden die betroffenen Körpergebiete dabei sogar deutlich im Traum gezeigt. Solche Hinweise sollte man zum Anlass für eine baldige Untersuchung nehmen, denn es zeigt sich immer wieder, dass sie zutreffen können. Oft liegt eine psychosomatische Störung von Körperfunktionen zugrunde, die durch das Zusammenspiel von Körper und Seelenleben auftritt und später in eine organische Erkrankung übergehen kann.

Freilich kommen auch ganz konkrete Krankheitsträume vor, bei denen man selbst bei umfassender Untersuchung keine organische Veränderung nachweisen kann. In solchen Fällen hat das geträumte Organ eine symbolische Bedeutung, die man bei der Traumanalyse erkennt. Eine geträumte Erkrankung des Herzens kann zum Beispiel darauf hinweisen, dass Probleme im Gefühlsbereich bestehen, ein Magenleiden im Traum zeigt vielleicht an, dass man im Alltag zu viel »Unverdauliches« schlucken muss. Wie es möglich ist, dass in Träumen manchmal ganz klar auf verborgene Krankheiten hingewiesen wird, kann man heute noch nicht genau erklären. Am einleuchtendsten ist die Annahme, dass das vegetative Nervensystem, das den gesamten Organismus durchzieht, auch geringfügige Veränderungen registriert, seine »Meldungen« an das Gehirn aber im Wachzustand zu unerheblich scheinen, als dass sie bewusst wahrgenommen würden. Das ist vielleicht nur im Schlaf möglich, wenn das Gehirn teilweise von den Reizen der Umwelt abgeschirmt wird.

Man muss sich durch Träume von schweren Krankheiten nicht gleich ins Bockshorn jagen lassen, oft genug steht dahinter eine andere Bedeutung. Aber man sollte sie auch nicht auf die leichte Schulter nehmen, sondern bald klären lassen, ob wirklich etwas vorliegt.

Verarbeitung von Tagesresten

Die Träume, in denen tatsächliche Ereignisse und Erfahrungen der vorangegangenen Tage nachvollzogen werden, dienen meist der »seelischen Hygiene«. Man erlebt dabei zum Beispiel erneut irgendeinen Ärger oder ein Problem, das man über der Hektik und dem Stress des Alltags zunächst ohne stärkere Reaktion einfach »weggesteckt«, aber noch nicht verarbeitet hat. Auch angenehme, freudige Ereignisse können auf diese Weise nochmals nachvollzogen werden und positiv beeinflussen.

Zum Teil dienen die Träume mit Tagesresten vermutlich dem »Einschleifen« neuer Erfahrungen im Zentralcomputer Gehirn, wo sie gespeichert werden und das zukünftige Verhalten beeinflussen können. Außerdem erfüllen diese Träume sicher auch den Zweck, die kleinen Sorgen und Probleme des Alltags rasch und unkompliziert – gleichsam im Schlaf – zu bewältigen. Dadurch verlieren sie ihre Bedeutung, können das tägliche Leben nicht mehr stören.

Die Alltagsträume dienen sicher auch dem Zweck, kleine Sorgen und Probleme des Alltags rasch zu bewältigen.

Zum Teil werden dabei auch Verhaltensweisen korrigiert, die man in der realen Situation zeigte, mit denen man aber hinterher nicht mehr zufrieden ist, weil sie nicht angemessen waren. So kann man sich im Traum zum Beispiel gegen eine als ungerecht empfundene Rüge des Chefs, die man einfach geschluckt hat, vehement zur Wehr setzen oder auf eine Situation, in der man unnötig aufbrauste und ungerecht gegen andere war, ruhig und überlegen reagieren. Solche Träume können zwar am Verhalten nichts mehr ändern, aber die inneren Spannungen abbauen, die noch andauern. Und manchmal findet man im Traum auch eine realistische Möglichkeit, die Situation am nächsten Tag nochmals aufzugreifen und befriedigender zu klären, indem man zum Beispiel mit dem Chef in Ruhe spricht oder sich für eine Ungerechtigkeit entschuldigt.

Die Verarbeitung von Tagesresten in den Träumen ist sehr wichtig für die Erhaltung unseres psychischen Gleichgewichts. Wir wären maßlos überfordert, wenn wir uns mit jeder Kleinigkeit, die uns im Alltag widerfährt, bewusst ausführlich auseinander setzen müssten. Das würde nur die Energie und Kreativität blockieren, die für wichtigere Dinge gebraucht wird. Träume sorgen dafür, dass man den Kopf am nächsten Tag wieder freier hat.

Tiefere Bedeutungen haben die Alltagsträume nicht, deshalb werden sie von der Traumzensur auch nur wenig verschlüsselt.

Eine tiefere Bedeutung haben die Alltagsträume oft nicht, sie werden deshalb von der Traumzensur häufig nur wenig codiert. Vielfach genügt es, wenn man sie einfach zur Kenntnis nimmt, ohne nach einer tieferen Bedeutung zu forschen. Wenn sie Vorschläge enthalten, nach denen man ein falsches Verhalten im Alltag korrigieren soll, müssen diese sorgfältig geprüft werden. Manche sind brauchbar, andere nur unrealistische Scheinlösungen.

Erinnerung an verdrängte Erfahrungen

Die Träume, in denen verdrängte Erfahrungen zum Ausdruck kommen, gehören häufig zu den wichtigsten, denn sie verhelfen uns zur vertieften Einsicht in die persönliche Entwicklung und in die augenblickliche Lebenssituation. Aus solchen Träumen kann sich eine tiefe psychische Krise ergeben, an deren Ende vielleicht ein grundlegender Wandel des gesamten Lebens steht. Wo die zahllosen Erfahrungen, die wir von der Wiege bis zur Bahre machen, gespeichert werden, ist bislang noch unbekannt. Man kann sich schwer vorstellen, wie und wo diese Fülle von Daten ein Leben lang erhalten bleibt. Vielleicht wird tatsächlich viel für immer vergessen und nur das gespeichert, was wirklich wichtig war. Dafür spricht, dass man sich vor allem an Gedächtnisinhalte, die mit Gefühlen verbunden waren, besonders gut erinnern kann, weil sie durch die Emotionen ein besonderes Gewicht erhielten. Aber man erlebt auch nicht selten, dass man sich plötzlich an sehr weit zurückliegende Erfahrungen erinnert, die eigentlich zu banal waren, als dass man sie hätte speichern müssen. Daraus könnte man schließen, dass wir überhaupt nichts vergessen, sondern alles irgendwo seine Spuren hinterlässt, auch wenn man sich daran nie mehr bewusst erinnert.

Vielleicht die wichtigste, aber ganz bestimmt nicht die einzige Quelle der Erinnerungen ist das Unbewusste. Hier werden vermutlich jene gefühlsbeladenen Erfahrungen »aufbewahrt«, an die man sich nicht mehr erinnern möchte, weil sie schmerzlich sind. Das beginnt in der frühesten Kindheit, wahrscheinlich sogar schon vor der Geburt, denn die pränatale (vorgeburtliche) Psychologie lieferte bereits genügend Material dafür, dass das ungeborene Kind zum Beispiel schon im Stress und an den Emotionen der Mutter teilnimmt. In erster Linie sind es Enttäuschungen von Gefühlen (Frustrationen), die während der frühesten Entwicklung ins Unbewusste abgedrängt werden.

Der Vorgang der Verdrängung setzt sich das ganze Leben fort. Bis zu einem gewissen Grad ist er sogar nützlich, damit das Seelenleben entlastet wird. Erst wenn die Verdrängung unzweckmäßig und im Übermaß erfolgt, wenn man sich also überhaupt nicht mehr den unausbleibenden Enttäuschungen und Konflikten des Lebens stellt, treten Probleme auf, die schließlich mit einer psychischen Krankheit enden können.

Träume zeigen, dass auch verdrängte Erfahrungen der frühesten Kindheit keinesfalls vergessen und überwunden sind.

Träume zeigen, dass auch die verdrängten Erfahrungen der frühesten Kindheit, an die man sich ein Leben lang nicht mehr bewusst erinnert, keinesfalls vergessen und überwunden sind. Allerdings lässt die Traumzensur die Erinnerungen daran nicht offen zu, sondern verzerrt sie bei der Traumarbeit oft sehr stark. Der Selbstanalyse sind solche Träume zum Teil nicht mehr zugänglich, weil jeder Versuch, in ihnen die verdrängten Erfahrungen zu erkennen, erhebliche innere Widerstände provoziert. Häufig können diese nur mithilfe des Therapeuten überwunden werden.

Aber nicht jeder Traum, der sich mit verdrängten Erfahrungen befasst, erfordert eine gründliche Analyse. Es kommt vor, dass man durch den Traum die Erfahrungen verarbeitet und dann endgültig vergessen kann. Ähnlich wie der Körper verfügt auch die Psyche über Selbstheilungs- und Widerstandskräfte, um mit Belastungen selbst fertig zu werden. Es mag sich dabei nur um eine scheinbare Verarbeitung handeln, vergleichbar der Scheinbefriedigung von Wünschen, das spielt nicht unbedingt eine Rolle. Wenn das Seelenleben dadurch »zufrieden gestellt« wird und die verdrängten Erfahrungen zukünftig nicht mehr das bewusste Leben stören, kann auch das eine Hilfe bedeuten. Wenn ein Traum aber nachhaltig beeindruckt oder erschüttert, vielleicht in ähnlicher Form häufig wiederkehrt, ist das meist ein Zeichen dafür, dass man allein oder mithilfe des Therapeuten daran arbeiten sollte.

Angst- und Albträume

Bei Angst- und Albträumen treten starke Angstzustände auf, sodass man beide nicht klar unterscheiden kann.

Man kann Angst- und Albträume nicht klar gegeneinander abgrenzen, denn bei beiden treten Angstzustände auf. Bei den Albträumen wird die Angst unter Umständen aber so massiv, dass man aus dem Schlaf aufschreckt, was bei einfachen Angstträumen seltener der Fall ist. Oft sind die Albträume auch mit einer besonders deutlichen Beklemmung in der Brust verbunden, die zu Herz- und Atembeschwerden führt; früher erklärte man sich das mit der Vorstellung, dass ein böser Geist (Alb) auf dem Brustkorb sitzt. Für die Deutung solcher Träume ist es unwesentlich, zwischen Angst- und Albtraum zu unterscheiden.

Angstbeladene Träume können oft mit einer realen Situation in Beziehung stehen, die auch im Wachzustand zu Ängsten führt. Man nimmt sie dann mit in den Schlaf. Dazu gehören zum Beispiel die Ängste, die im Zusammenhang mit bevorstehenden Ereignissen oder bestimmten Handlungen stehen, wie die Angst vor einer Prüfung, einem Einstellungsgespräch oder wegen eines Fehlers, für den man vielleicht gerügt oder bestraft wird. Solche Ängste haben also einen konkreten Grund, den auch andere Menschen nachvollziehen könnten. Die Deutung der damit zusammenhängenden Träume fällt im Allgemeinen nicht schwer, weil sie wenig verschlüsselt werden. Zum Teil liefern die Träume auch Hinweise darauf, wie man mit der Situation fertig werden kann. Sie können allein der Entlastung von inneren Spannungen dienen, aber auch realistische Lebenshilfe sein.

Zum Teil liefern Träume auch Hinweise, wie man mit Konfliktsituationen fertig werden kann.

Bei der anderen Form der Angstträume besteht keine erkennbare Beziehung zur Realität, sie treten gegenstandslos auf. Man kann sich die Angst weder selbst erklären noch anderen verständlich machen. Hinter solchen Träumen stehen in der Regel ernstere innere Konflikte, die aus dem Bewusstsein verdrängt wurden. Typisch sind zum Beispiel Konflikte zwischen individuellen Bedürfnissen, Absichten, Wünschen, Neigungen oder Trieben und Pflichten oder Forderungen der herrschenden Moral, ferner einander widerstrebende Ziele, die sich nicht vereinbaren lassen, zwischen denen man sich aber auch nicht klar entscheiden kann. Das führt zu inneren Spannungen, die Angstträume, zum Teil aber auch unklare Angstzustände im Wachzustand verursachen. Oft kommen dann auch noch

Schuldgefühle hinzu, die ebenfalls in die Träume eingehen können und häufig mit Vorstellungen von Strafe verbunden sind. Die Wurzeln dieser Ängste sind meist tief in der Persönlichkeit verankert und können weit in die Kindheit zurückreichen.

Solche Angstträume dienen als Aufforderung, sich mit den Ursachen der Ängste auseinander zu setzen, zum Beispiel widersprüchliche Bedürfnisse zu erkennen, anzunehmen und sich dann zwischen ihnen zu entscheiden. Dazu werden in manchen Träumen gleich mehr oder minder realistische Möglichkeiten aufgezeigt. Im Rahmen der Selbstanalyse von Träumen können allerdings erhebliche Widerstände auftreten, die eine sichere Deutung unmöglich machen. Deshalb wird man bei immer wiederkehrenden Angstträumen oft den Therapeuten aufsuchen müssen, um die Angst zu bewältigen.

Eine weitverbreitete Ursache von Angstträumen ist die negative Traumunruhe.

Eine weitere, heute weitverbreitete Ursache von Angstträumen ist die bereits beschriebene negative Traumunruhe (siehe Seite 21). Außerdem können Angstträume auch durch körperliche Veränderungen im Schlaf oder durch Krankheiten auftreten, insbesondere im Zusammenhang mit Herzleiden und Erkrankungen der Atemwege. Im Einzelfall kann deshalb auch eine gründliche körperliche Untersuchung bei Angstträumen angezeigt sein.

Hemmungs- und Verlegenheitsträume

Bei Hemmungsträumen geht es immer darum, etwas nicht vollbringen zu können, weil man zu stark gehemmt ist. Manchmal bestehen ähnliche Hemmungen auch im Wachzustand, oft sind sie im Traum aber so stark codiert, dass man den Bezug zur Realität nicht mehr erkennt. Das gilt insbesondere dann, wenn man die Hemmungen im täglichen Leben nicht wahrhaben will und vor allem die Ursachen für dieses Verhalten verdrängt hat.

In vielen Hemmungsträumen erlebt man Situationen, in denen man wie gelähmt ist. Die körperliche Bewegungslosigkeit steht dann sinnbildlich für die psychische Hemmung. Sie kann den ganzen Körper betreffen, was oft auf ein allgemeines Gefühl der Lebensuntüchtigkeit und Selbstunsicherheit hinweist, das im täglichen Leben zu starken Hemmungen führt. Nicht selten sind aber nur einzelne Körperteile (zum Beispiel

Arme oder Beine) im Traum gelähmt. Sie stehen dann für Hemmungen in einzelnen Lebensbereichen, die sich aus der symbolischen Bedeutung der betroffenen Körperteile ergeben (siehe Lexikon der Traumsymbole).

Viele Hemmungsträume sind Folge einer vorübergehenden Antriebsschwäche, wie sie oft bei depressiven Verstimmungen nach negativen Lebenserfahrungen auftreten.

Manche Hemmungsträume sind Folge einer vorübergehenden Antriebsschwäche, wie sie oft bei depressiven Verstimmungen nach einer bedrückenden Lebenserfahrung auftreten. Dann muss man sich meist keine weiteren Gedanken darüber machen, denn sobald die konkrete Situation überstanden ist, verschwinden auch die Hemmungen wieder. Kehren Hemmungsträume aber häufig wieder, werden sie vielleicht sogar noch von Angst- und Schuldgefühlen begleitet, spricht das für eine tiefere psychische Störung, der man – wenn nötig im Rahmen einer Psychotherapie – auf den Grund gehen sollte.

Auch bei den Verlegenheitsträumen können Angst- und Schuldgefühle als Begleiterscheinungen auftreten. Man gerät in solchen Träumen häufig in eine peinliche Situation, die in unterschiedlichen Bildern dargestellt wird. Man steht zum Beispiel ohne Bekleidung vor fremden Menschen, was darauf hinweist, dass man sich bloßgestellt und entlarvt fühlt.

Die Absichten und Wünsche, in denen man sich im Verlegenheitstraum durchschaut meint, müssen keinesfalls so finster und verwerflich sein, dass man sich ihrer zu schämen hätte. Es sind oft ganz natürliche Bedürfnisse und Ziele, wie sie die meisten Menschen ganz offen zeigen. Deshalb ergibt sich aus derartigen Träumen vor allem die Frage, weshalb man diese Inhalte bei sich selbst nicht zulassen kann, sondern sich ihrer schämt. Das kann bis weit in die Kindheit zurückreichen, wenn man zum Beispiel durch falsche Erziehung zu strenge Normen und Werte aufgezwungen bekam, die man später trotz besserer Einsicht nicht mehr normalisieren konnte. Daraus kann eine schwerwiegende psychische Störung entstehen, die nur mit fachlicher Hilfe aufzuarbeiten ist.

Andere Verlegenheitsträume spielen Situationen nach, die man wirklich erlebt hat. Dann kann es sein, dass man schon in der Realität verlegen war und das im Traum erneut erlebt, um danach vielleicht darüber hinwegzukommen. Es ist aber auch möglich, dass man tatsächlich überhaupt nicht verlegen war, sondern sich erst im Traum bei der nachträglichen Verarbeitung des Geschehens für das eigene Verhalten schämt. Das bietet die Möglichkeit, die Situation doch noch zu bereinigen, indem man sich zum Beispiel für unangemessenes Verhalten entschuldigt. Aber auch aus dem, was man im Traum für unangemessen hält, sind zum Teil wichtige Rückschlüsse auf die Persönlichkeit möglich, denn objektiv kann das Verhalten unter Umständen durchaus angemessen gewesen sein.

Mit Verlegenheitsträumen sollte man immer arbeiten, gleichgültig aus welchen Ursachen sie entstanden sind. Die dabei gewonnenen Erkenntnisse können viel zur Reifung der Persönlichkeit beitragen.

Träume mit sexuellem Inhalt

Die Sexualität ist für den heutigen Menschen zwar nicht mehr so problematisch, wie es zu Freuds Zeiten noch der Fall war, aber sie gehört nach wie vor zu den großen Tabubereichen menschlichen Lebens. Deshalb kann sie auch an vielen seelischen Störungen beteiligt sein. So verwundert es nicht weiter, dass die Traumzensur der Sexualität als einer der mächtigsten Triebregungen zwar viel Raum lassen muss, aber die sexuellen Inhalte meist nicht offen, sondern nur sehr stark verzerrt zulässt. Andererseits bedeutet das für Träume mit offenkundig sexuellem Inhalt, dass sie mit der Sexualität häufig kaum etwas zu tun haben. Die sexuellen Traumbilder sind dann nur der Code, der den tatsächlichen Inhalt verschlüsselt. Deshalb darf man sich bei sexuellen Träumen nie mit der vordergründigen Bedeutung begnügen, sondern muss sorgfältig nach den eigentlichen Botschaften forschen.

Sexuelle Inhalte in Träumen werden meist nicht offen, sondern nur sehr stark verzerrt wiedergegeben.

Wenn sexuelle Träume tatsächlich etwas mit dem Sexualtrieb zu tun haben, dann werden sie von der Traumzensur oft nur deshalb weitgehend unverschlüsselt zugelassen, weil damit Triebspannung abgebaut werden kann. Die Scheinbefriedigung der sexuellen Bedürfnisse, die man im Wachzustand – aus welchen Gründen auch immer – nicht ausleben kann, sorgt dann dafür, das durch den unerfüllten Trieb gefährdete psychische Gleichgewicht wieder herzustellen. Das kann so weit führen, dass es im Traum sogar zum lustvoll erlebten Orgasmus kommt, der im Wachzustand vielleicht nicht mehr zu erreichen ist. Es muss sich also nicht nur um eine scheinbare sexuelle Befriedigung zum Abbau von Spannungen handeln, sie kann durchaus real sein.

Oft werden solche sexuellen Träume häufig wiederkehrend von den Menschen erlebt, denen im wirklichen Leben keine Möglichkeiten für sexuelle Beziehungen gegeben sind oder die sich dabei so stark gehemmt fühlen, dass sie nicht zum befriedigenden Höhepunkt gelangen. Für sie bietet die Sexualität im Traum eine Art Sicherheitsventil, dessen Bedeutung man nicht unterschätzen darf.

Die Mehrzahl der Träume mit offensichtlichen sexuellen Inhalten bringen oft ganz andere Bedürfnisse, Probleme und Konflikte zum Ausdruck.

Aber wie gesagt, die Mehrzahl dieser Träume hat mit Sexualität nicht wirklich etwas zu tun, sondern bringt ganz andere Bedürfnisse, Probleme und Konflikte zum Ausdruck. Das lässt sich immer nur im Einzelfall beurteilen. Unter anderem können sexuelle Träume das Bedürfnis nach menschlicher Nähe und Zuwendung, Anerkennung und mehr Beachtung signalisieren, das durch die sexuell gefärbten Träume symbolisch befriedigt wird. Auch Unreife der Persönlichkeit, Unsicherheit oder Störungen im emotionalen Bereich finden ihren Ausdruck nicht selten in scheinbaren Sexträumen. Insbesondere bei Träumen mit perversem Inhalt muss unbedingt an diese Möglichkeit gedacht werden, damit man sich bei der Traumerinnerung im Wachzustand nicht noch schwere Selbstvorwürfe wegen der vermeintlichen »Abartigkeit« macht.

Wunsch- und Begehrungsträume

Die Scheinbefriedigung von Wünschen, die nicht tatsächlich zu erfüllen sind, gehört zu den wichtigsten Funktionen der Träume (siehe auch Seite 36). Dadurch werden vor allem Spannungen vermindert, die das innere Gleichgewicht erheblich stören würden.

Vieles von dem, was man begehrt, aus den unterschiedlichsten Gründen aber nicht erhält, taucht in den Träumen nicht offen auf, sondern wird zuvor bei der Traumarbeit verzerrt. Deshalb sind die Wunsch- und Begehrungsträume nicht immer auf Anhieb zu erkennen, sondern erst nach der Analyse.

Selbstanalyse der Träume als Lebenshilfe für innere Ruhe und Selbsterkenntnis

Die ernsthafte, regelmäßige Selbstanalyse von Träumen kann niemals ein unverbindliches Glasperlenspiel bleiben. Sie nimmt immer Einfluss auf die weitere Entwicklung der Persönlichkeit und die zukünftige Lebensgestaltung, kann tief verunsichern und erschüttern. Wenn man sich der Traumanalyse stellt, will man natürlich auch einen praktischen Nutzen davon haben. Dieser besteht vor allem in der vertieften Selbsterkenntnis, die zur inneren Harmonie führt. Sie hilft bei der Lösung von Konflikten und Problemen und beim Fällen wichtiger Entscheidungen. Durch die Analyse werden der Erfahrungsschatz und die Kreativität des Unbewussten genutzt und führen so zur Reifung der Persönlichkeit, bei der auch leichtere seelische Störungen überwunden werden können. Allerdings hat die Selbstanalyse auch Grenzen, wenn sie zum Beispiel auf erhebliche innere Widerstände stößt oder Fehlinterpretationen vorkommen.

Zur Selbstanalyse von Träumen bedarf es keiner übersinnlichen Fähigkeiten, auch nüchterne, sachliche Menschen können mit ihren Träumen arbeiten.

Zur Selbstanalyse von Träumen bedarf es keiner übersinnlichen Fähigkeiten, obwohl ein gewisses Maß an Intuition die Deutungen erleichtert, weil man die bildhaften Botschaften dann rascher versteht. Aber auch nüchterne, sachliche Menschen können mit ihren Träumen arbeiten; für sie ist das oft sogar besonders wichtig, weil sie dabei lernen, nicht mehr so »kopflastig« zu leben. Vorsicht mit der Selbstanalyse ist nur dann geboten, wenn der Verdacht auf eine ernstere psychische Störung besteht. Dann könnte die Analyse zu Einsichten führen, denen man nicht gewachsen ist und die seelischen Störungen nur noch verstärken. Schlimmstenfalls würden die

Deutungen sogar mit einem psychischen Zusammenbruch enden, es könnten Depressionen, Schuldgefühle und Selbstmordgedanken aufkommen. Hier ist es dringend zu empfehlen, sich einem vertrauenswürdigen, gut geschulten Psychoanalytiker anzuschließen, der die Traumanalyse professionell gelernt hat, und der falsche Interpretationen vermeiden und bei dem schwierigen Weg zur Selbsterkenntnis Hilfestellung leisten kann.

Praktischer Nutzen der Traumdeutung

Die selbstständige, systematische Deutung der eigenen Träume wird dann zur praktischen Lebenshilfe, wenn man aus den dabei gewonnenen Einsichten tatsächlich Konsequenzen für das tägliche Leben zieht.

Die selbstständige, systematische Deutung der eigenen Träume wird dann zur praktischen Lebenshilfe, wenn man aus den dabei gewonnenen Einsichten tatsächlich Konsequenzen für das tägliche Leben zieht. Es ist also nicht damit getan, wichtige Botschaften aus dem Selbst einfach zu registrieren, sondern man sollte unbedingt versuchen, sie im Alltag so weit wie möglich umzusetzen. Das fällt oft schwerer als die Traumdeutung selbst, dauert länger und kann zu tief greifenden Veränderungen im gewohnten Leben führen. Aber auch dabei helfen die Träume oft weiter, indem sie praktikable Wege aufzeigen.

Wobei können Träume helfen?

Die Frage, ob jeder Mensch sich selbst am besten kennt oder die anderen ihn besser einschätzen können, ist umstritten. Manche Fachleute bejahen das Erste, weil sie davon ausgehen, dass man nur selbst unmittelbar Kenntnis von allen seelischen Regungen haben kann; von den Mitmenschen werden sie stets »gefiltert« und durch deren Einstellungen und Erwartungen verändert wahrgenommen. Andere halten dagegen, dass jeder von uns sich sein persönliches Selbstbild »zusammenzimmert«, das vielfach von Wunschvorstellungen geprägt wird und deshalb nur bedingt zutreffen kann.

Für beide Vorstellungen gibt es genügend Bewiese, sodass hier auch keine Entscheidung für die eine oder andere Theorie getroffen werden kann. Vermutlich muss man dabei auch individuelle Umstände des Einzelnen berücksichtigen. Manche Menschen verstehen es eben besser als andere, sich aus der Distanz objektiv zu betrachten. Außerdem wird das subjektive Selbstbild – und damit auch seine Verzerrung im Vergleich zur Realität – maßgeblich von der Erziehung und den späteren Lebenserfahrungen geprägt, fällt also bei jedem Menschen unterschiedlich stark »verbogen« aus. Es ist sehr müßig, in Bezug auf die Selbstanalyse von Träumen, dieser Frage weiter intensiv nachzugehen.

Selbsterkenntnis und innere Harmonie

Welchen praktischen Nutzen hat man aber davon, wenn man sich genauer kennt? Oft kann das doch auch zu unangenehmen Einsichten führen, die man ohne Traumanalyse vielleicht ein Leben lang vermieden hätte.

Es stimmt, dass Träume keineswegs immer angenehm und schmeichelhaft für das subjektive Selbstbild sind. Aber ob man die unangenehmen Inhalte des Seelenlebens nun kennt oder bewusst unter Verschluss hält, sie sind in jedem Fall vorhanden und beeinflussen das Befinden und Verhalten. Deshalb ist es sicherlich besser für die persönliche Weiterentwicklung, wenn man auch davor nicht die Augen verschließt. Nur dann kann man nämlich versuchen, die unangenehmen Inhalte allmählich zu verändern oder sich dazu entschließen, sie zu akzeptieren. In beiden Fällen gewinnt man dadurch mehr innere Harmonie, weil man Widersprüche zwischen tatsächlichen Eigenschaften und Selbstbild beseitigt, die vorher zu psychischen Spannungen führten. Das allein ist schon Grund genug, sich mit den Träumen zu befassen.

Darüber hinaus bildet die vertiefte Selbsterkenntnis natürlich eine Grundvoraussetzung für die Selbstverwirklichung, nach der wir letztlich alle streben. Nur wer weiß, was tatsächlich in ihm steckt, kann eine Auswahl zwischen den zahlreichen Möglichkeiten treffen und dann verwirklichen, was ihm wirklich wichtig erscheint.

Die vertiefte Selbsterkenntnis ist die Grundvoraussetzung für die Selbstverwirklichung, nach der wir letztlich alle streben.

Ohne das Wissen um die vielfältigen Anlagen, Fähigkeiten und anderen Möglichkeiten, die in uns allen latent vorhanden sind und nur darauf warten, entdeckt und neben den für den Alltag notwendigen Fertigkeiten gepflegt zu werden, fällt die Selbstverwirklichung schwer. Man benutzt die Energie für unwichtige Aktivitäten, landet vielleicht auch den einen oder anderen Zufallstreffer, bleibt aber insgesamt unzufrieden und resigniert am Ende vielleicht. Natürlich muss man sich nicht unbedingt mithilfe der Traumanalyse selbst besser kennen lernen, um sich zu verwirklichen. Manche Menschen wissen auch ohne diese Hilfe recht genau, was sie wollen, und realisieren das zielstrebig. Aber auch ihnen kann aus den Träumen noch die eine oder andere beflügelnde Idee zukommen.

Selbstverwirklichung ist heute ein wenig in Misskredit geraten, weil sie zum Teil als Schlagwort gebraucht und als krasser Egoismus missverstanden wurde. Aber Gesundheit und Wohlbefinden stehen in enger Beziehung mit der richtigen Selbstverwirklichung. Wenn man sich selbst »verfehlt«, weil man zu wenig von sich weiß, bleibt das Leben oft leer und erscheint sinnentleert. Instinktiv spürt man dann, dass man es zum Teil vergeudet. Tief greifende psychische Störungen mit Angstzuständen, Depressionen und Lebensüberdruss können sich dadurch ebenso wie ernstere körperliche Krankheiten einstellen, die das unerfüllte Leben verkürzen. Das Streben nach besserer Selbsterkenntnis gehört deshalb zu den wichtigsten Grundfunktionen der Traumanalyse. Es bewahrt vor vielen Irrwegen und verhindert die übermäßige Einschränkung der individuellen Lebensmöglichkeiten.

Traumsteuerung kann die Selbsterkenntnis gezielt fördern.

Durch Traumsteuerung (siehe Seite 110) kann die Selbsterkenntnis sogar gezielt gefördert werden. Man erhält dadurch schneller die richtigen Antworten aus dem Unbewussten, die oft auch gleich zeigen, wie man die Selbstverwirklichung praktisch erreicht. Schließlich nützt es wenig, mehr über sich selbst zu erfahren, wenn man damit nichts anzufangen weiß.

Lösung von Konflikten und Problemen

Die richtige Lösung alltäglicher Probleme, aber auch schwerwiegender Konflikte, steht in engem Zusammenhang mit der besseren Selbsterkenntnis. Man muss auch dazu genauer wissen, welche Möglichkeiten einem offen stehen, damit man im Einklang mit sich selbst solche Schwierigkeiten bewältigen kann. Die Hilfe dabei gehört ebenfalls zu den Grundfunktionen der selbstständigen Traumanalyse.

Träume können auf verschiedene Weise zur Lösung von Konflikten und Problemen beitragen. Wichtig ist dabei zunächst einmal, dass man durch die Träume überhaupt erst wieder auf solche Schwierigkeiten stößt, die vorher oft unbewältigt einfach ins Unbewusste verdrängt wurden. Dadurch können sie nie entschärft werden. Sie stören und belasten weiterhin, nur kennt man jetzt nicht mehr die Ursachen und kann sie auch nicht überwinden. Deshalb fühlt man sich solchen Problemen ziemlich hilflos ausgeliefert, versteht sie nicht und leidet erheblich mehr darunter, als wenn man sich bewusst aktiv damit auseinander setzt. Das ganze weitere Leben kann davon überschattet werden, viele Enttäuschungen, Misserfolge und andere negative Lebenserfahrungen sind letztlich darauf zurückzuführen. Die Einsicht in verdrängte Probleme und Konflikte im Traum bedeutet also wieder mehr Selbsterkenntnis und ein objektiveres Selbstbild, stellt das Leben also auf eine realistischere Grundlage.

Für einfache Schwierigkeiten, die den Alltag nicht nennenswert beeinträchtigen, halten die Träume zum Teil eine Scheinlösung bereit, die in der Traumhandlung durchgespielt wird. Das kann dazu führen, dass das Problem von selbst ohne aktives Handeln seine Bedeutung verliert, psychisch nicht länger unterschwellig vorhanden ist und einfach vergessen werden kann. Hier sind dann die Selbstheilungskräfte der Psyche am Werk, die dafür sorgen, dass man nicht unnötig durch Kleinigkeiten belastet wird. Da die Scheinlösung aus der eigenen Persönlichkeit stammt, steht sie im Einklang mit ihr, ruft also keine neuen Spannungen mehr hervor.

Für einfache Schwierigkeiten halten die Träume zum Teil eine Scheinlösung bereit, die in der Traumhandlung durchgespielt wird.

Oft können Probleme, Sorgen und Konflikte aber nicht ohne Mühe gelöst werden. Nachdem man sie aus der Traumdeutung erkannt hat, muss man Lösungen erarbeiten und realisieren. Dazu kann wieder die gezielte Traumsteuerung (siehe Seite 110) genutzt werden, die das Unbewusste auffordert, kreative Lösungsvorschläge in den Träumen zum Ausdruck zu bringen.

Anfangs können die Anstrengungen des Unbewussten unrealistisch sein, wenn vielleicht noch innere Widerstände bestehen, die eine weitere Verarbeitung behindern sollen, damit die Schwierigkeiten rasch wieder ins Unbewusste abgedrängt werden können. Davon darf man sich aber nicht beeinflussen lassen, auch wenn die Einsichten noch so unangenehm sind. Man verfehlt sonst eine Chance, mit sich selbst und anderen

Wenn man sich mit Problemen und Konflikten weiterhin beschäftigt, sie gründlich analysiert und bewusst über Lösungen nachdenkt, wird das Unbewusste meist irgendwann auch realistische Wege aufzeigen.

Beteiligten ins Reine zu kommen, die vielleicht nicht so schnell wiederkehrt. Wenn man sich weiterhin mit den Problemen und Konflikten beschäftigt, sie gründlich analysiert und bewusst über Lösungen nachdenkt, wird das Unbewusste erfahrungsgemäß meist irgendwann auch wirklich realistische Wege aufzeigen oder zumindest bei einem der bewusst gefundenen Lösungen durch Träume oder spontane Gedanken seine Zustimmung signalisieren. Vielleicht spürt man dann plötzlich, dass dies der richtige Weg ist, hat ein »gutes Gefühl« dabei und auch genügend Antrieb, um ihn in die Tat umzusetzen. Auf solche Empfindungen kann man sich gut verlassen.

Wir werden unausweichlich immer wieder mit Alltagsbelastungen konfrontiert, die sich nur im Einklang mit der eigenen Persönlichkeit zufrieden stellend überwinden lassen. Deshalb kann man das Unbewusste mithilfe der Traumdeutung auch immer wieder zurate ziehen, sie wird so zur universellen Lebenshilfe.

Entscheidungen treffen im Einklang mit sich selbst

Das Leben fordert ständig Entscheidungen von uns. Manche sind lapidar und ergeben sich von selbst aus der Situation, andere schwerwiegend und kompliziert, insbesondere wenn man mehrere Möglichkeiten zur Auswahl hat und die gefällte Entscheidung erhebliche Auswirkungen auf das gesamte weitere Leben nimmt.

Gerade mit den Letzteren tun sich die meisten Menschen sehr schwer. Das erklärt sich häufig aus ihrer Unsicherheit über die für sie beste Entscheidung und daraus, dass man mehrere zur Wahl hat, die alle gleich gut (oder schlecht) erscheinen. In einem solchen Konflikt wird man oft dazu neigen, den Zeitpunkt für die Entscheidung immer weiter hinauszuschieben, bis es nicht mehr anders geht. Hinterher steht man dann nicht mehr voll dazu, sondern grübelt weiter, ob eine andere Entscheidung nicht doch besser gewesen wäre. Das belastet unnötig und blockiert viel Energie, die man besser für die Durchsetzung der Entscheidung hätte nutzen sollen, und endet leicht in einem Teufelskreis: Zweifel an der Entscheidung führen dazu, dass man die nachfolgenden Handlungen nicht aus Überzeugung, sondern nur halbherzig durchführt; deshalb werden sie oft zu Misserfolgen und Enttäuschungen führen, die scheinbar bestätigen, dass man sich falsch entschieden hat. Wenn das mehrmals vorkommt, zweifelt man immer stärker an der eigenen Fähigkeit, sich richtig und zweckmäßig zu entscheiden. Am Ende dieser Entwicklung steht dann ein Mensch, der sich zu keiner Entscheidung mehr aufraffen kann, weil er meint, dass doch jede falsch sein wird. Selbstzweifel, Unsicherheit, massive Lebensangst und schwere Depressionen sind die Spätfolgen dieses vermeintlichen Versagens, die oft nur mithilfe der professionellen Psychotherapie wieder geheilt werden können.

Zugegeben, es ist nicht immer einfach, die richtigen Entscheidungen im Leben zu treffen. Jeder von uns macht dabei immer wieder Fehler, weil er zum Beispiel eine Situation falsch einschätzt. Die Folgen müssen wir als Lebewesen, die zur freien Willensentscheidung fähig sind, auch in Kauf nehmen. Die Erfahrung lehrt, dass es meist immer noch besser ist, eine falsche Entscheidung zu treffen, als eine Angelegenheit immer weiter vor sich her zu schieben, bis sie einem über den Kopf wächst und man sich nur noch falsch entscheiden kann. Jeder Mensch hat das Recht auf seine Fehler, aus denen man wenigstens für die Zukunft lernen kann.

Aber natürlich sind wir alle bestrebt, möglichst wenig Fehler zu machen. Dabei kann die Traumanalyse oft helfen, denn wenn eine Entscheidung ansteht, befasst sich unwillkürlich auch das Unbewusste damit. Besonders wenn man die später noch beschriebene Traumsteuerung (siehe Seite 110) beherrscht, kann man es veranlassen, in den Träumen Entscheidungshilfen anzubieten. Da sie im Einklang mit der eigenen Persönlichkeit stehen, sind sie uneingeschränkt zu bejahen und energisch durchzusetzen.

Wenn eine Entscheidung ansteht, befasst sich automatisch auch das Unbewusste damit.

Natürlich wird man das Unbewusste nicht mit jeder Kleinigkeit belasten. Wenn es um einfache Entscheidungen des Alltags geht, zum Beispiel einen Einkauf, genügen dazu die Informationen durchaus, die der gesunde Menschenverstand liefert. In erster Linie soll die Erfahrung des Unbewussten dann »angezapft« werden, wenn eine Entscheidung von erheblicher Tragweite für das gesamte weitere Leben werden kann. Dazu gehören zum Beispiel Entscheidungen in Gefühlsbeziehungen oder in wichtigen beruflichen Angelegenheiten, wie Heirat, Trennung oder Wechsel des Arbeitsplatzes. Hier sollte man vor einer Entscheidung so sicher wie möglich sein, dass sie auch wirklich richtig ist. Man kann selbst dann, wenn man sich nicht optimal entschieden hat, aus der Situation doch noch einiges retten.

Manche Entscheidungshilfen in den Träumen sind ziemlich offensichtlich.

Manche Entscheidungshilfen in den Träumen sind ziemlich offensichtlich. Das kann bedeuten, dass das Unbewusste seine Lösungen für zu wichtig hält, als dass sie stärker verzerrt würden. Vorsicht ist aber trotzdem geboten, denn es kann sich dabei auch um eine Scheinhilfe handeln, in der sich der wahre Sinn verbirgt. Deshalb folgt man den Träumen auch nicht blind, sondern untersucht, ob sie sich mit den weiteren Informationen vereinbaren lassen.

Oftmals sind die Empfehlungen in den Träumen aber mehr oder minder stark codiert. Ihr Sinn ergibt sich erst aus der Analyse. Er muss ebenfalls anhand anderer Fakten überprüft werden, ehe man die Entscheidung darauf begründet.

Durch regelmäßige Traumdeutung lernt man, mehr auf die Botschaften aus dem Unbewussten zu hören.

Leider kann nicht immer eine Entscheidung so lange aufgeschoben werden, bis man in Träumen die erhoffte Hilfe aus dem Unbewussten erhält. Man muss sich dann mit den vorhandenen Fakten begnügen. Allerdings lässt uns das Unbewusste auch in solchen Fällen oft nicht im Stich. Es kann spontane Einfälle produzieren, um eine rasche Entscheidung zu untermauern, oder zumindest zu einem »guten Gefühl« der Übereinstimmung mit der Entscheidung führen. Wer durch regelmäßige Traumdeutung gelernt hat, mehr auf die Botschaften aus dem Inneren zu hören, wird solche Reaktionen leichter bei einer rasch notwendigen Entscheidung mit einbeziehen können.

Kreativität und Weisheit des Unbewussten anzapfen

Wenn man davon ausgeht, dass zumindest nichts Wichtiges im Leben vergessen wird, und wenn man das kollektive Unbewusste nach C. G. Jung als Tatsache annimmt, dann schlummert in jedem Menschen ein ungeheurer Schatz an persönlichen und allgemein menschlichen Erfahrungen. Diese Weisheit des Unbewussten bleibt uns im Wachzustand verschlossen, wir müssen uns mit den Erfahrungen begnügen, die jederzeit wieder ins Bewusstsein gerufen werden können. Zwar dringen sie in spontanen Einfällen auch aus dem Unbewussten durch, aber diese werden oft nicht beachtet oder sind nicht vollständig genug, um bei Entscheidungen und anderen Schwierigkeiten zu helfen.

Verzichten müssen wir dennoch nicht auf dieses umfassende Potenzial. Entspannungs- und Meditationsübungen, bei denen sich das Unbewusste öffnet, sind eine Möglichkeit, um aus dem Fundus des Inneren zu schöpfen, die Traumanalyse ist eine andere. In viele Träume fließt die Weisheit des Unbewussten mit ein, insbesondere wenn sie Lösungen für Probleme des Alltags enthalten. Durch Traumsteuerung (siehe Seite 110) ist es sogar möglich, den riesigen »Computer« des Unbewussten systematisch zu nutzen, um von den gespeicherten Informationen zu profitieren. Aber ebenso wie Entspannung und Meditation muss auch die Traumdeutung dazu regelmäßig erfolgen. Dann wird sie zur Gewohnheit, gelingt immer leichter, und man kann sich jederzeit mit dem Unbewussten als Ratgeber in Verbindung setzen.

Entspannungs- und Meditationsübungen bieten sich neben der Traumanalyse an, um aus dem Fundus des Inneren zu schöpfen.

Hinzu kommt, dass die Weisheit des Unbewussten noch durch die Kreativität ergänzt wird, mit der es die gespeicherten Informationen zusammenfügen kann. Gerade in schwierigen Fragen und Situationen, die man mit dem gewohnten nüchternen Denken nicht befriedigend bewältigen kann, liegt in der Kreativität des Unbewussten oft der Schlüssel zum Erfolg. Das Nutzen von Weisheit und Kreativität führt dazu, dass man den Anforderungen des täglichen Lebens besser gewachsen ist. Das beschränkt sich natürlich nicht nur auf Leistungen, Entscheidungen, Konflikte und Probleme, sondern das Leben kann insgesamt positiver und abwechslungsreicher gestaltet werden. Man verfügt aus den Träumen über mehr Informationen, die man für eine kreativere, aktivere Lebensgestaltung nutzen kann, und erkennt mehr Möglichkeiten, um von eingefahrenen Gleisen abzuweichen und neue Wege zu gehen.

Reifung der Persönlichkeit

Eine reife Persönlichkeit zeichnet sich durch eine stabile Organisation ihrer seelisch-geistigen Merkmale aus, die ihr Denken, Fühlen und Handeln in charakteristischer Weise prägt. Sie ist frei von stärkeren inneren Widersprüchen, ruht in sich selbst und gewinnt aus dieser Balance Selbstsicherheit und Selbstwertgefühl.

Als Persönlichkeit wird man nicht geboren, dazu reift man erst im Lauf des Lebens heran – und längst nicht jeder Mensch erreicht diese Stufe seiner Entwicklung. Das hängt von verschiedenen Faktoren ab. Neben der Erziehung, die schon früh die ersten Weichen stellt und das ganze weitere Leben beeinflusst, spielen vor allem die zahlreichen Konflikte, Krisen und Erfahrungen des Lebens, an denen man zerbrechen oder reifen kann, eine wichtige Rolle.

Träume sind in vielfältiger Weise an der Entwicklung der Persönlichkeit beteiligt.

Auch die Träume sind in vielfältiger Weise an der Entwicklung der Persönlichkeit beteiligt. Dabei ist vor allem die vertiefte Selbsterkenntnis wichtig, denn eine reife Persönlichkeit wird nicht durch verdrängte Erfahrungen zerrissen, sondern integriert diese in das Seelenleben. Das ist zum Teil durch die Verarbeitung in den Träumen möglich, erfordert teilweise aber auch die bewusste Bewältigung, nachdem die Träume wieder daran erinnert haben. Außerdem spielen die Entscheidungshilfen der Träume bei der Lösung von Schwierigkeiten im Einklang mit sich selbst sowie die Weisheit des Unbewussten dabei eine wichtige Rolle.

Allerdings darf man nicht erwarten, einfach im Traum zur Persönlichkeit heranzureifen, so leicht gelingt das nicht. Träume können immer nur Anstöße zur ständigen Arbeit an sich selbst geben. Diesem nicht immer einfachen, manchmal sogar schmerzlichen Prozess muss man sich bewusst unterziehen. Nur dann wird man irgendwann einmal so gereift sein, dass man sich als eigenständige Persönlichkeit fühlt und anerkannt wird.

Leichtere psychische Störungen selbst verarbeiten

Die Traumdeutung gehört zu den wichtigen Techniken bei verschiedenen Formen der Psychotherapie, insbesondere bei der Freudschen Psychoanalyse. Sie bringt die verdrängten Frustrationen, Konflikte und anderen Probleme zum Vorschein, die das Seelenleben stören, damit sie nachträglich verarbeitet werden und nicht mehr negativ beeinflussen. Das ist meist eine langwierige Arbeit, die komplexe Lernvorgänge in Gang setzt. Häufig müssen dabei auch erhebliche innere Widerstände gegen die Bewusstmachung der verdrängten seelischen Inhalte überwunden werden, weil man den damit verbundenen Schmerz fürchtet oder sich gar schämt.

Bei ernsteren, psychischen Störungen kann die Aufarbeitung nur mithilfe eines fachkundigen Therapeuten gelingen.

Bei allen ernsteren psychischen Störungen kann diese Arbeit nur mithilfe des fachkundigen Therapeuten gelingen: Er wird nicht nur zur richtigen Deutung der Träume anleiten, sondern vor allem auch die Widerstände analysieren, die dadurch schließlich überwunden werden können. Gegen eine solche Therapie bestehen heute bei uns immer noch erhebliche Vorbehalte. Es gilt vielen Menschen als Makel und persönliches Versagen, wenn sie mit ihrem Leben nicht mehr selbst fertig werden und zur Bewältigung ihrer Probleme einen Psychotherapeuten zuziehen sollen Das verhindert häufig eine frühzeitige Behandlung, kann sogar dazu führen, dass man auch durch lange Therapie keine vollständige Heilung mehr erzielt, weil sich bestimmte Gewohnheiten, Gefühle, Einstellungen und Erwartungen zu tief festgesetzt haben. Dabei sollte es eigentlich ebenso selbstverständlich sein, bei psychischen Problemen den Therapeuten aufzusuchen, wie man bei körperlichen Krankheiten zum Arzt geht. Bis dies jedoch allgemein üblich ist, wird sicher noch einige Zeit vergehen und viel Aufklärungsarbeit gegen die verbreiteten Vorurteile zu leisten sein.

Einfachere psychische Störungen, die man eher als belästigend denn als Krankheit empfindet, bedürfen in der Regel keiner fachlichen Therapie, damit wird man meist selbst fertig. Es wird geschätzt, dass rund 90 % aller Menschen zwischendurch oder dauernd an solchen Problemen leiden. Sie könnten schon deshalb nicht alle psychotherapeutisch behandelt werden, weil es dazu viel zu wenig Fachleute gibt.

Manche nehmen Arzneimittel (Psychopharmaka) ein, um ihre psychischen Schwierigkeiten zu unterdrücken. Wenn das nur gelegentlich einmal bei einer akuten psychischen Krise vorkommt, bestehen keine grundsätzlichen Bedenken dagegen, sich auf diese Weise über die Probleme hinwegzusetzen. Die psychische Entlastung, die durch das Arzneimittel erreicht wird, kann dafür sorgen, dass die Selbstheilungskräfte der Psyche wieder einsetzen und die Krise rasch überwinden. Problematisch wird es erst, wenn man häufiger oder dauernd solche Mittel einnimmt. Das zeigt an, dass die seelischen Schwierigkeiten fortbestehen, obwohl man Psychopharmaka anwendet. Schlimmstenfalls endet die regelmäßige Einnahme mit der Sucht nach dem Medikament, unter der heute schon rund 600 000 Bundesbürger leiden.

Leichtere psychische Störungen können sehr oft durch die Selbstanalyse der Träume behoben werden.

Die Selbstanalyse der Träume kann mit dazu beitragen, leichtere psychische Störungen aus eigener Kraft zu überwinden. Man erfährt dabei, welche verdrängten Ursachen dahinter stehen und erkennt oft auch gleich, wie man aus der Krise wieder herausfinden kann. Da diese Trauminformationen aus dem Unbewussten stammen, das auch für die psychische Störung verantwortlich ist, sind sie sehr zuverlässig. Häufig werden sie von der Traumzensur stark verzerrt und lassen sich deshalb nur schwer entschlüsseln. Aber wenn man sie erst einmal richtig verstanden und befolgt hat, kann man die Krise dadurch oft rasch überwinden. Allein schon mit der Einsicht in die Ursachen verlieren diese erheblich an Einfluss.

Kompliziert wird die Selbsthilfe durch die inneren Widerstände gegen die Traumanalyse. Wenn es sich wirklich nur um eine einfache psychische Störung handelt, sind sie jedoch nicht stark genug, um die Traumdeutung auf Dauer zu verhindern. Gelingt es nicht, gegen die Widerstände anzukommen, muss man doch den Therapeuten aufsuchen, aus eigener Kraft kommt man dann meist nicht weiter. Die Analyse der Widerstände, die erst die Traumdeutung wieder zulässt, gelingt in solchen Fällen nur dem Fachmann.

Neben der Traumdeutung umfasst die Selbsthilfe bei einfachen psychischen Störungen noch andere therapeutische Maßnahmen. Vor allem Meditations- und Entspannungsübungen mit positiver Autosuggestion haben sich gut bewährt. Diese Techniken erlernt man am besten in einem Kurs unter fachlicher Anleitung und übt sie dann ständig, damit man sie bei einer akuten seelischen Krise auch ganz korrekt einsetzen kann.

Vorahnungen im Traum – kann man ihnen trauen?

Immer wieder berichten Menschen von prophetischen Träumen, in denen sie Ereignisse erleben, die später tatsächlich eintreten. Manchmal befassen sich solche Vorahnungen mit aktuellen Angelegenheiten und gehen schon nach kurzer Zeit in Erfüllung, teils nehmen sie Ereignisse vorweg, die erst viel später eintreten.

Bestreiten kann man diese Phänomene nicht, dazu kommen sie zu häufig vor. Manche Menschen erleben solche Vorahnungen in ihren Träumen sogar häufiger, andere sehr selten oder nie. Es gibt verschiedene Erklärungsversuche, die zwar viele der Voraussagen plausibel machen, aber auf einige nicht angewendet werden können.

Zunächst muss man bei vielen Vorahnungen davon ausgehen, dass sie aus der Verarbeitung aktueller Ereignisse und Situationen im Unbewussten entstehen. Da das Unbewusste die Persönlichkeit ganz genau kennt, kann es auch schon vor einer bewussten Entscheidung oder Handlung wissen, wie man sich verhalten wird. Das kommt dann als Vorahnung in den Träumen zum Ausdruck.

Vorahnungen entstehen aus der Verarbeitung aktueller Ereignisse und Situationen.

Dabei ist auch noch das Prinzip der sich selbst erfüllenden Voraussagen zu berücksichtigen. Das heißt, man wird durch die Vorahnung unwillkürlich derart im Verhalten beeinflusst, dass man unbewusst alles tut, damit sie tatsächlich in Erfüllung geht.

Bei den Traumvorahnungen, die sich erst nach langer Zeit verwirklichen und scheinbar nichts mit der aktuellen Lebenssituation zu tun haben, spielen die sich selbst erfüllenden Voraussagen keine so wichtige Rolle oder sind überhaupt nicht festzustellen. Solche prophetischen Träume kommen wohl in erster Linie dadurch zustande, dass das Unbewusste die Grundtendenzen einer Persönlichkeit, die für die langfristige Weiterentwicklung eines Menschen maßgeblich sind, sehr genau kennt. Deshalb weiß es auch mit einiger Sicherheit, was in einigen Jahren sein wird. So können sich sehr treffsichere Vorstellungen von der weiteren Zukunft entwickeln, beispielsweise Erfolge, Misserfolge und Enttäuschungen ankündigen, lange bevor man die ersten Indizien dafür bewusst wahrnimmt. Diese Vorahnungen schreiben gleichsam die augenblickliche Situation entsprechend der individuellen seelisch-geistigen Tendenzen in die Zukunft fort.

Auch Vorahnungen von eigener Krankheit oder eigenem Tod, die gelegentlich sehr frühzeitig auftreten, sind nicht geheimnisvoll, sondern rational erklärbar. Das Nervensystem nimmt wahrscheinlich die feinsten Veränderungen im Körper wahr, die bewusst überhaupt nicht registriert werden, weil sie zu unbedeutend erscheinen. Im Unbewussten werden sie aber durchaus beachtet und bewertet. Das kann dann zu den warnenden Vorausahnungen führen.

Sieht man Krankheit oder Tod anderer Menschen in Träumen voraus, erklärt sich das vermutlich ebenfalls aus sehr diskreten Wahrnehmungen, die nicht bewusst werden, sondern nur vom Unbewussten bemerkt und verarbeitet werden.

Nicht erklärbar sind auf diese Weise freilich jene Vorahnungen, für die man mit Sicherheit auch keine unbewusst registrierten Informationen erhalten haben kann. Wenn man – was gelegentlich wirklich vorzukommen scheint – zum Beispiel die Lottozahlen der nächsten Wochenziehung im Traum vorausgesehen hat, lässt sich das durch keine der obigen Theorien auch nur annähernd erklären. Vielleicht ist es wirklich nur ein Zufall. Aber man kann zumindest gelegentlich doch nicht mit letzter Sicherheit ausschließen, dass ein Traum aus unerklärlichen Gründen tatsächlich eine zutreffende Voraussage enthielt. Möglicherweise gelingt es im Ausnahmezustand des Traums wirklich, aus gegenwärtiger Zeit und Raum in eine andere Dimension zu gelangen und von dort aus in die Zukunft zu schauen, wie die Esoterik annimmt. Aber das muss zumindest vorläufig noch reine Spekulation bleiben, an die man glauben, die man jedoch nicht beweisen kann.

Bei Vorahnungen im Traum darf nie vergessen werden, dass es sich auch um verschlüsselte Trauminhalte handeln kann, die etwas ganz anderes meinen.

Schließlich darf man bei Vorahnungen im Traum nie vergessen, dass es sich in Wirklichkeit auch um codierte Trauminhalte handeln kann, die etwas ganz anderes meinen. Deshalb muss jede scheinbare Voraussage auch daraufhin untersucht werden, ehe man sie als zukunftsgerichtet annehmen darf.

Was soll man also mit den Vorahnungen in Träumen anfangen? Kann man ihnen vertrauen, oder ignoriert man sie besser?

Unter der Voraussetzung, dass es sich wirklich um eine Vorahnung und keinen als solchen »getarnten« anderen Trauminhalt handelt, gilt die generelle Empfehlung:

- Positive Voraussagen im Traum, die zum Beispiel einen Erfolg prophezeien, darf man im Allgemeinen annehmen, wenn das erahnte Ereignis mit den persönlichen Erwartungen und Zielen übereinstimmt. Dann wird man durch die Traumahnung nämlich positiv »vorprogrammiert« und verhält sich nach dem Prinzip der selbsterfüllenden Erwartungen automatisch so, dass die Vorhersage wahrscheinlich eintritt. Man muss dann nicht lange forschen, woher diese Traumaussage stammt, die positive Selbstbeeinflussung allein ist dabei schon wichtig genug.

Vorsicht und Skepsis sind hingegen bei allen negativen Vorahnungen dringend notwendig, denn sie können sich ebenso wie positive selbst erfüllen und angestrebte Ziele be- und verhindern. Solche Vorhersagen müssen sehr sorgfältig daraufhin untersucht werden, ob sie nicht etwas anderes zum Ausdruck bringen wollen. Findet man dafür auch nach gründlicher Traumanalyse keinen Hinweis, sollte man erforschen, ob sich in der Vorahnung irgendeine Warnung befindet, aus der man vielleicht erkennt, wovor man sich in Zukunft hüten muss. Auch hier kann das Unbewusste mit seinem subjektiven und kollektiven Erfahrungsschatz wichtige Hinweise liefern. Dadurch lassen sich Fehler vermeiden, die man ohne den Traum nicht erkannt hätte. Ferner muss man sich fragen, ob das angestrebte Ziel, das nach der Vorahnung nicht erreicht wird, möglicherweise überhaupt nicht erstrebenswert ist und nicht im Einklang mit der Persönlichkeit steht. Dann kann man falsche Absichten, Bestrebungen und Wünsche noch rechtzeitig aufgeben, ehe man vielleicht ein Fiasko erlebt.

Bei allen negativen Vorahnungen sind dagegen Vorsicht und Skepsis dringend notwendig, denn sie können sich ebenso wie positive selbst erfüllen und angestrebte Ziele be- und verhindern.

Was die Vorahnung von Krankheiten angeht, sollte man sie zunächst ernst genug nehmen, um eine gründliche Untersuchung zu veranlassen. Wenn sich dabei kein Befund erheben lässt, prüft man die Vorahnung sorgfältig daraufhin, ob sie vielleicht nur auf Fehler der Lebensführung – zum Beispiel falsche Ernährung, Bewegungsmangel oder übermäßigen Stress – hinweisen will, aus denen sich irgendwann einmal die vorhergesehene Erkrankung entwickeln könnte. Wenn man das erst einmal erkannt hat, bleibt noch genug Zeit, diese Fehler zu korrigieren.

Und man kann natürlich auch schnurstracks einen Lottoschein ausfüllen oder an einem Preisausschreiben teilnehmen, wenn man die kommenden Lottozahlen im Traum gesehen oder von einem Hauptgewinn geträumt hat. Die Aussichten, dass man wirklich zum Hauptgewinner wird, sind zwar trotz der Vorahnung recht gering, denn solche Träume mögen oft nur der scheinbaren Wunscherfüllung dienen, aber manchmal scheinen sie eben doch zuzutreffen. Außerdem geht man dabei ja keinerlei Risiko ein und vermeidet, dass man noch lange Zeit grübelt, ob man bei einer Teilnahme an einem Preisausschreiben nicht vielleicht doch den Hauptgewinn gezogen hätte.

Grenzen der selbstständigen Traumanalyse

Als Sigmund Freud mit seiner Arbeit begann, war er zunächst der Ansicht, dass sich jeder Mensch, der aussagefähige Träume in Erinnerung behält, selbst analysieren kann. Später jedoch hielt er die Selbstanalyse für unmöglich. Diese Auffassung vertreten heute auch die meisten Psychoanalytiker.

Nun hat die Selbstanalyse von Träumen im Gegensatz zur Psychoanalyse nicht die Aufgabe, psychische Krankheiten zu heilen. Sie soll in erster Linie als praktische Lebenshilfe von seelisch gesunden Menschen genutzt werden. Deshalb sind hier keine so strengen Maßstäbe wie bei der Therapie anzulegen. Trotzdem gilt es, einige Einschränkungen und Risiken der Selbstdeutung von Träumen zu beachten, um Misserfolge, Enttäuschungen und vor allem seelische Schäden so weit wie möglich auszuschließen.

Wann ist Traumdeutung gefährlich?

Traumanalysen sind keine bloßen Spielereien, sondern oft sehr aufschlussreiche psychotherapeutische Verfahren. Deshalb gibt es auch einige »Gegenanzeigen« und »Nebenwirkungen«, die eine selbstständige Deutung nicht zulassen.

Von der Selbstanalyse der Träume ist bei allen ernsteren psychischen Störungen dringend abzuraten.

Im Vordergrund stehen dabei alle ernsteren psychischen Störungen, zum Beispiel chronische oder stärkere akute Depressionen, massive Angstzustände, schwerwiegende Verhaltensstörungen oder Psychosen mit Wahnvorstellungen. In solchen Fällen sind die Betroffenen oft von vornherein nicht in der Lage, ihre Träume zu analysieren, können sich vielleicht auch nicht daran erinnern oder leiden ohnehin unter Störungen des Traumschlafs. Das bewahrt sie glücklicherweise oft vor selbstständigen Versuchen.

Es kommt aber immer wieder vor, dass Patienten mit erheblichen seelischen Problemen, die instinktiv spüren, dass sie Hilfe brauchen, diese in der Selbstanalyse ihrer Träume suchen. Manchmal geht das sogar gut, weil die Psyche nicht zu stark gestört ist. Aber es besteht immer die Gefahr, dass die Erkenntnisse aus der Selbstanalyse, mögen sie nun zutreffen oder völlig verkehrt sein, die seelischen Störungen verschlimmern, weil man ihnen nicht gewachsen ist. Unter anderem können dadurch zum Beispiel starke Angstzustände, Depressionen, Schuldgefühle oder sogar Selbstmordgedanken auftreten, weil man in den Träumen Einblicke in unbewusste psychische Inhalte und Vorgänge erhält, die zutiefst verunsichern und erschüttern.

Da viele Menschen Probleme haben, sich eine seelische Krankheit wirklich einzugestehen, fällt es sehr schwer, sie von der Traumdeutung abzuhalten, wenn sie sich erst einmal darauf festgelegt haben. Schließlich kann man die Gedanken eines Menschen nicht kontrollieren, erreicht also überhaupt nichts, wenn man ihm von der Beschäftigung mit den Träumen dringend abrät, solange er das nicht selbst einzusehen vermag. Man sollte sich immer im Klaren sein, dass sich dieses Risiko nicht sicher ausschalten lässt.

Wer trotz seiner psychischen Krankheit zur Einsicht noch fähig ist, sei nochmals eindringlich vor der selbstständigen Traumanalyse gewarnt. Insbesondere dann, wenn sich bei der Deutung von Träumen ab und zu oder ständig Ängste und Depressionen einstellen, darf man unter keinen Umständen damit fortfahren. Zwar werden auch seelisch stabile Menschen durch manche Ergebnisse der Traumanalyse betroffen, verunsichert und erschüttert, aber sie fühlen sich dadurch nicht so nachhaltig beeinträchtigt oder gar bedroht wie jene, deren Seelenleben stärker gestört ist.

Widerstände gegen die Selbstanalyse

Ein weiteres gewichtiges Problem bei der selbstständigen Traumanalyse sind die inneren Widerstände, die sich bei der Deutung unangenehmer Inhalte unterschiedlich stark bemerkbar machen. Diese innere Abwehr kann eine zutreffende Analyse verhindern und in die Irre leiten, ohne dass man davon etwas bemerkt. Damit werden sehr schmerzhafte Einsichten verhindert, es handelt sich also zunächst um einen sinnvollen Selbstschutzmechanismus, der seelische Leiden ersparen soll.

Nun vollziehen sich Selbsterkenntnis und Reifung der Persönlichkeit immer unter »Geburtswehen«, die vor allem anfangs erheblich belasten können. Psychisch stabile Menschen sind dem gewachsen und werden deshalb auch die Widerstände durch beharrliche Analyse überwinden. Für seelisch labile Menschen dagegen könnten die aus der Traumanalyse gewonnenen Erkenntnisse und die damit verbundenen psychischen

Das Unbewusste baut massive Barrieren auf, wenn die Erkenntnisse aus der Traumanalyse zur Überforderung werden.

Wandlungen zur Überforderung werden, die zusätzlich schadet. Um das zu verhindern, baut das Unbewusste massive Barrieren auf.

In typischen Fällen erkennt man den starken Widerstand vor allem daran, dass man trotz aller Bemühungen die Botschaft eines Traums nicht zu entschlüsseln vermag oder zwar – oft sogar sehr schnell – Deutungen erhält, von denen man aber instinktiv spürt, dass sie nicht stimmen. Wenn dies häufiger vorkommt, hat es meist keinen Zweck, damit fortzufahren, denn erzwingen lässt sich dabei nichts. Man kann die Arbeit mit den Träumen dann wieder aufgeben, vielleicht mit einer anderen Selbsthilfemethode weitermachen. Besser ist es aber, gemeinsam mit einem erfahrenen Therapeuten zu arbeiten, der die Widerstände allmählich durch Analyse beseitigt. Gerade die starke innere Abwehr ist ja meist ein Zeichen dafür, dass man mithilfe der Traumanalyse wichtige Erkenntnisse gewinnen könnte, für die man allein aber einfach noch nicht reif genug ist.

Selbsttäuschungen bei der Deutung

Im Grunde handelt es sich auch bei der Selbsttäuschung um eine Form des Widerstands gegen die Traumanalyse, sofern sie nicht ganz einfach darauf zurückzuführen ist, dass man die Deutung nicht richtig beherrscht. Das Unbewusste muss dann zum Abbau innerer Spannungen bestimmte Träume zwar »zulassen«, bewirkt aber gleichzeitig, dass man trotz sorgfältiger Analyse allein kaum hinter die wahre Bedeutung kommt. Auch der erfahrendste Traumdeuter ist nicht völlig sicher vor Selbsttäuschungen bei dem einen oder anderen Traum. Solche Fehler passieren sogar dem ausgebildeten Therapeuten gelegentlich einmal. Wenn es sich um unwichtige Träume handelt, ist eine gelegentliche Fehlinterpretation belanglos. Oft enthalten aber stark verzerrte Träume wichtige Informationen. Und wenn man aufgrund eines falsch gedeuteten Traums weitreichende Entscheidungen trifft oder Veränderungen im Leben vornimmt, kann das verhängnisvolle Folgen haben.

Erfahrene Traumdeuter sind bei dem einen oder anderen Traum vor Selbsttäuschungen auch nicht völlig sicher.

Glücklicherweise spürt man meist instinktiv, ob eine Deutung gelungen ist oder ob man sich damit selbst täuscht. Die falsche Deutung hinterlässt häufig ein Gefühl der Unzufriedenheit und des Zweifels, während man sich nach der richtigen Interpretation zufrieden, vielleicht sogar leicht euphorisch fühlt. Solche Empfindungen trügen selten, im Allgemeinen darf man sich also darauf verlassen. Deshalb sollte man bei Zweifeln nochmals mit der Analyse beginnen, um mögliche Fehler zu entdecken. Vielleicht wurden Symbole, Metaphern und andere codierte Botschaften zu oberflächlich interpretiert oder nicht im richtigen Zusammenhang erfasst, vielleicht ließ man sich zu sehr von Erwartungen leiten oder war zu vorschnell.

Bei Zweifeln sollte man nochmals mit der Analyse beginnen, um mögliche Fehler zu entdecken.

Solche Überlegungen können helfen, Fehler bei der Traumanalyse aufzudecken und zu korrigieren. Außerdem sollte die Deutung immer einer Realitätskontrolle (siehe Seite 109) unterzogen werden, insbesondere dann, wenn man daraus Konsequenzen für das weitere Leben zieht.

Aber alle diese Kontrollen genügen nicht, wenn die Widerstände, die zur Selbsttäuschung führen, zu groß sind. Dann bleibt nur die Deutung mithilfe des Therapeuten, wenn man den Traum nicht einfach verdrängen will. Vielleicht gelingt es aber auch zu einem späteren Zeitpunkt, wenn sich die psychische Situation verändert hat, den wahren Sinn zu erkennen.

Ernstere seelische Störungen erfordern fachliche Hilfe

Zu den strengen »Gegenanzeigen« der selbstständigen Traumdeutung gehören alle ernsteren psychischen Störungen. Selbst wenn man in solchen Fällen überhaupt noch zur Selbstanalyse von Träumen in der Lage ist, darf man das nur mit Zustimmung des Therapeuten und unter seiner Überwachung versuchen. Andernfalls können die gewonnenen Einsichten das durch die Krankheit bereits gestörte Seelenleben völlig aus dem Gleichgewicht bringen und zur schweren Krise führen.
Der Verdacht auf eine ernstere psychische Krankheit ist nicht immer leicht erkennbar, insbesondere nicht von den Betroffenen selbst. Mögliche Warnzeichen sind unkontrollierbare Ängste, lähmende Depressionen, die nicht nur vorübergehend als Reaktion auf äußere Umstände auftreten, ausgeprägte Verhaltensstörungen, Sinnestäuschungen, Wahnvorstellungen und Selbstmordgedanken. Wenn man das als Betroffener noch als eine psychische Erkrankung zu erkennen vermag, darf man nicht versuchen, durch Traumdeutung eine Selbstbehandlung zu betreiben. Dann kann nur der Therapeut helfen.

Voraussetzungen für eine selbstständige Traumanalyse

Das Führen eines Traumtagebuchs und Training zur Traumerinnerung sind unabdingbare Voraussetzungen für die Selbstanalyse.

Die besten theoretischen Kenntnisse von der Traumdeutung nützen nur sehr wenig, wenn man morgens nicht mehr weiß, was man geträumt hat oder wichtige Details eines Traums vergessen hat. Deshalb sind das Training der Traumerinnerung und ein Traumtagebuch unabdingbare Voraussetzung für die Selbstanalyse. Erleichtert wird sie durch die Fähigkeit, in tiefer Entspannung bildhafte Vorstellungen zu entwickeln. Außerdem ist es erforderlich, die Deutungen der Trauminhalte, der Symbole und der Traumhandlungen der Realitätskontrolle zu unterziehen und schematische oder banale Interpretationen auszuschließen. Erst wenn alle diese Grundbedingungen gegeben sind, kann man Träume mit hoher Zuverlässigkeit selbst richtig analysieren.

Training der Traumerinnerung

Manche Menschen sind »gute Träumer«, wie Freud sagte, und erinnern sich fast jeden Morgen daran, dass sie geträumt haben und können auch den Inhalt der Träume gut reproduzieren. Die meisten Menschen erinnern sich aber nicht regelmäßig jeden Tag an Träume und/oder können sich auf den Inhalt nicht immer besinnen. Rund 15 % aller Männer und 5 % aller Frauen geben sogar an, dass sie überhaupt nicht träumen, weil sie daran nach dem Erwachen keine Erinnerung mehr haben. (Tatsächlich träumen aber alle gesunden Menschen jede Nacht, wie weiter vorne schon erklärt wurde.)

Die ungenügende oder gänzlich fehlende Erinnerung an Träume ist darauf zurückzuführen, dass sie sehr »flüchtig« sind, also rasch vergessen werden. Weckt man Menschen im Experiment innerhalb von 8 Minuten nach einem Traum (erkennbar im EEG und an den beendeten typischen Augenbewegungen), erinnert sich nur noch ein Drittel an ihn. Lässt man mehr als 8 Minuten Zeit verstreichen, ehe man die Versuchsperson aufweckt, sinkt die Erinnerungsquote sogar auf unter 5 %. Das macht die Traumanalyse schwieriger, dieses Phänomen kann aber durch Training und bestimmte Techniken überwunden werden.

Freud erklärte das rasche Vergessen der Träume hauptsächlich aus inneren Widerständen gegen ihre Inhalte. Wenn man die Träume so schnell vergisst oder sich überhaupt nicht daran erinnert, geträumt zu haben, kann man sich auch nicht mit ihren Botschaften auseinander setzen und erspart sich unangenehme Selbsteinsichten. Inzwischen konnte auch der »Trick« des Unbewussten aufgeklärt werden, dass die Träume vergessen sind, wenn man völlig wach ist: Menschen, die nur selten oder nie etwas von ihren Träumen wissen, kommen morgens langsamer zu sich als jene, die ihre Träume akzeptieren und mit ihnen arbeiten wollen. In der Zeit, die bis zum völligen Wachzustand vergeht, können die Träume bei den vermeintlichen Nichtträumern bereits vergessen sein.

Daraus ergibt sich eine erste, grundlegende Voraussetzung für die gute Erinnerung an Träume:

- Zunächst muss man die Tatsache akzeptieren, dass man träumt, auch wenn man nichts davon weiß. Diese Einsicht führt zu einer gewissen Neugier, die die Erinnerung an die Träume erleichtert. Außerdem muss man genügend zur Traumdeutung motiviert sein, also bestimmte, individuell unterschiedliche positive Erwartungen damit verbinden. Bessere Selbsterkenntnis, leichtere Bewältigung des Alltags, innere Harmonie und Ruhe oder die Entwicklung der Kreativität gehören zu den wichtigsten Motiven.

Ausreichende Motivation, die man wohl bei jedem voraussetzen kann, der ein Buch wie dieses liest, genügt häufig schon, um die Traumerinnerung am Morgen ausreichend zu fördern. Wenn dann noch die tägliche Routine hinzukommt, wird man sich ausschließlich gewohnheitsmäßig fast jeden Morgen gut an einen oder mehrere Träume erinnern können.

Gefördert wird das noch durch die folgende Technik, die sich bei regelmäßiger Anwendung gut bewährt hat:

- Man sollte sich jeden Morgen gleich nach dem Erwachen, noch ehe man vollständig zu sich gekommen ist, die Frage stellen: »Was habe ich heute Nacht geträumt?« Anfangs wird man sie wohl noch öfters vergessen, aber im Lauf der Zeit schleift sie sich so gut ein, dass man schließlich automatisch mit diesem ersten Gedanken erwacht. Auf diese Weise hält man Träume fest, bevor sie innerhalb der ersten acht Minuten vielleicht schon in Vergessenheit geraten.

Was habe ich heute Nacht geträumt?

Wer sich morgens durch einen Wecker mit Kassettenteil wecken lässt, kann von Anfang an verhindern, dass er die Frage vergisst, indem er sie auf Band spricht und den Wecker so einstellt, dass die Kassette mit dem Wecken abgespielt wird. Folgender Text hat sich als gut geeignet erwiesen: »Was habe ich heute Nacht geträumt?« – Kurze Pause. – »Vor meinem inneren Auge entstehen Bilder, in denen ich meine Träume erkenne. Ich halte diese Bilder in meiner Erinnerung fest. Sie können nicht vergessen werden, bis ich die Botschaft verstanden habe.« Dieser Text wird dreimal hintereinander auf das Band gesprochen und fördert die Traumerinnerung ausgezeichnet.

Vor meinem inneren Auge entstehen Bilder, in denen ich meine Träume erkenne. Ich halte diese Bilder in meiner Erinnerung fest. Sie können nicht vergessen werden, bis ich die Botschaft verstanden habe.

Eine weitere Möglichkeit, sich an Träume zu erinnern, steht dem offen, der autogenes Training oder eine andere Entspannungs- und Autosuggestionstechnik (siehe Seite 103) beherrscht. Dabei kann man sich so beeinflussen, dass man die Träume nach dem Erwachen ebenfalls in Erinnerung behält.

- Bei jeder Entspannungsübung, die man normalerweise morgens und abends durchführt, stellt man sich nach völliger Entspannung ungefähr 30-mal im Geist ganz intensiv vor, dass man sich an die Träume erinnern wird. Hilfreich ist dabei zum Beispiel der folgende Satz: »Ich träume jede Nacht – erinnere mich an alles, sobald ich erwache.« Man muss diese Formulierung nicht genau übernehmen, aber so ähnlich sollte sie sein. Der erste Teil der Formel trägt dazu bei, innere Widerstände gegen die Träume zu überwinden, indem man sich verdeutlicht, dass man immer träumt; der zweite Teil sorgt für die bessere Erinnerung am Morgen. Manchmal genügen schon wenige Übungen, um die Traumerinnerung deutlich zu verbessern, unter Umständen muss man aber auch wochenlang üben, wenn zum Beispiel stärkere innere Widerstände zu überwinden sind.

Die folgende Technik zur Verbesserung der Traumerinnerung geht von der Tatsache aus, dass die Träume am schnellsten vergessen werden, wenn man nach dem Erwachen noch einige Minuten im Halbschlaf im Bett liegt. Das verhindert man wie folgt:

- Der Wecker wird so gestellt, dass er einige Minuten vor der Zeit rasselt, zu der man gewöhnlich aufsteht. Man erwacht voraussichtlich gerade aus der letzten Traumschlafphase und kann sich zumindest an die letzten Träume noch besser erinnern. Um zu verhindern, dass die Erinnerung gleich wieder vergessen wird, muss man sich aber sofort aus dem Bett erheben, nachdem der Wecker den Schlaf unterbrochen hat. Daran gewöhnt man sich bald. Damit man im Halbschlaf nicht noch automatisch den Wecker abstellt und noch ein wenig döst, stellt man ihn außer Reichweite; man kann dann nicht weiterschlafen oder müsste zumindest aufstehen, um den Wecker abzuschalten, und wird dadurch vollends wach.

Natürlich ist es auch möglich, ja sogar empfehlenswert, die hier genannten Techniken zur besseren Traumerinnerung miteinander zu kombinieren. Man kann zum Beispiel durch Autosuggestion in tiefer Entspannung die Erinnerung »vorprogrammieren«, morgens dann mit dem Weckerrasseln sofort aufstehen und vom Band die Frage nach den Träumen abspielen lassen. Das alles kostet nicht viel Zeit und hilft zuverlässiger – vor allem bei stärkeren Widerständen – als eine einzelne Technik. Wenn sich die Traumerinnerung trotz allem im Lauf der Zeit nicht so deutlich bessert, dass man regelmäßig mit den Träumen arbeiten kann, liegt das vielleicht an zu starken inneren Widerständen. Dann kann meist nur der Therapeut helfen, indem er die Ursachen der Widerstände analysiert. Man muss aber auch prüfen, ob man den Traumschlaf vielleicht be- oder verhindert. Insbesondere Alkoholika und Schlafmittel mit Barbituraten stören die Träume erheblich. Darauf muss man weitgehend verzichten, wenn man die Träume regelmäßig analysieren will. Bestehende Schlafstörungen müssen auf Dauer durch andere Hilfen beseitigt werden, vor allem durch Entspannungstherapie, bei körperlichen Ursachen auch durch ärztlich verordnete, gezielt wirksame Arzneimittel. Alkohol ist nie eine Schlafhilfe.

Führen eines Traumtagebuchs

Eine wichtige Voraussetzung für eine gelungene Selbstanalyse ist das Traumtagebuch.

Die zweite unverzichtbare Voraussetzung für die systematische Selbstanalyse von Träumen besteht darin, die Traumerinnerung regelmäßig in einem Tagebuch zu notieren. Auch wenn man über ein ausgezeichnetes Erinnerungsvermögen verfügt und deshalb meint, einen Traum jederzeit wieder vollständig und richtig aus dem Gedächtnis reproduzieren zu können, darf man auf diese Aufzeichnungen nicht verzichten. Sie allein gewährleisten, dass man mit dem gesamten unverfälschten Trauminhalt arbeiten kann.

Erfahrungsgemäß droht sonst nicht nur die Gefahr, dass man unmerklich bestimmte Trauminhalte schon vor der näheren Betrachtung bei der Analyse aussortiert. Vielmehr kommt es sehr oft vor, dass die Inhalte vom Unbewussten nachträglich noch verfälscht werden und dann überhaupt nichts mehr aussagen.

Außerdem unterstreicht das Traumtagebuch die Bedeutung, die man der Traumanalyse beimisst, und erinnert am Morgen gleich nach dem Erwachen unübersehbar daran, dass man geträumt hat. Das fördert indirekt die Motivation zur Traumerinnerung und -analyse.

Das Traumtagebuch soll immer griffbereit neben dem Bett liegen, zusammen mit einem Schreibwerkzeug, damit man auch beim Erwachen in der Nacht einen Traum sofort aufschreiben kann. Muss man erst danach suchen, kann die Traumerinnerung in der Zwischenzeit schon erloschen sein. Am besten verwendet man ein Ringbuch. Dann lässt sich die Erinnerung bei Bedarf ergänzen, später kann man dann die Deutung zum Traum einheften.

Bei der Niederschrift der Traumerinnerung muss man vermeiden, gleich über den Sinn der Vorgänge nachzudenken.

Bei der Niederschrift der Traumerinnerung muss man vermeiden, gleich über den Sinn einzelner Vorgänge nachzudenken. Es besteht nämlich sonst die Gefahr, dass man gleich eine Auswahl trifft und scheinbar unwichtige Details nicht notiert, die vielleicht doch bedeutsam sind. Man schreibt einfach detailliert in Stichworten alles nieder, woran man sich erinnert, auch wenn es bedeutungs- oder sinnlos erscheint. Dabei kommt es nicht auf einen guten sprachlichen Stil an, sondern ausschließlich auf die Genauigkeit.

Wer etwas zeichnen kann, kann die Niederschrift noch durch Skizzen von den Traumhandlungen ergänzen. Solche kleinen Zeichnungen können oft besser als viele Worte den Inhalt zum Ausdruck bringen, denn Bilder sind ja die »Sprache« unserer Träume. Notwendig ist das aber nicht, sondern nur zur Erleichterung der Deutung gedacht. Wer nicht so gut zeichnen kann, lässt die Skizzierung besser. Es fehlt dann einfach die Darstellungsmöglichkeit, um den Traum vollständig zu erfassen, umso wichtiger sind dann die Notizen.

Das Traumtagebuch bildet die Grundlage für die spätere Analyse. Nachdem man den Traum darin unveränderlich festgehalten hat, kann man zu jeder passenden Zeit mit der Deutung beginnen. Auch wenn es etwas länger dauert, muss man keine Verfälschungen aus dem Unbewussten oder falsche Erinnerungen mehr befürchten. Das befreit von dem Zwang, einen Traum möglichst sofort zu deuten, auch wenn man dazu vielleicht nicht genug Zeit hat oder nicht ausreichend motiviert ist. Außerdem kann man anhand des Traumtagebuchs häufiger wiederkehrende Traumbilder und Traumserien zuverlässiger erkennen. (Wie man das Traumtagebuch führt, erklären wir später bei der Traumdeutung ab Seite 118 noch ausführlich.)

Zusätzlich zum großen Traumtagebuch, das man zu Hause aufbewahrt, sollte man noch ständig ein kleines Notizbuch mit sich führen. Die Erfahrung lehrt nämlich, dass einem immer wieder plötzlich Ergänzungen zu einer Traumerinnerung einfallen oder zur Deutung spontan freie Assoziationen auftreten können, weil man unmerklich an den Träumen arbeitet. Solche Einfälle sollten ebenfalls sofort notiert werden, ehe man sie wieder vergisst oder verfälscht. Aus dem kleinen Notizbuch werden sie dann zu der Traumaufzeichnung im großen Tagebuch übertragen.

Zusätzlich sollte man noch ständig ein kleines Notizbuch mit sich führen, weil einem auch ganz spontan Ideen und Ergänzungen einfallen können.

Diese »Traumbuchführung« mag umständlich erscheinen. Man kommt unter Umständen auch ohne sie aus, wenn man nur gelegentlich einmal einen besonders eindrucksvollen Traum deuten möchte. Zur systematischen Traumanalyse ist sie aber praktisch unverzichtbar. Deshalb sollte man die kleine Mühe nicht scheuen.

Entwicklung der bildhaften Vorstellungskraft

Die Fähigkeit, bildhafte Vorstellungen zu entwickeln, besitzt jeder Mensch, wenn auch in individuell unterschiedlichem Maße. Vorstellungen entstehen im Gegensatz zu den Sinneswahrnehmungen ohne äußere Reize aus den früher im Gedächtnis gespeicherten Vorgängen, Objekten und Personen, die neu miteinander kombiniert werden. Sie entsprechen also nicht mehr den früheren Wahrnehmungen, sondern werden (oft situationsabhängig) zu neuen Bildern zusammengefasst. Von krankhaften Halluzinationen unterscheiden sich die bildhaften Vorstellungen dadurch, dass sie nicht mit der Realität verwechselt werden.

Vorwiegend treten optische Vorstellungen auf, da das Sehen für den Menschen die wichtigste Informationsquelle darstellt. Zum Teil können aber auch akustische, Geschmacks-, Geruchs-, Tast- und Bewegungsvorstellungen auftreten. Nicht selten werden sie zu Vorstellungen zusammengesetzt, die Wahrnehmungen mehrerer Sinnesorgane enthalten.

Die Vorstellungskraft hat in unserem nüchtern-rationalen Alltag heute kein hohes Ansehen mehr, oft wird sie sogar als Einbildung abgewertet. Das ist aber völlig verkehrt, denn ob wir wollen oder nicht, wir werden von unseren Vorstellungen in allen Lebensbereichen sehr stark beeinflusst. Vor allem aus dem Unbewussten steigen viele Vorstellungen empor, die unser Denken, Fühlen und Verhalten unmerklich steuern und sich sogar gegen den bewussten Willen und Verstand durchsetzen. Auch Kreativität steht in engem Zusammenhang mit den bildhaften Vorstellungen. Deshalb sollte man die Entwicklung positiver Vorstellungen zur Lebensbewältigung nicht hemmen, sondern noch fördern.

Die Kreativität steht in engem Zusammenhang mit den bildhaften Vorstellungen.

Für die Erinnerung und Analyse von Träumen ist die bildhafte Vorstellungskraft ebenfalls von Bedeutung. Da Bilder die »Sprache« der Träume und des Unbewussten sind, fördert das bildhafte Vorstellungsvermögen vor allem die Erinnerung an die Traumbilder und das Verständnis dafür. Wenn man die Traumbilder gut in die Vorstellungskraft zurückrufen kann, gelingt die Traumanalyse meist leichter, weil man den Traumablauf dadurch bewusst Schritt für Schritt nochmals nachvollzieht und in Ruhe betrachtet.

Es gibt zahlreiche Übungen, um das bildhafte Vorstellungsvermögen zu trainieren.

Es gibt zahlreiche Übungen, um das bildhafte Vorstellungsvermögen zu trainieren. Die folgenden stammen aus der altindischen Yogalehre, die ähnlich wie andere Meditationstechniken sehr viel mit Vorstellungen arbeitet. Durch regelmäßige Durchführung der Übungen verbessert man allmählich deutlich die eigene Vorstellungskraft. Das hilft natürlich nicht nur bei der Traumdeutung, sondern auch im täglichen Leben. Zu dessen Bewältigung kann man positive bildhafte Vorstellungen entwickeln, die sicherer als bewusste Absichten und Willensakte in Erfüllung gehen. Zudem wird das Konzentrationsvermögen gefördert.

Aus den nachstehenden Übungen wählt man zunächst eine aus, die persönlich am besten gefällt. Diese wird jeden Tag mindestens einmal durchgeführt, am besten im Zusammenhang mit Entspannungsübungen. Später, wenn die Übung immer leichter gelingt, kann man dann eine anspruchsvollere auswählen. Es empfiehlt sich, die Vorstellungskraft ständig zu trainieren, damit die Fähigkeit nicht wieder nachlässt.

Die Vorstellungskraft sollte ständig trainiert werden, damit die Fähigkeit nicht wieder nachlässt.

Einfache Grundübungen

Ungeübte beginnen am besten mit einer der folgenden einfachen Übungen. Die Wirkung wird man bei konsequentem Training bald deutlich spüren.

Übung 1

Man setzt sich bequem vor einen Tisch, auf dem in Augenhöhe ungefähr einen Meter entfernt eine Kerze brennt. Damit sie nicht flackert (das lenkt ab), muss jeder Luftzug vermieden und vorher der Docht geputzt werden. Die ruhige Kerzenflamme betrachtet man eine Minute lang unverwandt. Dann schließt man die Augen und versucht, sich das Bild der Flamme 30 Sekunden lang intensiv vor dem inneren Auge vorzustellen. Anschließend öffnet man die Augen wieder und vergleicht die Vorstellung mit der realen Flamme.

Da es sich bei der Flamme um eine recht einfache Form handelt, gelingt es meist recht gut, sich eine genaue Vorstellung davon zu machen. In einem nächsten Schritt kann man versuchen, die Vorstellung allmählich länger vor dem inneren Auge festzuhalten. Sobald es möglich ist, sich die Flamme fünf Minuten lang ununterbrochen vor dem inneren Auge vorzustellen, hat man das Übungsziel erreicht und kann zu einer anderen Übung weitergehen.

Zusätzlich kann man der Flamme noch eine symbolische Bedeutung verleihen, indem man während der Vorstellung mehrmals im Geist die folgende Assoziation wiederholt: »So wie die Flamme das Dunkel erhellt, wird die Traumanalyse mich selbst erhellen.« Dadurch fördert man die erfolgreiche Traumdeutung, da innere Widerstände gegen eine Erforschung des eigenen Unbewussten abgebaut werden. Manche Menschen, die mit dieser Assoziation arbeiten, geben an, dass die Flamme im Lauf der Zeit immer heller wahrgenommen wird.

So wie die Flamme das Dunkel erhellt, wird die Traumanalyse mich selbst erhellen.

Übung 2
Diese Übung eignet sich ebenfalls gut für Anfänger, ist aber nicht ganz so einfach wie die erste, weil man dazu komplexere Objekte als eine Flamme verwendet. Man setzt oder legt sich dazu bequem nieder und richtet den Blick eine Minute lang auf einen beliebigen Gegenstand im Raum, der sich zwei bis drei Meter entfernt befindet. Man kann zum Beispiel ein Bild, Möbelstück, eine Pflanze oder auch das Muster einer Tapete dazu verwenden; die Art des Gegenstands ist nicht so wichtig, wenn er anfangs nur nicht zu kompliziert ist. Dann schließt man die Augen und versucht, sich das Objekt so deutlich wie möglich vorzustellen; eine zeitliche Begrenzung für die Vorstellung ist nicht zu beachten, man öffnet die Augen erst dann wieder, wenn man glaubt, sich das Objekt nicht mehr intensiver vorstellen zu können. Nun wird das innere Bild mit dem realen Objekt verglichen.

Man wiederholt diese Übung in kurzen Abständen noch 2- bis 3-mal, wobei die Vorstellung meist immer genauer wird.

Wenn das Objekt durch konsequentes Üben nach einiger Zeit nicht mehr detaillierter vorgestellt werden kann, sucht man sich ein neues aus und verfährt damit in gleicher Weise. Da die Vorstellungskraft inzwischen schon verbessert wurde, darf dieses nächste Objekt schon etwas komplizierter sein.

Übung 3
Diese Übung eignet sich nur für Menschen, die zeichnerisch talentiert sind. Zunächst sucht man sich dazu ein einfaches Objekt aus, das zwei Minuten lang intensiv betrachtet wird. Dann schließt man die Augen und stellt es sich etwa 30 Sekunden lang so gut wie möglich vor.

Nach dem Öffnen der Augen schaut man das Objekt nicht mehr an, sondern zeichnet es sofort nach der inneren Vorstellung auf. Erst danach wird die Zeichnung mit dem realen Objekt verglichen. Anfangs wird es vermutlich noch viele Details vermissen lassen, im Lauf der Zeit wird die Zeichnung aber immer genauer.

Wenn keine Verbesserungen mehr möglich sind, übt man mit einem anderen, etwas komplizierteren Objekt weiter. Diese Übung fördert auch die zeichnerische Darstellung von Traumhandlungen im Traumtagebuch (siehe Seite 96).

Übungen für Fortgeschrittene

Nachdem man sich durch die obigen Grundübungen ausreichend vorbereitet hat, kann man zu schwierigeren Übungen mit abstrakteren Inhalten übergehen. Sie helfen besonders gut bei der Deutung von Träumen.

Übung 4

Neben dem bildhaften Vorstellungsvermögen trainiert man durch diese Übung besonders gut die Fähigkeit zur Konzentration auf einen einzigen Inhalt (was nicht nur die Traumanalyse erleichtert). Überdies gewinnt man dadurch besseres Bewusstsein vom eigenen Körper.

Zuerst stellt man sich vor einen hohen Spiegel, faltet die Hände hinter dem Kopf und konzentriert sich zwei Minuten lang auf das eigene Spiegelbild. Der Blick soll dabei ruhig über den Körper streifen, nicht sprunghaft hin und her gehen. Dabei atmet man ruhig und gelassen.

Die ungewohnt lange Selbstbeobachtung empfinden manche Menschen als unangenehm, was oft auf ein gestörtes Körperbewusstsein hindeutet. Dann betrachtet man sich anfangs kürzer und steigert die Zeit nur langsam. Meist tritt auch das Bedürfnis auf, sich zu bewegen, oder man nimmt ein Jucken und andere Missempfindungen wahr, denen man aber so lang wie möglich widersteht. Sobald man die Selbstbeobachtung gut beherrscht, wird sie allmählich bis auf fünf Minuten ausgedehnt. Anschießend setzt oder legt man sich bequem nieder, schließt die Augen und lässt anfangs zwei Minuten, später bis zu fünf Minuten lang die Gedanken zwanglos kommen und gehen. Dann atmet man einmal langsam tief durch, nochmals langsam tief ein und stellt sich dabei intensiv im Geist vor: »Vor meinem inneren Auge erscheint nun ein Bild. Dieses Bild erfüllt mich jetzt vollkommen, daneben taucht keine andere Vorstellung mehr auf.« Es ist gleichgültig, welche Vorstellung sich dabei entwickelt, entscheidend ist, dass man sie aus dem Unbewussten aufsteigen lässt und konzentriert anfangs zwei bis fünf Minuten, später bis 15 Minuten lang festhält. Wenn man das nach einiger Zeit gut beherrscht, kann man auch bei der Traumanalyse die Trauminhalte wieder sehr genau reproduzieren und deutliche Assoziationen dazu aus den Tiefen des Unbewussten emporsteigen lassen.

Vor meinem inneren Auge erscheint nun ein Bild. Dieses Bild erfüllt mich jetzt vollkommen, daneben taucht keine andere Vorstellung auf.

Zunächst tauchen meist triviale Vorstellungen auf, zum Beispiel Bilder von Objekten, die man unmittelbar zuvor wahrgenommen hat. Später kommen aber auch Bilder aus dem Unbewussten, die ähnlich wie die Träume sogar Rückschlüsse auf verdrängte, psychische Inhalte zulassen. Wer das übt, kann praktisch jederzeit Kontakt zum Unbewussten aufnehmen, seine Erfahrungen und Kreativität für die Deutung von Träumen und zur Bewältigung von Problemen nutzen.

Übung 5

Bei dieser zweiten Übung für Fortgeschrittene entwickelt man bildhafte Vorstellungen zu abstrakten Begriffen, zum Beispiel Frieden, Gerechtigkeit, Liebe, Freundschaft, Mut und Treue. Das erleichtert die Traumdeutung, weil in den Träumen ja häufig Abstraktionen vorkommen. Wenn man geübt hat, entsprechende Bilder zu entwickeln, gelingt die Deutung besser.

Vor meinem inneren Auge entsteht nun ein Bild, die Vorstellung von ...

Man setzt oder legt sich zu dieser Übung bequem nieder, schließt die Augen, atmet mehrmals gelassen und ruhig tief durch und lässt die Gedanken kommen und gehen. Dann stellt man sich einmal intensiv im Geist vor: »Vor meinem inneren Auge entsteht nun ein Bild, die Vorstellung von ...« (hier setzt man den abstrakten Begriff ein, mit dem man sich befassen will). Dann wartet man ab, welche bildhaften Vorstellungen dazu aus dem Unbewussten auftauchen.

Wenn das zu lange dauert, kann man sich zu dem Begriff zunächst – gewissermaßen als Anstoß für das Unbewusste – ganz bewusst verschiedene Aspekte ausmalen, bis die Bilder aus dem Unbewussten dazu emporsteigen.

Die bildhaften Vorstellungen sollen abstrakte Begriffe mit Leben erfüllen, damit sie konkretere Formen annehmen. Dabei entwickelt sich meist nicht nur ein einzelnes Bild, sondern es entstehen aneinander gereihte Vorstellungen, die verschiedene Ausdrucksformen des abstrakten Begriffs im täglichen Leben detailliert ausgestalten.

Man arbeitet immer nur mit einem Begriff, den man bei jeder Übung weiter ausgestaltet, bis keine neuen Vorstellungen dazu mehr auftauchen. Erst dann geht man zum nächsten Begriff über. Da es unzählige abstrakte Begriffe gibt, kann man diese Übung dauernd mit immer neuen Vorstellungen durchführen, um das bildhafte Vorstellungsvermögen zu trainieren.

Die verbesserte Vorstellungskraft kann auf verschiedene Weise für die Traumanalyse genutzt werden:

- Wichtig ist zunächst, dass man mit ihrer Hilfe die Traumerinnerung deutlich verbessern kann; dazu versucht man, sich den Traum vor der Aufzeichnung ins Traumtagebuch nochmals möglichst intensiv vorzustellen, damit er detailliert notiert werden kann.
- Wenn man später mit der Traumanalyse beginnt, kann man zu den Notizen im Traumtagebuch erneut bildhaft das Traumgeschehen in Erinnerung rufen. Wer das gut beherrscht, kann den Traum fast wie einen Film nochmals vor dem inneren Auge ablaufen lassen, ihn jederzeit anhalten, um wichtige Teile genauer zu untersuchen, oder ihn zurückspulen, um verschiedene Passagen miteinander in Beziehung zu setzen.
- Schließlich kann man bei gutem Vorstellungsvermögen zu den verschiedenen Trauminhalten auch noch bildhafte Assoziationen entwickeln, aus denen man die Bedeutungen leichter als aus Worten erkennt.

Die verbesserte Vorstellungskraft kann auf verschiedene Weise für die Traumanalyse genutzt werden.

Allerdings kann es auch vorkommen, dass Träume in der nachträglichen Vorstellung verfälscht werden, also Träume mit neuen Inhalten und Aussagen entstehen. Das kann auf innere Widerstände zurückzuführen sein. Deshalb kontrolliert man die Vorstellungen stets daraufhin, ob sie mit den ursprünglichen Aufzeichnungen im Traumtagebuch übereinstimmen. Stärkere Abweichungen davon deuten oft auf unbewusste Verfälschungen hin. Dann analysiert man den Traum besser mithilfe des Traumtagebuchs, das die ersten Erinnerungen festhält.

Unbedingt notwendig ist es nicht, zur Traumdeutung das Vorstellungsvermögen zu verbessern. Da man aber auch im täglichen Leben davon profitiert, sind die Übungen doch grundsätzlich zu empfehlen.

Entspannung und Meditation erleichtern die Deutung

Eine wichtige Hilfe bei der Arbeit mit den Träumen bieten Entspannungs- oder Meditationsübungen. Wenn man sie durch regelmäßiges Training (möglichst 2-mal täglich) gut beherrscht, gelangt man dabei in einen Zustand der eingeschränkten Bewusstheit, die im EEG an den Veränderungen der Hirnstromwellen erkennbar wird; die körperliche Entspannung ist durch die Lockerung der Muskulatur und Erweiterung der Blutgefäße objektiv nachweisbar. In der tiefen Entspannung öffnet sich das Unbewusste, kann Suggestionen aufnehmen und sich selbst zu Wort melden.

Unter den verschiedenen Entspannungstechniken ist vor allem das autogene Training hervorzuheben.

Unter den verschiedenen Entspannungstechniken ist vor allem das autogene Training nach Professor J. H. Schultz hervorzuheben. In den vergangenen sechs Jahrzehnten seit seiner Einführung half es schon Millionen Menschen. Die Technik ist systematisch aufgebaut, was das selbstständige Training erleichtert. Man führt beim autogenen Training durch Vorstellungen von Schwere und Wärme sowie Herz- und Atemberuhigung einen Zustand tiefer körperlicher Entspannung herbei, der sich über das vegetative Nervensystem auch dem Seelenleben mitteilt. Die Unterstufe besteht aus sechs Übungen, die man innerhalb von zwölf Wochen erlernt und dann möglichst ein Leben lang ständig trainiert. Fortgeschrittene können noch die Oberstufe erlernen, die als eine Art tiefenpsychologisches Verfahren in erster Linie der besseren Selbsterkenntnis dient.

Autogenes Training sollte möglichst in einem Kurs unter fachlicher Leitung erlernt werden. Solche Kurse werden heute von vielen Volkshochschulen und einigen Krankenkassen angeboten, sodass eine Teilnahme fast jedermann möglich ist. Zur Not genügt es auch, wenn man die Technik nach einem guten Buch erlernt.

Da Vorstellungen vielen Menschen nicht so gut gelingen, können sie sich auch durch autogenes Training nicht immer tief genug entspannen. Dann hilft das schon beschriebene Training des Vorstellungsvermögens. Man kann aber auch eine andere Entspannungstechnik auswählen. Vor allem die progressive Muskelrelaxation des amerikanischen Therapeuten Jacobson hat sich gut bewährt, weil man sich dabei die Entspannung nicht nur vorstellt, sondern sie unmittelbar erlebt. Bei dieser Methode werden nämlich verschiedene Muskelgruppen nacheinander bewusst stark angespannt und wieder gelockert.
Die Ergebnisse der progressiven Relaxation sind ähnlich gut wie beim autogenen Training. Die progressive Relaxation wird ebenfalls im Kurs unter fachlicher Anleitung erlernt und regelmäßig durchgeführt.

Meditationsübungen, vor allem die traditionellen asiatischen, wie Yoga und Zen-Meditation, finden bei uns viele Anhänger. Das erklärt sich wohl aus der Sehnsucht vieler Menschen, aus dem nüchtern-rationalen Alltag in mystische Bereiche zu entfliehen. Wenn daraus keine Flucht aus der Realität und eine Lebensuntüchtigkeit entsteht, bestehen auch gegen solche Techniken keine Bedenken.

Meditationsübungen wie Yoga und Zen-Meditation finden bei uns viele Anhänger.

Meditation lässt sich nur schwer theoretisch erklären. Man muss sie mithilfe eines seriösen Lehrers erlernen und selbst erfahren. Unter Meditation versteht man vereinfacht die Versenkung in sich selbst, die intensive Selbsterforschung und Selbsterfahrung, bei der man die eigenen Wurzeln im Transzendentalen erkennt und schließlich eins mit dem Geistigen (Göttlichen) wird. Das Ganze führt zu einer tiefen inneren Ruhe und zur Erweiterung des Bewusstseins. Solche Erfahrungen jenseits der Ratio entspringen offenbar einem urmenschlichen Bedürfnis, denn Meditationsübungen kennt man seit mindestens sechs Jahrtausenden.

Die Traumanalyse ist nur ein Randgebiet der Entspannungs- und Meditationsübungen. Wenn man damit erst einmal angefangen hat und regelmäßig trainiert, findet man eine universelle Lebenshilfe, auf die man bald nicht mehr verzichten will. Ideal ist es natürlich, die Träume mit einzubeziehen, mehr kann man zur psychischen »Hygiene« fast nicht mehr tun.

Die Traumanalyse ist nur ein Randgebiet der Entspannungs- und Meditationsübungen.

Ganz allgemein fördern Entspannungs- und Meditationstechniken die Sensibilität für psychische Vorgänge, die heute oft zu wenig beachtet oder gar unterdrückt werden, weil man glaubt, sich eine solche »Empfindlichkeit« gar nicht mehr leisten zu können.

Darüber hinaus können Entspannung und Meditation die Traumanalyse in mehrfacher Hinsicht konkret erleichtern:

- Die Erinnerung an Träume wird verbessert, wenn man sich in tiefer Entspannung selbst entsprechend beeinflusst (siehe Traumerinnerung Seite 92); außerdem ist es auf diese Weise sogar möglich, die Träume so zu steuern, dass man angenehme Traumhandlungen erlebt und Antworten auf bestimmte Fragen aus dem Unbewussten erhält.
- In tiefer Entspannung fällt es leichter, sich Träume wieder in Erinnerung zurufen; das gelingt am besten, wenn man gleichzeitig die Vorstellungskraft trainiert.

◆ Da sich in der Entspannung oder bei der Meditation das Unbewusste öffnet, können daraus leichter spontane Assoziationen auftreten, mit deren Hilfe man die Träume besser versteht.

In der Entspannung trägt also das Unbewusste selbst dazu bei, die Träume genauer zu analysieren. Da es deren Bedeutung genau kennt – schließlich stammen sie ja aus dem unbewussten Bereich –, sind die Deutungen meist umfassender und zutreffender. Deshalb empfiehlt es sich, zur Traumanalyse die tiefe Entspannung herbeizuführen und dann zu warten, welche Botschaften aus dem Unbewussten dazu auftauchen. Wenn einem der Sinn des Traums dabei nicht schon spontan einfällt, kann man die Assoziationen dazu wenigstens hinterher verwerten. Allerdings muss man auch hier darauf achten, dass vom Unbewussten keine nachträglichen Verfälschungen vorgenommen werden, die den Sinn noch mehr verschleiern. Dabei hilft die Realitätskontrolle (siehe Seite 109) und das Traumtagebuch, mit dessen Hilfe man überwacht, ob die Träume während der Entspannung verändert wurden.

Bei der Hypnose gerät man in einen Zustand der eingeschränkten Bewusstheit, in dem sich das Unbewusste öffnet und verdrängte Erfahrungen preisgibt.

In der Psychotherapie verwendet man heute auch wieder häufiger die Hypnose, um das Unbewusste zu erforschen. Auch dabei gerät man in einen Zustand der eingeschränkten Bewusstheit, in dem sich das Unbewusste öffnet und verdrängte Erfahrungen preisgibt sowie Suggestionen aufnimmt. Auf diese Weise kann man in der frühesten Kindheit erfolgte seelische Verletzungen wieder bewusst machen und nachträglich verarbeiten, ja sogar vorgeburtliche Einflüsse auf die psychische Entwicklung erkennen. Das kürzt andere psychotherapeutische Maßnahmen ab und kann allein zur Therapie genügen. Für die Traumdeutung ist die Hypnose ebenfalls nützlich, weil man die hinter den Träumen verborgenen Erfahrungen dabei leichter erkennt und das Unbewusste anregen kann, bei der Analyse mitzuwirken. Außerdem lassen sich in Hypnose bestimmte Träume, die Antworten auf aktuelle Fragen liefern sollen, bis zu einem gewissen Grad »vorprogrammieren« oder sogar während des Trancezustands erzeugen. Experimentell nutzt man die Hypnose teilweise auch, um Träume zu erforschen.

Wer Hypnose selbstständig zur Traumanalyse nutzen will, sollte sich dazu durch den Therapeuten vorbereiten lassen. Danach gelingt es vielen Menschen, sich selbst in Hypnose zu versetzen, auch wenn dieser Zustand dann meist nicht so tief ist. Auf die Tiefe des Trancezustands kommt es ohnehin nicht so sehr an, schon eine oberflächliche Trance, vergleichbar der tiefen Entspannung durch autogenes Training, wirkt meist schon ausreichend.

Schematische und Trivialdeutungen vermeiden

Jeder Traum ist eine persönliche Botschaft, die man nur ganz individuell deuten kann.

Wenn zwei Menschen genau den gleichen Traum haben (was praktisch nicht vorkommt), müsste er noch lange nicht die gleiche Bedeutung haben. Jeder Traum ist eine sehr persönliche Botschaft, die man immer nur ganz individuell deuten kann. Dem scheint auf den ersten Blick zu widersprechen, dass auch in diesem Buch für zahlreiche Symbole bestimmte Deutungen angegeben werden. Wenn jeder Traum nur individuell zu verstehen ist, wären solche lexikalischen Verzeichnisse eigentlich überflüssig.

Tatsächlich verhält es sich jedoch so, dass die Symbole in vielen Träumen der verschiedensten Menschen (zum Teil auch aus anderen Kulturkreisen) eine sehr ähnliche Bedeutung haben, die sich wahrscheinlich mit aus dem überindividuellen kollektiven Unbewussten erklärt. Individuell sehr verschieden ist also nicht die Bedeutung der Symbole, sondern die Art, wie sie in der Traumhandlung zusammengefügt werden. Erst daraus ergibt sich die ganz persönliche Bedeutung.

Aus diesem Grund dürfen Träume niemals schematisch gedeutet werden, indem man die einzelnen Symbole aus dem Handlungsrahmen löst und einzelne mithilfe des Lexikons deutet. Dadurch erhält man nur eine Aneinanderreihung von Bedeutungen, die jede für sich durchaus stimmen kann, aber am Ende doch kaum etwas über die Traumbotschaft aussagt. Das wäre ungefähr so sinnvoll, wie wenn man Steine einzeln nebeneinander legt und erwartet, dass daraus ein Gebäude entsteht. Das Ganze ist immer mehr als die bloße Summe seiner einzelnen Komponenten, das trifft auch für die Träume zu.

Die Erklärungen zu den Traumsymbolen im lexikalischen Teil haben nur den Zweck, Denkanstöße zum besseren Verständnis zu geben.

Die Erklärungen zu den Traumsymbolen im lexikalischen Teil haben nur den Zweck, Denkanstöße zum besseren Verständnis zu geben. Wenn man weiß, welche Bedeutung die einzelnen Symbole haben, wird man dazu angeregt, mit diesen Bedeutungen zu arbeiten, sie in das Puzzle der gesamten

Traumhandlung einzufügen, um zu sehen, ob sie dazu überhaupt passen. Ist das nicht der Fall, sucht man nach einer anderen Deutung.

Man darf sich bei der Traumanalyse nie damit begnügen, einfach schematische Rückschlüsse aus den Symbolen zu ziehen.

Man darf sich also bei der Traumanalyse nie damit begnügen, einfach aus Symbolen schematisch Rückschlüsse auf die Bedeutung des gesamten Traums zu ziehen. Das kann zwar gelingen, aber die Gefahr der Selbsttäuschung ist groß. Stets muss geprüft werden, ob die angegebene Bedeutung überhaupt zu der Traumhandlung insgesamt passt. Trifft das zu, ergibt sich daraus ein Sinn und man gelangt bei der Analyse ein Stückchen weiter. Ist dies nicht der Fall, bemerkt man Unstimmigkeiten und Widersprüche. Man muss sich dann fragen, welche anderen, individuell zutreffenderen Bedeutungen die Symbole in diesem speziellen Traum haben.

Trivialdeutungen, also Aussagen über Traumbotschaften, die belanglos erscheinen, erklären sich ebenfalls häufig aus der schematischen, oberflächlichen Analyse. Dabei erfasst man nicht den verzerrten eigentlichen Sinn des Traums, sondern bleibt zu sehr dem erinnerten tatsächlichen Traumgeschehen verhaftet. Solche Deutungen hinterlassen im Allgemeinen Unzufriedenheit, denn man spürt instinktiv, dass man die Traumbotschaft damit nicht erfasst hat. Meist empfiehlt es sich dann, nochmals ganz neu mit der Analyse zu beginnen.

Es gibt freilich auch genügend Träume, die tatsächlich nur eine triviale, nichts sagende Deutung zulassen, weil darin zum Beispiel nur unwesentliche Tagesreste verarbeitet werden. Man darf dann keinesfalls versuchen, unbedingt einen tieferen Sinn hineinzuinterpretieren, das führt zu nichts. Wenn man mit der banalen Aussage, die sich bei der Analyse ergab, eigentlich doch zufrieden ist, keine neuen Assoziationen mehr entwickeln kann und auch mithilfe des Lexikons der Traumsymbole nicht weiterkommt, wird man sich im Allgemeinen mit der Trivialdeutung begnügen und diesen Traum rasch vergessen können, der nichts Hintergründiges zu bieten hat.

Erfahrene Traumdeuter merken meist, ob es sich überhaupt lohnt, mit einem Traum zu arbeiten oder ob er zu banal ist, um sich weiter mit ihm zu befassen. Natürlich kann man sich dabei auch einmal täuschen, wird vielleicht auch von inneren Widerständen dazu verleitet, einen wichtigen Traum vorschnell als trivial abzutun. Aber dieses Risiko erscheint nicht so schwerwiegend, denn wenn ein wirklich wichtiger Traum einmal übersehen wird, wiederholt das Unbewusste die Botschaft häufig in späteren Träumen. Für die meisten Menschen wäre es zu zeitaufwendig, jeden Traum gründlich zu analysieren, auch wenn er auf den ersten Blick unwesentlich erscheint. Es bliebe ihnen zu wenig Zeit, um die tatsächlich wichtigen Träume ausführlich genug zu deuten.

Realitätskontrolle der Traumanalyse verhindert Selbsttäuschung

Die Traumdeutung muss möglichst zutreffend sein, damit man keine falschen, vielleicht schwerwiegenden Konsequenzen daraus zieht. Das gute oder schlechte Gefühl, das sich nach der abgeschlossenen Traumanalyse meist mehr oder minder deutlich einstellt, kann fast immer als recht zuverlässiger Hinweis darauf verstanden werden, ob man mit der Deutung richtig oder falsch liegt. Mit der zutreffenden Interpretation kann sich sogar eine freudige Erregung und Aktivität entwickeln, selbst wenn man durch die Einsichten erschüttert und belastet wurde, weil sich langjährige Blockaden lösen und psychische Energie freigesetzt wird. Eine Fehlinterpretation oder oberflächliche Deutung hingegen hinterlässt Unzufriedenheit, Missmut, vielleicht auch Zweifel, ob die Traumanalyse überhaupt einen Wert hat.

Fehlinterpretationen und oberflächliche Deutungen hinterlassen Unzufriedenheit, Missmut und Zweifel.

Allein auf das Gefühl muss man sich jedoch nicht verlassen, um feststellen zu können, ob eine Traumdeutung zutrifft. Man kann das Ergebnis zusätzlich absichern, indem man es einer Realitätskontrolle unterzieht. Man prüft dabei, ob die Deutung in sich schlüssig, vollständig, beständig und mit tatsächlichen Erfahrungen in Einklang zu bringen ist. Dazu untersucht man sie unter folgenden Gesichtspunkten:

- Wurden alle Traumsymbole und -handlungen durch die Deutung vollständig und einleuchtend erklärt oder bleiben noch Fragen offen?
- Ist die Bedeutung in sich stimmig, können also die dabei bewusst gewordenen Zusammenhänge miteinander in Beziehung gesetzt werden, ohne dass Widersprüche auftreten?
- Stimmt die Deutung mit dem tatsächlichen Verhalten, den Einstellungen, Haltungen, Überzeugungen und Erfahrun-

gen überein, oder kann man sie damit nicht vollständig in Einklang bringen? (Ganz zuverlässig lässt sich mit dieser Frage aber nicht klären, ob eine Deutung stimmt, denn unsere psychischen Inhalte und Erfahrungen sind uns längst nicht alle bewusst; stärkere Abweichungen von dem, was wir über uns wissen, müssen aber zumindest hellhörig machen: Vielleicht ist die Deutung wirklich falsch, vielleicht stimmt auch das bewusste Selbstbild überhaupt nicht; es kann aber auch sein, dass die Deutung zukünftig Entwicklungen vorwegnimmt, die man im Augenblick überhaupt noch nicht absehen kann.)

- Bleibt man bei der Deutung, auch wenn man den Traum später nochmals durchgeht, die niedergeschriebene Deutung erneut liest; traten vielleicht sogar Ereignisse ein, die diese Deutung bestätigen oder in Zweifel stellen? (Bei Deutungen, derer man sich nicht ganz sicher ist, empfiehlt es sich immer, nach einiger Zeit nochmals eine Überprüfung vorzunehmen.)

Wenn alle Fragen bejaht werden und ein gutes Gefühl besteht, ist die Deutung sehr wahrscheinlich korrekt. Andernfalls sollte man sie nochmals überdenken, vor allem bei sehr wichtig erscheinenden Träumen.

Gesteuerte Träume – Antworten aus dem Unbewussten abrufen

Eine faszinierende Möglichkeit ist es, auf die Träume Einfluss zu nehmen.

Zu den faszinierendsten Möglichkeiten für jeden erfahrenen Traumdeuter gehört es, auf die Träume Einfluss zu nehmen. Das ist vor allem dann wichtig, wenn man rasch Antworten aus dem Unbewussten benötigt oder die Träume positiver gestalten will, um sich besser zu erholen und frischer zu erwachen. Es erfordert jedoch einige Übung, ehe man diese Technik beherrscht und auch nach langer Übung wird das Unbewusste nicht immer »auf Kommando« antworten.

Voraussetzungen der Traumsteuerung

Wer gerade beginnt, sich mit seinen Träumen zu beschäftigen, kann sie unter Umständen auch schon durch seine Erwartungen steuern. Aber oft wird der Versuch bei Anfängern fehlschlagen. Dann besteht die Gefahr, dass man durch den Misserfolg negativ »vorprogrammiert« wird und deshalb später, nach einiger Erfahrung, kaum Einfluss auf die Träume nehmen kann. Deshalb sollten die folgenden Grundvoraussetzungen gegeben sein, ehe man die Traumsteuerung beginnt:

- Eine positive Grundhaltung zur Traumanalyse und das Bewusstsein, dass man jede Nacht träumt, sollten vorhanden sein.
- Man erinnert sich gut an die Träume und führt gewohnheitsgemäß ein Traumtagebuch.
- Man verfügt über längere Erfahrungen mit der Traumdeutung und hatte bereits Erfolgserlebnisse.

Im Durchschnitt muss man ein halbes Jahr regelmäßig mit den Träumen arbeiten und dabei schon erfahren haben, dass man daraus praktische Konsequenzen ziehen kann, ehe man mit der Traumsteuerung beginnt. Außerdem muss man genau wissen, was man mit der Traumlenkung bezweckt. Nur unter dieser Voraussetzung kann man dem Unbewussten gezielte Fragen stellen oder es zu positiveren Träumen veranlassen. Wenn man die Traumsteuerung nur halbherzig betreibt, weiß das Unbewusste nicht recht, was von ihm erwartet wird, und kann deshalb auch nicht in der erhofften Weise antworten.

Im Durchschnitt sollte man mindestens ein halbes Jahr mit den Träumen arbeiten, ehe man mit der Traumsteuerung beginnt.

Als letzte Voraussetzung muss eine Technik beherrscht werden, mit deren Hilfe man indirekt Zugang zum Unbewussten findet. Allein der feste Wille, bestimmte Träume zu erhalten, genügt nämlich nicht, um die Träume bewusst zu gestalten; vielmehr kann die Willensanspannung dabei sogar Widerstände provozieren. Am besten eignet sich dazu tiefe Entspannung durch autogenes Training oder eine ähnliche Entspannungstechnik mit Selbstbeeinflussung. Dabei öffnet sich das Unbewusste und kann die Aufforderung zur Traumsteuerung annehmen und erfüllen.

Der feste Wille allein, bestimmte Träume zu erhalten, genügt nicht, um Träume bewusst zu gestalten.

Absichten der Traumlenkung

Die Traumsteuerung wendet man immer nur zu einem konkreten Zweck an, der möglichst klar und genau umrissen wird. Nur dann wird man ausreichend motiviert, entsprechende Träume zu entwickeln und ihre Botschaften richtig zu deuten. So wird die Traumgestaltung zur praktischen Lebenshilfe.

Positive Träume fördern

Ob man sich im Schlaf ausreichend erholt oder nicht, hängt mit davon ab, wie gut oder schlecht man träumt. Zwar sind auch scheinbar negative Träume für das Seelenleben wichtig, aber wenn man dadurch häufig unruhig und voller Angst träumt, fühlt man sich nach dem Erwachen bald nicht mehr richtig erholt. Man wacht wie gerädert auf und fühlt sich deprimiert und vielleicht sogar körperlich krank.

Deshalb sollte die verbreitete negative Traumunruhe (siehe Seite 21) positiv umgepolt werden. Das bedeutet jedoch nicht, dass die positive Traumgestaltung unangenehme Einsichten aus den Träumen verhindern soll, denn sie sind oft sehr wichtig für die persönliche Entwicklung. Man versucht lediglich, durch Lenkung der Träume die nächtliche Unruhe zu vermeiden. Das Unbewusste verfügt über genügend andere Möglichkeiten, auch ohne beunruhigende und ängstigende Träume, auf verdrängte seelische Inhalte hinzuweisen, sodass die positive Traumgestaltung die Selbsterkenntnis keineswegs behindert.

Zur positiven Traumsteuerung muss man grundsätzlich bereit sein, negative und angstbeladene Träume zuzulassen.

Zur positiven Traumsteuerung muss man – so paradox das auch klingen mag – grundsätzlich bereit sein, negative und angstbeladene Träume zuzulassen. Wenn man sich vor ihnen fürchtet, sie sogar zu verhindern versucht, treten sie nämlich oft besonders quälend auf. Die oftmals dahinter verborgenen Bedürfnisse, Wünsche und Erfahrungen lassen sich eben nicht einfach unterdrücken. Deshalb nimmt man sich also keinesfalls vor, solche negativen Trauminhalte nie mehr zu erleben, sondern stellt sich im positiven Sinne vor, dass man sie gelassen und ruhig annehmen und verarbeiten kann. Dadurch verlieren sie sehr viel an negativem Einfluss und Angstpotenzial, können nützlich für die weitere Entwicklung werden und den Schlaf nicht mehr stören. Dazu prägt man sich zum Beispiel in tiefer Entspannung die folgende Vorstellung ein:

- »Ruhig und gelassen nehme ich im Traum alle Ängste und Gefahren an und bleibe immer der Sieger.«

Verstärken lässt sich die Wirkung dieser positiven Einstellung noch, indem man sich »Helfer« vorstellt, die bei der Bewältigung solcher Träume Beistand leisten. Das kann eine Person aus der Vergangenheit (zum Beispiel ein Elternteil) sein, der man vertraut, vielleicht aber auch ein Wachhund oder ein Zauberstab, der die Gefahren bannt. Da das Unbewusste nicht der nüchternen Logik des Alltags folgen muss, nimmt es solche positiv besetzten imaginären Hilfsmittel durchaus an, auch wenn der Verstand sie als irreal beurteilt.

Außerdem ist es wichtig, sich so zu beeinflussen, dass man aus jedem negativen Traum doch eine angenehme Erinnerung mitnimmt, neben der die Ängste und Gefahren verblassen. Dabei hilft zum Beispiel die positive Vorstellung:

- »Ich erlebe meine Träume intensiv mit Lust und Freude.«

Ich erlebe meine Träume ganz intensiv mit Lust und Freude.

Dadurch werden die positiven Inhalte der Träume hervorgehoben und bilden eine Art Gegengewicht zu den Ängsten und Gefahren, die dadurch in den Hintergrund gedrängt werden. Deshalb kann man sich am Morgen besser an die Träume erinnern, auch ihre negativen Inhalte zulassen, für die man durch die positiven Vorgänge gleichsam entschädigt wird.

Schließlich nimmt man sich noch vor, dass man aus jedem Traum, auch wenn er mit Ängsten und Gefahren verbunden war, ein »Geschenk« mit in den Alltag nimmt. Da es vom Inhalt der einzelnen Träume abhängt, welches »Geschenk« man dabei erhält, kann man sich das nicht konkret im Voraus vorstellen. Man muss dem Traum dabei »freie Hand« lassen, die Handlung zu einem guten Ende zu führen, an das man sich im Wachzustand gerne erinnert und aus dem man praktischen Nutzen ziehen kann. Das wird beispielsweise durch die folgende positive Vorstellung in tiefer Entspannung gefördert:

- »Alle meine Träume gehen glücklich aus – ich behalte das gute Ende in meiner Erinnerung und ziehe Nutzen daraus.«

Meine Träume gehen glücklich aus – ich behalte den guten Ausgang in meiner Erinnerung und ziehe Nutzen daraus.

Wenn man auf diese Weise dafür sorgt, dass auch gefährliche, mit Angst beladene Träume positiv enden, wird man dadurch im Schlaf nicht übermäßig beunruhigt und kann sie später im Wachzustand annehmen und daraus lernen (daraus besteht letztlich das »Geschenk«), während man bei einem Traum mit negativem Ausgang die Erinnerung oft nicht zulässt.

Die obige Technik der positiven Traumsteuerung klappt natürlich nicht von heute auf morgen. Es dauert einige Zeit, ehe man die ersten Träume wirksam positiv beeinflussen kann. Sobald man die Technik aber erst einmal beherrscht, gelingt die Lenkung der Träume immer zuverlässiger. Man muss aber ständig weiter daran arbeiten, sonst lässt die Fähigkeit allmählich wieder nach und man wird doch wieder von negativen Trauminhalten überwältigt.

Spezielle Einsichten gewinnen

Wenn man die Träume praktisch nutzen will, um mehr über sich selbst zu erfahren, tiefere Einblicke in die persönliche Entwicklung, in Eigenschaften und Wünsche zu gewinnen, muss man nicht unbedingt abwarten, bis das Unbewusste dazu von selbst beiträgt. Das kann nämlich sehr lange dauern, weil längst nicht jeder Traum aussagefähig ist. Man müsste die im Lauf der Zeit immer wieder einmal auftauchenden Träume mit tieferen Selbsteinsichten allmählich zu einem verbesserten Bild der Persönlichkeit zusammensetzen, wobei man Gefahr liefe, den einen oder anderen wichtigen Traum zu übersehen.

Zwar ist es nie zu spät, sich selbst besser zu verstehen, und die allmähliche Enthüllung der Persönlichkeit kann sogar von Vorteil sein, weil man nicht sofort mit unangenehmen Einsichten konfrontiert wird. Aber es gibt auch Situationen, in denen man raschere Einsichten benötigt, um sich im Einklang mit der eigenen Persönlichkeit richtig entscheiden zu können. Dann kann der geübte Traumanalytiker wieder versuchen, zur Beschleunigung die Antwort aus dem Unbewussten zu erlangen. Die Technik gleicht im Grunde der positiven Traumsteuerung: In tiefer Entspannung nimmt man indirekt Kontakt mit dem Unbewussten auf und legt ihm die Fragen vor, auf die man eine Antwort in den Träumen erwartet.

Allgemeine Einsichten in die eigene Persönlichkeit gewinnt man zum Beispiel durch folgende Vorstellung:

Ich erkenne mich selbst. Morgen früh erinnere ich mich an einen Traum, aus dem ich klarer erkenne, wer ich bin, und was ich will.

- »Ich erkenne (verstehe) mich selbst. Morgen früh erinnere ich mich an einen Traum, aus dem ich klarer erkenne, wer ich bin, und was ich will.«

Manchmal erhält man tatsächlich schon am Morgen danach eine mehr oder minder stark codierte Antwort, das hängt auch davon ab, wie dringlich die Frage ist. Häufig wird man aber etwas Geduld aufbringen müssen, ehe das Unbewusste mit Träumen antwortet. Erzwingen lässt sich das nicht, die willentliche Anstrengung bewirkt eher das Gegenteil, weil sie innere Widerstände provoziert.

Einige Träume, die durch die Selbstbeeinflussung auftreten, genügen selbstverständlich nicht, um die gesamte Persönlichkeit zu erfassen. Dazu muss man ständig an sich arbeiten, immer wieder die Träume entsprechend lenken. Das wird zur Lebensaufgabe, mit der man nie zum Ende kommt.

Es gibt aber auch Situationen, in denen man keine umfassenden Einsichten in die Persönlichkeit benötigt, sondern lediglich ganz bestimmte Eigenschaften erkennen möchte. Typisches Beispiel: Wer sich um eine neue Stelle bewirbt – ein folgenschwerer Entschluss mit tief greifendem Einfluss auf das gesamte weitere Leben –, muss nicht nur beurteilen, ob seine Fachkenntnisse dazu ausreichen, er sollte auch wissen, ob er nach seiner Persönlichkeit dazu geeignet ist. Dann kann man zum Beispiel das Unbewusste fragen, ob man über genügend Führungsqualitäten für die neue Position verfügt. Dabei hilft eine Vorstellung wie:

- »Ich erkenne meine Fähigkeiten, andere Menschen zu führen und zu motivieren, ganz klar in einem Traum. Daran erinnere ich mich gleich nach dem Erwachen und verstehe ihn vollkommen.«

Ich erkenne meine Fähigkeiten, andere Menschen zu führen und zu motivieren, ganz klar in einem Traum. Daran erinnere ich mich gleich nach dem Erwachen und verstehe ihn vollkommen.

Auf solche recht einfachen Fragen, mit denen man sinngemäß auch viele andere einzelne Eigenschaften der Persönlichkeit ergründen kann, antwortet das Unbewusste oft schnell (meist muss man ja auch bald eine Entscheidung treffen). Es kann zum Beispiel Träume produzieren, in denen Situationen am zukünftigen Arbeitsplatz, in denen man Führungsqualitäten beweisen muss, wie in einem Film sehr lebendig durchgespielt werden. Aus der Art, wie man sich im Traum dabei verhält und fühlt, kann man wichtige Rückschlüsse ziehen, die zur richtigen Entscheidung anleiten und vor Fehlentscheidungen bewahren. Gesteuerte Träume, die Einsichten in die Struktur der Persönlichkeit, ihre Eigenschaften, Fähigkeiten, Bestrebungen und Wünsche zulassen, gehören zu den interessantesten Möglichkeiten der Traumanalyse. Erst durch diese Technik wird die Arbeit mit den Träumen zur praktischen Lebenshilfe, die man jederzeit gezielt nutzen kann.

Konflikte und Probleme leichter lösen

Auch für die Bewältigung der alltäglichen Konflikte und Probleme des Lebens sind gesteuerte Träume sehr wichtig. Da man sie nur im Einklang mit der eigenen Persönlichkeit zufrieden stellend lösen kann, spielt dabei zunächst die durch Traumlenkung mögliche bessere Einsicht in das Selbst eine wichtige Rolle. Dazu wurde die Technik im vorangegangenen Kapitel bereits vorgestellt.

Allein aus der vertieften Selbsterkenntnis kann man oft schon die notwendigen Entscheidungen und Handlungen ableiten. Aber nicht genug damit, es ist auch möglich, die Träume so zu steuern, dass man aus dem Unbewussten ganz konkrete Vorschläge zur Lösung der Probleme und Konflikte erhält. Sie werden oft in lebendige Traumhandlungen eingebunden, in denen man erkennt, wie man sich am besten verhalten sollte.

Individuell zutreffende Antworten darf man vom Unbewussten aber nur dann erwarten, wenn man die zu lösenden Probleme und Konflikte ganz klar erkennt. Dazu empfiehlt es sich, durch autogenes Training oder eine andere Methode zunächst eine tiefe Entspannung herbeizuführen. Sobald sich dadurch das Unbewusste geöffnet hat und man sich ganz gelassen mit der Situation befassen kann, vergegenwärtigt man sich möglichst bildhaft, um was es genau geht. Das Problem soll dabei so gut wie möglich in Vorstellungen umgesetzt werden. Das gelingt am besten, wenn man die bildhafte Vorstellungskraft gut trainiert hat. Sobald keine weiteren Vorstellungen zum Problem oder Konflikt auftreten, prägt man sich zum Beispiel die folgende Suggestion ein:

Ich erkenne in meinen Träumen, wie ich mein Problem positiv lösen kann. Daran erinnere ich mich morgen früh ganz genau und kann sofort beginnen, den Traum zu verwirklichen.

- »Ich erkenne in meinen Träumen, wie ich mein Problem positiv lösen kann. Daran erinnere ich mich morgen früh ganz genau und kann sofort beginnen, den Traum zu verwirklichen.«

Wenn es sich dabei um eine dringende Angelegenheit handelt, wird das Unbewusste oft sehr rasch und konkret antworten, häufig in einer Traumhandlung, die genau beschreibt, wie man sich weiterhin verhalten soll. Scheinvorschläge zur Lösung kommen bei der Traumsteuerung kaum vor. Trotzdem wird man die Lösungsvorschläge auf ihre Realisierbarkeit hin überprüfen, denn es könnte ja auch sein, dass man sie falsch verstanden hat.

Auf diese Weise kann man praktisch bei allen Aufgaben und Schwierigkeiten des Alltags durch Traumsteuerung die richtigen Lösungen finden. Auch hierbei gilt aber, dass man die Technik der Traumlenkung regelmäßig üben muss, damit sie jederzeit eingesetzt werden kann. Sonst müsste man sich immer wieder daran gewöhnen und könnte keine raschen Antworten herbeiführen.

Technik der Traumsteuerung

Aus den vorangegangenen Kapiteln ergibt sich schon, welche Voraussetzungen für die Traumsteuerung notwendig sind: Tiefe Entspannung und Selbstbeeinflussung durch gezielt wirksame Vorstellungen. Die konkreten einzelnen Vorstellungen, mit denen man die Träume positiver gestaltet, Einsichten gewinnt oder Lösungsvorschläge erhält, müssen hier nicht mehr wiederholt werden.

Zur Lenkung der Träume geht man immer wie folgt vor:

- Tiefe körperliche Entspannung herbeiführen, in der sich das Unbewusste für die Suggestionen öffnen und sie in sich aufnehmen kann.
- Einprägung der entsprechenden Vorstellungen in tiefer Entspannung, damit sie vom Unbewussten aufgenommen und verwirklicht werden.

Die Entspannung kann man auf unterschiedliche Weise herbeiführen. Besonders gut eignen sich dazu autogenes Training oder progressive Relaxation (siehe Seite 103). Die Entspannungsmethode muss vorher längere Zeit regelmäßig trainiert werden, damit man sich rasch in die tiefe Ruhe versetzen kann. Nachdem man die intensive Entspannung erreicht hat, prägt man sich die speziellen Vorstellungen zur Traumsteuerung ein. Dazu ist es notwendig, sie ungefähr 30-mal hintereinander im Geist zu wiederholen. Auf diese Weise nimmt das Unbewusste die Suggestionen auf, sie werden tief darin verankert und erfüllen sich dann selbstständig, also ohne Zutun von Verstand und Willen. Das heißt bei der Traumsteuerung, dass die erhofften Träume auftreten werden, aus deren Analyse man die gewünschten Antworten erhält.

Entspannungsübungen zur Traumsteuerung am Abend vor dem Einschlafen durchführen.

Am besten führt man die Entspannungsübung zur Traumsteuerung am Abend vor dem Einschlafen durch. Dann wirkt die Suggestion gleich in den Schlaf hinein, in den man aus der Tiefentspannung hinübergleitet. Schon in der ersten Nacht können die Suggestionen wirksam werden und die Träume beeinflussen, insbesondere bei dringenden Fragen. Oft dauert es aber mehrere Tage (oder noch länger), ehe man sich an die entsprechenden Träume erinnern kann. Das Unbewusste reagiert nicht unbedingt sofort auf unsere bewussten Vorstellungen und Wünsche. Durch beharrliches Üben wird man schließlich aber immer das Ziel erreichen.

So deutet man Träume richtig

So individuell verschieden die Träume auch sind, zur Analyse geht man doch immer nach einem ähnlichen System vor. Das verhindert vor allem, dass wichtige Aspekte eines Traums übersehen werden. Das beginnt mit dem Aufschreiben der Traumerinnerung in Stichworten gleich nach dem Erwachen und endet mit der ganzheitlichen Traumanalyse.

Erinnerung und Niederschrift des Traums

Wenn man akzeptiert hat, dass man jede Nacht träumt, und sich dazu entschlossen hat, mit den Träumen zu arbeiten, gewöhnt man sich an, jeden Morgen gleich nach dem Erwachen die Frage zu stellen: »Was habe ich heute Nacht geträumt?« Diese Frage kann man auch auf eine Tonkassette sprechen, die abläuft, sobald das Uhrenradio weckt (siehe Seite 95).

Wer schon etwas Erfahrung mit der Traumanalyse hat, wird sich nach dieser Frage fast immer sofort an einen oder mehrere Träume erinnern. Damit diese genau notiert werden können, greift man sofort zum Traumtagebuch auf dem Nachttisch und schreibt alles nieder, woran man sich noch erinnern kann. Dabei darf man keinesfalls eine Art Vorauswahl treffen, indem man zum Beispiel scheinbar unwichtige oder unangenehme Inhalte »unterschlägt«. Es wird alles detailliert notiert.

Das Traumtagebuch muss keine besondere Gliederung aufweisen, man kann die Träume einfach so eintragen, wie sie erinnert werden. Das Datum sollte man aber in jedem Fall notieren, damit man sich später bei der Analyse genau an den Tag und mögliche Vorkommnisse erinnert, die vielleicht in den Traum Eingang fanden. Noch besser ist es, solche Ereignisse gleich mit dem Traum aufzuschreiben.

Datum in jedem Fall notieren, damit man sich bei der Analyse genau an den Tag und mögliche Vorkommnisse erinnert.

Besonders systematisch kann man Träume durcharbeiten, wenn man nach einem bestimmten Schema vorgeht, das eine klare Gliederung vorgibt. Am Morgen fehlt es allerdings oft an Zeit, um den Traum gleich in ein solches vorgefertigtes Schema einzutragen. Es kann zum Beispiel wie folgt aussehen. Es wird abgeschrieben und dann mit dem Kopiergerät immer wieder vervielfältigt, damit man für jeden Traum das gleiche Formular verwendet (siehe Schema Seite 120).

Sobald der Traum auf diese Weise sinnvoll gegliedert wurde, beginnt die Analyse. Sie wird durch ein solches Schema, das man als eine Art »Inhaltsverzeichnis« des Traums verstehen kann, oft wesentlich erleichtert. Unbedingt notwendig ist es nicht, den Traum so zu strukturieren, manche Menschen stört diese »logische« Beschäftigung mit den Träumen sogar. Die praktische Erfahrung lehrt aber, dass gerade der Anfänger dadurch oft leichter den Einstieg in die Selbstanalyse findet. Auch Psychotherapeuten verwenden zum Teil solche Traumgliederungen, weil sie die Analyse erleichtern.

Ein Schema ist das Inhaltsverzeichnis des Traums, das die Analyse erleichtert.

Spontane Einfälle stimmen nicht immer

Bereits bei der Niederschrift der Traumerinnerung oder während der schematischen Gliederung treten oft die ersten spontanen Einfälle zur Bedeutung auf. Da leuchtet zum Beispiel plötzlich ein, was ein Symbol im Traum bedeutet, oder es taucht schlagartig eine bisher verdrängte Erinnerung an eine längst vergangene Begebenheit auf.

Solche spontanen Einfälle stammen immer aus dem Unbewussten. Vielleicht versucht es dadurch, die Traumdeutung zu erleichtern, ganz unverschlüsselt auf einen bestimmten Sinn hinzuweisen, der besonders wichtig ist. Nicht selten kommt es aber auch vor, dass solche Einfälle nur dem Zweck dienen, die Traumdeutung zu erschweren, damit die Verdrängung schmerzlicher Inhalte weiterhin aufrechterhalten bleibt. Deshalb darf man sich nicht blind darauf verlassen.

Sobald spontan eine Bedeutung zu einem Traum einfällt, notiert man sie sofort, ohne weiter darüber nachzudenken. Erst später, wenn die systematische Traumanalyse beginnt, holt man die Notizen mit den spontanen Einfällen wieder hervor. Nun wird geprüft, ob sie einen Sinn ergeben, wenn man sie in das Traumpuzzle einfügt und ob sie auch zu den auf andere Weise gewonnenen Erkenntnissen über die Traumbedeutung passen. Einen richtigen Einfall erkennt man einmal daran, dass das Verständnis für den Traum erleichtert wird, dann aber auch instinktiv wieder an dem damit verbundenen guten Gefühl. Widersprüche mit anderen Deutungen oder Unzufriedenheit mit dem Einfall sind meist Warnzeichen dafür, dass er nicht ganz korrekt ist und auf eine falsche Fährte lockt.

Schema zur Traumanalyse

Datum des Traums
(Nacht vom/zum, evtl. Wochentag angeben)

....

Schlafqualität

1. Zeitpunkt des Einschlafens; gegen ... Uhr.

2. Besonderheiten beim Einschlafen (früher/später als üblich, besonders müde oder noch hellwach, sofort oder verzögert eingeschlafen und Ähnliches):

   ....

3. Dauer und Tiefe des Schlafs (gut, ausreichend, tief, kürzer/länger als üblich, unruhig, nächtliches Erwachen, vorzeitiges Aufwachen und Ähnliches):

   ....

Befinden am Tag/Abend vor dem Traum

1. Psychisches Befinden (normal, unruhig, deprimiert, besorgt, ängstlich, verärgert, aufgeregt, gestresst und Ähnliches):

   ....

2. Körperliches Befinden (völlig gesund/beschwerdefrei, akute Krankheiten, zum Beispiel mit Fieber und Schmerzen, chronische Leiden andere körperliche Beschwerden):

   ....

3. Bei Frauen zusätzlich Tage vor oder während der Menstruation, Schwangerschaft oder Klimakterium:

   ....

4. Auswirkungen des Wetters auf das Befinden (Besonderheiten des Wetters, wie Witterungsumschwung, Gewitter, Föhn und ähnliche damit zusammenhängende körperliche und/oder seelische Reaktionen):

   ....

Einflüsse durch Nahrung, Genuss- und Arzneimittel

1. Ernährung am Tag/Abend (schwere, späte Mahlzeiten, ausgefallenes Abendessen, Diät, unverträgliche Nahrungsmittel mit allergischen Reaktionen und Ähnliches):

   ....

2. Genussmittelgebrauch am Tag/Abend (Alkohol, Nikotin, Koffein, gewohnheitsmäßig, im Übermaß oder ausnahmsweise, allergische Reaktionen und Ähnliches):

....

3. Einnahme von Arzneimitteln am Tag/Abend (vor allem Schlaf- und Beruhigungsmittel, Schmerzmittel, Kreislaufmittel und Ähnliches):

....

(Wenn sich aus den obigen Fragen irgendwelche Besonderheiten ergeben, können diese auf die Träume Einfluss genommen haben. Man muss sich dann zum Beispiel fragen, ob Ärger, Aufregungen oder Depressionen die Träume negativ gestalteten; Krankheiten, hormonelle Einflüsse oder das Wetter sie mitbestimmten. Wenn man die Zusammenhänge erkennt, kann mancher Traum einfacher analysiert und besser verstanden werden.)

Trauminhalte

1. Grundidee (-handlung) des Traums:

....

2. Einzelheiten des Traumgeschehens (detaillierte Angaben über Ablauf, Handlung, Personen, Objekte, Stimmungen, Gefühle und Ähnliches):

....

3. Wichtige Traumsymbole, Attribute, Metaphern und ähnliche codierte Informationen des Traums:

....

4. Typische Trauminhalte (wie Alltags-, Angst-, Hemmungs-, Verlegenheits-, Wunsch-, körperbedingter Traum):

....

5. Ähnliche Träume in der Vergangenheit (Zeitpunkt, Häufigkeit, Beziehungen miteinander, damalige Erkenntnisse aus der Traumanalyse):

....

6. Fortsetzung früherer Träume in diesem Traum (Anknüpfungspunkte an frühere Träume, Aussagen der damaligen Traumanalysen):

....

7. Individuelle weitere Besonderheiten des Traums (Beziehungen zur augenblicklichen Lebenssituation, Einsichten in die Persönlichkeit, Antworten auf aktuelle Fragen und Ähnliches):

Widersprüche mit anderen Deutungen oder Unzufriedenheit mit dem Einfall sind meist Warnzeichen dafür, dass die spontane Idee nicht ganz korrekt ist und auf eine falsche Fährte lockt.

Aber auch die unrichtigen spontanen Einfälle sind nicht uninteressant für das bessere Selbstverständnis. Man muss sich dann fragen, welche wahre Bedeutung der Einfall verschleiern soll. Das erkennt man, wenn man die Traumbotschaft ohne den Einfall richtig entziffert hat, an dem Widerspruch zwischen tatsächlicher und spontaner Deutung. Freilich setzt das einige Erfahrung bei der Traumanalyse voraus und erfordert überdies sorgfältige Kontrolle der von den Einfällen abweichenden Deutungen, denn auch diese können falsch sein.

Zutreffende spontane Einfälle zu Träumen sind eine sehr wichtige Hilfe bei der Traumanalyse. Insbesondere kürzen sie die Deutung erheblich ab, weil man dazu nicht mehr so lang mit den Träumen arbeiten muss. Fördern kann man solche Einfälle, indem man sich in tiefer Entspannung zum Beispiel die Vorstellung einprägt: »Einfälle zu Träumen kommen ganz zwanglos – ich verstehe meine Träume spontan richtig.«

Systematische Arbeit mit einem Traum

Da man der spontanen Traumdeutung durch Einfälle nur bedingt vertrauen kann, solche Einfälle ohnehin nicht zu jedem Traum entwickelt, ist es immer notwendig, den ganzen Traum systematisch durchzuarbeiten. Das kann auch mehrmals in unterschiedlich langen Zeitabständen erforderlich werden, ehe man die verschlüsselte Botschaft des Traumes so richtig vollständig erfasst.

Grundidee herausarbeiten

Auf den ersten Blick wirken Träume oft ohne inneren Zusammenhang, scheinbar eine sinnlose Aneinanderreihung unterschiedlicher Vorgänge und Symbole, die häufig auch noch sprunghaft wechseln. Aber hinter diesem vermeintlichen Chaos steckt oft doch eine Grundidee, die wie ein roter Faden den ganzen Traum durchzieht. Wenn man sie nicht auf Anhieb erkennt, liegt das an der Verzerrung bei der Traumarbeit, die einzelne Elemente des Traums so verändert, dass man ihre Beziehungen nicht mehr wahrnimmt.

Sobald man die Grundidee eines Traums erst einmal erkannt hat, gelingt es meist viel leichter und schneller, seine einzelnen Elemente richtig zu verstehen. Man weiß dann nämlich, worauf die Traumbotschaft abzielt. Aber das ist nicht bei allen Träumen möglich. Es kann auch gerade umgekehrt laufen, dass man also zuerst die einzelnen Elemente erklären muss, ehe man gegen Ende der Analyse schließlich den roten Faden erkannt hat. Dann kann man die Grundidee nur noch nutzen, um nachträglich zu kontrollieren, ob die Einzeldeutungen immer im Einklang damit stehen.

Obwohl es also nicht immer zu Anfang schon gelingt, den durchgehenden roten Faden eines Traums zu erkennen, sollte man es wenigstens einmal versuchen. Dazu geht man am besten wie folgt vor:

- Zunächst wird der ganze Traum, den man aus der Erinnerung notiert hat, ein- oder mehrmals durchgelesen. Dann entspannt man sich und stellt sich im Geist die Frage: »Um welches Thema kreist der ganze Traum?« Darüber denkt man bewusst nach, indem man sich den Traum immer wieder vergegenwärtigt, bleibt dabei aber auch offen für spontane Einfälle aus dem Unbewussten.

Um welches Thema kreist der ganze Traum?

- Gelangt man durch die ganzheitliche Betrachtung des Traums auch nach mehrmaligen Versuchen zu keinem befriedigenden Resultat, geht man vom entgegengesetzten Denkansatz aus. Auch dazu liest man die Traumerinnerung zunächst sorgfältig durch und schreibt sich die wichtigsten Vorgänge, Symbole und anderen Elemente heraus. In guter Entspannung stellt man sich dann die Frage: »Was verbindet alle diese Teile des Traums miteinander?« Auch darüber denkt man gründlich nach und lässt gleichzeitig spontane Assoziationen aus dem Unbewussten zu.

Bei der ersten Technik kann man die Grundidee eines Traums plötzlich wie eine »Erleuchtung« wahrnehmen, mit der oft auch schon die Einsicht in die Bedeutung (zumindest in groben Zügen) verbunden ist. Bei der zweiten Technik können sich die Hinweise zu den einzelnen Traumelementen unter Umständen spontan zur Grundidee organisieren; es ist aber auch möglich, dass man bewusst nach dem gemeinsamen Hauptnenner der verschiedensten Teile suchen muss, ehe sich der durchgehende rote Faden offenbart.

Sobald man glaubt, die Grundidee erkannt zu haben, muss sie so gut wie möglich abgesichert werden, um Irrtümer zu vermeiden. Das geschieht, indem man den gesamten Traum sorgfältig durchanalysiert, um festzustellen, ob sich der rote Faden tatsächlich durch den ganzen Traum zieht oder nur für einen Teil der Traumhandlung zutrifft. Stößt man dabei auf Widersprüche, hat man entweder die Grundidee nicht ganz erfasst oder bei der Analyse einen Fehler gemacht. Das muss sorgfältig abgeklärt werden, indem man die Deutungen nochmals intensiv überprüft.

Zu lang sollte man sich nicht mit der Suche nach einer Grundidee des Traums aufhalten. Das frustriert und entmutigt nur unnötig. Wie am Anfang schon gesagt, muss nicht hinter jedem Traum eine solche Grundidee stecken. Besser gibt man die ergebnislose Suche auf, wenn die obigen Möglichkeiten ausgeschöpft sind, und beginnt mit der weiteren Analyse.

Die Phasen des Traumgeschehens aufteilen

In einem scheinbar wirren, chaotischen Traum erkennt man auch die einzelnen Phasen der Handlung meist nicht auf Anhieb. Aber viele Träume lassen sich bei genauerer Betrachtung durchaus in verschiedene Hauptabschnitte unterteilen, die miteinander in sinnvoller Beziehung stehen.

Viele Träume lassen sich in verschiedene Hauptabschnitte unterteilen, die miteinander in sinnvoller Beziehung stehen.

Zum Teil erkennt man sie daran, dass sie sich durch »Weil-Folgerungen« verknüpfen lassen: Weil im ersten Abschnitt des Traums das und das geschah, entwickelte sich im zweiten Abschnitt das und das – und so weiter. Diese »Weil-Folgerungen« müssen nicht unbedingt logisch im alltäglichen Sinn sein, aber aus der eigenen Logik des Traums ergeben sie sich oft zwingend. Da man diese Traumlogik zu Anfang der Analyse nicht immer wahrnimmt, werden die Hauptphasen des Traums oft vernachlässigt.

Es ist zur Traumanalyse nicht unbedingt erforderlich, den Traum in seine Phasen zu zerlegen. Nützlich erscheint das vor allem dann, wenn ein Traum zu verwirrend oder zu lang verläuft, als dass man ihn gleich als Ganzheit erfassen könnte. In solchen Fällen liest man die niedergeschriebene Traumerinnerung ein- oder mehrmals sorgfältig durch und stellt sich dabei die folgenden Fragen:

- Wo ändert sich die Traumhandlung plötzlich?
- Wo wechselt das Traumgeschehen scheinbar sprunghaft?
- Wann treten im Traum neue Personen oder Objekte auf, die der Handlung eine Wende geben?

Solche Vorgänge im Traum markieren meist den Übergang von einem zum nächsten Abschnitt. Man markiert sie in der notierten Traumerinnerung am besten durch einen dicken Strich.

Bei der Traumanalyse kann man die einzelnen Phasen des Traums dann wie die verschiedenen Kapitel eines Buchs verstehen und zunächst jeden Abschnitt einzeln deuten. Das fällt oft leichter, als wenn man den Traum sofort als Ganzheit zu verstehen sucht. Außerdem ist in dieser Technik ein gewisser Schutz vor Selbsttäuschungen eingebaut: Wenn man später nämlich die Deutungen der einzelnen Traumphasen zum Gesamtbild zusammensetzt, ist dieses nicht stimmig, falls das eine oder andere Traumkapitel falsch verstanden wurde.

Die einzelnen Phasen eines Traums kann man wie verschiedene Kapitel eines Buchs verstehen.

Gefördert wird die Untergliederung von Träumen, wenn man beim Training der Vorstellungskraft gelernt hat, zu Begriffen logische Ketten zu bilden (siehe Seite 102). Das schärft die Wahrnehmungsfähigkeit für die verschiedenen, miteinander verketteten Traumabschnitte.

Aber wie gesagt, die Aufteilung in die einzelnen Phasen ist zur Traumanalyse nicht immer angezeigt. Wenn ein Traum ganzheitlich gedeutet werden kann, erspart man sich diese Mühe. Bei einem Teil der Träume wird man ohnehin keine einzelnen Abschnitte feststellen können, sie verlaufen ungebrochen. Dann darf man nicht versuchen, unbedingt eine Untergliederung vorzunehmen. Sonst wird ein zusammenhängender Traum willkürlich unterbrochen und das Verständnis vielleicht erheblich erschwert.

Arbeit mit den Traumbildern

Unabhängig davon, ob man die Grundidee eines Traums herausarbeitet, ihn in Phasen unterteilt oder ob dazu keine Möglichkeit besteht, werden zur Analyse immer die verschiedenen Bilder eines Traums einzeln gedeutet. Freie Assoziationen und die Denkanstöße aus dem Lexikon der Traumsymbole sind dabei die wichtigsten Hilfen, bestimmte Traumtypen kann man außerdem allgemein deuten.

Typische Trauminhalte

Zuerst prüft man bei jedem Traum, ob er typische Bilder und Handlungen enthält. Zu solchen typischen Trauminhalten gehören die weiter vorne (ab Seite 63) bereits ausführlich beschriebenen Alltags-, Angst-, Hemmungs-, Verlegenheits-, Sexual- und Wunschträume, die recht häufig vorkommen.

Wenn man erkannt hat, dass es sich um einen dieser typischen Träume handelt, liest man im entsprechenden Kapitel vorne nochmals nach, was für die Bedeutung allgemein gilt. Durch diese Informationen wird die Traumanalyse erheblich erleichtert. Man wird gleichsam auf den richtigen Weg gebracht, dem man nur noch zu folgen braucht, um den Traum durch die anderen Techniken zu deuten. Man erspart sich dabei viele Irr- und Umwege. Außerdem erleichtern die allgemeinen Erklärungen zu solchen Träumen oft das freie Assoziieren und die Interpretation.

Allerdings darf man auch bei den typischen Trauminhalten nie außer Acht lassen, dass sie immer eine individuelle Bedeutung enthalten. Deshalb kann man sich keinesfalls mit den allgemeinen Ausführungen begnügen, sie sagen über die persönliche Botschaft des Traums nichts aus. Wenn man zum Beispiel erkennt, dass es sich um einen Hemmungs- oder Verlegenheitstraum handelt, kann man daraus vielleicht schließen: »Ich bin gehemmt« oder »Ich neige dazu, rasch verlegen zu werden«. Diese Einsichten sind aber nichts sagend, helfen nicht weiter und waren oft schon vorher gut genug bekannt. Sinnvoll für die persönliche Weiterentwicklung werden sie erst dann, wenn man aus dem Traum auch erkennt, weshalb man gehemmt ist oder leicht verlegen wird. Dazu müssen die Symbole und Handlungen des Traums gedeutet und verstanden werden.

Sinngemäß gilt das auch für alle anderen Traumtypen. Bei den Alltagsträumen, die sich lediglich mit der Verarbeitung von Tagesresten befassen, genügt es jedoch, wenn man sie richtig identifiziert, eine Deutung bringt im Allgemeinen nichts, denn sie vermitteln ja meist keine individuellen Botschaften.

Deutung mithilfe des Lexikons

Im lexikalischen Teil dieses Buchs (ab Seite 141) werden zahlreiche Symbole und ähnliche verschlüsselte Trauminhalte mit ihren häufigen Bedeutungen alphabetisch aufgelistet. Wenn man dieses Lexikon richtig verwendet, kann es die Traumanalyse ungemein erleichtern, viele Irrwege vermeiden und die Deutung sicherer machen.

Richtiger Gebrauch des Lexikons bedeutet, dass man die angegebenen Deutungen nicht einfach schematisch übernimmt. Sie geben immer nur Denkanstöße, die auf uralten Erfahrungen und modernen Erkenntnissen der Traumforschung beruhen. Man muss aber immer prüfen, ob die im Lexikon vorgeschlagenen Bedeutungen im Einzelfall tatsächlich den Sinn des Traums erfassen oder ihm offensichtlich nicht gerecht werden, weil das Unbewusste die Symbole im konkreten Traum mit einer anderen Bedeutung besetzt hat. Das erkennt man vor allem daran, dass Deutungen nach dem Lexikon, die individuell nicht zutreffend sind, nicht richtig zusammenpassen, sich nicht schlüssig in das gesamte Traumgeschehen einfügen. Dann muss man durch freie Assoziationen versuchen, die Bedeutung korrekt zu ergründen.

Die Deutungen im Lexikon geben immer nur Denkanstöße, die auf uralten Erfahrungen und modernen Erkenntnissen der Traumforschung beruhen.

Zunächst sucht man aus der aufgezeichneten Traumerinnerung alle darin auftauchenden Symbole und anderen Traumcodes heraus und listet sie auf. Danach geht man daran, zu jedem einzelnen dieser Traumbilder im Lexikon die entsprechende Bedeutung zu finden. Oft wird nicht nur eine einzige Deutung angegeben, die man für jeden Traum übernehmen könnte. Bei vielen Symbolen kommt es entscheidend darauf an, in welchem Zusammenhang sie im Traumgeschehen auftauchen. Daraus können sich teilweise recht unterschiedliche Bedeutungen für ein einziges Symbol ergeben. Allerdings kann ein Lexikon niemals alle möglichen individuellen Zusammenhänge erfassen, sodass im Einzelfall nur die freien Assoziationen zu den Symbolen in ihrem Traumkontext gesehen weiterhelfen.

Sobald alle codierten Traumbotschaften auf diese Weise entschlüsselt wurden, fügt man ihre Deutungen zur vorläufigen Analyse zusammen. Im Idealfall ergibt die Aneinanderreihung der Bedeutungen eine logisch zusammenhängende Kette, aus der man den Sinn, die Grundidee des Traums ableiten kann. Wenn aber nur ein Glied dieser Kette nicht zu den anderen oder zur gesamten Traumhandlung passt, trifft die alleinige Deutung nach dem Lexikon der Traumsymbole nicht ganz zu. In diesem Fall muss man die Bedeutung zusätzlich durch freie Assoziationen abklären. Da diese auch wieder mit Symbolen auftreten können, hilft das Lexikon bei deren Verständnis und Interpretation ebenfalls.

Freie Assoziationen entwickeln

Typische Beispiele für Assoziationen sind Blitz und Donner, Henne und Ei oder Kuh und Milch.

Im Alltag assoziieren wir ständig, ohne dass uns das richtig bewusst werden muss. Typische Beispiele dafür sind die Assoziationen von Blitz und Donner, Henne und Ei oder Kuh und Milch. Nach der Definition des russischen Nobelpreisträgers Iwan P. Pawlow versteht man unter Assoziationen »die Verknüpfung schon bekannter Inhalte mit neuen«.

Die Grundgesetze, nach denen dies geschieht, erkannte schon der griechische Philosoph Aristoteles. Seine Assoziationsgesetze, die auch heute noch gültig sind, lauten wie folgt:

- Gesetz der Ähnlichkeit, nach dem zwei ähnliche Inhalte in Assoziationen miteinander verbunden werden.
- Gesetz des Kontrasts, wonach sich zwei gegensätzliche Inhalte zu Assoziationen verknüpfen lassen.
- Gesetz der zeitlichen und räumlichen Kontiguität, nach dem zwei gleichzeitig oder kurz hintereinander auftretende Inhalte zu Assoziationen zusammengefasst werden können.

Auf die geistig-seelischen Funktionen übertragen bedeutet das konkret:

- Assoziationen entstehen, wenn psychische Inhalte dem gegenwärtigen Denken ähnlich oder unähnlich sind oder wenn ihre Elemente in räumlicher und/oder zeitlicher Nähe wahrgenommen werden. Besondere Aufmerksamkeit und Beteiligung von Gefühlen (was man bei der Traumanalyse stets voraussetzen kann) begünstigen nur noch die Assoziationen.

Im täglichen Leben erfüllen die Assoziationen verschiedene Funktionen. Unter anderem bilden sie eine der Grundvoraussetzungen für die Lernfähigkeit und helfen bei der Bewältigung des Alltags. Dabei werden beispielsweise frühere Erwartungen und Lerninhalte mit neuen Situationen verknüpft (assoziiert), die man dann zweckmäßiger meistern kann. Bei solchen alltäglichen Assoziationen handelt es sich meist um zielgerichtete Vorgänge, die zum Beispiel bei der Lösung anstehender Probleme helfen sollen. Die Richtung, in der sich solche Assoziationen bewegen, wird also vom Verstand und Willen vorgegeben, auch wenn das Assoziieren selbst nicht bewusst erfolgt.

Anders verhält es sich mit den freien Assoziationen, die zur Traumanalyse eingesetzt werden. Dabei gibt man keine Richtung vor, um die Assoziationen zu steuern. Das ist ja unmöglich, weil man überhaupt noch nicht wissen kann, in welche Richtung ein Traum zielt. Wenn man es trotzdem versucht, führen die Erwartungen dazu, dass bestimmte Assoziationen auftauchen, die mit dem Sinn des Traums wenig zu tun haben. Man erliegt dann nur einer Selbsttäuschung.

Einfach ausgedrückt bedeutet freies Assoziieren also, dass man Gedanken, bildhafte Vorstellungen und Erinnerungen zu den Träumen einfach zwanglos und ohne bestimmte Erwartungen kommen und gehen lässt. Dann werden sie aus dem Unbewussten gesteuert und offenbaren die Traumbotschaften.

Freies Assoziieren bedeutet, dass man Gedanken, Vorstellungen und Erinnerungen zu den Träumen zwanglos kommen und gehen lässt.

Ungeübten fällt es oft sehr schwer, die freien Assoziationen zuzulassen und wahrzunehmen. Im Alltag entwickelt man ja vornehmlich gerichtete Assoziationen mit bestimmten Zielen und beachtet die spontanen freien Einfälle viel zu wenig. »Wollen« kann man das freie Assoziieren auch nicht, durch Einsatz der Willenskraft blockiert man den Vorgang eher noch stärker. Deshalb muss man das freie Assoziieren regelrecht üben; erleichtert wird das, wenn man die bildhafte Vorstellungskraft schon gut trainiert hat (siehe Seite 102), denn Bilder sind auch die bevorzugte »Sprache« der Assoziationen.

Das freie Assoziieren muss man regelrecht trainieren.

Das folgende Trainingsprogramm hat sich in der Praxis gut bewährt:

- Täglich fünf bis zehn Minuten Zeit fest einplanen, in der man sich ungestört und ohne jeden Zeitdruck einfach gelassen hinsetzen oder sich niederlegen kann, um die Gedanken kommen und gehen zu lassen. Erleichtert wird das, wenn man sich dabei durch autogenes Training oder eine andere Entspannungsmethode in tiefe Entspannung versetzt, in der das Unbewusste geöffnet wird und freie Assoziationen freigibt.
- Während der Trainingszeit darf man keinesfalls angespannt darauf warten, dass sich verwertbare Assoziationen einstellen, oder sich diese sogar willentlich vornehmen. Das blockiert nur den freien Fluss der Gedanken und Einfälle, die für die Assoziationen wichtig sind. Zwar könnten auch willentlich Assoziationen auftauchen, die aber häufig nicht zutreffen. Man muss einfach durch Entspannung zu einer gelassenen inneren Haltung gelangen, die jede Erwartung und willentliche Anstrengung vermeidet.

- Auftauchende Assoziationen werden sofort im Geist festgehalten und möglichst bildhaft ausgemalt; das Training der Vorstellungskraft erleichtert das. Dann kann man sie nach dem Ende der Übung genau in die Erinnerung zurückrufen. Sobald man die Übung beendet hat und wieder völlig wach ist, schreibt man die behaltenen Assoziationen auf und geht dann daran, ihren Inhalt zu analysieren.
- Unabhängig von den täglichen festen Übungszeiten sollte man möglichst immer ein Notizbuch mit sich führen, damit spontane Einfälle, die im Alltag zwischendurch immer wieder einmal auftreten, zur späteren Analyse gleich festgehalten werden können. Durch diese ständige Offenheit für freie Assoziationen sorgt man indirekt mit dafür, dass ihnen mehr Bedeutung beigemessen wird, als sonst üblich ist. Deshalb werden sie allmählich häufiger und ausführlicher vorkommen.

Zunächst absolviert man das Grundtraining der Assoziationsfähigkeit unabhängig von der Traumanalyse.

Dieses Grundtraining der Assoziationsfähigkeit wird zunächst unabhängig von der Traumanalyse absolviert. Es dient allein dem Zweck, das freie Assoziieren überhaupt einzuüben. Erst wenn im Lauf der Zeit immer mehr Assoziationen auftreten, sich schließlich unwillkürlich fast wie ein Reflex einstellen, sobald man sich zum Assoziieren nur etwas Zeit nimmt, kann man darangehen, Assoziationen zu den Träumen zu entwickeln. Bis dahin vergehen Tage bis Wochen, bei erheblichen inneren Widerständen sogar Monate.

Zur Traumdeutung durch Assoziationen kann man zwei verschiedene Wege gehen:

- Die Erinnerung an einen Traum wird im Traumtagebuch ein- bis mehrmals durchgelesen; dann versetzt man sich in tiefe Entspannung und stellt sich zum Beispiel vor: »Jetzt tauchen spontane Einfälle und Ideen zu meinem Traum auf, aus denen ich die Botschaft verstehe.« Nach dieser Vorstellung wartet man einfach ab, welche Assoziationen sich einstellen werden. Sobald keine mehr auftauchen, löst man sich aus der Entspannung, notiert die Assoziationen sofort und kann damit mit ihnen arbeiten. Diese Ganzheitstechnik hat sich besonders bei kürzeren Träumen gut bewährt und führt oft rasch zum Erfolg.
- Vor allem bei längeren, komplizierteren Träumen erforscht man zuerst die Grundidee, teilt den Traum vielleicht auch in

die verschiedenen Hauptphasen auf, schreibt die Symbole und andere codierten Inhalte heraus und analysiert sie zunächst ohne Assoziationen, soweit das (zum Beispiel mithilfe des Traumlexikons) möglich ist. Die dann noch bestehenden offenen Fragen klärt man anschließend mithilfe der Assoziationen Schritt für Schritt. Dazu nimmt man sich zum Beispiel eine der unklaren Hauptphasen des Traums oder eines seiner Symbole vor, vergegenwärtigt es sich nochmals ganz intensiv, versetzt sich dann in tiefe Entspannung und stellt sich zum Beispiel vor: »Jetzt tauchen spontane Einfälle zu diesem Symbol/dieser Traumphase auf, aus denen ich die Botschaft verstehe.« Danach wartet man wieder gelassen auf die Assoziationen aus dem Unbewussten, die sich bald einstellen werden, löst sich dann aus der Entspannung, schreibt die Einfälle sofort nieder und deutet mit ihrer Hilfe dann die noch unklaren Aspekte des Traums.

Ganzheitstechniken haben sich besonders bei kürzeren Träumen gut bewährt und führen oft rasch zum Erfolg.

Ob man eher die erste oder zweite Technik bevorzugt, hängt auch mit von der Persönlichkeit und Erfahrung ab. Nüchternsachliche Menschen werden oft die zweite Methode bevorzugen, weil sie systematischer vorgeht. Wer dagegen schon über genügend Erfahrung mit der ganzheitlichen Traumanalyse verfügt, wird häufig zunächst die erste Technik anwenden. Hier sollte man frei nach dem Gefühl entscheiden, beide Techniken eignen sich gut.

Viele Assoziationen sind auf Anhieb einleuchtend und erfordern keine weitere Deutung mehr. Wenn zum Beispiel zu einem Traumschlaf spontan eine bestimmte Erinnerung an eine zurückliegende Begebenheit auftaucht, die man als unangenehm längst verdrängt hat, wird die Traumbotschaft dadurch sofort verständlich: Man wird auf diese unbewältigte frühere Erfahrung hingewiesen und soll sie jetzt, nach der Bewusstwerdung, endgültig verarbeiten.

Viele Assoziationen sind auf Anhieb einleuchtend und erfordern keine weitere Deutung mehr.

Ein Teil der Assoziationen ist aber nicht so klar und eindeutig, sondern immer noch verschlüsselt, muss also wiederum gedeutet werden. Zunächst sucht man dann im lexikalischen Teil dieses Buchs, ob man die Elemente der Assoziationen darin gedeutet findet. Ist das nicht der Fall, denkt man bewusst über die Assoziationen nach. Dabei versucht man vor allem, die damit verbundenen Gedanken, Gefühle, Erinnerungen und Wünsche klar zu erkennen, die man einzeln notiert.

Auf diese Weise wird das Unbewusste angeregt, schließlich die dahinter verborgenen Einsichten preiszugeben. Dazu muss man unter Umständen sehr viel Geduld aufbringen, denn das Unbewusste lässt sich nicht zwingen. In schwierigen Fällen kann es angezeigt sein, die Assoziationen einige Zeit »ruhen« zu lassen und sie danach wieder durchzulesen. Dann sind die inneren Widerstände oft nicht mehr so mächtig, der Sinn kann sich spontan erschließen.

Manche Assoziationen versteht man wohl nie, weil das Unbewusste viel Mühe darauf verwendet hat, sie bis zur Unkenntlichkeit zu verzerren. Doch gerade die sind besonders interessant, sodass man vielleicht zur weiteren Arbeit damit einen Therapeuten aufsucht. Aber das hängt auch von der persönlichen Motivation ab. Viele Menschen werden es irgendwann aufgeben, weiter über solche Assoziationen nachzudenken.

Wenn man hinter einer Assoziationen keinen rechten Sinn wahrnimmt, kann das aber auch daran liegen, dass sie einfach zu banal ist. Man darf keinesfalls jeden spontanen Einfall gleich als bedeutungsschwanger bewerten und verzweifelt nach einem tieferen Sinn forschen, das entmutigt nur. Vermutlich spürt man irgendwann instinktiv, dass nichts dahinter steckt, und gibt die Deutungsversuche auf.

Gesamtdeutung des Traums

Die bisher vorgestellten Techniken der Traumanalyse können bereits dazu führen, dass ein Traum vollständig verstanden wird. Die dabei gewonnenen Erkenntnisse organisieren sich irgendwann spontan zur ganzheitlichen Deutung, weil sie ohne Zutun des Willens und Verstands vom Unbewussten richtig zusammengefügt werden. Oft tritt die Einsicht in die Traumbotschaft dann blitzartig auf, vielleicht gerade im ungeeignetsten Augenblick, wo man an alles andere, nur nicht an den Traum denkt. Eine solche Ablenkung des Bewusstseins kann erfahrungsgemäß den Durchbruch von Einsichten aus dem Unbewussten fördern, weil dabei die inneren Widerstände vermindert werden.

Oft treten die Einsicht und das Verständnis für die Traumbotschaft blitzartig auf.

Zum Teil steht man aber am Ende der Traumanalyse, wenn keine weiteren Assoziationen dazu mehr auftauchen, nur mit einem Bündel einzelner Deutungen da, aus denen man auf Anhieb noch keinen Sinn abzuleiten vermag. Dann besteht die nächste Aufgabe darin, diese einzelnen Elemente so miteinander zu verknüpfen, dass sie zu einer sinnvollen, in sich stimmigen Gesamtdeutung des ganzen Traumgeschehens führen. Dabei helfen die Aufzeichnungen aus dem Traumtagebuch, aus denen sich die Reihenfolge ergibt, in der zum Beispiel die verschiedenen Symbole und Phasen des Traums auftraten. Dementsprechend werden nun die Deutungen versuchsweise aneinander gereiht. Das gelingt oft am besten, wenn man sie niederschreibt; bei ausreichend trainiertem Vorstellungsvermögen kann man sie aber auch bildhaft vor dem inneren Auge Revue passieren lassen. Wenn man diese Methode bevorzugt, sollte man aber in jedem Fall die eigene Vorstellungskraft trainiert haben (siehe Seite 99).

Aus dieser Kette einzelner, sinnvoll zusammengesetzter Deutungen wird dann der Sinn des gesamten Traums offenkundig. Man erkennt zum Beispiel, dass ein Symbol am Anfang des Traums auf eine bestimmte frühere Erfahrung hinweist, die durch die Assoziationen wieder bewusst gemacht wurde. Die Handlung in der nächsten Traumphase zeigt dann vielleicht an, wie stark man bisher von dieser unverarbeiteten Erfahrung unbewusst beeinflusst und behindert wurde. Im letzten Traumkapitel können dann Symbole und Handlungen des Traums Auskunft über das zukünftige Verhalten nach der Einsicht in die verdrängte Erfahrung geben. So kann der Traum zu einer logischen Reihe von Vorgängen werden, aus der man praktische Konsequenzen für den eigenen, realen Alltag ziehen kann.

Ganz so einfach wie im obigen Beispiel gelingt es in der Praxis nicht immer, die einzelnen Elemente der Traumanalyse zusammenzufügen. Oft muss man ausprobieren, was wirklich zusammenpasst und einen Sinn ergibt. Das ist wie bei einem Puzzlespiel, bei dem man die Elemente aneinanderlegt, bis sie passen. Aber das Unbewusste hilft dabei unmerklich mit. Bei regelmäßiger Traumanalyse kommt im Lauf der Zeit auch noch die wachsende Erfahrung hinzu, die vieles erleichtert.

Man sollte mit der Gesamtdeutung eines Traumes erst dann aufhören, wenn man mit dem Ergebnis rundum zufrieden ist.

Aufhören sollte man mit der Gesamtdeutung eines Traums erst dann, wenn man mit dem Ergebnis rundum zufrieden ist. Dann erfolgt die beschriebene Kontrolle der Deutung.

Zusammenhängende Traumserien erkennen

Ein besonderes Augenmerk richtet man bei der Traumanalyse noch auf die Frage, ob ein Traum zu einer ganzen Serie gehört, die über längere Zeit fortgesetzt wird. Solche Traumserien können in unterschiedlicher Form auftreten:

- Im typischsten, leicht erkennbaren Fall tauchen in kurzen oder längeren Abständen immer wieder Träume auf, die fast identisch oder doch sehr ähnlich in ihren Symbolen und/oder Handlungen sind.
- Schwerer zu erkennen sind jene Traumserien mit unterschiedlichen Symbolen und Handlungen, die aber bei der Deutung stets einen gleichen oder ähnlichen Sinn ergeben.
- Schließlich kommt es vor, dass Träume von einem bestimmten Symbol oder einer Handlung ausgehen, die sich in den weiteren Träumen allmählich verändern, aber letztlich immer noch in Beziehung zum Ausgangstraum stehen.

Solche Traumserien erkennt man nur unter der Voraussetzung sicher, dass man sorgfältig das Traumtagebuch führt und immer wieder einmal durchsieht, um frühere Träume mit ihren Deutungen mit den Träumen der letzten Tage zu vergleichen. Zwar fällt einem oft auch ohne diese Maßnahme auf, dass bestimmte Symbole, Handlungen und Deutungen wiederkehren, aber allein darauf darf man sich nicht verlassen.

Sicherer wird man Traumserien erkennen, wenn man zu jedem Traum eine kurze »Überschrift« formuliert, in der die Hauptelemente und Bedeutungen stichwortartig zusammengefasst werden.

Noch sicherer wird man Traumserien erkennen, wenn man zu jedem Traum eine kurze »Überschrift« formuliert, in der die Hauptelemente und Bedeutungen stichwortartig zusammengefasst werden. Diese kann man dann auf einem gesonderten Blatt als eine Art Inhaltsverzeichnis des Traumtagebuchs auflisten und bei jedem neuen Traum prüfen, ob sich ein ähnlicher schon früher ereignete.

Traumserien können sich über Wochen bis Monate, zum Teil auch über Jahre hinweg erstrecken. Sie sind oft sehr aufschlussreich für die Selbsterkenntnis oder für die Lösung von Problemen. In erster Linie kann man daraus folgende Einsichten gewinnen:

- In meist kurzen Traumserien, die sich mit Fragen des Alltags befassen, wird man oft Schritt für Schritt immer näher an die Lösung eines Problems herangeführt.
- Längere Traumserien zeigen oft an, wie sich die Persönlichkeit allmählich entwickelt, insbesondere auch, wie durch re-

gelmäßige Traumanalyse psychische Probleme langsam durch Einsicht und Lernprozesse überwunden werden; man hat also auch eine Art Erfolgskontrolle der Traumdeutung.

- Sehr aufschlussreich können auch Traumserien sein, die längere Zeit nahezu unverändert abliefen, aber sich plötzlich verändern: Das zeigt häufig irgendeine tief greifende psychische Wandlung oder Krise an, die man am besten versteht, wenn man die früheren Träume in Beziehung dazu setzt.

Davon abgesehen erleichtert es die Analyse aktueller Träume, wenn man dazu auf frühere zurückgreifen kann. Allerdings muss man dabei sehr sorgfältig darauf achten, dass man nicht vorschnell aus den früheren Träumen zu einer Deutung gelangt, die vielleicht überhaupt nicht zutrifft.

Jedenfalls verlangen Traumserien stets besondere Aufmerksamkeit, denn sie ergeben sich aus psychischen Vorgängen, die über längere Zeit ablaufen.

Kontrolle der Traumdeutung

Die Gefahren einer falschen Traumanalyse wurden bei der Selbsttäuschung (siehe Seite 90) schon ausführlich erklärt. Ganz ausschließen kann man das nie, auch wenn man über lange Erfahrungen verfügt. Kontrollen verringern auf alle Fälle die Gefahr der Selbsttäuschung.

Im Vordergrund steht zunächst das Gefühl, das sich nach der Deutung einstellt. Hat man die Traumbotschaft dabei richtig erfasst, reichen die Gefühlsreaktionen von stiller Zufriedenheit bis hin zu freudiger Erregung. Dabei kommt es zunächst nicht darauf an, ob man durch die Deutung an schmerzliche Erfahrungen erinnert wurde. Das gute Gefühl stellt sich anfangs nur deshalb ein, weil man instinktiv spürt, dass der Traum richtig gedeutet wurde. Der seelische Schmerz bei unangenehmen Einsichten kann gleichzeitig oder danach ebenfalls eintreten, lässt sich aber gut gegen die Überzeugung von der zutreffenden Deutung abgrenzen.

Wenn man die Traumbotschaft richtig erfasst hat, reichen die Gefühlsreaktionen von stiller Zufriedenheit bis hin zu freudiger Erregung.

Auch falsche Deutungen nimmt man fast immer instinktiv wahr. Als Reaktion darauf kann man Unzufriedenheit, innere Leere, Missmut, Skepsis gegenüber dem Wert der Traumanalyse oder ähnliche negative Gefühle erleben. Sie weisen praktisch immer darauf hin, dass etwas mit der Deutung nicht stimmt. Vielleicht hat man Symbole und Handlungen des Traums übersehen oder falsch interpretiert, vielleicht auch bei der Gesamtdeutung Fehler gemacht. Dann muss man die Analyse nochmals Schritt für Schritt durchgehen, die Fehler erkennen und durch neue Assoziationen korrigieren, sofern man mit der Einsicht in die Fehler nicht gleich spontan auf die richtige Deutung kommt. Das fällt allerdings nicht immer leicht, denn wir alle neigen mehr oder minder ausgeprägt dazu, einmal gefasste Meinungen zu verteidigen. Und selbst wenn man einsehen musste, dass sie falsch sind, wird man hinterher oft noch unmerklich davon beeinflusst. Das muss man sich bei der erneuten Analyse vergegenwärtigen und so gut wie möglich vermeiden lernen, damit man nicht mit der Deutung letztendlich unzufrieden ist.

Auf das gute oder schlechte Gefühl nach abgeschlossener Traumdeutung kann man sich fast immer verlassen.

Auf das gute oder schlechte Gefühl nach abgeschlossener Traumdeutung kann man sich fast immer verlassen. Um aber ganz sicherzugehen, liest man die Analyse danach noch ein- oder mehrmals langsam durch, um zu prüfen, ob sie tatsächlich klar, einleuchtend und logisch ist. Man kann sie auch mit einer vertrauten Person durchsprechen, denn Unbeteiligte können Schwächen zum Teil leichter erkennen. Wenn die Deutung keine Fragen offen lässt und keine inneren Widersprüche aufweist, trifft sie mit hoher Wahrscheinlichkeit zu.

Die letzte Kontrollmöglichkeit besteht darin, die Traumdeutung mit der Realität in Beziehung zu setzen, sich also zum Beispiel zu fragen: »Verhalte ich mich wirklich so, wie das aus der Traumdeutung zu erwarten ist?« Wenn man aus einem Traum den Rückschluss zieht, dass man unter starken Hemmungen leidet, sich im Alltag aber offensichtlich frei und ungezwungen bewegt, dann stimmt die Deutung in diesem Punkt vermutlich nicht. Man muss aber auch berücksichtigen, dass vielleicht das Selbstbild so stark verzerrt ist, dass man sich über das gehemmte Verhalten selbst täuscht oder dass man im täglichen Leben nur sehr gut Rollen spielt, die Hemmungen verbergen. Es fällt oft schwer, sich hierzu Klarheit zu verschaffen. Manchmal hilft wieder das Gespräch mit einer vertrauten Person über diese Fragen, denn andere nehmen auch verborgene Hemmungen und andere Eigenschaften oft instinktiv genau wahr. Steht die Deutung aber im Einklang mit der Realität, bekräftigt das zusätzlich, dass sie wirklich zutrifft.

Wenn alle diese Kontrollen zufrieden stellend ausgefallen sind, kann man beruhigt daran gehen, aus der Traumdeutung praktische Konsequenzen zu ziehen. Darin besteht ja der eigentliche Sinn der ganzen analytischen Arbeit.

Praktische Konsequenzen aus der Traumanalyse

Man kann ab und zu einmal einen Traum nur so zum Spaß analysieren. Dann bleibt die Traumdeutung ein unverbindliches Spiel. Aus dem Ergebnis kann und muss man keine praktischen Konsequenzen ziehen, die Deutung allein ist in solchen Fällen das Ziel. Zur praktischen Lebenshilfe, die viele Menschen von der Selbstanalyse der Träume erwarten, wird sie erst, wenn man es nicht dabei belässt, sondern ganz konkret fragt: Was fange ich nun mit meinen Erkenntnissen und Einsichten aus den Träumen an?

Was fange ich nun mit meinen Erkenntnissen und Einsichten aus den Träumen an?

Die praktische Nutzung der Traumdeutung hängt natürlich zunächst von ihrem Inhalt ab. Mit manchen Traumaussagen kann man wenig im Alltag anfangen, weil sie banal oder unrealistisch sind. Andere zeigen tief greifende Veränderungen auf, die das ganze Leben umkrempeln und in neue Bahnen lenken können. Sie fordern geradezu heraus, im Alltag konsequent verwirklicht zu werden; das merkt man instinktiv oft deutlich an Unruhe oder einem starken Tatendrang, der danach strebt, die Erkenntnisse in die Praxis umzusetzen.

Wie man sich verhält, nachdem man einen Traum vollständig verstanden hat, bleibt letztlich immer der freien persönlichen Entscheidung vorbehalten. Die Motivation spielt dabei eine wichtige Rolle. Wer mit seinen Verdrängungen scheinbar problemlos leben kann, Veränderungen nicht als Chance begreift, sondern als unbequem ansieht, wird natürlich wenig motiviert sein, aus einer Traumbotschaft weitreichende praktische Konsequenzen zu ziehen.

Wer sich mit seinem bisherigen Leben, den eingefahrenen Bahnen und damit verbundenen Beschränkungen nicht länger abfinden will, wird die Traumanalyse eher als willkommene Gelegenheit nutzen, aus diesem Gefängnis auszubrechen.

Die zahlreichen praktischen Anwendungsmöglichkeiten der Traumdeutung wurden weiter vorne schon ausführlich vorgestellt. Jeder muss für sich selbst erkennen, was er damit anfangen kann. Die wichtigsten praktischen Möglichkeiten wollen wir nochmals kurz anführen:

- Träume geben wichtige Anregungen für die weitere Gestaltung des Lebens im Einklang mit sich selbst und weisen auf vernachlässigte Chancen hin.
- Oft leiten die Traumbotschaften Lernprozesse ein, die das weitere Leben verändern, zum Beispiel durch die Einsicht in die Ursachen unzweckmäßigen Verhaltens und deren Bewältigung durch Neu- und Umlernen.
- Eines der wichtigsten Ziele ist die Übereinstimmung der Lebensführung mit den eigenen Wünschen, Zielen, Interessen und Neigungen, die man aus der Traumanalyse besser erkennt.
- Schließlich geben Träume konkrete Empfehlungen zur Lösung von Problemen und für Entscheidungen, die oft sehr kreativ sind.

Es gibt kaum einen Lebensbereich, in dem man keine praktischen Konsequenzen aus der Selbstanalyse von Träumen ziehen könnte.

Es gibt also kaum einen Lebensbereich, in dem man keine praktischen Konsequenzen aus der Selbstanalyse von Träumen ziehen könnte. Meist wird man bei regelmäßiger Traumdeutung so viele Anregungen erhalten, dass man sie überhaupt nicht alle realisieren kann, sondern Prioritäten setzen muss. Diese sollten dann aber wirklich konsequent beachtet werden, damit sich die Arbeit der Traumdeutung auch lohnt.

Das große Lexikon der Traumsymbole – traditionelle und moderne Deutungen

Wenn das Unbewusste bei der Traumarbeit einen Inhalt symbolisch verschlüsselt, geht es dabei sehr einfallsreich, kreativ, zuweilen auch witzig und ironisch vor. Deshalb gibt es eine so große Zahl von Traumsymbolen, dass sie auch in einem umfangreichen Lexikon wie diesem nie alle erfasst und erklärt werden können. Ausgewählt wurden vor allem solche Symbole, die erfahrungsgemäß in vielen Träumen immer wieder auftauchen und/oder von besonderem Wert für die Analyse sind. Oft wird man in dem Lexikon zwar nicht alle, aber zumindest einige der Symbole eines Traums finden.

Wenn ein Symbol nicht in diesem Verzeichnis enthalten ist, muss man das Buch nicht gleich aus der Hand legen. Man versucht vielmehr einen Oberbegriff, dem das Symbol zuzuordnen ist, zum Beispiel Tiere, Licht, Luft oder Wasser. Wenn man bei einem dieser Oberbegriffe nachschlägt, wird dort zwar nicht das Symbol selbst erklärt, aber man erhält vielleicht Denkanstöße, die das freie Assoziieren erleichtern. Auch unter ähnlichen Symbolen kann man im Lexikon nachschlagen, um wenigstens einige Anregungen für die mögliche Deutung zu erhalten. Allerdings darf man es sich nicht zu bequem machen, indem man einfach die Bedeutung übernimmt.

Immer wieder kommt es auch vor, dass man ein Symbol in der Traumerinnerung nicht genau identifizieren kann. Typisches Beispiel dafür ist die Zahl Null, die auch für den Buchstaben O stehen oder einen Kreis symbolisieren kann. Die genaue Bedeutung erkennt man aber meist, wenn man sich nochmals den Zusammenhang vergegenwärtigt, in dem das mehrdeutige Symbol im Traum auftauchte. Führt das nicht weiter, liest man bei allen in Frage kommenden Symbolen im Lexikon die Bedeutung nach und fügt sie nacheinander in das Traumpuzzle ein, bis man die passende wahre Bedeutung erkennt.

Die Handhabung des Traumlexikons wurde bereits genau erklärt. Sie beginnt damit, dass man aus der Niederschrift der Traumerinnerung alle Symbole und andere verschlüsselte Inhalte heraussucht. Dann schlägt man nacheinander im Lexikon die mögliche Bedeutung nach. Dabei sind häufig die Begleitumstände im Traum zu berücksichtigen, denn abhängig von ihnen kann das gleiche Symbol sehr unterschiedlich gedeutet werden. Es ist zum Beispiel nicht unwichtig, ob ein Symbol starr auftauchte oder sich in Bewegung befand, einfach nur in Umrissen oder plastisch und farbig erschien. Solche Besonderheiten müssen stets beachtet werden.

Bei den Bedeutungen wurden nicht nur die heute gültigen Auffassungen (die ohnehin nicht immer allgemein anerkannt sind) berücksichtigt. In der Praxis zeigt sich immer wieder, dass auch die alten, im Schrifttum überlieferten Deutungen zum Teil durchaus noch sinnvoll sind. Deshalb berücksichtigen wir hier unter anderem auch die traditionellen indischen Quellen, soweit sie mit dem heutigen Wissen in Einklang stehen.

Zum Abschluss sei nochmals darauf hingewiesen, dass man aus den Deutungen des Lexikons nicht immer den individuellen Sinn eines Traumsymbols ableiten kann. Das Unbewusste richtet sich nicht nach einem solchen Lexikon, es kann die Symbole auch in ganz anderem Sinn verwenden. Deshalb darf man die Träume nicht schematisch nach den Angaben im Lexikon deuten, sondern muss mit seiner Hilfe, ergänzt durch freie Assoziationen, nach der individuellen Traumaussage forschen.

A

als Buchstabe taucht in Träumen geschrieben, plastisch ausgeformt oder gesprochen auf. Da es in verschiedenen Sprachen (zum Beispiel griechisch Alpha, phönizisch Aleph) am Anfang des Alphabets steht, symbolisiert es häufig den Beginn von etwas Neuem und wird als günstiges Vorzeichen für ein solches Vorhaben verstanden. Außerdem kann dem A auch eine Ordnungsfunktion zukommen (vergleichbar der Zahl Eins), oder es weist auf etwas Einmaliges, Außergewöhnliches hin, das durch den ersten Buchstaben hervorgehoben wird.

Aal

kann ein Sexual-(Penis-)symbol sein, das vor allem bei Frauen auf sexuelle Bedürfnisse und Frustrationen hindeutet. Andere Bedeutungen ergeben sich aus den Begleitumständen, mit denen der Fisch im Traum auftaucht, zum Beispiel:

- Aale fangen kann Neid und Missgunst anzeigen.
- Aale essen kündigt oft bevorstehenden Ärger und Probleme an.
- Aale, die aus den Fingern schlüpfen, warnen vor Misserfolgen.
- Aale, die sich winden, kündigen ebenfalls unangenehme Ereignisse an.

Aas

fordert oft dazu auf, eine Absicht aufzugeben (einen Plan »sterben lassen«), die aussichtslos ist und nur zu Unannehmlichkeiten führen wird. Lediglich der Kadaver eines Pferds wird in alten Traumbüchern teilweise als Verheißung eines langen Lebens verstanden, aber dabei spielen sicherlich mystische Vorstellungen eine Rolle.

Aasgeier

empfinden viele Menschen als »unsympathische« Tiere, umgangssprachlich wird das Wort auch für habgierige Menschen gebraucht. Wenn sie im Traum – oft zusammen mit Aas – auftauchen, kann man dahinter eine Warnung vor missgünstigen Menschen sehen, die Vorhaben vereiteln oder sich bereichern wollen. In der indischen Traumdeutung dagegen werden die Tiere gerade umgekehrt als Symbole für wohlwollende Menschen gedeutet, die eigene Absichten unterstützen. Diese andere Bedeutung ist vermutlich darauf zurückzuführen, dass die Aasgeier in Indien als nützliche »Gesundheitspolizei« angesehen wurden. Im Allgemeinen trifft bei uns aber die erste ungünstige Bedeutung zu.

Abbrennen

eines Hauses oder des Dachstuhls wird oft als Warnung vor Sorgen und Nöten gebraucht. Wenn man dabei aber Rauch oder helle Flammen sieht, kann man einen günstigen Ausgang in einer Angelegenheit oder ein freudiges Ereignis erwarten.

Abbruch

enthält oft Ende des Gewohnten und Chance für einen Neubeginn zugleich; diese Bedeutung kennt man auch in der Umgangssprache, wenn man von jemandem sagt, dass er seine Zelte oder alle Brücken abgebrochen hat, um mit etwas Neuem anzufangen. Im Traum kommt oft der Abbruch eines Hauses vor, das für das »Lebensgebäude« steht; gedeutet wird das als eine (meist) günstige Veränderung im Leben, die alle bisherigen Probleme und Sorgen überwinden kann, oft eine bessere berufliche Position. Man muss allerdings sorgfältig prüfen, ob im Symbol des Abbruchs nicht nur eine Gefahr zum Ausdruck kommt, die das »Lebensgebäude« zerstören kann; das ergibt sich aus den weiteren Begleitumständen des Traums und der ganz realen Lebenssituation.

Abend

ist ein mehrdeutiges Traumsymbol, dessen Bedeutung man an den Begleitumständen erkennt. Grundsätzlich hat Abend etwas mit Ruhe, Erholung, nachlassenden körperlichen und geistigen Kräften zu tun (umgangssprachlich auch Lebensabend). Damit kann auf erhöhtes Bedürfnis nach Entspannung hingewiesen werden und vor chronischer Überforderung gewarnt werden. Wenn man dagegen gemütlich am Abend die Hände in den Schoß legt, ist er im Sinne von Feierabend zu verstehen; man hat seine Pflichten und Aufgaben gut erfüllt und darf/soll sich jetzt etwas Erholung gönnen.

Abendbrot (essen)

erklärt sich aus der Bedeutung des Abends als Symbol nachlassender Kräfte; wenn man das Abendbrot zu sich nimmt, kommt man wieder zu Kräften und wird am nächsten Tag erfolgreich sein.

Abendglocke

läuten hören oder selbst läuten verkündet, dass etwas zu einem guten, versöhnlichen Ende kommt, dass man sich bald wieder freuen kann. Alte Traumbücher deuten den hellen Klang einer Abendglocke auch als günstiges Zeichen für ein gesundes, sorgenfreies Alter, aber da wird wohl mehr der Wunsch der Vater des Traums sein.

Abendstern

leuchten sehen – vielleicht zusammen mit anderen, weniger hellen Sternen –, kündigt Erfolge und finanzielle Vorteile in der nächsten Zeit, aber auch Unruhe und Stress an. Wird der Abendstern durch Wolken verschleiert, muss man Hoffnungen für die nächste Zukunft wohl begraben.

Abfall

kann im Traum (ähnlich wie in manchen Redensarten) finanzielle Erfolge ankündigen, die man oft nicht erartet hat. Häufig kommt darin aber auch seelischer »Müll« zum Ausdruck, den man endgültig verarbeiten sollte oder bereits bewältigt hat; darin ist die Aufforderung enthalten, sich intensiver mit der eigenen Persönlichkeit zu beschäftigen.

Abführmittel einnehmen

und dadurch vielleicht auch Durchfall (im Traum) erleben, zeigt oft an, dass man sich von unangenehmen Erinnerungen, Erfahrungen und Gefühlen befreien will, weil sie das Leben behindern (verstopfen). Man sollte diesen Hinweis immer ernst nehmen und ergründen, worauf er hinweist; zum Teil steht dahinter auch eine seelische Krankheit.

Abgrund

kann man unterschiedlich interpretieren, abhängig von den Begleitumständen. Folgende Symbole kommen recht oft mit ähnlicher Bedeutung vor:

- In einen Abgrund schauen kann bedeuten, dass man ins eigene Unbewusste blickt und dabei Dinge wahrnimmt, die man lieber nicht erkannt hätte; vielleicht kündigt der Blick in den Abgrund auch bevorstehende Gefahren an, die sich aus dem eigenen Verhalten, Handeln und Wollen ergeben können.
- Ganz nah an einem Abgrund stehen warnt häufig vor einem »Absturz« in Kummer, Sorgen und Not, wenn man zum Beispiel die bisherigen Absichten beibehält.
- Gleitet man in den Abgrund, ist das als noch massivere Warnung zu verstehen, zeigt vielleicht auch an, dass man den Schwierigkeiten nicht mehr entgehen wird.
- Stürzt man in einen Abgrund hinab, kann das eine bevorstehende persönliche Katastrophe ankündigen, die nicht mehr aufzuhalten ist. Je nach den persönlichen Lebensumständen kann der Sturz jedoch auch bedeuten, dass man in ein unerwartetes Glück fallen wird, das gilt insbesondere bei weicher Landung auf dem Grund.

- Günstig zu deuten ist es, wenn man Steine in den Abgrund wirft oder Felsbrocken hinabrollt; das symbolisiert die Befreiung von Sorgen und Nöten, die wie ein Fels auf der Seele lasteten.
- Wirft man einen Menschen in den Abgrund, wird man sich voraussichtlich bald aus einer zwischenmenschlichen Beziehung lösen, die nur noch eine Belastung darstellte.

Abhang

ist nicht so steil wie ein Abgrund und wird deshalb meist als Vorwarnung zu deuten sein, mit deren Hilfe man Sorgen und Kummer oft noch vermeiden kann, wenn man rechtzeitig richtig handelt. Aber auch wenn man schon den Abgrund hinabrollt, dabei vielleicht auf Steine und andere Hindernisse stößt, muss das nicht so ungünstig wie das Abgleiten oder Stürzen in den Abgrund bewertet werden, sondern enthält immer noch die Hoffnung, dass man die Gefahr die im Leben wartet, vermeiden oder mildern kann.

Abkommen

schließt man im Traum meist, wenn es gelungen ist, eigene innere Widersprüche miteinander zu versöhnen. Das innere Gleichgewicht nach einem Konflikt ist wieder hergestellt. Das Symbol kann aber auch die Aufforderung enthalten, in einem Konflikt mit anderen Menschen zu einem Kompromiss zu gelangen.

Abmagerung

anderer Menschen verkündet zukünftigen eigenen Wohlstand. Falls man sich jedoch selbst im Traum abmagern sieht, können bald Kummer und Sorgen an einem »zehren« oder man bekommt Missgunst und Neid falscher Freunde zu spüren.

Abort

(WC) hat im Traum kaum etwas mit der Stuhlausscheidung zu tun, sondern ist je nach Begleitumständen als günstiges oder ungünstiges Symbol zu deuten. Folgende Bedeutungen kommen häufig vor:

- Verschlossener Abort warnt vor zu viel Zuversicht und Sorglosigkeit in der eigenen Handlungsweise.
- Exkremente im WC oder gar das Hineinstürzen in die Schüssel werden als Ankündigung von Chancen, Freude und Glück verstanden, wobei es sich auch um materielle Gewinne handeln kann (volkstümlich spricht man drastisch ja auch von »Geldscheißen«). Manche moderne Traumforscher deuten den Sturz in eine Abortschüssel als Erinnerung an das Geburtstrauma oder als symbolische Flucht zurück in den Mutterleib.
- Säubern der Abortschüssel wird oft als Warnung vor Ärger mit Behörden oder anderen offiziellen Stellen gedeutet. Vielleicht steht dahinter aber auch der Wunsch, mit seelischen »Exkrementen«, vor denen man sich ekelt, aufzuräumen.

Abreise

steht allgemein für den stetigen Wandel des Lebens, dessen Richtung wir selbst mitbestimmen. Eine überstürzte Abreise kann anzeigen, dass man sich vor einer Pflicht oder Verantwortung drücken will. Die Abreise mit dem Auto, Flugzeug oder mit der Bahn kündigt an, dass man einer Gefahr entgehen wird. Man muss immer auch die Begleitumstände, zum Beispiel das Ziel der Abreise, bei der Deutung berücksichtigen.

Abschied

kann bedeuten, dass sich das weitere Leben grundlegend verändern wird, zum Beispiel durch eine Trennung von einem Menschen oder durch einen neuen Beruf. Möglich ist aber auch, dass man sich lediglich seelisch verändert, von Gewohnheiten, Einstellungen und Verhaltensweisen Abschied nimmt, weil sich die Persönlichkeit entwickelt.

Abschirren eines Pferdes

weist oft darauf hin, dass man sich selbst »angeschirrt« hat und einengt; dann sollte man nach übersteigerten Moralvorstellungen und Hemmungen oder nach zu viel Pflichtbewusstein und Genauigkeit bis hin zur Pedanterie suchen, um sie abzubauen.

Abschneiden

von Körperteilen kann vor allem bei Kindern auf Kastrationsangst durch falsche Sexualerziehung hinweisen. Schneidet man einen Erhängten ab, kündigt dies weiterhin Erfolge an.

Abstinenzler

stehen im Traum oft für eine sehr strenge Moral und starre Befolgung von Normen und Regeln, die das Leben zu stark einengen, Spontaneität und Anregungen be- oder verhindern; davon sollte man sich befreien. Der Abstinenzler weist vielleicht auch konkret darauf hin, dass man Genussmittel nicht so reichlich verwenden sollte. Zuweilen zeigt das Symbol die unbewusste Angst davor an, sich einmal gehen zu lassen und über die Stränge zu schlagen, weil man sich vor dem fürchtet, was dabei zutage treten könnte und man von anderen und der Gesellschaft nicht mehr akzeptiert würde.

Abszess

ist ein Warnzeichen für negative Gedanken und Gefühle, mit denen man sich selbst am meisten schadet, weil sie Erfolge und Lebensfreude »zersetzen«; davon sollte man sich bald im realen Leben befreien.

Achse eines Wagens

zeigt weiterhin Erfolge und Überwindung von Hindernissen an, wenn sie gut geschmiert läuft. Knarrt die Achse aber oder bricht sie sogar, zeigt das einen Stillstand oder Misserfolg in einer Sache an.

Acker

ist ein mehrdeutiges Symbol, bei dem man vor allem die folgenden Besonderheiten beachten muss:

- Unbebauter Acker steht meist für Misserfolge, die man sich aber selbst zuzuschreiben hat, weil man sein Feld nicht richtig bestellte; ganz ungünstig ist das Symbol jedoch nicht, denn man kann durch eigene Anstrengung auch wieder zum Erfolg gelangen.
- Bebauter Acker kann reiche Ernte für die Anstrengung verheißen; wächst Getreide darauf, ist das nach der indischen Traumlehre eine Ermutigung, denn man wird aus einer misslichen Situation glücklich wieder herausfinden.
- Verwilderter, mit Unkraut bewachsener Acker kündigt dagegen an, dass man bei der Ernte eine Enttäuschung erleben wird.
- Jauche und Dung auf dem Acker versprechen Erfolge vor allem in finanzieller Hinsicht.

Adam

als Stammvater der Menschheit tritt im Traum oft als Symbol der Körperlichkeit und Sinnlichkeit (umgangssprachlich der »alte Adam«) auf, die nicht genügend vom Bewusstsein kanalisiert wird; dann ist er als Aufforderung zu verstehen, die Sinnlichkeit mehr zu zügeln und den geistigen Bereich zu fördern. Teilweise steht Adam auch für den eigenen Vater, für dessen guten oder negativen Einfluss auf die persönliche Entwicklung und für Konflikte, die das Verhältnis zu ihm belasten. Die genaue Analyse ist nur individuell möglich und wird zur vertieften Selbsterkenntnis führen.

Aderlass

kann vor bevorstehendem Streit oder materiellen Verlusten warnen. Manchmal steht auch der Verlust eines Menschen durch Trennung oder Tod dahinter.

Adern

sind manchmal recht konkrete Hinweise auf ein Herzleiden; vorsorglich sollte man also eine Untersuchung veranlassen. Vielleicht weisen sie aber nur allgemein darauf hin, dass man mehr auf seine Gesundheit achten sollte.

Adler

steht generell für Mut, Kühnheit, Stolz, Würde, Weitblick, Freiheitsdrang und Streben nach Höherem (deshalb wird er auch von vielen Staaten als Symbol der Macht verwendet, zum Beispiel auf der Rückseite von Münzen). Je nach den Begleitumständen sind zum Beispiel folgende Bedeutungen möglich:

- Adler in großer Höhe kreisend kündigt eine freudige Überraschung an.
- Adler besitzen soll Glück in geschäftlichen Angelegenheiten, Ehre und Ansehen verheißen.
- Adler fangen oder schießen bedeutet Verluste und Sorgen.

Man muss sich beim Adler immer fragen, ob man im höheren Streben nicht übertreibt, zu tollkühn handelt, die eigene Stärke überschätzt oder andere durch Stolz vor den Kopf stößt; in der Bewertung dieses Traumsymbols muss daher dringend die eigene, reale Lebenssituation mit berücksichtigt werden, um ein gesichertes Ergebnis der Traumdeutung zu erlangen.

Admiral

kann symbolisieren, dass man mit Mut, Geschick und Weitsicht das Lebensschiff erfolgreich über das Meer des Lebens mit seinen Gefahren steuert. Er kann aber auch Autorität oder übertriebenes Machtstreben und Herrschsucht anzeigen.

Affe

steht für den unzivilisierten, materialistischorientierten, animalisch-primitiven Menschen ohne geistige Interessen; er kann die Aufforderung enthalten, sich weiter zu entwickeln und zu reifen. Andere Bedeutungen ergeben sich aus den Begleitumständen im Traum:

- Sieht man Affen oder spielt mit ihnen, wird man wohl bald erleben müssen, wie man durch schmeichlerische falsche Freunde enttäuscht wird.
- Kletternde Affen verheißen einen Erfolg vor allem in einer Liebesbeziehung.
- Erlegt man einen Affen, wird man voraussichtlich in einem Streit den Sieg davontragen, wenn man aufmerksam genug bleibt.

Afrika

der dunkle, für viele Menschen gleichermaßen faszinierende wie ängstigende Kontinent, kann die »dunklen«, unbewussten Teile unserer Persönlichkeit symbolisieren und dazu auffordern, sie besser zu erforschen. Wenn man Afrika im Atlas betrachtet, sehnt man sich oft nach Veränderungen, weil man mit der augenblicklichen Lebenssituation unzufrieden ist, mehr Abwechslung und Abenteuer wünscht. Man muss dann nicht gleich nach Afrika reisen, sollte aber versuchen, das monotone Leben abwechslungsreicher zu gestalten.

Ähren

sind meist das Sinnbild innerer Zufriedenheit und persönlicher Reife, zum Teil auch der materiellen Sicherheit. Sammelt man sie ein, kündigt das einen guten Erfolg bei einem Vorhaben an; fehlen die Körner, muss man allerdings mit einem Misserfolg rechnen.

Akademie

kann für den »Elfenbeinturm« stehen, in den sich manche Menschen zurückziehen; dann fordert das Symbol auf, mehr in der Realität zu leben, die Möglichkeiten auszuschöpfen. Der Besuch einer Akademie kann die geistig-seelische Weiterentwicklung symbolisieren. Je nach den tatsächlichen Lebensumständen weisen solche Träume auch auf konkrete wissenschaftliche Erfolge und akademische Ehrungen hin.

Akademiker

warnen oft davor, dass man leichtfertig das persönliche Ansehen gefährdet, was sich nur aus der individuellen Lebenssituation genau verstehen lässt.

Akne

mit Pickeln und Eiterungen vor allem im Gesicht führt auch in der Realität oft zu Selbstwertproblemen und Hemmungen. Unabhängig davon, ob man tatsächlich an Akne leidet, weist sie als Traumsymbol häufig auf eine ablehnende Einstellung zu sich selbst und auf zwischenmenschliche Probleme vor allem durch Unsicherheit und Hemmungen hin. Man sollte dann zunächst lernen, sich selbst wieder anzunehmen, auch wenn man nicht alles an sich gut findet; nur unter dieser Voraussetzung kann man sich wandeln.

Aktien

die man im Traum kauft oder besitzt, sollen nach der traditionellen Deutung auf finanzielle Verluste hinweisen, während der Verkauf finanzielle Erfolge verspricht. Diese Bedeutung ist aber fraglich und steht vermutlich eher mit verbreiteten Vorbehalten gegen diese scheinbar »unsichere« Kapitalanlage in Beziehung. Verbrennen die Aktien mit dunklem Rauch, drohen ebenfalls finanzielle Verluste, bei hellen Flammen dagegen finanzielle und berufliche Erfolge; diese Deutungen sind wegen der zusätzlichen Symbolik von Rauch und Flammen eher realistisch.

Alkohol

steht als »geistiges« Getränk oft für die geistigen Kräfte, die das Verhalten und Handeln bestimmen. Im Traum kann er das Bedürfnis nach mehr geistiger Anregung und Ausleben verdrängter Lebensmöglichkeiten zum Ausdruck bringen, die vielleicht durch zu strenge Moralvorstellungen (siehe unter dem Stichwort Abstinenzler) behindert werden. Manchmal warnt das Traumsymbol auch konkret vor zu viel Alkoholkonsum.

Alligator

(Krokodil) wird oft als bedrohlich erlebt, weil er verdrängte Bedürfnisse, Erfahrungen, Ängste, Gefühle und andere unbewusste Inhalte verkörpert. Zugleich steht er aber auch für Weisheit und Erfahrung des Unbewussten und kann auffordern, diese mehr zu nutzen.

Almosen

die man im Traum empfängt oder als Reicher gibt, sind meist ein ungünstiges Zeichen, das finanzielle Probleme ankündigen kann. Nur wer als Armer Almosen gibt, kann voraussichtlich bald mit einer Verbesserung seiner finanziellen Verhältnisse rechnen.

Alphabet

kann im Traum teilweise oder vollständig geschrieben, plastisch oder gesprochen auftauchen wobei es sich nicht immer um unser Alphabet handeln muss, sondern auch um das einer fremden Sprache (zum Beispiel griechisch). Da das Alphabet die Grundlage der Sprache darstellt, steht es im Traum für die Grundzüge der Persönlichkeit und die Grundtendenzen, die das Verhalten, Handeln, Denken und Fühlen maßgeblich mitbestimmen. Werden einzelne Buchstaben des Alphabets besonders hervorgehoben, ergibt sich der zusätzliche Sinn aus deren unterschiedlicher Bedeutung.

Altar

symbolisiert oft eine von Idealismus geprägte Lebensgrundhaltung, die eigene Wünsche und Bedürfnisse den höheren Idealen opfert. Man sollte immer erforschen, ob man über den Idealen nicht die ganze Fülle der Lebensmöglichkeiten vernachlässigt, vielleicht auch zum idealistischen Fanatiker zu werden droht. Je nach Begleitumständen kann der Altar auch noch folgende Bedeutungen haben:

- Knien vor einem Altar (oft im Gebet) wird traditionell so verstanden, dass eine Bitte oder ein anderes Anliegen in Erfüllung geht, auch wenn man schon lange vergeblich darauf gewartet hat.
- Ausschmücken eines Altars kann ein bevorstehendes freudiges Ereignis ankündigen.
- Wenn Unverheiratete einen Altar sehen, deutet man das traditionell als Vorhersage einer baldigen Ehe; richtiger ist wohl, dass in diesem Symbol der Wunsch nach einer Ehe zum

Ausdruck kommt, der nicht länger verdrängt oder vernachlässigt werden sollte.

Alte Menschen

können im Traum Weisheit und Lebenserfahrung verkörpern und dann vielleicht ermahnen, dass man sich besonnener verhalten soll; manchmal treten sie auch als Ratgeber auf, die konkrete Empfehlungen geben. Sieht man sich selbst als alten Menschen, weist das vermutlich darauf hin, dass man zu sehr an überholten Vorstellungen, Traditionen und eingefahrenen Gewohnheiten haftet, die das Leben einschränken. Manchmal verhalten sich die alten Menschen im Traum auch bösartig und warnen oft vor eigenen schlechten Eigenschaften, für die sie sinnbildlich stehen. Im Einzelfall ist zu überlegen, ob sie die eigenen Eltern, deren Einfluss auf die persönliche Entwicklung oder Konflikte mit ihnen zum Ausdruck bringen; das ergibt sich aus den jeweiligen Begleitumständen.

Amboss

weist (ähnlich wie die bekannte Redensart) oft darauf hin, dass jeder seines Glückes Schmied ist und selbst dafür Verantwortung trägt, ob bevorstehende Veränderungen günstig oder ungünstig ausfallen. Fällt der Amboss um oder zerspringt, wird man vor einem unglücklichen Ausgang gewarnt, der das ganze weitere Leben nachhaltig negativ verändern kann.

Ameisen

sind unterschiedlich zu beurteilen, wobei man vor allem die folgenden Begleitumstände berücksichtigen muss:

- Ameisen sehen verspricht Erfolg und Glück, allerdings nur dann, wenn man sich genauso darum bemüht wie die sprichwörtlich fleißigen Insekten.
- Ameisen am eigenen Körper gelten ebenfalls als günstiges Vorzeichen; manchmal weisen sie aber auch auf eine Fehlfunktion des vegetativen Nervensystems hin, vor allem wenn man im Traum ein Kribbeln wahrnimmt, was zu einer medizinischen Untersuchung Anlass geben sollte.
- Tötet man einzelne Ameisen oder zerstört ihren Bau, kann das Sorgen und materielle Nöte ankündigen, weil man sich vermutlich nicht fleißig genug um den Erfolg bemüht hat.

Amerika

der neue Kontinent, wird traditionell mit Wagemut, Pioniergeist, Unternehmungslust, Fortschritt und materiellem Erfolg gleichgesetzt. Träume mit diesem Kontinent zeigen entweder an, dass man durch diese Eigenschaften bald zum Ziel kommen wird oder sich mehr darum bemühen sollte, die eigene Zaghaftigkeit abzulegen. Vielleicht wird man aber auch auf übertriebenes materielles Erfolgsstreben und Nüchternheit hingewiesen und vor einer damit verbundenen Verarmung des Seelenlebens gewarnt.

Amme

kann bei jüngeren Frauen den Wunsch nach einem Kind zum Ausdruck bringen, der vielleicht unterdrückt wird. Sieht man eine Amme, die ein Kind säugt, verspricht das meist, dass sich ein Vorhaben günstig entwickeln wird.

Amputation

warnt vor drohenden Verlusten, vor allem in einer Liebesbeziehung; meist hat das einen sexuellen Hintergrund und kann bei Männern auf eine unbewusste Kastrationsangst hindeuten. Man muss dabei auch berücksichtigen, welcher Körperteil amputiert wird (zum Beispiel Arm, Bein). Ferner ist an einen schmerzlichen Einschnitt im gewohnten Leben zu denken, bei dem man viel aufgeben muss.

Amsel

sehen oder singen hören versteht man traditionell als Vorzeichen eines freudigen Ereignisses. Wenn mehrere zusammensitzen, wird sich das Leben in absehbarer Zeit voraussichtlich günstig verändern. Manchmal gilt die Amsel auch als Todesbote, aber dem darf man keine zu große Bedeutung beimessen.

Amt

kann darauf hinweisen, dass man durch zu viele Pflichten in der freien Lebensgestaltung und Selbstentfaltung stark

behindert wird; deshalb sollte man versuchen, sich weniger Ämter aufzubürden.

Ananas

zeigt Selbstvertrauen und ein differenziertes Seelenleben an. Kauft man sie im Traum, kann man für die nächste Zeit oft mit einer heiteren Stimmungslage rechnen.

Andenken

erhalten oder selbst verschenken kündigt ein bevorstehendes, meist gefühlsbetontes und sehr freudiges Ereignis an.

Angeln

zeigt an, dass man sich im seelischen Gleichgewicht befindet oder es bald wieder erlangen wird. Wenn man dabei Fische aus klarem Wasser zieht, verheißt das Erfolg und Glück für die kommende Zeit. Trübes, schmutziges Wasser, in dem man angelt, warnt vielleicht vor Intrigen und ähnlichen »dunklen« Machenschaften, die man selbst anwendet oder in die man verstrickt werden kann; dann ist Vorsicht bei geplanten Vorhaben angebracht.

Anker

kann anzeigen, dass man unerschütterlich in sich selbst ruht, sich durch nichts aus dem seelischen Gleichgewicht bringen lässt; damit verbunden sind oft Sicherheit und Geborgenheit. Vielleicht bedeutet der Anker aber auch, dass man durch persönliche Eigenschaften in der Weiterentwicklung behindert (festgehalten) wird. Wenn man Anker wirft (vor Anker geht) oder sich an einem Anker festklammert, kann man ruhigere Zeiten erwarten und wird Hilfe finden.

Annageln

wird oft (ähnlich wie Anker) eine Stabilisierung der persönlichen Lebensverhältnisse und des seelischen Gleichgewichts ankündigen. Schlägt man Nägel in den Fußboden, steht man auf einer gesicherten Basis, mit beiden Beinen fest auf dem Boden der Tatsachen.

Ansprache

hat immer etwas mit Selbstdarstellung zu tun. Oft wird man darauf hingewiesen, dass man sich anderen mehr mitteilen und besser verständlich machen soll, damit man angenommen werden kann. Manchmal verbirgt sich dahinter auch ein ausgeprägter Geltungstrieb, Machtstreben oder Idealismus bis hin zum missionarischen Eifer oder Fanatismus, der alle Welt von den eigenen Ansichten überzeugen will.

Ansteckung

deutet im Traum gewöhnlich nicht auf eine Infektion hin, sondern weist darauf hin, dass man von anderen zu stark beeinflusst wird, insbesondere negativ. Danach sollte man forschen und versuchen, sich solchen Einflüssen zu entziehen.

Anstreichen

kann signalisieren, dass man etwas zu verbergen oder zu beschönigen versucht. Es kommt aber auch auf die Farbe an, nach der man zum Beispiel folgende Bedeutungen unterscheidet:

- Weißer Anstrich kann Verfolgungsideen anzeigen, die manchmal krankhaft sind.
- Greller (vor allem roter) Anstrich kündigt ein freudiges Ereignis an oder weist auf Energie und Tatkraft hin.
- Grauer Anstrich kann für ein monotones, ereignisloses Leben stehen, hinter dem sich vielleicht ein reiches Seelen- und Geistesleben verbirgt; manchmal bringt Grau auch zum Ausdruck, dass man nicht auffallen möchte.
- Schwarzer Anstrich kündigt manchmal eine Krankheit oder andere Gefahr an.

Neben der Farbe muss oft noch berücksichtigt werden, welche Objekte angestrichen werden.

Anstrich

steht allgemein für die äußerlich sichtbare Persönlichkeit eines Menschen, insbesondere sein Verhalten und den Eindruck, den er bei anderen hinterlässt. Dahinter können sich aber ganz andere Eigenschaften verbergen. Manchmal kann man an dem Anstrich deshalb die Aufforderung ablesen, nicht so sehr auf die äußere Fassade zu achten, sondern sich mehr so zu geben, wie man wirklich ist.

Antike Gegenstände

deuten alte Traumbücher als eine bevorstehende Erbschaft, was bei entsprechenden Lebensumständen durchaus zutreffen kann. Aber es können darin auch antiquierte Ansichten, Einstellungen und Überzeugungen zum Ausdruck kommen, die man ablegen sollte; oft erscheinen die antiken Gegenstände im Traum dann schadhaft oder verwittert.

Apfel

ist ein mehrdeutiges Symbol, das man auch in Mythen und Religionen (zum Beispiel Vertreibung aus dem Paradies in der Bibel) findet. Allgemein wird er häufig als Verführbarkeit des Träumers durch weltlich-materielle Dinge gedeutet und kann dann davor warnen, sich zu leicht in Versuchung führen zu lassen. Weitere Bedeutungen ergeben sich aus den folgenden Begleitumständen:

- Apfel pflücken kündigt Lebenserfolg und Freude an.
- Apfel essen wird traditionell als Vorzeichen für Glück in der Liebe verstanden; schält man ihn, werden Erwartungen und Hoffnungen allerdings enttäuscht.
- Faule, wurmige Äpfel warnen vor falschen Freunden, Trennung von ei-

nem geliebten Menschen oder ähnlichem Kummer.

- Blühende und fruchttragende Apfelbäume kündigen Erfolge und materielle Erträge an.

Apfelsine

kann anzeigen, dass man Lust auf Veränderungen hat, zum Beispiel auf eine Reise. Pflückt man sie, warnt das davor, sich zu sehr auf sein Glück zu verlassen.

Apotheke

hat wenig mit Krankheiten, aber viel mit finanziellen Angelegenheiten zu tun. Wenn man sie sieht, soll das nach traditioneller Deutung auf eine baldige reiche Heirat hinweisen, während man beim Betreten der Apotheke mit finanziellen Verlusten rechnen soll. Allerdings ist diese Bedeutung ziemlich unsicher. Manchmal warnt die Apotheke auch vor dem Umgang mit Menschen, die kein Vertrauen verdienen.

Aquarium

mit Fischen oder Reptilien kann vor allem finanzielle Erfolge ankündigen, das leere aber auch Sorgen und Not. Schwimmt man selbst darin, kann es zu Verlusten kommen.

Araber

gelten als geheimnisvoll und versprechen im Traum oft, dass man ein Geheimnis bald lüften wird. Nicht unbedingt richtig ist die Deutung des Symbols als leidenschaftliche Männlichkeit oder Besitzgier, denn dahinter stecken eher Vorurteile; im Einzelfall kann man aber auch einmal in dieser Richtung forschen.

Arena

symbolisiert unseren bewussten Wahrnehmungs- und Erfahrungsraum; verständlich wird sie immer nur aus dem, was darin vorgeht.

Armband

kann darauf hinweisen, dass man von einem anderen Menschen geliebt wird, das aber noch nicht bewusst erkennt; meist handelt es sich dabei um eine vertraute Person. Trägt man das Armband selbst, steht dahinter oft eine unerfüllte Liebe zu einem anderen Menschen, die man kaum ahnt und noch nicht gezeigt hat. Manchmal sind mehrere Armbänder auch als Mahnung zu mehr Sparsamkeit zu interpretieren.

Armbanduhr

am eigenen Handgelenk warnt gestresste Menschen davor, sich noch länger unter zu großen Zeitdruck zu setzen.

Arme

stehen im Traum generell für die Fähigkeit, das Leben zu gestalten, sich tätig selbst zu verwirklichen, etwas zu schaffen, zu verändern oder zu zerstören. Spezielle Deutungen dieses Symbols lassen die folgenden Begleitumstände zu:

- Eigene Arme kündigen im Traum oft schwere Arbeit an.
- Nur ein Arm kann auf Hemmungen oder andere Hindernisse im Leben hinweisen, zu deren Bewältigung man sich zu schwach fühlt.
- Gebrochene Arme können auf bevorstehende große Streitigkeiten hinweisen.
- Amputation (siehe unter diesem Stichwort) eines Arms ist als Anzeichen für Beschränkungen der eigenen Entfaltungsmöglichkeiten zu verstehen.

Außerdem muss man noch die unterschiedliche Symbolik von rechts und links (siehe unter diesen Stichworten) berücksichtigen, wenn man nur einen Arm im Traum wahrnimmt.

Armee

kann eine (oft unbewusste) Angst vor der Zukunft oder tief greifende Veränderungen im Leben anzeigen. Tritt man in eine Armee ein, wird man vielleicht große finanzielle Erfolge erzielen.

Armut

ist oft das Zeichen für seelische (gefühlsmäßige) oder geistige Verarmung, gegen die man durch Veränderung seines Lebens angehen sollte. Vielleicht weist sie aber auch darauf hin, dass man sich nicht zu viele nutzlose Gedanken machen sollte, eine Enttäuschung erleben wird oder eine Angelegenheit falsch einschätzt und scheitern wird.

Artisten

werden traditionell als leichtlebig gedeutet und können im Traum vor Freunden warnen, auf die kein Verlass ist.

Arznei

die man selbst herstellt, kündigt zwar Schwierigkeiten an, die man aber selbstständig überwinden wird; das gilt auch für die berufliche oder finanzielle Situation. Manchmal steht sie auch für eine heilsame Veränderung im Leben. Nicht auszuschließen ist im Einzelfall, dass gelegentlich auf eine noch nicht spürbare Krankheit hingewiesen wird, die man bei einer gründlichen Untersuchung frühzeitig erkennen kann. Immer hat dieses Symbol also etwas mit Heilung zu tun und soll deshalb unbedingt beachtet werden, damit man keine Chancen verspielt.

Arzt

kann als Heiler für Körper und Seele auftreten, vielleicht auch die Rolle eines gütigen Vaters, Lehrers oder Ratgebers spielen, von dem man konkrete Empfehlungen für das Leben erhält. Darin kommt auch die Hoffnung auf Hilfe in einer komplizierten Situation und auf einen guten, erfolgreichen Ausgang zum Ausdruck. Sieht man sich selbst als Arzt, wird man mehr Selbsterkenntnis erlangen und Probleme besser lösen. Zuweilen taucht der Arzt auch als eine bedrohliche Figur auf, was häufig auf übertriebene Angst vor Krankheiten (Hypochondrie) hindeutet, selten einmal tatsächlich eine noch unerkannte Krankheit anzeigt.

Asche

kann ankündigen, dass Erwartungen und Hoffnungen sich nicht erfüllen werden. Man kann aber auch geläutert aus der Asche emporsteigen, sodass das Symbol teilweise auch die persönliche Reifung in einer Krise symbolisiert, die man erfolgreich bestehen wird. Sammelt man Asche, kann ein großer, überraschender finanzieller Gewinn bevorstehen.

Aschenkasten

weist auf negative Einstellungen und Gedanken hin, insbesondere auf ein Gefühl der allgemeinen Sinnlosigkeit des Lebens; man sollte versuchen, diese negativenpsychischen Inhalte mit aller Kraft möglichst bald zu überwinden.

Asket

kann für die Weisheit des Unbewussten stehen, auf die man mehr hören sollte. Manchmal warnt er auch (ähnlich wie Abstinenzler, siehe unter diesem Stichwort) davor, die eigenen Bedürfnisse zu stark durch strenge Moralvorstellungen und Regeln einzuengen. Aber auch das Gegenteil kann im Einzelfall dahinter stehen, also die Aufforderung, sich durch Askese seelisch-geistig zu entwickeln.

Ast

mit Blättern weist darauf hin, dass man sich grundlos Sorgen macht. Ist er aber kahl, verdorrt oder abgebrochen, werden Misserfolge und Enttäuschungen angekündigt.

Astern

versteht man als Symbol der Würde, sie können also mehr Ansehen und Ehrungen verheißen. Verwelkte Astern stehen oft für Hoffnungen, die man begraben muss. Weiße oder schwarze Astern werden traditionell als Ankündigung von Krankheiten und Todesfällen verstanden.

Asthma

kann im Traum bei Kranken anfallsweise auftreten; dann handelt es sich um einen körperbedingten Traum, der auf Erkrankungen der Atemwege oder des Herzens beruht, die gründlich untersucht werden müssen. Oft zeigt Asthma in Träumen gesunder Menschen aber an, dass sie unter der Last ihrer Pflichten und Probleme schier ersticken, sich nicht mehr entfalten können, vielleicht auch zu überempfindlich (allergisch im übertragenen Sinn) reagieren. Bei Kindern kommen Asthmaanfälle im Traum (aber auch in der Realität) oft durch eine falsche Erziehung mit Überbehütung durch die Mutter vor, die ihnen Angst macht und ihre Entwicklung behindert.

Astrologie

ist im Traum als weiser Ratgeber zu verstehen, der zu mehr Erfolg und persönlicher Weiterentwicklung verhilft. Er kann auch vertiefte Selbsterkenntnis und Erweiterung des Bewusstseins anzeigen oder dazu auffordern, sich nicht so stark von materiellen Dingen beherrschen zu lassen.

Atombombe

symbolisiert im Einzelfall die destruktiven Kräfte, die im Unbewussten eines jeden Menschen schlummern und das Leben zerstören können. Sie taucht aber auch bei negativer Traumunruhe in Katastrophenträumen als reale Gefährdung auf.

Aufstand

(Revolution) zeigt größere Veränderungen im Leben an, die verunsichern, weil man ihren Ausgang noch nicht abzuschätzen vermag.

Aufwachen

im Traum (nicht tatsächlich) versteht man meist so, dass man sich spontan eines Zusammenhangs bewusst wird, etwas einsieht, das bisher nicht erkennbar war. Zuweilen wird dadurch auf einen besonders wichtigen Vorgang im Traum hingewiesen, der unmittelbar vorher oder nachher abläuft.

Auge

steht für Intelligenz, geistige Interessen, Wachheit, Neugierde und Wissen, aber auch für innere Unruhe. Traditionelle weitere Bedeutungen findet man in vielen alten Traumbüchern, kann sie aber nicht immer uneingeschränkt übernehmen. Gebräuchlich sind vor allem zusätzlich noch die folgenden Deutungen:

- Blinde und triefende Augen sollen eine recht günstige Entwicklung ankündigen.
- Schielende Augen warnen vor falschen Freunden, von denen man ausgenützt wird.
- Ausgestochene Augen können auf einen drohenden Verlust hinweisen.
- Blaue Augen machen vielleicht auf eine bisher noch nicht bewusst wahrgenommene Liebe einer anderen Person aufmerksam.
- Braune Augen stehen für die Treue eines anderen Menschen.
- Schwarze, unergründliche Augen können ebenfalls ein Hinweis und eine Warnung vor unaufrichtigen Menschen beinhalten.

Augenarzt

ist im Traum ein Helfer, der einen falschen Blickwinkel, die verzerrte Sicht von einer Sache korrigiert; man darf also erwarten, dass man die Realität bald wieder klarer wahrnehmen wird.

Augenbrauen

versteht man nach der indischen Traumdeutung meist als Zeichen guter Gesundheit. Wenn sie nur schwach ausgeprägt, ausgefallen oder versengt sind, kann das auf bevorstehende Verluste hinweisen. Starke Augenbrauen werden manchmal als Ausdruck eines starken Willens und des Erfolgs interpretiert.

Ausgraben

kündigt meist an, dass man bald zu besserer Selbsteinsicht gelangen wird, insbesondere verdrängte psychische Inhalte verstehen lernt, die vielleicht zu seelischen Störungen führen. Trivial ist die oft noch zu lesende Deutung, dass man einen Schatz finden wird, darauf sollte man sich wirklich nicht verlassen.

Ausland

macht oft darauf aufmerksam, dass man sich in einer neuen Situation noch unsicher fühlt und sich mit ihr erst besser vertraut machen sollte, ehe man Entscheidungen trifft. Auch die Absicht, das unbekannte Unbewusste genauer zu erforschen, wird unter Umständen dieses Symbol hervorbringen. Das Bedürfnis nach mehr Sicherheit kann sich auf diese Weise ebenfalls ausdrücken.

Ausschlag

taucht oft in ähnlicher Bedeutung wie Akne (siehe unter diesem Stichwort) auf, weist dann also auf Ablehnung der eigenen Person und zwischenmenschliche Probleme hin. Er kann aber auch dafür stehen, dass man sich besser verständlich machen und selbst darstellen möchte, aber die Ablehnung der anderen fürchtet.

Aussicht

(Aussichtspunkt, -turm) bietet meist einen besseren Überblick über die Entwicklung der nächsten Zeit von einer höheren Warte aus; die genaue Bedeutung hängt davon ab, was man dabei wahrnimmt, wie zum Beispiel:

- Klare Aussicht verheißt eine günstige Entwicklung der nächsten Zukunft.
- Weite Aussicht in eine schöne Landschaft kann mehr Lebensglück und bevorstehende große Erfolge verheißen.
- Ist die Aussicht durch Nebel oder Rauch getrübt, muss man oft mit Problemen und Misserfolgen in der nächsten Zeit rechnen.

Austern

können als Sexualsymbol auf sexuelle Bedürfnisse und Probleme hinweisen, die man bewältigen sollte. Zum Teil stehen sie aber auch für Verschlossenheit nach außen, ein mürrisch-abweisendes Wesen oder scheinbare Härte im Umgang mit anderen; dahinter verbirgt sich jedoch oft ein sensibles Wesen, das sich durch die scheinbar harte Schale vor Verletzungen schützen will.

Australien

gilt als Symbol für den Erfolg durch harte Arbeit und persönliche Tätigkeit; in Träumen kann der Kontinent auf solche Eigenschaften hinweisen oder sie fordern. Die Auswanderung nach Australien zeigt oft, dass man im Begriff steht, das Leben grundlegend zu ändern.

Auto

kann allgemein als Sinnbild für Antriebe stehen, die das Handeln und Verhalten eines Menschen stark beeinflussen und ihn motivieren. Je nach den Begleitumständen ergeben sich oft die folgenden speziellen Bedeutungen:

- Selbst ein Auto lenken zeigt an, dass man eine Angelegenheit fest im Griff hat und sie zu einem erfolgreichen Abschluss bringen wird; zum Teil wird man dadurch aber auch aufgefordert, mehr Aktivitäten zu entwickeln, um das Leben zu verändern und neue Ziele anzustreben.
- Beifahrer in einem Auto sein verkündet meist, dass man Hilfe von außen in einer Angelegenheit erwarten darf, die bereits im Gange ist; vielleicht wird man dadurch aber auch auf eine übermäßige Beeinflussung und Fremdbestimmung durch andere hingewiesen, die man abbauen sollte.
- Kauft man sich ein Auto, weist das oft darauf hin, dass man im Begriff steht, das Leben zu verändern, und verheißt zugleich einen günstigen Ausgang der in Angriff genommenen Pläne.
- Autopannen und -unfälle machen auf Hindernisse bei Verwirklichung von Zielen aufmerksam, beispielsweise auf Konkurrenten; dann sollte man versuchen, diese Behinderungen zu erkennen und auszuschalten.

- Brennende Autos, die in hellen Flammen stehen, sind Anzeichen für Erfolge, nur qualmende Autos dagegen warnen vor Misserfolgen.
- Sieg in einem Autorennen bedeutet, dass man bei der Verwirklichung von Zielen alle Konkurrenten und Hindernisse aus dem Weg räumen wird.

Automaten

können eine Mahnung zu mehr Sparsamkeit sein, vielleicht aber auch ankündigen, dass man eine Absicht recht einfach erreichen wird.

Axt

taucht oft als Werkzeug auf, mit dem man arbeitet, und macht dann Hoffnung auf einen Erfolg; vielleicht zeigt sie in diesem Fall aber auch an, dass man ziemlich rücksichtslos und egoistisch vorgeht, und mahnt dazu, auch die Bedürfnisse anderer mehr zu beachten. Sieht man nur eine Axt im Traum, kann sie vor einem nahen Unglück warnen, das sich vielleicht aus übersteigertem Machtstreben und skrupellosem Ehrgeiz ergibt.

B

als Buchstabe erscheint in Träumen geschrieben oder plastisch, kann aber auch ausgesprochen werden. Seine Bedeutung wird (je nach der Schrift, aus dem er stammt) unterschiedlich interpretiert; in der Schreibweise unseres Alphabets ist es meist als Hinweis auf psychische Inhalte zu verstehen, die latent (schlummernd) vorhanden, aber nicht voll bewusst sind. Manchmal kann darin auch die Neigung eines Menschen zum Ausdruck kommen, sich zu sehr in sich selbst zurückzuziehen und von der Mitwelt abzukapseln; dann muss man nach den individuellen Ursachen (vielleicht Hemmungen oder Angst vor Zurückweisung und anderen seelischen Verletzungen) fragen und versuchen, wieder mutiger und zielstrebiger aus sich herauszugehen.

Bacchus

wird als Gott des Weines in manchen Weinanbaugebieten trivial als Zeichen für ein schlechtes Weinjahr gedeutet; wenn das tatsächlich eintritt, muss man aber keine erklärliche Vorahnung vermuten, wahrscheinlich hat das Unbewusste dann nur die entsprechenden Tatsachen, die man bewusst noch nicht ganz wahrnahm, sinnvoll zusammengefügt. Häufig steht Bacchus aber als Symbol für Natur, Körperlichkeit und Sinnenfreude, das eine entsprechende Einstellung des Träumers widergibt, vor Übertreibungen oder übermäßiger Unterdrückung der körperlichen (nicht nur sexuellen) Lust warnt.

Bach

verstehen Traumanalytiker heute vor allem als den Lauf des Lebens. Fährt man ihn hinab, weist das in die Zukunft, hinauf Richtung Quelle fahren deutet dagegen in die Vergangenheit, und die damit verbundene größere Anstrengung (gegen den Strom) symbolisiert die Widerstände, die sich gegen die Einsichten in verdrängte frühere Erfahrungen oft einstellen. Weitere Deutungen, die auf alte Quellen zurückgehen, ergeben sich aus den speziellen Begleitumständen:

- Gegen den Strom schwimmen kann auch anzeigen, dass man sich nicht anpassen kann oder es nicht will und deshalb immer wieder Probleme erleben wird.
- Ein Bach mit vielen Fischen wird als Glückssymbol gedeutet.
- Badet man im Bach, soll das auf baldige Genesung von einer Krankheit hinweisen.
- Klares Wasser verheißt berufliche und finanzielle Erfolge, trübes Wasser oder der reißende Wildbach berufliche Probleme und finanzielle Verluste.
- Der Stand des Wasserspiegels im Bachbett kann Auskunft darüber geben, wie erfüllt das eigene Leben ist; ein hoher Wasserspiegel weist auf ein erfülltes, ein niedriger auf ein seelisch-geistig verarmtes Leben hin, das man auf jeden Fall versuchen sollte, zu ändern.

Backen

symbolisiert im Traum oft die Umwandlung von etwas Unverträglichem in eine Form, die man besser »verdauen« kann, mit der man also besser zurecht kommen und Probleme lösen kann. Es verheißt also eine günstige Entwicklung des Lebens in naher Zukunft. Vor allem das Grundnahrungsmittel Brot zeigt zusammen mit der Handlung des Backens an, dass sich die materiellen Grundbedürfnisse in Zukunft leichter erfüllen lassen, während Kuchen und ähnliche süße Backwaren mehr Glück versprechen.

Bäcker

wird aus der symbolischen Bedeutung des Backens oft als Helfer in der Not verstanden, der ankündigt, dass sich doch noch alles zum Guten wendet. Er kann auch eine Person oder Erfahrung aus der Kindheit darstellen, die irgendwie mit der augenblicklichen Situation in Beziehung steht.

Backofen

steht ebenfalls für eine Wandlung zum Guten, insbesondere wenn man darin im Traum die warme Glut erkennen kann.

Bad

(Baden) hat im Traum oft etwas mit Erfrischung und seelisch-geistiger Reinigung zu tun, was auf günstigere Verhältnisse in der Zukunft hinweist. Dabei sind oft die folgenden Begleitumstände zu berücksichtigen:

- Sauber, schön oder verjüngt aus dem Bad steigen zeigt eine Art Läuterungsprozess an, bei dem man alles Belastende der Vergangenheit abgewaschen (verarbeitet) hat und sich nun unbeschwert davon einer glücklicheren Zukunft zuwenden kann.
- Freibad und kaltes Badewasser deutet an, dass man neue Tatkraft, mehr Energie und Mut gewinnen wird, um Schwierigkeiten leichter zu beseitigen.
- Lauwarme Bäder können mehr innere Ruhe oder Entspannung in einer kritischen Situation ankündigen.

- Baden in trübem, schmutzigem Wasser dagegen deutet oft auf Intrigen und andere Schwierigkeiten hin, mit denen man konfrontiert wird; auch finanzielle Verluste sind dann nicht auszuschließen.
- Bei gefärbtem Badewasser muss man außerdem den Symbolgehalt der jeweiligen Farbe mit bedenken.

Weitere Bedeutungen können sich aus den Symbolen Bach, Taufe und Wasser (siehe unter diesen Stichwörtern) für das Baden ergeben, die man bei entsprechenden Trauminhalten berücksichtigen muss.

Badewanne

kann zusammen mit dem Bad auftauchen und hat dann oft keine zusätzliche Bedeutung. In alten Traumbüchern wird zum Teil aber noch berücksichtigt, aus welchem Material die Wanne besteht; danach soll eine Zinkwanne Beschränkungen in materieller Hinsicht, die Emailwanne eine bevorstehende Besserung im Leben und die aus Marmor die Heilung von Krankheiten anzeigen. Der Wert dieser zusätzlichen Deutungen ist jedoch fraglich.

Bahnhof

steht für Bewegung, die ins Leben kommt, oder mahnt zu mehr eigener Aktivität. Folgende Bedeutungen sind je nach den Begleitumständen möglich:

- Bahnhof sehen kann anzeigen, dass ein neuer Lebensabschnitt günstig beginnt.
- Abschied nehmen im Bahnhof wird ähnlich verstanden; oft zeigt er eine Trennung von einem anderen Menschen an, nach der man sich im Leben neu orientieren muss.
- Im Bahnhof auf und ab gehen zeigt, dass man auf etwas wartet, das eine Veränderung im Leben bewirken wird, vielleicht ein wichtiger Bescheid von einer Behörde.
- Geht man aus dem Bahnhof heraus, kann das Unbewusste warnen, weil man eine Entscheidung auf die lange Bank geschoben hat, die man schon längst gefällt haben sollte.

Bahnhofsrestaurant

hat ebenfalls etwas mit Veränderungen im Leben zu tun, vor allem in beruflichen Angelegenheiten.

Bahnschranken

bedeuten ein Hindernis auf dem Lebensweg, das man nicht sofort beseitigen kann.

Bahre

wird trivial als bevorstehender Todesfall in der Verwandtschaft gedeutet, vielleicht kann man eine Erbschaft davon erwarten. Allgemein kann die Bahre ankündigen, dass eine Veränderung im Leben eintreten wird, die sich günstig auswirkt. Trägt man selbst die Bahre, wird man dazu aufgefordert, Freunden zu helfen, woraus man selbst Nutzen ziehen wird.

Bajazzo

fordert dazu auf, sich mutiger selbst so darzustellen, wie man eben ist, und keinen Spott zu fürchten.

Baldachin

verheißt mehr Ansehen und Ehrungen, wenn man selbst darunter sitzt. Trägt man ihn, kann das eine Warnung beinhalten, weil man vielleicht von anderen ausgenutzt wird und ihnen zu Ansehen und Erfolg verhilft (das kann vor allem im beruflichen Bereich zutreffen).

Balkon

steht manchmal als Sexualsymbol für die weibliche Brust; vielleicht kommen darin unterdrückte sexuelle Bedürfnisse zum Ausdruck. Steht man auf einem Balkon, ist man wahrscheinlich offen für neue zwischenmenschliche Beziehungen; das kann aber auch den Drang nach Selbstdarstellung versinnbildlichen, gerade dann, wenn man vom Balkon herab eine Ansprache (siehe dort) hält. Der einstürzende Balkon zeigt an, dass man Hoffnungen wahrscheinlich begraben muss.

Ball

(Kugel) kann für das Schicksal stehen, das uns wohl will oder übel mitspielt; zum Teil symbolisiert er aber auch die Gesamtheit einer Persönlichkeit, die in sich geschlossen ist. Je nachdem, was mit dem Ball geschieht, ergeben sich folgende Bedeutungen:

- Mit dem Ball spielen zeigt eine – meist günstige – Wende im Schicksal an.
- Ein Tor mit einem Fußball schießen kann als Hinweis auf eine Chance interpretiert werden, die man sich nicht entgehen lassen darf, weil man dabei ins Schwarze trifft.
- Wird man von einem Ball getroffen, treffen einen vielleicht bald die Launen des Schicksals; meist ist das ein ungünstiges Vorzeichen.
- Der schlaffe oder luftleere Ball weist manchmal auf Widersprüchlichkeiten in der Persönlichkeit hin, die nicht abgerundet ist, kann aber auch Mangel an Tatkraft und Energie anzeigen.

Es gibt noch viele andere Begleitumstände, mit denen ein Ball oder eine Kugel im Traum auftauchen kann; sie müssen stets individuell gedeutet werden.

Ballon

kann eine ähnliche Bedeutung wie ein Ball haben. Wenn er ohne Verbindung zum Boden in die Luft schwebt, vielleicht noch vom Wind geschüttelt wird, warnt das oft vor zu hochfahrenden Plänen, bei denen man den Boden der Realität unter den Füßen verliert und deshalb Probleme erleben muss. Gleitet der Ballon ruhig über eine schöne Landschaft, gewinnt man dabei einen besseren Überblick über die nächste Zukunft, die wahrscheinlich günstig verlaufen wird. Ein platzender Ballon kann aufgestauten Ärger symbolisieren, der sich explosionsartig entladen wird.

Banane

ist vor allem in Träumen von Frauen meist als Phallussymbol zu verstehen, das auf sexuelle, vielleicht unterdrückte Bedürfnisse hinweist; noch deutlicher kommt das dann zum Ausdruck, wenn die Banane verzehrt wird. Bei Männern kann der Verzehr einer Banane auch unbewusste Ängste vor Sexualität, Potenzverlust oder Kastration anzeigen.

Band

ist ein vieldeutiges Traumsymbol, oft wird es mit Freundschaft und Hoffnungen in Beziehung gesetzt. Unter anderem kann es in folgenden Formen auftauchen:

- Sehen eines Bandes zeigt, dass man gute Freundschaften pflegt oder ersehnt.
- Halten eines Bandes in den Händen kann ebenfalls auf gute zwischenmenschliche Beziehungen hinweisen, in die man eingebunden ist und sich geborgen (gehalten) fühlt.
- Flatternde Bänder verheißen Erfolge vor allem in materieller Hinsicht.
- Ein endloses Band kann vor finanziellen Verpflichtungen warnen, mit denen man sich vielleicht übernimmt und die man lange Zeit zurückzahlen muss.
- Weiße und blaue Bänder deuten auf Sehnsucht nach treuer Liebe, grüne auf Hoffnungen, rote auf bevorstehende Freude und schwarze auf Trauerfälle hin.

Es gibt aber noch viele andere Beziehungen, in denen die Bänder in den Träumen auftauchen können; sie lassen sich nur individuell deuten.

Bande

(als kriminelle Gruppe) kann manchmal vor zu viel eigener Aggressivität und ähnlichen destruktiven Inhalten der Persönlichkeit warnen, die man mehr beherrschen muss, auch Ängste können dahinter stehen.

Bandit

steht oft als Symbol für eine unreife, ungezügelte Sexualität; deshalb kommt er häufiger in Träumen männlicher Jugendlicher vor, die mit ihrer erwachenden Sexualität noch nicht umgehen können, dadurch verunsichert werden. Vielleicht verbergen sich dahinter auch sexuelle Wünsche, die man sogar vor sich selbst zu verbergen sucht, weil sie »abartig« erscheinen und in der Realität niemals zugelassen werden. Oft sind damit Angstzustände im Traum verbunden. Gelegentlich kann der Bandit auch auf bevorstehende finanzielle Vorteile hinweisen, besonders wenn man von ihm ausgeraubt wird.

Bank

(als Geldinstitut) kann materiellen Einfluss, Macht, Autorität und sexuelle männliche Potenz symbolisieren, warnt vielleicht auch vor dem Missbrauch dieser Eigenschaften, mit denen man »sparsamer« und verantwortungsbewusster umgehen sollte. Hebt man in der Bank Geld ab, drohen vielleicht finanzielle Einbußen, beim Einzahlen von Geld werden voraussichtlich Wünsche in Erfüllung gehen. Die Anstellung in einer Bank zeigt günstige Zukunftstendenzen an.

Bank

(als Sitzgelegenheit) kann für Ruhe und Beschaulichkeit stehen, die man sich zum Beispiel nach Anstrengungen, Erfolgen oder am Abend des Lebens gönnen sollte, um auf das Erreichte zurückzublicken und es zu genießen. Sitzt man auf einer Bank im Freien, vielleicht in einer lauschigen Laube, zeigt das manchmal, je nach den Lebensumständen, die Bereitschaft für ein erotisches Abenteuer an.

Bankier

ist die Verkörperung der materiellen Autorität und Macht einer Bank (siehe unter diesem Stichwort); in diesem Sinn kann er als Ratgeber auftauchen und Empfehlungen geben, wie man selbst zu solchen Eigenschaften gelangt. Alte Traumbücher sehen in ihm auch eine Warnung vor zu viel Offenherzigkeit und blindem Vertrauen in fremde Personen, wobei aber sicherlich auch Vorurteile diesem Berufsbild gegenüber eine Rolle spielen.

Bankrott

deutet im Traum an, dass man Auswege aus einer scheinbar verfahrenen Situation finden und sie erfolgreich bewältigen wird, wobei man oft radikal mit der Vergangenheit bricht und ganz neue Wege einschlägt.

Bar

kann bei Menschen, die sich einsam fühlen, die Aufforderung enthalten, mehr Geselligkeit zu suchen, auch wenn es vielleicht nur bei oberflächlichen Bekanntschaften bleibt. Manchmal warnt die Bar aber auch vor zu viel Vergnügungssucht und »Verzettelung« von Gefühlen, die letztlich doch unbefriedigt bleiben und nicht in die Tiefe gehen. Alkoholkonsum in einer Bar kann das Bedürfnis nach mehr geistiger Anregung und Austausch mit anderen zum Ausdruck bringen.

Bär

steht im Traum oft für ungestüme, grobe Kraft, die man vorsichtiger einsetzen sollte, um nicht über das Ziel hinauszuschießen. Positiv daran ist aber die Energie und Durchsetzungskraft, mit der man auch schwierige Situationen bewältigen wird. Zuweilen steht der Bär für eine besitzergreifende, die Entwicklung hemmende Mutter; diese Bedeutung muss nicht nur bei Kindern bestehen, denn die Mutter-Kind-Beziehung kann auch das Leben Erwachsener stark beeinflussen, vor allem wenn alte Erfahrungen noch nachwirken.

Barbier

(Friseur) wird in alten Traumbüchern als Warnung vor falschen Menschen verstanden, von denen man sich nicht »einseifen« (also täuschen und betrügen) lassen sollte; das muss im Einzelfall durchaus ernst genommen werden.

Barfuß gehen

verspricht oft bessere Gesundheit, vor allem dann, wenn man im klaren Wasser geht. Barfuß laufen auf spitzen Steinen (Geröll) kündigt dagegen bevorstehende Probleme in geschäftlichen Dingen an.

Barometer

interpretiert man oft als Sinnbild des psychischen Drucks, unter dem ein Mensch steht; er kann teils aus Vitalität, Temperament und Energie der Persönlichkeit abgeleitet werden, aber auch auf zu hohe Belastungen (Sorgen, Konflikte, Überforderung) hinweisen. Die genaue Bedeutung lässt sich erst im Zusammenhang mit der individuellen Lebenssituation erkennen. Grundsätzlich kann man einen hohen Druck, den das Barometer im Traum anzeigt, als Warnung vor zu hoher innerer Spannung verstehen, die man reduzieren muss; ein zu niedriger Druck kann ein seelisches »Tief« symbolisieren. Das zerbrochene Barometer kündigt vielleicht an, dass es bald zu einer Veränderung im Leben kommen wird, die günstig oder ungünstig ausfallen kann; möglicherweise warnt dieses Symbol aber auch davor, dass man an dem inneren Druck »zerbricht«.

Barriere

(Barrikade) stellt entweder ein Hindernis oder eine Art Schutzwall dar. Sie kann anzeigen, dass man in nächster Zeit wohl mit Schwierigkeiten im Leben rechnen muss; dann kommt es auch darauf an, ob man im Traum vor der Barriere stehen bleibt, was auf ein unüberwindliches Hindernis hinweist, oder sie aus dem Weg räumt oder übersteigt, was die Bewältigung der Schwierigkeiten verspricht. Hat die Barriere eine Schutzfunktion, muss man sich fragen, wovor man sich schützen will oder weshalb man sich vor dem Leben und vor anderen Menschen verschanzt.

Bart

bei Männern wird oft als Symbol für Männlichkeit und sexuelle Potenz gedeutet (das gilt teilweise auch außerhalb der Traumdeutung). Manchmal verbirgt sich dahinter der unbewusste Wunsch des Träumers, männlicher aufzutreten, mehr Macht und Einfluss auszuüben oder sexuell anziehender zu wirken. Bei Frauen kann der Bart im Traum anzeigen, dass sie mehr Schutz und Geborgenheit (zum Beispiel in der Partnerbeziehung) ersehnen, eine Vaterfigur suchen; vielleicht kommt aber auch ihr Wunsch nach einem ausgeprägt männlichen, potenten Partner darin zum Vorschein. Weitere Bedeutungen leiten sich aus verschiedenen Begleitumständen ab, zum Beispiel:

- Kräftiger Vollbart wird traditionell als Zeichen für gute Gesundheit verstanden.
- Wenn ein Bart zu sprießen beginnt, kann das eine Besserung der Gesundheit oder günstigere allgemeine Lebensverhältnisse ankündigen.
- Schneidet man einen Bart ab, stellt das ein Warnzeichen dar, das insbesondere finanzielle Verluste vorhersagen kann.
- Ein weißer, voller Bart steht als Symbol für Weisheit; er kann sich auf das eigene Unbewusste oder auf eine Person beziehen, die man als Ratgeber befragen soll.
- Der rote Bart soll nach alten Traumbüchern vor der Falschheit anderer warnen; dahinter stecken aber sicherlich unterschwellige Vorurteile, die traditionell mit roten Haaren verbunden werden.

Weitere Auskünfte über die Bedeutung des Barts können auch die allgemeinen Deutungen der Haare (siehe unter diesem Stichwort) geben.

Batterie

taucht in individuell sehr unterschiedlichen Zusammenhängen auf; in der Regel steht sie immer für Energie, Tatkraft und Vitalität, die im Traum oft geschwächt sein wird. Genau verstehen kann man dieses Symbol nur, wenn man die Begleitumstände und die reale Lebenssituation individuell mit berücksichtigt.

Bauch

kann manchmal in körperbedingten Träumen als Folge einer Erkrankung auftreten, die im Wachzustand noch keine Beschwerden verursachen muss, oder auf falsche Ernährungsgewohnheiten hinweisen, die unsere Gesundheit gefährden können. Oft ist der Bauch jedoch als Symbol für Körperlichkeit, Sinnlichkeit, Sexualität oder die materiellen Dinge des Lebens zu interpretieren. Je größer er wirkt, desto mehr wird man von solchen Bedürfnissen beherrscht oder desto dringender darauf hingewiesen, dass man sie nicht zu stark unterdrücken darf. Zuweilen zeigt der Bauch auch an, dass man verdrängte Erfahrungen, die unbewusst belasten, endlich verarbeiten (verdauen) sollte.

Bauchschmerzen

können auf unterschwellige Ängste hinweisen, die man sich wieder bewusst machen muss, um sie bewältigen zu können. Zuweilen warnt das Unbewusste damit auch vor Übertreibungen im sinnlich-sexuellen Bereich oder vor noch nicht erkannten Erkrankungen im Bauchraum, sodass bei häufiger wiederkehrenden Schmerzen im Traum eine gründliche Untersuchung angebracht sein kann.

Bauen

steht für die Pläne, die das Lebensgebäude auf- und ausbauen. Oft wird das Symbol günstig beurteilt; insbesondere der Aufbau eines Hauses gilt als Zeichen für eine glückliche Hand bei zukünftigen Planungen. Wird ein Bau aber abgetragen oder stürzt sogar ein, warnt das vor Misserfolgen; man sollte dann seine Pläne nochmals kritisch überdenken und bei Bedarf ändern.

Bauer

kann als Symbol für Naturverbundenheit und Sicherheit stehen, fest gegründet auf dem Boden der Tatsachen. Wer sich selbst als Bauer bei der Arbeit sieht, wird seine Ziele wahrscheinlich verwirklichen und durch harte Arbeit gute Erfolge erringen können, wobei er sich im Einklang mit seiner eigenen Natur (Persönlichkeit) befindet. Lediglich ein alter Bauer, dem man im Traum begegnet, gilt in der traditionellen Traumdeutung als Vorbote von Hindernissen und Problemen.

Bauernstube

steht meist für eine Art »behäbigen« Wohlstand, der gut abgesichert ist und sich langsam, aber stetig vermehren wird; zugleich kann sie aber auch vor Neid und Missgunst anderer warnen. Geht man aus der Stube heraus in Nacht und Kälte, soll das eine ungünstige Veränderung der gegenwärtigen Verhältnisse anzeigen.

Baum

steht in enger Beziehung zur Persönlichkeit und ihrer Art, das Leben zu bewältigen. Insbesondere kann man daraus oft Rückschlüsse auf Energie und Tatkraft, Einstellungen, Überzeugun-

gen, Ideen und Werte ziehen, die das Verhalten und Handeln maßgeblich beeinflussen. Manchmal wird der Baum auch als Potenzsymbol verstanden. Die folgenden Begleitumstände können die genaue Deutung oft erleichtern:

- Baum mit Blüten zeigt bessere Gesundheit oder neue Tatkraft und Energie an, manchmal auch stärkere sexuelle Bedürfnisse, die bisher vielleicht unterdrückt werden.
- Baum mit Früchten verheißt Erfolge durch gute Arbeit, insbesondere wenn man sie selbst erntet.
- Schütteln des fruchtbehangenen Baums verspricht ebenfalls zukünftiges Glück und Erfolge.
- Unter einem Baum sitzen kann Sicherheit oder das Bedürfnis danach bedeuten; man will sich gleichsam von der Baumkrone gegen Gefahren beschirmt wissen.

- Klettern auf einen Baum kann einmal einen besseren Überblick über die Lebenssituation verkünden; teilweise zeigt das aber auch an, dass man aus eigener Kraft in eine höhere, gesicherte Position aufsteigen wird.
- Fällt man von einem Baum, warnt das häufig davor, dass man bald einen Schaden erleiden und dafür auch noch Spott ernten wird; vielleicht wollte man vorher zu hoch hinaus und muss deshalb scheitern.
- Kahle, abgestorbene oder verkohlte Bäume kündigen an, dass man die Früchte seiner Arbeit nicht ernten wird, sondern mit Misserfolgen und Sorgen rechnen muss. Manchmal kann dieses Symbol aber auch positiv als Warnung vor falschen Einstellungen, Haltungen, Überzeugungen und Idealen verstanden werden, die man ablegen sollte, weil sie im Leben einfach nicht mehr weiterhelfen.
- Ein Baum oder Schössling, der aus den Lenden eines Mannes sprießt, steht eindeutig für die sexuelle Energie, die das ganze Leben vorantreiben kann.

Daneben gibt es noch eine große Zahl anderer Zusammenhänge, die nur individuell verständlich sind.

Baumeister

(Architekt) kann die Antriebe und andere seelisch-geistige Gestaltungskräfte verkörpern, die das Lebensgebäude planen und bauen. Ob er als günstiges oder ungünstiges Zeichen zu verstehen ist, ergibt sich aus der Rolle, die er im Traum spielt.

Beamter

hat in Träumen traditionell eine ungünstige Bedeutung, was sich mit aus dem verbreiteten Unbehagen beim Umgang mit Amtspersonen erklärt. Insbesondere die Geldübergabe an einen Beamten oder der Streit mit ihm kann finanzielle Verluste, Probleme und große Schwierigkeiten in naher Zukunft ankündigen; das sollte man bei Absichten und Plänen mit berücksichtigen.

Becher

(Pokal) symbolisiert die Fülle der Lebensmöglichkeiten, die sich aus der Persönlichkeit und den Lebensumständen ergeben. Man kann daraus allgemeine Rückschlüsse auf die Art und Weise ziehen, wie sich ein Mensch mit seinen Eigenschaften behauptet und verwirklicht. Neben dieser, von den individuellen Lebensumständen abhängigen, tief schürfenderen Deutung gibt es noch einige häufigere Bedeutungen, die sich aus folgenden Begleitumständen im Traum ergeben können:

- Aus einem edlen Pokal trinken soll Kranken baldige vollkommene Genesung verheißen.
- Bekommt man einen Becher geschenkt, kann eine Ehrung, ein ruhmreicher Sieg oder auch ein starker Vermögenszuwachs im realen Leben bevorstehen.

- Ein zerbrochener Becher soll auf eine Krankheit hinweisen, manchmal wird er aber auch den Bruch einer zwischenmenschlichen Beziehung anzeigen, der sich auf das weitere Leben günstig auswirkt.
- Leerer Becher zeigt oft an, dass man ein karges Leben führt, das viele Chancen und Möglichkeiten vernachlässigt.
- Überlaufender Becher kann vor Unmäßigkeit, Verzettelung der Kräfte oder sehr voreiligen, unüberlegten Handlungen warnen.
- Lehnt man einen gefüllten Becher ab, besteht die Gefahr, dass man eine dargebotene Chance nicht nützt.

Bedienter

(Dienstbote) kann vor dem Geschwätz oder Betrug anderer warnen; man sollte erforschen, ob es dafür tatsächlich Anhaltspunkte gibt, und sich rechtzeitig wehren.

Bedrängnis

in die man im Traum gerät, deutet zwar auf Schwierigkeiten im weiteren Leben hin, die man aber überwinden wird.

Beerenobst

kann Anlass zur Freude in der nächsten Zeit ankündigen, wenn man es verzehrt. Sammelt man die Beeren, wird man sich abmühen müssen, um an ein Ziel zu gelangen. Rote Beeren können auf Gegner in der näheren Umgebung hinweisen, schwarze zeigen zwar Kummer und Sorgen an, versprechen aber auch, dass man damit schon fertig wird. Sind die Beeren unreif oder vertrocknet, steht Ärger bevor.

Begräbnis

kann gelegentlich den uneingestandenen Wunsch symbolisieren, eine andere Person wäre tot oder wenigstens für immer aus dem eigenen Leben verschwunden. Nicht selten steht dahinter eine gestörte Mutter-Kind-Beziehung, die von der erdrückenden Dominanz der Mutter geprägt wurde, die man als Erwachsener endlich überwinden möchte. Das kann mit krankhaften seelischen Störungen (oft Neurosen) einhergehen, die durch Psychotherapie behandelt werden sollten. Als weitere häufige Bedeutungen kommen vor allem noch infrage:

- Angst vor dem eigenen Tod, der verdrängt wird, oder vor dem Tod nahe stehender Menschen; diese Bedeutung ergibt sich aus den realen Lebensumständen.
- Tief greifende Veränderungen in der Persönlichkeit und/oder in den Lebensumständen, bei denen viele Hoffnungen, Wünsche, Ziele, Einstellungen, Überzeugungen und andere psychische Inhalte zu Grabe getragen werden; das kann durchaus positiv verstanden werden, denn erst mit diesem Begräbnis wird der Weg frei für neue Lebensmöglichkeiten.
- Gefühl der Überforderung durch eine Vielzahl von Pflichten und Auf-

gaben, von denen man regelrecht begraben und in der freien Entfaltung behindert wird.

- Vereinsamung, in der man sich wie in einem Grab vom Leben und von anderen Menschen isoliert fühlt und keine Möglichkeiten erkennt, daraus zu entfliehen.
- Schwere Schuldgefühle wegen vermeintlicher oder tatsächlicher früherer Fehler, für die man sich so schämt, dass man am liebsten im Erdboden (Grab) versinken möchte; das kann auch auf Depressionen mit Selbstmordgefährdung hinweisen und muss stets ernstgenommen werden, Psychotherapie ist im Einzelfall dringend notwendig.

Beichte

bedeutet einerseits, dass man eigene Fehler und Schuld eingesteht, andererseits aber auf Vergebung durch andere hofft, die einen neuen, unbeschwerten Anfang zulässt. Oft wird man durch das Symbol der Beichte im Traum aufgefordert, Fehler endlich zuzugeben und zu korrigieren.

Beichtvater

kann eine gütige Figur sein, die symbolisiert, dass man sich von einer Schuld lossprechen darf. Damit verbunden sind nicht selten konkrete Empfehlungen für das zukünftige Leben, sodass der Beichtvater auch zum Ratgeber und Lehrer wird, auf den man achten sollte.

Beil

hat eine ähnliche Bedeutung wie die Axt (siehe unter diesem Stichwort); es kann vor allem vor Schaden durch destruktive eigene Energien und Handlungen warnen, aber auch Erfolge durch harte Arbeit ankündigen. Alte Traumbücher verstehen das Beil gelegentlich als Hinweis darauf, dass man sich von bestimmten Hoffnungen trennen muss; die ohnehin nur Nachteile mit sich gebracht hätten.

Bein

symbolisiert sowohl den Stand als auch die Fortbewegung, das hängt von den Begleitumständen im Traum ab. Im Sinne von Stand kann es zum Beispiel anzeigen, dass man fest auf dem Boden der Realität steht, sich sicher fühlen kann, einen richtigen Standpunkt vertritt; die Bewegung ist stets in die Zukunft gerichtet und kann Tendenzen im weiteren Leben aufzeigen. Es ist also möglich, aus dem Symbol Rückschlüsse auf die augenblickliche Lebenssituation und die weitere Entwicklung zu ziehen. Folgende Zusammenhänge sind zu beachten:

- Gesundes Bein zeigt Sicherheit und Realitätssinn an, man lebt im Augenblick in einer günstigen Situation.
- Bewegung des Beins kann augenblicklich im Gang befindliche Ereignisse symbolisieren; geht man normal, gibt das Anlass zur Zuversicht, schleppendes oder stolperndes Gehen dagegen weist auf Probleme bei der Weiterentwicklung hin, zu

schnelles Gehen kann rasche Verwirklichung von Plänen verheißen, soll vielleicht aber auch vor Hast und übersteigertem Ehrgeiz warnen.
- Krankes oder amputiertes Bein macht auf Gefahren und Verluste aufmerksam, vielleicht auf eine Trennung von einem nahe stehenden Menschen oder finanzielle Einbußen.
- Beinbruch deutet auf Hindernisse hin, wenn man selbst betroffen ist; bei einem anderen kann er ankündigen, dass man einen Konkurrenten aus dem Feld schlagen wird.
- Gelegentlich ist das Bein auch ein Sexualsymbol, das vielleicht unterdrückte sexuelle Bedürfnisse anzeigt.

Bei der Deutung der Träume muss man teilweise auch die unterschiedliche Symbolik von rechts und links (siehe unter diesen Stichwörtern) beachten, wenn man nur ein Bein im Traum sieht.

Beischlaf

kann symbolisch für etwas Neues stehen, das man im Leben beginnt (zeugt), und wird dann meist als günstiges Vorzeichen verstanden. Aber auch tatsächlich vorhandene sexuelle Bedürfnisse, die im Traum scheinbefriedigt werden, können dahinter stehen.

Beistand

den man im Traum auf irgendeine Weise erhält, kann entweder ankündigen, dass man wirklich Hilfe zu erwarten hat, oder das Bedürfnis nach Hilfe symbolisieren.

Bekannte treffen

erweist sich in der Realität manchmal als richtige Vorahnung von einer Neuigkeit oder Nachricht, die gut oder schlecht sein kann.

Bekenntnis

hat oft ähnliche Bedeutung wie Beichte (siehe unter diesem Stichwort), man sieht eigene Fehler ein und schafft damit die Möglichkeit, sich zu entwickeln.

Bellen

macht meist auf Gefahren aufmerksam, die man bewusst vielleicht noch nicht erkannt hat; vor allem kann es sich dabei um unwägbare Risiken in einer Angelegenheit, falsche Freunde und andere Behinderungen handeln.

Bemerken

(wahrnehmen) zeigt an, dass man mehr Klarheit in einer Sache gewinnen wird, weil man sich bestimmter Dinge bewusst wird.

Benzin

weist meist auf ein temperamentvolles, leicht aufbrausendes, leidenschaftliches Wesen hin. Wenn das Benzin brennt, wird das als günstiges Zeichen für eine Gefühlsbeziehung verstanden, die aber voraussichtlich nicht lange bestehen wird. Eine Benzinexplosion kann dazu ermahnen, das überschießende Tempe-

rament mehr zu zügeln, damit man keine Gefahren heraufbeschwört.

Berg

kann oft einen besseren Überblick über das weitere Leben oder bevorstehende Hindernisse symbolisieren. Die genaue Bedeutung ergibt sich aus den verschiedenen Begleitumständen, zum Beispiel:

- Auf einem Berg stehen und in eine schöne Landschaft blicken ist als ein günstiges Vorzeichen für die nächste Zeit zu werten.
- Den Berg besteigen bedeutet oft, dass man sich hohe Ziele gesetzt hat, kann aber auch anzeigen, dass man Hindernisse und Schwierigkeiten bewältigen wird; dann kommt man im Traum vielleicht auf dem Gipfel an.
- Steigt man den Berg hinab, hat man die Probleme und Hindernisse überwunden und wird es in der nächsten Zeit leichter haben; vielleicht soll man sich aber auch von zu hohen Zielen lösen, die doch nicht erreichbar sind, oder Arroganz ablegen.

- Stürzt man den Berg hinab, wird man vermutlich bei einem realen Unternehmen scheitern und Hoffnungen aufgeben müssen.
- Der feuerspeiende Berg (Vulkan) kann einfach vor Risiken bei zu hochfahrenden Plänen und Zielen warnen. Psychoanalytiker deuten ihn aber auch als das Bedürfnis, bestimmte Gefühle, Erinnerungen und andere belastende psychische Inhalte aus dem Leben zu entfernen; dann kann es auch bedeutsam sein, darauf zu achten, welche Inhalte aus dem Krater des Bergs herausgeschleudert werden.

Bergführer

werden in alten Traumbüchern immer als Warnung vor Menschen gesehen, die zwar schmeichelnd auftreten, aber in Wirklichkeit egoistische Absichten verfolgen.

Bergleute

haben immer eine günstige Bedeutung, ob man sie nun sieht oder selbst als Bergmann arbeitet; man kann dann Freude, Glück und eine Absicherung der materiellen Existenz für die nächste Zeit erwarten.

Bergschuhe

können (oft im Zusammenhang mit Beinen) ein gutes Fortkommen verheißen, das aber eigene harte Anstrengung verlangt.

Bergstock

ermahnt, mehr auf sich selbst, auf die eigenen Fähigkeiten zu vertrauen, sich nicht auf andere zu verlassen; dadurch gewinnt man mehr Sicherheit.

Bergtour

kündigt meist erhebliche Probleme und Hindernisse auf dem weiteren Lebensweg an, die man nur mühsam beseitigen kann; lediglich die Tour bei Sonnenschein verspricht guten Erfolg, wenn man sich genügend anstrengt.

Bergwerk

kann im tiefenpsychologischen Sinn das Unbewusste symbolisieren und dazu auffordern, die darin verborgenen Schätze zutage zu fördern, um das Leben zu bereichern. Alte Traumbücher verstehen es oft als Vermehrung des Wohlstands, um die man aber beneidet wird.

Bernstein

steht für ein glückliches Ereignis, das man freilich aus eigener Schuld bald wieder zunichte machen wird; wenn man diese Warnung rechtzeitig beachtet, lässt sich das vielleicht noch verhindern.

Beruhigungs-(Schlaf-)mittel

haben im Traum die Funktion, Ängste, Sorgen, Konflikte, Enttäuschungen und ähnliche negative psychische Inhalte zu verdrängen; man sollte das als Aufforderung verstehen, sich damit bewusst auseinander zu setzen, um sie zu bewältigen. Worum es dabei in der Realität geht, lässt sich nur individuell je nach den Lebensumständen verstehen. Zuweilen warnen solche Medikamente ganz konkret vor Missbrauch, wenn man sie vielleicht schon längere Zeit ununterbrochen einnimmt.

Besen

kann als Sexual-(Phallus-)symbol verstanden werden und vernachlässigte sexuelle Bedürfnisse anzeigen. Kehrt man damit, wird man sich wahrscheinlich von störenden seelischen Einflüssen befreien und Hindernisse überwinden können. Manchmal warnt der Besen auch vor falschen Freunden und Ratgebern, die es nicht gut mit einem meinen.

Besessenheit

ist meist als ernst zu nehmender Hinweis darauf zu verstehen, dass man sich zu stark den herrschenden Normen, Regeln, Moralvorstellungen und Moden anpasst, dadurch eingeengt und behindert wird; die genaue Bedeutung ist nur individuell verständlich. Praktische Konsequenzen sollten aus einer solchen Einsicht stets gezogen werden. Zuweilen weist das Symbol auch auf übertriebenen Idealismus bis hin zum Fanatismus hin, den man normalisieren muss, um Schwierigkeiten im Leben zu vermeiden.

Besucher

sind oft als Warnung vor bevorstehenden Problemen vor allem im zwischenmenschlichen Bereich zu verstehen.

Beten

bringt den Wunsch nach Hilfe zum Ausdruck, insbesondere in ausweglos scheinenden Situationen, in denen man nur noch auf Hilfe »von oben« hoffen kann. Auch die Bitte um Vergebung einer belastenden Schuld oder eine tiefe, allumfassende Angst kann dahinter stehen. Manchmal zeigt das Beten auch an, dass man sich wieder der Religion und dem Glauben zuwenden wird.

Betrug

(Betrüger) kann tatsächlich darauf hinweisen, dass man sich durch zu viel Vertrauen in andere und naive Gutgläubigkeit leicht selbst in Schwierigkeiten bringt. Oft kann man daraus aber auch auf trügerische Gefühle, Hoffnungen und Erwartungen schließen, mit denen man sich selbst täuscht. Alte Traumbücher geben zum Teil noch folgende Bedeutungen an:

- Beim Betrug entlarvt werden gilt als günstiges Zeichen für finanzielle Pläne.
- Betrug beim Spiel soll als Wunsch nach Rache an einem anderen Menschen stehen, durch den man sich verletzt fühlt.
- Betrügerin kann im Traum anzeigen, dass man für ein flüchtiges erotisches Abenteuer zugänglich ist.

Betrunkenheit

steht oft dafür, dass man nicht recht »bei Sinnen« ist, die Realität verkennt und deshalb Fehler macht, die später zu Enttäuschungen und Misserfolgen führen werden. Vielleicht wird man auch darauf hingewiesen, dass man eine Bekanntschaft machen wird, die aber oberflächlich bleibt. Zuweilen enthält dieses Symbol auch den frühen Hinweis auf eine Ohren- oder Gehirnkrankheit (die ja tatsächlich zu Gleichgewichts- und Bewusstseinsstörungen führen kann), sodass man beim häufigeren Auftreten dieses Symbols eine Untersuchung veranlassen sollte.

Bett

kann sexuelle Bedürfnisse versinnbildlichen, die man nicht genügend auslebt. Je nach den Begleitumständen stehen dahinter aber auch die folgenden Bedeutungen, die zum Teil auf alten indischen Quellen beruhen:

- Im Bett liegen wird als das Bedürfnis nach mehr Ruhe oder als Flucht vor der Realität, teilweise aber auch als Zeichen für Zufriedenheit und innere Harmonie verstanden; manchmal sucht man darin auch das vorübergehende Vergessen von Problemen und Konflikten oder wird auf eine bevorstehende ernstere Krankheit vorbereitet.
- Schlecht gemachtes oder schmutziges Bett kann Unzufriedenheit mit sich selbst und den eigenen Lebensumständen anzeigen oder auf familiäre Probleme hinweisen.
- Nicht schlafen können im Bett kündigt Unruhe, Streit mit anderen an.
- Bett machen verheißt meist ein zukünftiges glücklicheres Familienleben.
- Aus dem Bett aufstehen zeigt, dass man einen Entschluss gefasst hat und ihn mit Mut und Ausdauer durchführen wird.
- Leeres Bett soll auf einen bevorstehenden Todesfall oder ein anderes Unglück in der Familie oder im näheren Verwandtenkreis hinweisen.
- Verhängtes Bett kann die Bereitschaft zu einem sexuellen Abenteuer anzeigen, insbesondere wenn man sexuelle Bedürfnisse oft unterdrückt.

Bettler

wird tiefenanalytisch häufig als das Symbol für jene Seiten der eigenen Persönlichkeit interpretiert, die man selbst ablehnt und vor anderen zu verbergen sucht; man sollte dann lernen, auch sie zu akzeptieren und vielleicht so zu verändern, dass man sich ihrer nicht mehr schämen muss. Zuweilen kommt in diesem Symbol auch das Gefühl der eigenen Unzulänglichkeit oder sozialer Isolierung zum Ausdruck. Ein Bettler kann aber auch als weiser Ratgeber konkrete Vorschläge für die Lebensgestaltung geben, die man beachten sollte.

Bettwäsche

kann oft dazu auffordern, eine Angelegenheit zu klären, damit man wieder mehr Ruhe und Zufriedenheit findet; das gilt ganz besonders dann, wenn die Bettwäsche beschmutzt ist oder im Traum gewaschen wird. Um zu erkennen, welche konkreten Umstände damit gemeint sind, müssen oft weitere Symbole im Traum gedeutet werden, sofern sich die Einsicht nicht aus der Realität ergibt. Alte Traumbücher verstehen die schmutzige Bettwäsche auch als Hinweis auf Minderwertigkeitsgefühle; das muss zwar nicht immer zutreffen, aber man sollte sich auch in dieser Hinsicht selbst erforschen.

Beute

zu der man im Traum selbst wird, zeigt eine (nicht immer bewusste) Angst an, oft bezieht sie sich darauf, dass man in der Realität durch Gutgläubigkeit von anderen ausgenutzt wird. Macht man Beute, kann darin ein übersteigertes, vielleicht rücksichtsloses Streben nach Besitz zum Ausdruck kommen, wobei nochmals in Besitz von Geld und anderen materiellen Gütern und in »Besitz« von Menschen zu unterscheiden ist. In der traditionellen Traumdeutung steht die Beute, die man macht, auch für bevorstehende Erfolge und finanzielle Gewinne.

Beutel

kann ähnlich wie Beute mit Besitzstreben in Beziehung stehen, das vielleicht zu stark ausgeprägt ist. Der volle Beutel verspricht Gewinne, der leere kann ankündigen, dass man trotz aller Mühe nicht zum Ziel gelangen wird, sondern vielleicht sogar noch Verluste einstecken muss.

Bezauberung

durch einen anderen Menschen oder ein Objekt weist im Traum oft darauf hin, dass man zu stark von außen beeinflusst wird und sich leicht blenden lässt. Dann sollte man nach mehr Unabhängigkeit und Realitätssinn streben.

Bibel

steht in enger Beziehung mit dem rechten Weg, den man im Leben geht, mit den Moralvorstellungen, Normen und Regeln, denen man als Richtschnur folgt. Wenn man sie im Traum sieht, bestätigt das meist, dass man im Einklang mit seinem eigenen Gewissen lebt. Liest man in der Bibel, kann das anzeigen, dass man auf der Suche nach dem rechten Weg und der moralischen Richtschnur ist. Je nach individuellen Lebensumständen kann die Bibel aber auch einmal davor warnen, zu selbstgerecht und intolerant zu sein oder die Normen und Regeln zu buchstabengetreu zu befolgen, weil man sich damit zu stark selbst einschränkt. Alte Traumbücher bringen die Bibel auch mit dem Hausstand in Verbindung; sie soll in diesem Fall anzeigen, dass man in einer glücklichen Familie lebt oder sie gründen wird und aus familiären Konflikten bald einen Ausweg findet; diese Deutung stammt noch aus einer Zeit, als viele Haushalte als einziges

Buch eine Familienbibel besaßen und die Familie sich täglich am Abend einträchtig zur Lesung daraus versammelte.

Bibliothek

wird als die Sammlung von Wissen und Erfahrung verstanden, die sich zum Teil im kollektiven Unbewussten befindet, und weist darauf hin, dass man diese Weisheit des Unbewussten mehr nutzen sollte. Teilweise kann man sie auch so verstehen, dass man viel lernen und arbeiten muss, ehe man sein Ziel erreichen wird.

Bibliothekar

interpretiert man oft als Zeichen für ein gutes Gedächtnis. Manchmal symbolisiert er auch die Neigung eines Menschen, durch Meditation und ähnliche Übungen das Bewusstsein zu erweitern und Erfahrungen jenseits von Verstand und Logik zu suchen, was unter Umständen als Warnung vor einer starken Realitätsflucht aufzufassen ist.

Biene

steht auch im Traum für Fleiß, Ordnungsliebe, Anpassung, Unterordnung und Engagement für die Allgemeinheit, hinter dem die individuellen Bedürfnisse zurückstehen. Weil das zur Selbstaufopferung führen kann, will das Symbol vielleicht dazu ermutigen, auch an die eigenen Bedürfnisse zu denken. Nach alten Quellen, die von der mystischen Bedeutung der Bienen ausgehen, kündigen sie im Traum meist Glück und Erfolg als Lohn für fleißige Arbeit an. Der Stich einer Biene soll eine neue Bekanntschaft oder Liebesbeziehung verheißen.

Bienenschwarm

wird meist so gedeutet, dass man auf andere Menschen anziehend wirkt (von ihnen umschwärmt wird); junge Mädchen erleben dieses Symbol häufiger in ihren Träumen.

Bienenstock

signalisiert ein wohlgeordnetes, dadurch vielleicht etwas langweiliges Leben, in dem man durch zähen Fleiß immer wieder kleine Erfolge erzielt; auch der Wunsch, um keinen Preis aufzufallen, kann sich dahinter verbergen. Man sollte überlegen, ob man ab und zu nicht doch einmal ausbrechen möchte, um neue Erfahrungen zu machen, und sich vor übermäßiger Anpassung hüten.

Bier

signalisiert eine unerschütterliche innere Ruhe und Gelassenheit (umgangssprachlich sagt man ja auch Bierruhe), die aus Selbstsicherheit und Einklang mit sich selbst stammt. Man sollte jedoch prüfen, ob man nicht vielleicht zu phlegmatisch geworden ist. Trinkt man im Traum Bier, kann das auch gute Gesundheit und finanziellen Erfolg ankündigen, trinkt man Bruderschaft mit Bier, wird man voraussichtlich aufrichtige Freunde finden. Weitere Bedeutungen können sich aus dem Symbolgehalt des Alkohols (siehe unter diesem Stichwort) ergeben.

Bild

(Fotografie, Gemälde) bringt oft zum Ausdruck, dass man nach mehr Selbsterkenntnis strebt, um das Bild von sich abzurunden oder zu korrigieren. Die Bilder bekannter Menschen (wie Eltern, Freunde) können nach der Deutung alter Traumbücher baldige Hilfe in der Not oder Neuigkeiten ankündigen, viele Bilder eine bevorstehende Ehrung, Anerkennung, Bewunderung oder mehr Ansehen versprechen.

Bildhauer

formen die unbelebte Materie, hauchen ihr gleichsam den Schöpfergeist ein. Das kann man auf das eigene Leben beziehen und erwarten, dass man bald günstige Veränderungen vornehmen wird oder durch mehr Kreativität wieder Bewegung in eine erstarrte Situation bringen kann. Auch die Absicherung der materiellen Existenz oder Erfolge in naher Zukunft kann das Symbol Bildhauer manchmal ankündigen.

Bildsäule

wird oft als Hinweis auf eine Gemütsstörung verstanden; meist zeigt sie an, dass man gefühlsmäßig kalt und starr geworden ist, und fordert dringend dazu auf, wieder mehr Gefühle zuzulassen, das starre Korsett der Gleichgültigkeit abzulegen. Eine Beziehung kann auch zu behandlungsbedürftigen Depressionen bestehen. In diesem Fall sollte aber unbedingt ein sachkundiger Therapeut aufgesucht werden.

Billard

symbolisiert das ständige Auf und Ab im Leben, den Wechsel von Glück und Leid, Erfolg und Missgeschick. Man mag darin eine Warnung sehen, sich nicht zu sehr auf das Glück zu verlassen, sondern sich mehr anzustrengen, um das Leben selbstständig gut zu bewältigen.

Binde vor den Augen

macht zwar blind, aber das ist nicht negativ aufzufassen; vielmehr zeigt die Binde, dass man sich nicht sonderlich bemühen muss, um ein Ziel zu erreichen, man schafft das mit verbundenen Augen.

Birke

ist oft das Symbol des im Frühling erwachenden Lebens; dann kann sie für eine etwas romantische Sehnsucht nach dem einfachen, natürlichen Leben stehen oder aufkeimende neue Hoffnungen verkörpern. Jedenfalls wird sie immer günstig gedeutet, wobei man noch weitere Symbole im Traum und die reale Lebenssituation mit beachten muss.

Birne

hat meist mit zwischenmenschlichen Beziehungen, Liebe und ähnlichen, meist positiven Gefühlen zu tun. Dabei unterscheidet man vor allem die folgenden Begleitumstände:

- Sieht man schöne Birnen, verdeutlicht das oft den Wunsch nach Ehe und Partnerschaft oder kündigt sogar eine baldige Hochzeit an.
- Blühende oder mit Früchten beladene Birnbäume weisen meist auf eine bevorstehende glückliche Wendung hin, die das ganze Leben günstig verändern wird.
- Ernte von Birnen kann berufliche und finanzielle Erfolge verheißen.
- Ungünstig gedeutet wird der Verzehr von Birnen oder die wurmige Frucht, was nach alten Traumbüchern auf eine Trennung oder ein ähnliches trauriges Ereignis hinweist.

Bischof

ist ein zwiespältiges Symbol, denn man darf zwar hoffen, dass man mit Schwierigkeiten fertig wird, muss sich dafür aber unterordnen. Außerdem können damit auch Streit und Feindschaft angekündigt werden.

Biss eines Tiers

steht für quälende Eifersucht; es kann sein, dass man sie selbst empfindet, aber auch, dass man anderen Anlass dazu gibt. Zum Teil hilft bei der Deutung auch, wenn man den Symbolgehalt des beißenden Tiers zusätzlich analysiert.

Bitte

zeigt an, dass man unter (oft unbewussten) Ängsten, Sorgen und Problemen leidet, von denen man erlöst werden möchte. Verständlich wird das erst, wenn man den Inhalt der Bitte und die Personen, an die sie gerichtet wird, zusätzlich deutet und in Beziehung zur realen Lebenssituation setzt.

Bitter

(Geschmack) kann im übertragenen Sinn auf eine Erfahrung hinweisen, die man noch nicht überwunden hat, die immer noch einen bitteren Nachgeschmack hinterlässt. Manchmal steht bitter aber auch für gute Gesundheit.

Bittschrift

ist ähnlich wie die Bitte zu verstehen, häufig bezieht sich das Symbol auf berufliche und finanzielle Angelegenheiten. Erhält man selbst eine Bittschrift von anderen, soll das vor finanziellen Verlusten warnen.

Blasphemie

(Gotteslästerung) kann im Traum zum Beispiel durch Reden oder Handeln auftauchen. Im Allgemeinen hat das nichts mit der persönlichen Einstellung zur Religion zu tun. Vielmehr zeigt es an, dass man sich selbst nicht annimmt, seine eigenen Möglichkeiten, Bedürfnisse und Erfahrungen zu leugnen versucht oder sich dafür sogar verflucht. Diese innere Zerrissenheit kann zuweilen Ausdruck einer behandlungsbedürftigen psychischen Krankheit sein.

Blatt

(am Baum) versinnbildlicht vor allem Gefühle, Gedanken und andere psychische Vorgänge in uns selbst; je nachdem, ob es sprießt, voll ausgebildet, verwelkt oder abgefallen ist, gibt es Auskunft darüber, ob diese Teile der Psyche im Werden oder Vergehen sind. Unter anderem kann man folgende Bedeutungen ableiten:

- Sprießende Blätter zeigen aufkeimende Bedürfnisse und Hoffnungen an, die gute Aussichten auf Erfüllung haben.
- Grüne, saftige Blätter bestätigen, dass man ans Ziel seiner Wünsche gelangen wird.
- Bunte, verwelkte oder abgefallene Blätter warnen vor Enttäuschungen und Sorgen oder können die in uns absterbenden Hoffnungen, Gefühle und Gedanken verkörpern, von denen man Abschied nehmen muss.
- Umherwirbelnde Blätter können ein Warnzeichen sein, das besagt, dass man innerlich haltlos geworden ist, die Orientierung und den rechten Weg verloren hat.
- Viele Blätter (zum Beispiel ein Laubhaufen) stehen für die Vielfalt von Gedanken und Ideen.

Blatt

(Papier) verkörpert den Lebensraum, den wir durch unsere Persönlichkeit ausfüllen. Wenn es unbeschrieben ist, steht das für neue Möglichkeiten, die sich bald eröffnen werden, das beschriebene Blatt zeigt an, dass man den Weg in die Zukunft zunächst einmal festgeschrieben hat. Nimmt man ein beschriebenes Blatt Papier von jemandem entgegen, kann das auf ein Vorbild hinweisen, dem man aber nicht blind folgen sollte. Das Blatt in einem Buch wird als die Aufforderung verstanden, sich mehr Wissen anzueignen.

Blattern

(Pocken) sollen nach alten Traumbüchern baldigen Wohlstand verheißen, was manchmal tatsächlich eintrifft; oft steht dahinter aber auch nur der Wunsch nach mehr Geld und Erfolg. Man muss dieses Symbol sorgfältig gegen die Akne (siehe unter diesem Stichwort) abgrenzen.

Blau

symbolisiert Ruhe, Ideale, religiöse und andere Gefühle, so träumen oft sensible, in sich zurückgezogene Menschen. Man kann das Symbol meist nur aus dem Zusammenhang verstehen, in dem es mit den anderen Traumsymbolen steht, zum Beispiel:

- Blauer Himmel ohne Wolken zeigt, dass man wieder klar sehen und Schwierigkeiten bewältigen wird.
- Blaue Kleider können als Hinweis auf psychische Probleme (oft Depressionen) verstanden werden, zuweilen auch als Launenhaftigkeit.

- Blaues Zimmer soll vor allem vor finanziellen Sorgen warnen, kann aber auch für seelische Kälte stehen.

Es gibt aber noch viele Bedeutungen der blauen Farbe, die sich nur ganz individuell erkennen lassen.

Blech

kann darauf hinweisen, dass man sich mit wertlosen, unwichtigen oder aussichtslosen Dingen abgibt, ein Orden aus Blech warnt vielleicht auch vor einer Ehrung, die sich als Nachteil erweisen wird. Außerdem kann Blech im Einzelfall ermahnen, keine leeren Versprechungen abzugeben, die man doch nicht einhalten kann.

Blei

steht für die materiellen, weltlichen Dinge des Lebens, die belasten und die seelisch-geistige Entwicklung hemmen. Oft will dieses Symbol anzeigen, dass man sich nicht so viele Sorgen um alltägliche Dinge machen soll oder nicht nur dem materiellen Erfolg nachjagen darf.

Bleigießen

gilt nach alten Traumbüchern als Glückssymbol, das vor allem materielle Geschenke und Gewinne verheißt.

Bleistift

kann eine künstlerische (oft zeichnerische) Begabung zum Ausdruck bringen, die man vernachlässigt. Oft zeigt sich darin aber, dass man sich anderen mitteilen will oder darauf wartet, dass sie sich mitteilen. Zusammen mit dem Blatt Papier (siehe unter diesem Stichwort), das noch unbeschriftet ist, ergibt sich, dass die Mitteilung zur Entfaltung neuer Lebensmöglichkeiten dienen kann.

Blendlaterne

weist darauf hin, dass man mehr der inneren Stimme folgen, vernachlässigte Möglichkeiten und Fähigkeiten nutzen sollte, um zum Erfolg zu gelangen.

Blindheit

kann als Zeichen dafür verstanden werden, dass man blind durchs Leben geht. Deshalb erkennt man weder Gefahren noch Chancen. Vielleicht weist das Symbol aber auch darauf hin, dass man etwas nicht versteht oder nicht bereit ist, anderen zuzustimmen, auch wenn sie Recht haben. Führt man eine blinde Person, kann es sein, dass man mit einer Aufgabe überfordert und scheitern wird. Nach alten Quellen soll ein blinder Bettler einen Erfolg im Glücksspiel ankündigen, aber diese Deutung ist unsicher.

Blitz

steht oft für einen spontanen Einfall, eine plötzliche Einsicht oder Erleuchtung aus dem Unbewussten, die man beachten sollte. Unter Umständen wird dadurch aber auch vor der plötzlichen Entladung innerer Spannungen gewarnt, die viel zerstören kann. Auch Angst vor einer Bestrafung, der Rache eines anderen Menschen oder ein finanzieller Verlust kann darin zum Vorschein kommen. Wird man vom Blitz getroffen, ohne Schaden zu nehmen, muss man zwar mit unerwarteten Schwierigkeiten rechnen, wird sie aber gut überstehen.

Blond

taucht praktisch immer zusammen mit Haar (siehe Haar) auf und kann unsere bewussten Gedanken verkörpern. Zu deuten ist die genaue Botschaft nur, wenn man die weiteren Umstände im Traum berücksichtigt.

Blume

kann für sexuelle Bedürfnisse stehen, die vielleicht missachtet werden. Außerdem hat sie oft etwas mit Liebe und anderen Gefühlen oder der Entfaltung von Eigenschaften zu tun. Unter den zahlreichen möglichen Deutungen sind vor allem die folgenden aufschlussreich:

- Frische, schöne Blumen sehen verkündet Gesundheit und Erfolg, vor allem in einer Gefühlsbeziehung.
- Blumen pflücken kann ebenfalls Glück und Erfolg verheißen, manchmal aber auch vor Risiken warnen, die dem im Weg stehen.
- Welke Blumen kündigen Misserfolge und Enttäuschungen an.
- Reißt man Blumen ab und wirft sie weg, verspielt man wahrscheinlich sein Glück durch eigene Schuld

Blumenstrauß

verspricht eine beständige Liebesbeziehung.

Blut

steht im Allgemeinen für Vitalität, körperliche Kraft und Bewusstheit, die ein aktives Leben ermöglichen, manchmal auch noch für Sexualität. Außerdem können damit zwischenmenschliche Beziehungen, Ängste und Hemmungen symbolisiert werden. Es gibt sehr unterschiedliche Deutungen, die man nur aus den Begleitumständen im Traum und der realen Lebenssituation ableiten kann, zum Beispiel:

- Blut sehen kann anzeigen, dass man sich um einen anderen Menschen sorgt.
- Selbst bluten wird als Anzeichen für Lebenskraft interpretiert.
- Blut speien kann symbolisieren, dass man alles »Unreine« aus sich herausspucken möchte.
- Mit Blut befleckt sein, deutet oft auf Schuld- und Schamgefühle hin, weil man sich selbst nicht uneingeschränkt annimmt, sondern »schmutzig« fühlt.

Blüte

symbolisiert das Werden und Vergehen im Leben, die Entfaltung der Persönlichkeit oder die gehemmte Selbstverwirklichung. Eine besonders prachtvolle, grellfarbige Blüte kann aber auch vor übertriebener Selbstdarstellung und Eitelkeit warnen. Weitere Bedeutungen ergeben sich auch aus dem Zusammenhang mit dem Symbol der Blume (siehe unter diesem Stichwort).

Blutegel

wird oberflächlich-trivial als Warnung vor falschen Freunden verstanden, von denen man »ausgesaugt« wird. Da Egel auch in der Medizin verwendet werden, deutet man sie gelegentlich auch als Hinweis auf bevorstehende Krankheiten oder baldige Genesung von einer Krankheit.

Blutwurst

ermahnt dazu, die einfachen Dinge des Lebens nicht zu missachten. Isst man sie, bedeutet das gute Gesundheit.

Bock

(Tier) kann zu mehr Mut und Klugheit auffordern, damit man gute Erfolge erzielt. Ob er wirklich auch eine Erbschaft ankündigen kann, wie alte Traumbücher behaupten, ist fraglich, oft mag hinter dieser Deutung reines Wunschdenken stehen.

Boden

versinnbildlicht die Grundlagen der Existenz, kann also für Sicherheit und Realitätssinn stehen. Sitzt oder liegt man auf dem Boden, wird man vielleicht bald krank, fällt mit einem Plan auf die Nase oder wird unsanft auf den Boden der Realität zurückgeholt. Manchmal kommt darin auch übertriebene Hochachtung bis hin zur Demut für andere Menschen zum Vorschein. Wird man zu Boden gedrückt oder gestreckt, ist zu befürchten, dass man von Pflichten und Sorgen überwältigt wird.

Bogen

(zum Schießen) wird in alten Traumbüchern als günstiges Zeichen interpretiert, man soll sich dann sicher fühlen können. Wenn man selbst damit schießt, wird man wahrscheinlich bald ein aufregendes Abenteuer erleben.

Bohnen

können für sexuelle Bedürfnisse (Hodensymbol) stehen, insbesondere wenn sie keimen. Als weitere Bedeutung sind interessant:

- Bohnen am Busch sehen zeigt vielleicht, dass man seine Absichten nicht verwirklichen kann.
- Pflückt man die Bohnen, kann man voraussichtlich bald mit Erfolgen rechnen.
- Kochen der Bohnen soll zeigen, dass man zwar Probleme haben wird und etwas aufgeben muss, letztlich aber doch Vorteile daraus ziehen wird.
- Essen der Bohnen kann häusliche Streitigkeiten ankündigen.

Bohren

(Bohrer) kann auf Hartnäckigkeit hinweisen, mit der man seine Ziele verfolgt. Allerdings wird man oft trotz aller Bemühungen aus der Arbeit nicht den erhofften Nutzen ziehen können.

Bombe

kommt häufig bei negativer Traumunruhe in Katastrophen- und Kriegsträumen vor und kann dann eine allgemeine Lebens- und Existenzangst verkörpern. Häufig steht sie aber auch für Gefahren, die von eigenen Ängsten und destruktiven Gefühlen drohen, wenn man diese nicht mehr beherrschen kann. Weitere Deutungen ergeben sich aus den Begleitumständen im Traum:

- Eine Bombe sehen verkündet unerwartet Probleme und Gefahren.
- Eine Bombe werfen zeigt, dass man voraussichtlich mit der Feindschaft anderer rechnen muss.
- Ein Bombenattentat auf eine andere Person, das man sieht, verspricht dem Beobachter, dass er selbst einer Gefahr glücklich entgehen wird.

Bonbon

soll nach den Angaben in alten Traumbüchern Liebesglück, eine Bonbonniere berufliches Ansehen und Erfolg verheißen.

Boot

bringt allgemein zum Vorschein, wie man aufgrund der Persönlichkeitsstruktur das »Lebensschiff« lenkt, den Kurs hält, Untiefen und Stürme bewältigt. Die individuelle Bedeutung ergibt sich vor allem aus dem, was man mit dem Boot im Traum erlebt. Folgende Begleitumstände können oft bei der genauen Deutung helfen:

- Ein Boot sehen deutet auf bevorstehende Veränderungen im Leben hin, deren Ausgang noch etwas unsicher erscheint.
- Überqueren eines Stroms im Boot zeigt an, dass man sich zu anderen Ufern aufmacht, das Bewusstsein erweitert, in neue geistige Regionen vordringt.
- Boot fahren im klaren, ruhigen Wasser verheißt einen geradlinigen, erfolgreichen Lebensweg; fährt man in trübem unruhigen Wasser, steht das für eher ungünstige Zukunftsaussichten.

Gelegentlich weist ein Boot als Sexualsymbol auch auf den Wunsch nach einem sexuellen Abenteuer hin, der oft nur unbewusst vorhanden ist.

Börse

(Geldbeutel) steht manchmal mit finanziellen Angelegenheiten in Beziehung; die leere Börse verspricht finanziellen Erfolg, die volle warnt vor möglichen Verlusten. Auch seelisch-geistige Werte kann die Börse verkörpern.

Börse

(Ort, wo mit Wertpapieren gehandelt wird) kann vor Spekulationen warnen, die vielleicht zu Verlusten führen; oft ist dabei zusätzlich der Symbolgehalt der Aktien (siehe unter diesem Stichwort) zu beachten.

Borsten

können anzeigen, dass sich das weitere Schicksal »widerborstig« zeigen und Probleme aufbürden wird, mit denen man nicht immer fertig wird.

Bote

symbolisiert Neuigkeiten, Nachrichten und Überraschungen; Übergabe eines Briefs durch ihn soll nach alten Traumbüchern ungünstig sein, alle anderen Dinge versprechen angenehme Nachrichten.

Boxen

(Boxer) kann im Sinn von »sich durchboxen« anzeigen, dass man mit erheblichen Problemen zu rechnen hat; siegt man dabei, wird man die Schwierigkeiten nacherheblichen Anstrengungen doch bewältigen, die Niederlage (vielleicht K. o.) kann auf das Scheitern hinweisen. Schaut man einem Boxkampf zu, steht vielleicht bald ein Streit ins Haus.

Brand

hat eine zwiespältige Bedeutung, kann sowohl Zerstörung und Untergang durch eigene Fehler als auch Freude und Glück versprechen. Ungünstig ist ein schwelender oder qualmender Brand, der unter anderem auf Probleme durch innere Unsicherheit und falsche Zielsetzung aufmerksam machen kann, gegen die man vergebens ankämpft. Helle Flammen signalisieren freudige Ereignisse. Zuweilen kann im Brand auch der Wunsch nach radikalen Lebensveränderungen zum Ausdruck kommen, aus denen man geläutert und erfolgreich wie der Phönix aus der Asche (siehe unter diesem Sprichwort) hervorgeht.

Brandung

symbolisiert allgemein das Auf und Ab im Lebenslauf, besänftigt bei Schwierigkeiten und warnt vor zu großem Sicherheitsgefühl. Sie kann aber auch auf starke Gemütsbewegung hinweisen, durch die man verunsichert wird.

Branntwein

kann eine ähnliche allgemeine Bedeutung wie Alkohol (siehe unter diesem Stichwort) haben. Alte Quellen sehen im Trinken oder Verschütten auch eine Warnung vor Leichtsinn, der zu Misserfolgen und Verlusten führt. Im Einzelfall kann konkret vor zu viel Branntweinkonsum gewarnt werden.

Braten

versinnbildlicht, dass etwas garen (reifen) kann und zu einem günstigen Abschluss kommt. Vielleicht weist das Symbol im Sinne von »den Braten riechen« auch auf eine günstige Gelegenheit oder ein Risiko hin.

Bratpfanne

kann ähnlich wie Braten verstanden werden, insbesondere wenn sich etwas darin befindet. Die leere Pfanne dagegen kündigt oft eine bevorstehende Enttäuschung oder Verluste an.

Braun

gilt als Farbsymbol für Erdverbundenheit und Sinnlichkeit und taucht oft bei naturverbundenen Menschen in Träumen auf; die individuelle Bedeutung ergibt sich aus den weiteren Begleitumständen. Manchmal kann die Farbe auch auf eine Wende im Leben hinweisen, die meist ungünstig ausfällt. Braune Augen sollen als Warnzeichen vor falschen Freunden verstanden werden.

Braut, Bräutigam

sind trivial manchmal als das Bedürfnis nach einer Ehe oder Partnerschaft zu verstehen, das vielleicht unterdrückt wird. Oft stehen dahinter aber symbolische Bedeutungen, zum Beispiel:

- Gegensätze und Widersprüche in der eigenen Persönlichkeit werden sich miteinander zu etwas Neuem verbinden und verlieren dabei ihren zwiespältigen Charakter.
- Bewusstsein und Verstand werden sich durch bessere Selbsterkenntnis mit dem Unbewussten und den Gefühlen zu einer harmonischeren, ausgeglicheneren und reiferen Persönlichkeit verbinden.
- Zuweilen kommen auch religiöse Bedürfnisse oder der Wunsch nach transzendentalen Erfahrungen jenseits von Verstand und Logik darin zum Vorschein (Bräutigam kann zum Beispiel auch als Symbol für Christus oder Geist stehen).

Brautführer

kann ebenfalls den Wunsch nach einer Ehe anzeigen; allgemein wird er als Vorzeichen für ein günstiges Ereignis angesehen, das eine einschneidende Veränderung im Leben bewirkt.

Brautkeid

mag manchmal trivial gleichfalls als Heiratswunsch zu verstehen sein; andernfalls soll es allgemein Glück und Erfolg im Leben verheißen.

Brautschleier

deutet in die Zukunft, die noch verhüllt ist; er kann anzeigen, dass Wünsche sich erfüllen werden, auch wenn man das im Augenblick noch nicht erkennt.

Brett

steht oft für die Neugestaltung des Lebens auf einer sicheren Grundlage, insbesondere beim Annageln (siehe unter diesem Stichwort) von Brettern am Boden. Schneidet man Bretter zurecht, deutet das auf eine mühselige Arbeit mit geringem Nutzen hin. Zuweilen geht man auch auf Brettern (zum Beispiel Surfbrett, Wasserski) auf dem Wasser, was darauf hinweist, dass man im Leben gut vorankommt und Schwierigkeiten überwindet.

Brief

kann Selbsterkenntnis, Einsicht und Wahrnehmung symbolisieren; traditionell werden sie als ungünstig oder unangenehm gedeutet, lediglich ein Trauerbrief soll für günstige Nachrichten stehen.

Briefkasten

steht mit der Erwartung einer Nachricht, eines Kontakts mit anderen in Beziehung. Er kann im Traum oft auf Vereinsamung hinweisen.

Brieftasche

versinnbildlicht die eigene Persönlichkeit und das Streben, sich selbst besser zu erkennen und zu verwirklichen. Je nach den Begleitumständen im Traum sind folgende spezielle Bedeutungen möglich:

- Verlust der Brieftasche warnt davor, dass man entlarvt werden kann.
- Finden einer Brieftasche kann ankündigen, dass man jemandem auf die Schliche kommen wird; enthält sie Geld, macht das oft darauf aufmerksam, dass man sich mehr anstrengen muss, um seine Ziele zu verwirklichen.
- Diebstahl einer Brieftasche warnt vielleicht vor Enttäuschungen und Verlusten durch falsche Freunde.

Brieftaube

verkörpert Gedanken, Wünsche und Hoffnungen, die man mitteilen und verwirklichen möchte.

Briefträger

ist ein Symbol für Teile der Persönlichkeit, in die man Einblick gewinnen wird, um danach das Leben positiver zu gestalten. Alte Traumbücher sehen in ihm auch eine Warnung vor Leichtgläubigkeit oder das Zeichen für gute Gesundheit.

Briefumschlag

(Kuvert) wird meist als die nach außen sichtbar werdende Seite der Persönlichkeit, zugleich aber auch als ihr Schutz gegen die Umwelt verstanden. Die genaue Bedeutung lässt sich nur individuell erkennen.

Brillant

(Edelstein) warnt häufig vor Selbstüberschätzung, die zur Überheblichkeit führt und Konflikte mit anderen heraufbeschwört; gleichzeitig kann darauf hingewiesen werden, dass hinter dem äußeren Schein in Wahrheit erhebliche Minderwertigkeitsgefühle und Unsicherheit stehen, die man durch Angeberei zu verbergen sucht. Es kann aber auch sein, dass der Edelstein ein hohes Ideal oder einen treu liebenden Menschen verkörpert, das/den man bisher vielleicht nicht beachtet oder gering geschätzt hat.

Brille

versteht man allgemein als den Wunsch, das Leben, die anderen Menschen und sich selbst besser zu verstehen und zu durchschauen. Vielleicht beinhaltet das aber auch die Mahnung, sich nicht zu viel mit sich selbst zu befassen, weil man sonst zu leben »vergisst«, oder eine zu idealistisch-naive Lebenseinstellung (»rosa Brille«) aufzugeben. Eine grüne Brille soll berechtigte Hoffnung auf Erfolge machen.

Bronze

(zum Beispiel Figuren, Waffen) zeigt zwar Energie und Tatkraft, zugleich aber auch Egoismus bis zur Rücksichtslosigkeit, Aggressivität, Herrschsucht und Habgier an. Das Symbol muss individuell gedeutet werden, um zu erkennen, ob es sich auf eigene Eigenschaften bezieht, die man ändern sollte, oder vor anderen mit diesen Eigenschaften warnt.

Brot

steht als Grundnahrungsmittel für die materiellen Bedürfnisse des Lebens, kann aber auch Freundschaft, Lebenserfahrung und Wünsche verkörpern oder als religiöses Symbol auftauchen. Oft ist es als Hinweis auf eine günstige Entwicklung des weiteren Lebens in materieller, sozialer und geistig-seelischer Hinsicht zu verstehen. Manchmal fordert das Brot auch zu mehr Bescheidenheit auf. Lediglich altes, hartes oder schimmeliges Brot kündigt Notlagen an, aus denen man nur mit großer Mühe wieder herausfinden wird.

Brotkrumen

werden in alten Traumbüchern oft mit Geld gleichgesetzt und sollen im Traum Wohlstand verheißen.

Brücke

verbindet Gegensätze, die in der eigenen Persönlichkeit oder im Verhältnis mit anderen bestehen können. Man wird dadurch aufgefordert, nach mehr innerer Harmonie zu streben und Konflikte durch Kompromisse zu versöhnen. Folgende Begleitumstände im Traum können die individuelle Deutung erleichtern:

- Eine neue Brücke sehen und/oder über sie gehen zeigt, dass man Wege finden wird, um Schwierigkeiten zu überwinden.
- Eine sehr lange Brücke verheißt guten Fortschritt auf längere Zeit.
- Eine alte Brücke, die morsch und unsicher wirkt, deutet zwar auf Schwierigkeiten hin, zeigt aber gleichzeitig, dass man sie doch beseitigen wird.
- Eine zerstörte Brücke warnt oft davor, nicht alle Brücken hinter sich abzureißen, sondern sich in einer

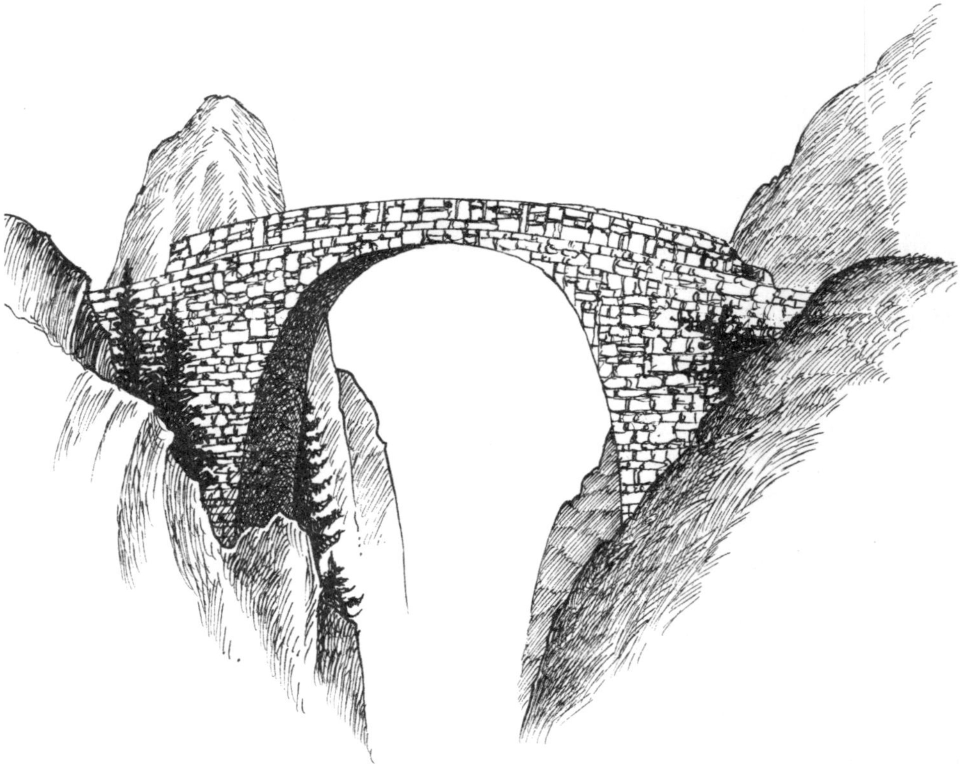

Angelegenheit noch eine Möglichkeit zum Rückzug offen zu halten; vielleicht deutet sie aber auch darauf hin, dass man durch eigene Schuld einen möglichen Kompromiss vereitelt hat und jetzt mit unangenehmen Konflikten rechnen muss.

- Unter einer Brücke durchgehen ermahnt dazu, seine Ziele nicht aus den Augen zu verlieren und sie weiter zu verfolgen.
- Sieht man mehrere Brücken, weist das auf bevorstehende Probleme hin, die vielleicht mit einer Entscheidungsschwäche in einer bestimmten Situation in Beziehung stehen.

Bruder

kann im Traum tatsächlich das Verhältnis zum eigenen Bruder zum Ausdruck bringen; die Deutung ergibt sich aus den realen Lebensumständen. Häufig steht der Bruder aber auch für die andere Seite der Persönlichkeit (zwei Seelen in einer Brust), die man annehmen oder ablehnen, jedenfalls aber so gut wie möglich kennen und erforschen sollte. Außerdem geben alte Traumbücher folgende Bedeutungen an:

- Älterer Bruder zeigt, dass man einen aufrichtigen Ratgeber oder eine gute zwischenmenschliche Beziehung mit Geborgenheit und Wärme sucht.

- Jüngerer Bruder kann dafür stehen, dass man selbst Rat, Hilfe und Schutz geben will; zum Teil deutet er aber auch auf unreife Teile der Persönlichkeit hin.
- Abschied nehmen vom Bruder bedeutet oft, dass man in einer Angelegenheit auf keine Hilfe anderer hoffen darf, sondern sie auf sich allein gestellt bewältigen muss.

Bruderschaft trinken

bedeutet meist, dass man sich nach einem guten, treuen Freund sehnt, dem man vertrauen darf.

Brunnen

kann für die gesammelten Lebenserfahrungen stehen, die zum Teil in den Tiefen des Unbewussten ruhen. Das Symbol fordert dann oft auf, diese Weisheit mehr zu nutzen und nach tieferer Selbsterkenntnis zu streben, um zur inneren Harmonie zu gelangen. Die Begleitumstände im Traum lassen zum Beispiel auch folgende spezielle Deutung zu:

- Ausgetrockneter Brunnen warnt vor Gefahren, die sich daraus ergeben können, dass man seinen Erfahrungsschatz nicht nutzt oder Teile der Tiefenpersönlichkeit ablehnt; auch das Gefühl innerer Leere und Vereinsamung kann sich darin ausdrücken.
- Mit Wasser gefüllter Brunnen weist auf die Fülle der Lebensmöglichkeiten hin, die man nutzen sollte; vielleicht zeigt er aber auch, dass man das bereits erfolgreich praktiziert und ist dann als Ermutigung und Bestätigung zu verstehen.
- Läuft der Brunnen über, deutet das manchmal auf Gefühlsüberschwang hin, kann aber auch zeigen, dass man sich durch zu viele Aktivitäten verzettelt; dann sollte man lernen, sich auf das Wesentliche zu konzentrieren.
- Schöpft oder trinkt man aus dem Brunnen, symbolisiert das oft die Beziehung zu einem anderen Menschen; klares Wasser deutet darauf hin, dass man diesem Menschen vertrauen kann, trübes warnt dagegen vor Falschheit und möglichen Enttäuschungen.

Brust

zeigt oft an, dass man einen vertrauten Menschen zum Anlehnen, Ausruhen und Ausweinen sucht, bei dem man sich geborgen fühlen kann; das kommt oft bei vereinsamten Menschen vor. Aber auch das Gefühl unerschütterlicher innerer Sicherheit, aus dem heraus man alle Probleme des Lebens souverän löst, kann sich darin ausdrücken.

Brüste der Frau

deuten häufig auf unterdrückte sexuelle Bedürfnisse hin, die man mehr beachten sollte. Weitere Deutungen ergeben sich aus den folgenden Begleitumständen im Traum:

- An den Brüsten ausruhen deutet auf eine unreife Persönlichkeit hin, die sich nach der Kindheit, nach der Geborgenheit und Versorgung an der Mutterbrust sehnt, im realen Leben keine Eigenverantwortung übernehmen will.
- Brüste einer schönen Frau sollen nach der alten Traumdeutung ein freudiges Ereignis ankündigen.
- Große Brüste verheißen oft materiellen Erfolg, während schlaffe Brüste vor finanziellen Verlusten warnen können.
- Säugen eines Babys an den Brüsten gilt als allgemeines Glückssymbol.

Buch

steht für Erinnerungen, Erfahrungen und Einsichten, die das Leben uns eingeprägt hat. Wenn der Buchtitel im Traum erkennbar ist, kann er bei der individuellen weiteren Deutung helfen. Oft sind auch folgende Begleitumstände noch aussagefähig:

- Lesen im Buch kann darauf hinweisen, dass man seinen Erfahrungen bei der Lebensgestaltung mehr Beachtung schenken sollte.
- Kauf eines Buchs verspricht zukünftige Erfolge, weil man aus Erfahrung lernen wird.
- Ein ernstes Buch lesen soll darauf hinweisen, dass man mehr Ansehen erringen wird.
- Selbst ein Buch schreiben kann auf Unzufriedenheit im Beruf und Wunsch auf berufliche Veränderungen hinweisen.

Buchstaben

haben (jeder für sich) ihre eigene Bedeutung (siehe unter den jeweiligen Stichwörtern); insgesamt stehen sie vor allem für die Ordnung, die man in das Leben bringen sollte, damit es in geregelten, überschaubaren Bahnen verläuft. Allerdings darf man damit nicht übertreiben, sonst engt man sich selbst zu stark ein; daran ist vor allem dann zu denken, wenn Buchstaben häufig in Träumen auftauchen (siehe auch unter dem Stichwort Alphabet).

Buckel

(am Rücken) kann sexuelle Bedürfnisse anzeigen oder einen Erfolg versprechen. Sieht man sich selbst mit einem Buckel, soll das auch auf gute Gesundheit hinweisen.

Bücken

(im Sinne von Verbeugung) weist oft darauf hin, dass man dazu neigt, sich selbst zu erniedrigen, das eigene Licht unter den Scheffel zu stellen; das Symbol fordert in diesem Fall dazu auf, in Zukunft aufrechter und selbstbewusster durchs Leben zu gehen.

Buddha

(meist als Statue) kann für das kollektive Unbewusste, für Weisheit, Rat und Hilfe stehen; er wird dann im Allgemeinen als Glückssymbol für die nächste Zeit verstanden. Betet man die Statue an, hat man wahrscheinlich ein

Anliegen, traut sich aber nicht, darüber mit anderen zu sprechen. Zuweilen zeigt der Buddha auch an, dass man zu stark von außen, von einer dominanten, verehrten und idealisierten Persönlichkeit beeinflusst wird und sich dem wieder entziehen sollte.

Büffel

warnt vor zu ungestümer Energie und Tatkraft; man sollte dann erst gründlich überlegen, ehe man handelt, sonst macht man sich leicht Feinde und wird aus Unüberlegtheit und blindem Eifer scheitern.

Bühne

steht oft für das Leben allgemein, bedeutet die Mit- und Umwelt; je nachdem, was sich darauf abspielt, kann man sein eigenes Verhältnis zur Welt erkennen und daraus praktische Konsequenzen für sinnvolle Änderung der eigenen Einstellungen, Erwartungen und Verhaltensweisen ziehen. In der Handlung auf der Bühne kann man das Unbewusste aber auch die derzeitige Lebenssituation »dramatisiert« durchspielen und Entscheidungshilfen geben; das lässt sich nur individuell erkennen.

Burg

ist zunächst ein Hinweis auf Sicherheit und Geborgenheit, insbesondere auch in zwischenmenschlichen Beziehungen; sie kann also bei einer in sich gefestigten Persönlichkeit auftauchen. Da auf eine Burg aber auch Angriffe stattfinden, steht zuweilen die Warnung vor unerwarteten Risiken und Hindernissen hinter diesem Symbol, zum Beispiel bei einer Belagerung der Burg; das muss man jedoch aus den konkreten Lebensumständen des Träumenden im Einzelfall deuten.

Burgruine

kann anzeigen, dass man sich zurzeit zwar in einer misslichen Situation befindet, die aber nicht aussichtslos ist; vielmehr solle man mit Mut und Zuversicht darangehen, etwas Neues auf den Ruinen aufzubauen und die Vergangenheit hinter sich zu lassen.

Bürger

denen man im Traum begegnet, bringen oft Vereinsamung und das Bedürfnis nach mehr menschlichen Kontakten zum Ausdruck.

Busch

kann ähnlich wie Baum (siehe unter diesem Stichwort) gedeutet werden. Allgemein verkündet ein grüner Busch ein bevorstehendes glückliches Ereignis, während der verdorrte oder kahle Busch Misserfolge und Langeweile ankündigt. Man kann das Symbol im Einzelfall aber auch so interpretieren, dass man Hemmungen überwinden sollte, durch die man bei bestimmten Dingen oder Situationen behindert wird.

Buße tun

warnt davor, dass man bald von anderen gekränkt wird; oft ist dabei auch noch die Asche (siehe unter diesem Stichwort) zu berücksichtigen, die man sich auf das Haupt streut. Zu denken ist ferner, dass darin Schuldgefühle zum Vorschein kommen, die verarbeitet werden müssen.

Butter

kann in Beziehung zu dem Bedürfnis nach mehr Liebe, Zärtlichkeit und sexuellen Kontakten stehen, vor allem dann, wenn man selbst buttert. Verzehrt man die Butter, soll das nach alten Traumbüchern gute Gesundheit versprechen. Vielleicht deutet das Symbol aber auch auf übersteigerten Eigennutz oder Schmeicheleien anderer hin, vor denen man sich hüten sollte.

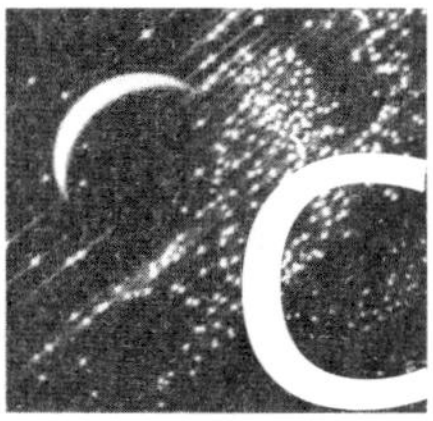

C

als Buchstabe taucht geschrieben, plastisch oder gesprochen in Träumen oft als Symbol für die Art und Weise auf, wie man sich anderen sprachlich mitteilt und verständlich macht. Manche Traumbücher sehen darin auch das Symbol für die Materie, die dem Geist und der Seele dient oder sie behindert. Genau deuten kann man den Buchstaben erst aus den Zusammenhängen, in denen er im Traum vorkommt.

Cabaret

kann vor einer zu leichtsinnigen, oberflächlichen, nur auf Genuss bedachten Lebensweise warnen, die letztlich zum Scheitern verurteilt ist.

Café

steht manchmal als Sinnbild für die unterschiedlichen Teile der Persönlichkeit, die hier gleichsam »zusammentreffen«; man kann darin die Aufforderung sehen, nach mehr Selbsterkenntnis zu streben, damit man die verschiedenen Aspekte des Selbst miteinander verbindet und in innerer Harmonie glücklicher lebt. Vielleicht warnt das Café aber auch vor zu viel oberflächlicher Geselligkeit oder einem leichtlebigen Lebenswandel, der dem eigenen Ruf schadet.

Cello

taucht im Traum als Sinnbild der inneren Harmonie, des Einklangs mit sich selbst auf, insbesondere wenn man darauf spielt. Auch harmonische Beziehungen zu anderen Menschen können sich darin ausdrücken.

Chamäleon

wird gewöhnlich als Warnung verstanden; vor allem weist es darauf hin, dass man es aus innerer Unsicherheit allen Menschen recht machen will, wobei man aber scheitert und von den anderen keinen Dank zu erwarten hat. Auch Unzuverlässigkeit kommt in dem Tier oft zum Ausdruck. Gelegentlich deutet ein Chamäleon auf falsche, unzuverlässige, übertrieben angepasste Freunde hin, die es zwar nicht bewusst böse mit einem meinen, aber auf die man sich auch nicht zu sehr verlassen darf.

Champagner

(Sekt) steht oft für ein freudiges Ereignis, das aber nur von kurzer Dauer sein wird, auch wenn es noch so hoffnungsvoll begann. Vielleicht kommt darin auch das unterschwellige Bedürfnis zum Ausdruck, aus einer festgefügten Lebensordnung, die zu stark einengt, ab und zu einmal auszubrechen, ein Abenteuer zu erleben (siehe auch unter dem Stichwort Alkohol).

Champignons

sollen nach alten indischen Quellen darauf hinweisen, dass man nicht nach der äußeren Anerkennung streben sollte, weil es vorteilhafter ist, Erfolge und Wohlstand im Stillen zu genießen.

Chauffeur

steht im Zusammenhang mit Auto (siehe unter diesem Stichwort); man erkennt darin meist den Wunsch, im Leben etwas in Bewegung zu bringen, zu verändern, was nur aus den individuellen Lebensumständen zu verstehen ist.

Chef

kann Energie, Macht- und Besitzstreben symbolisieren, die einen Menschen beherrschen und antreiben und im Leben bestimmen; meist ist er dann als Warnung vor übersteigerten Antrieben dieser Art zu deuten. Außerdem kann er auf berufliche und existenzielle Schwierigkeiten hinweisen, die in naher Zukunft bevorstehen.

Chemiker

steht im übertragenen Sinn häufig für die Analyse der persönlichen Situation, die man danach besser verstehen und bewältigen kann. Alte Traumbücher deuten das Symbol oft auch so, dass man bald hinter ein Geheimnis kommen wird.

China

symbolisiert das Geheimnisvolle, Mystische und Irrationale, aber auch die Weisheit. Wenn man im Traum das Land sieht, kann das oft wichtige Einsichten in die eigene Persönlichkeit ankündigen, in den Bereich des individuellen und kollektiven Unbewussten. Reist man nach China, zeigt das oft an, dass man sich auf den Weg gemacht hat, sich selbst zu erkennen; Gefahren, die dabei auftreten können, sind häufiger auf die Angst vor dem »irrationalen Chaos« in uns zurückzuführen. Trivialer gedeutet kann die Reise nach China aber auch vor einem Abenteuer warnen, das zwar neue Erfahrungen, aber auch Risiken mit sich bringt, denen man vielleicht nicht gewachsen ist, sich aber fürchtet, dies vor sich selbst und anderen einzugestehen.

Chinese

kann der weise Lehrer und Ratgeber sein, der auf dem Weg ins Innere der Persönlichkeit begleitet. Auf alten Vorurteilen beruht die Deutung, wenn man dahinter eine Warnung vor der Verschlagenheit anderer sieht oder ermahnt wird, selbst ehrlicher zu sein.

Cholera

versinnbildlicht teilweise den Wunsch nach Selbstreinigung, nach Befreiung von belastenden Erfahrungen, Gefühlen und Handlungen, für die man sich schämt. Zugleich mahnt die Krankheit im Traum aber, den Akt der Selbstreinigung nicht zu drastisch durchzuführen, weil man sonst seelischen Schaden nehmen könnte; man muss zunächst lernen, das alles zu akzeptieren, ehe man sich davon befreien kann. Allgemein kann Cholera auf bevorstehende Gefahren hinweisen, manchmal tatsächlich eine Erkrankung (aber in der Regel keine Cholera) ankündigen, die noch keine Symptome verursacht.

Christbaum

soll nach alten Traumbüchern ein frohes Zusammentreffen der Familie ankündigen, wobei es vielleicht zur Aussöhnung familiärer Konflikte kommt.

Christus

kann bei religiösen Menschen das Verhältnis zum Glauben symbolisieren; dann können sowohl Glaubensfestigkeit als auch Zweifel deutlich werden, das hängt von den Begleitumständen ab. Meist verkörpert er aber die eigene Persönlichkeit mit all ihren Möglichkeiten, das Ideal des sich selbst geistig-seelisch verwirklichenden Menschen, der nach immer mehr Vervollkommnung strebt. In diesem Fall enthält das Symbol oft die Aufforderung, sich um bessere Selbsterkenntnis zu bemühen, um persönlich zu reifen und sich zu entfalten; auf diesem Weg kann Christus auch zum Lehrer und Ratgeber werden. Manchmal wird er als Aufforderung verstanden, den Glauben an sich selbst nicht zu verlieren und auf Gott oder ein günstiges Geschick zu vertrauen.

Chronik lesen

weist in die Zukunft und verheißt meist große Erfolge und viel Glück in allen Lebensbereichen der kommenden Zeit.

Clown

wird teilweise als Hinweis auf verdrängte Unsicherheit, Hemmungen und Minderwertigkeitsgefühle gedeutet, die dazu führen, dass man sich von anderen zum Narren machen lässt oder selbst dazu macht; daran muss gearbeitet werden, zum Teil mithilfe eines Psychotherapeuten, wenn die psychische Störung aus eigener Kraft nicht zu bewältigen ist. Vielleicht kommt im Clown auch zum Ausdruck, dass man sich unverstanden fühlt, weil man von der Norm abweicht, dafür vielleicht

gar verspottet wird. Alte Traumbücher sehen im Clown gelegentlich die Ankündigung einer bevorstehenden Auszeichnung.

Cocktail

eine Mischung aus verschiedenen Zutaten, kann konkret auf Missverständnisse mit anderen hinweisen, die man bald bereinigen sollte; das ergibt sich nur aus den persönlichen Lebensumständen. Oft zeigt das Symbol auch, dass man ein zu langweiliges, eintöniges Leben führt, aus dem man ausbrechen sollte.

Coupé

(Zugabteil) soll nach alten Traumbüchern vor Heimlichkeiten warnen, die nur mit Schaden und Spott enden werden.

Coupé

(sportliches Auto) zeigt allgemein den Wunsch nach baldigen Veränderungen im Leben an; die genaue Deutung ergibt sich aus dem Symbolgehalt des Autos (siehe unter diesem Stichwort).

Coupon

(Zinsschein von Wertpapieren) kann eine günstige Veränderung der finanziellen Lage oder den Wunsch danach symbolisieren.

Cricket spielen

kündigt meist an, dass man bald mit hochmütigen Menschen zu tun haben wird, von denen man nicht akzeptiert wird; welche Konsequenzen sich daraus ergeben können, lässt sich nur aus den Begleitumständen im Traum und der realen Lebenssituation ableiten.

D

als Buchstabe kommt gesprochen, geschrieben oder plastisch in Träumen vor. Man deutet es in alten Traumbüchern als Symbol für Nahrung und Wachstum. Wenn es häufiger auftaucht, macht man sich vielleicht zu viele Sorgen um die materielle Existenz oder fühlt sich in seiner Entwicklung eingeschränkt.

Dach

kann den Intellekt verkörpern und enthält dann oft den Hinweis, dass man zu »kopflastig« lebt, sich zu stark von Vernunft und Logik leiten lässt, aber Gefühle und ähnliche »irrationale« psychische Inhalte unterdrückt. Das muss geändert werden, damit man wieder zu mehr innerer Harmonie, zu seinem seelischen Gleichgewicht, findet. Darüber hinaus gibt es je nach den Begleitumständen im Traum noch eine Reihe anderer, oft traditioneller Deutungen, vor allem:

- Dach decken zeigt an, dass man dabei ist, seine Zukunft abzusichern.
- Dach besteigen kann bevorstehende Ehrungen und mehr Ansehen verheißen.
- Vom Dach in die Umgebung schauen bedeutet, dass man sich einen besseren Überblick über die augenblickliche Lebenssituation verschaffen sollte, um sie leichter zu bewältigen; blickt man vom Dach hinaus in eine weite, schöne Landschaft, wird die nächste Zukunft erfolgreich und glücklich verlaufen.
- Schadhafte Ziegel auf dem Dach warnen vor bevorstehenden Gefahren, die man vielleicht noch nicht wahrgenommen hat.
- Sturz vom Dach weist ebenfalls auf Gefahren hin; steht man unverletzt auf, wird man dadurch nicht geschädigt, andernfalls muss mit Misserfolgen und Verlusten in einer konkreten Situation gerechnet werden; dahinter kann auch eine Warnung vor zu hochfliegenden Plänen stehen, bei denen man sich selbst überschätzt.
- Brennendes Dach mit dunklem Rauch ist eine Unglücksbotschaft, helle Flammen dagegen zeigen Er-

folg und Glück an; oft kommen im Dachbrand auch unbewusste Wünsche und Fantasien zum Ausdruck.

Dachrinne

weist darauf hin, dass man ungewöhnliche oder gar gefährliche Wege geht, um eine Absicht zu verwirklichen. Dabei sind folgende Begleitumstände zu beachten:

- Klettert man langsam, aber stetig an der Dachrinne aufwärts, wird man zwar einige Mühe aufwenden müssen, aber schließlich doch zum Ziel gelangen.
- Rutscht man die Dachrinne hinab, zeigt das an, dass man in einer schwierigen Situation zwar den Rückzug antreten muss, dank eigener Fantasie und Kreativität aber glimpflich davonkommen wird.
- Absturz warnt davor, dass alle Mühe umsonst sein wird, man wird schnell und hart wieder auf dem Boden der Realität landen.

Trivial, manchmal aber auch zutreffend ist die Deutung als Wunsch nach einem erotischen Abenteuer (vergleichbar dem bayerischen Fensterln).

Dachs

lebt und gräbt mühsam blind unter der Erde; manche Traumbücher verstehen ihn deshalb als Hinweis auf eine Existenz, die reich an Mühen und Plagen, aber arm an Erfolgen und Glück ist, weil man gebotene Chancen nicht erkennt; je nach individuellen Lebensumständen kann diese Deutung zutreffend sein und dazu auffordern, die Augen für die vielen Möglichkeiten des Lebens zu öffnen. Vielleicht symbolisiert das Tier aber auch die mühsame Suche nach verdrängten Inhalten für die man noch blind ist.

Dachstube

versinnbildlicht noch stärker als das Dach (siehe unter diesem Stichwort) den Intellekt (»Oberstübchen«) und die Ideale des Träumers, der dann oft zu idealistisch-intellektuell, manchmal auch hochmütig und abweisend-stolz lebt; dann fordert der Traum dazu auf, auch die anderen Seiten der Persönlichkeit auszuleben. Sieht man in der Dachstube alte Gegenstände, stehen sie für Erinnerungen und ein gutes Gedächtnis; die Gegenstände können zusätzlich gedeutet werden und das Traumverständnis erleichtern.

Dachziegel

sollen einen mühseligen Lebensweg anzeigen, den man aber mit viel Geduld ertragen wird; wenn die Ziegel beschädigt sind, wird das Unglück überwiegen.

Dackel

soll darauf aufmerksam machen, dass man sich selbst überschätzt und vor Entscheidungen zu lange nachdenkt, bis andere eine günstige Gelegenheit schon beim Schopf gepackt haben.

Dame

unterscheidet sich vom Symbol der Frau (siehe unter diesem Stichwort) dadurch, dass sie vornehm wirkt. Darin kann eine gewisse Lebensfremdheit zum Ausdruck kommen, man lässt sich vielleicht zu sehr vom äußeren Schein trügen. Vielleicht zeigt das Symbol aber auch an, dass Wünsche in Erfüllung gehen und Ziele erreicht werden. Sieht man mehrere Damen im Gespräch beieinander stehen, kann das vor Klatsch und Tratsch warnen.

Damm

steht meist für innere Barrieren und Widerstände, die Gefühle und Erinnerungen »anstauen«; man muss dann oft befürchten, dass sie sich irgendwann nicht mehr unter Kontrolle halten lassen, sondern der Damm plötzlich bricht.

Dämmerung

am Morgen zeigt im Traum an, dass etwas Neues entsteht, das wahrscheinlich günstig ausgehen wird; am Abend symbolisiert die Dämmerung den Übergang von Aktivität zu Ruhe und Erholung, man sollte dann lernen, die Anspannung loszulassen und das Geschaffte zu genießen.

Dämon

kann die innere Zerrissenheit eines Menschen anzeigen, der sich von seinen unterdrückten Bedürfnissen und Wünschen bedroht fühlt. Oft sind damit auch massive Schuldgefühle, Ekel und Aggressionen verbunden, zum Teil auch Angstzustände. In solchen Fällen kann psychotherapeutische Hilfe angezeigt sein, wenn man die Probleme selbst nicht in den Griff bekommt.

Dampf

symbolisiert oft leidenschaftliche Gefühle, die sich nicht entladen können und deshalb einen hohen inneren Druck aufbauen; dann besteht die Gefahr, dass es irgendwann einmal zu heftigen Gefühlsausbrüchen kommt, die viel Schaden anrichten können, insbesondere bei negativen Gefühlen wie Zorn und Wut, die zu offener Aggression gegen Personen oder Objekte führen können. Der Dampf warnt im Traum dann vor solchen Gefühlen und fordert dazu auf, sie nicht anzustauen, sondern rechtzeitig abzureagieren. Nicht selten hat der Dampf aber auch mit Energie und Tatkraft zu tun, die ebenfalls Druck erzeugt, der in zielgerichtete Handlungen umgesetzt wird, um Absichten zu verwirklichen; dabei können folgende Begleitumstände das Verständnis der Traumbotschaft erleichtern:

- Dampf sehen zeigt an, dass man mit viel Elan an eine Aufgabe herangeht und sie auch lösen wird; meist ist damit aber auch die Ankündigung verbunden, dass sich die Erwartungen trotzdem nicht erfüllen werden, sondern dass sich die Aussichten gleichsam »in Luft« auflösen.

- Im Dampf stehen, von ihm eingehüllt werden, kann darauf hinweisen, dass zwar viel Energie und Tatkraft vorhanden ist, aber ein anzustrebendes Ziel noch nicht klar genug definiert wurde; deshalb können die Aktivitäten ins Leere laufen und ohne Ergebnis zu Enttäuschungen und Misserfolgen führen.
- Dampflokomotiven und -maschinen stehen für innere Antriebe und hohe Ziele, die Bewegung und große Veränderungen ins Leben bringen; grundsätzlich ist das als günstiges Vorzeichen zu beurteilen, aber man muss darauf achten, dass man mit seinem Tatendrang nicht über das Ziel hinausschießt.
- Dampfschiff zeigt, dass man das Lebensschiff tatkräftig über das »Meer des Lebens« steuert und genügend Energie besitzt, um alle Probleme, die auf einen zukommen können, zu meistern.

Darm

kann im Traum für die Verarbeitung und Verwertung von Erfahrungen stehen, die gleichsam »verdaut« werden; das weist meist darauf hin, dass man den eigenen Erfahrungen mehr Aufmerksamkeit schenken sollte. Aber neben der Verdauung hat der Darm auch noch die Aufgabe, das Unverdauliche auszuscheiden, den Körper von Giftstoffen und Unbrauchbaren zu befreien; deshalb kann er auch zum Ausdruck bringen, dass man sich von belastenden Erfahrungen befreien sollte.

Dattel

hat meist sexuelle Bedeutung, weist auf die Bedürfnisse nach Sex, Liebe und Zärtlichkeit hin. Nach alten indischen Traumbüchern kann damit aber auch die Warnung vor zu großer Leidenschaft verbunden sein, die man zügeln soll.

Dauerwellen

können zeigen, dass man selbst eifersüchtig ist oder anderen Anlass zur Eifersucht gibt.

Daumen

symbolisiert oft elementare Schaffenskraft, Energie und Durchsetzungsvermögen; er kann deshalb ankündigen, dass man in nächster Zeit ein sorg- und problemloses Leben führen wird.

Decke

ist oft im Sinn von »etwas unter der Decke halten« (also verbergen) zu verstehen; man muss dann zu ergründen suchen, was man vor sich selbst und anderen versteckt, ob man sich dafür schämt und Schuldgefühle empfindet. Die indische Traumkunde verbindet mit der Decke den Hinweis, dass man Verzicht üben muss, um zu einem Ziel zu gelangen.

Degen

steht oft in Männerträumen für eine aggressive Form der Sexualität, die notfalls zu erzwingen versucht, was sie nicht aus freien Stücken erhält; das kann als Mahnung verstanden werden. Für Frauen bedeutet der Degen oft Angst vor Sexualität, gleichzeitig aber auch Sehnsucht nach einem starken (jedoch nicht aggressiven), beschützenden Partner. Zuweilen verkörpert der Degen das persönliche Ehrgefühl, kann auf eine Ehrverletzung oder mehr Ansehen hinweisen. Ein Kampf mit dem Degen zeigt manchmal an, dass man um seine Ehre kämpfen muss, die durch andere infrage gestellt und gekränkt wird.

Deichsel

steht in Beziehung mit dem Weiterkommen im Leben; wenn man sie sieht, wird man häufig bald mit Erfolgen rechnen können. Die zerbrochene Deichsel kündigt jedoch oft Misserfolge an. Im tiefenpsychologischen Sinn mag die Deichsel im Einzelfall auch einmal anzeigen, dass der Lebensweg nicht mit dem inneren Antrieb in Einklang steht.

Delikatesse

ist ein ermutigendes Zeichen, das Zufriedenheit und stilles Glück verspricht, wenn man unbeirrt seinen Weg weiter verfolgt.

Demonstration

steht oft für eine übertriebene Selbstdarstellung, die einem persönlich sehr viel schaden kann; praktisch bedeutet das, man sollte sich etwas mehr in Zurückhaltung und Bescheidenheit üben.

Denkmal

steht oft für Ehre, Anerkennung und Erfolg, manchmal aber auch für Übelkeit, Selbstüberschätzung, zu hohe Erwartungen und Hoffnungen. Nach den Begleitumständen im Traum unterscheidet man vor allem die folgenden Bedeutungen:

- Denkmal sehen verspricht bevorstehende Erfolge mit Anerkennung, warnt aber zugleich davor, deshalb leichtsinnig und hochnäsig zu werden.
- Denkmal bauen deutet auf den Beginn einer Arbeit hin, bei der man Ehre einlegen wird, wenn man sich aufrichtig bemüht.
- Eigenes Denkmal sehen warnt vor hochtrabenden Plänen, übersteigerten Hoffnungen und Selbstüberschätzung, die nur zu Schaden und Spott führen werden.
- Denkmalsockel sehen kann ermuntern, sich mehr anzustrengen, um hinauf zu gelangen; liegt das Standbild neben dem Sockel, ist das als Warnung vor einem Scheitern, einem Absturz in Not und Elend zu verstehen, weil man sich vorher vielleicht selbst erhöht hat.

Deserteur

kann andeuten, dass man zur Flucht vor Pflichten und Verantwortung neigt, was auf Dauer nicht gut geht. Hilft man im Traum einem Deserteur, kann man vielleicht selbst auf Hilfe in einer schwierigen Situation hoffen.

Desinfizieren

(Desinfektionsmittel) will oft darauf hinweisen, dass man aus einer seelischen Verletzung doch noch lernen kann, also letztlich heil daraus hervorgeht. Teilweise steht dieses Symbol auch für die Ablehnung eigener Bedürfnisse und Wünsche, die man als »unsauber« ablehnt. Gelegentlich träumen seelisch gestörte Menschen, die zu zwanghafter Sauberkeit neigen, häufig von Desinfektion.

Detektiv

wird oft als Symbol der unterschwelligen Angst gedeutet, dass eigene schlechte Absichten entlarvt werden und auf einen selbst zurückfallen; dahinter steht dann ein schlechtes Gewissen mit Schuldgefühlen. Sieht man sich selbst als Detektiv, kann das auf eine verantwortungsvolle, aber aufregende Aufgabe hinweisen, die man vielleicht bald übertragen bekommt.

Devisen

(ausländisches Geld) können auf einen beruflichen oder finanziellen Erfolg hinweisen. Manchmal deuten sie aber an, dass man nichts verheimlichen oder vertuschen sollte, weil man sonst ertappt wird.

Diadem

kann für übersteigertes Streben nach Anerkennung, Auszeichnung und Ehrung stehen, mit dem man sich aber nur lächerlich macht. Manchmal taucht es als Symbol für Bewusstsein und Geist auf; die Bedeutung kann dann nur aus den individuellen Lebensumständen geklärt werden.

Diamant

hat ähnliche Bedeutung wie Brillant, Juwel und Schmuck (siehe unter diesen Stichwörtern).

Dichter

(Poet) symbolisiert eigene Fantasie, Kreativität und Gefühlsreichtum; man kann ihn oft so verstehen, dass man diese Eigenschaften nicht vernachlässigen sollte, weil man sonst geistig-seelisch verarmt. Traditionell sieht man dahinter auch noch die Ermahnung, nicht so überheblich und eingebildet zu sein, sich nicht über andere erheben zu wollen, weil man sonst leicht scheitert und sich Feinde schafft.

Dick sein

deuten alte Traumbücher als Sinnbild von Glück, Erfolg und Wohlstand. Trivial kann das Unbewusste damit auch einmal auffordern, etwas gegen gesundheitsschädliches Übergewicht zu unternehmen. Vielleicht kommen auch Minderwertigkeitsgefühle wegen des eigenen Aussehens (auch wenn man nicht zu dick ist) darin zum Ausdruck; das ist vor allem bei Frauen oft der Fall, die dem heutigen übertriebenen Schlankheitsideal nachstreben, das in Frauenzeitschriften und in der Werbung immer wieder propagiert wird, es aber nie erreichen.

Dieb

kann für heimliche Wünsche stehen, die man nur verstohlen zulässt, unter anderem auch für sexuelle Bedürfnisse. Weitere Bedeutungen ergeben sich aus den folgenden Begleitumständen des Traums:

- Dieb beim Einbruch beobachten oder dabei fangen, kündigt eine beginnende günstige Phase im Leben an.
- Vom Dieb bestohlen werden gilt als gutes Zeichen für geschäftliche Absichten, berufliche und finanzielle Pläne.
- Entwischt der Dieb, wird man voraussichtlich bald eine große Enttäuschung oder einen schweren Verlust erleben.

Diebin

kann im gleichen Sinn wie der Dieb auftauchen; unter Umständen steht sie aber auch als Warnung vor Leichtsinn vor allem in Liebesdingen, weil man dann mit einer Enttäuschung rechnen muss. Man sollte sich dann vor einem erotischen Abenteuer im realen Leben hüten, auch wenn es noch so verlockend erscheint.

Diener

(Butler) wird meist als Warnzeichen verstanden, wobei die folgenden Begleitumstände zu beachten sind:

- Diener sehen kann eine Warnung vor falschen Freunden sein, die sich zwar liebedienerisch um einen bemühen, dabei aber nur ihre egoistischen Interessen im Sinn haben.
- Selbst Diener sein zeigt oft an, dass man von anderen ausgenutzt wird, ohne das vielleicht richtig zu erkennen.
- Bedient werden kann auf einen chronischen Erschöpfungszustand durch Krankheit oder Überarbeitung hinweisen und zur Erholung auffordern.

Zuweilen bringt ein Diener im Traum auch noch aufrichtige Demut oder falsche Bescheidenheit als Folge innerer Unsicherheit. Hemmungen und Minderwertigkeitsgefühle zum Ausdruck, die man dann überwinden sollte.

Dienerin

(Dienstmädchen) wird meist im gleichen Sinn wie der Diener verstanden. Nach alten Traumbüchern kann sie aber auch ankündigen, dass man ein Lob (oft im Beruf) erhalten wird.

Direktor

wird oft ähnlich wie der Chef (siehe unter diesem Stichwort) gedeutet. Sieht man sich selbst als Direktor, steht wahrscheinlich ein beruflicher Erfolg ins Haus.

Dirne

soll nach alten indischen Traumbüchern vor einer Verleumdung warnen. Weitere Deutungen ergeben sich aus dem Symbol der Prostituierten (siehe unter diesem Stichwort).

Distel

ein oft lästiges Unkraut, soll nach alten Traumbüchern immer eine Enttäuschung, einen Misserfolg oder ähnliche Probleme ankündigen, in die man aus eigener Schuld gerät. Pflanzt oder gießt man Disteln, so kann das bedeuten, dass man vermutlich von gerade den Menschen enttäuscht wird, denen man vertraute, die man vielleicht selbst gar noch gefördert hat.

Dogge

(Hund) kann ungestüme Kraft anzeigen, die man besser zügeln muss, oder für eine besonders gute, enge Freundschaft stehen. Wird man von dem Tier angefallen oder gebissen, erlebt man wahrscheinlich eine Enttäuschung durch einen guten Freund oder einen anderen nahe stehenden Menschen.

Doktor

hat im Traumgeschehen die gleiche Bedeutung wie Arzt (siehe unter diesem Stichwort); nur wenn man einen Doktortitel verliehen bekommt, weist das auf mehr Anerkennung und Ansehen hin, die man sich aus eigener Kraft erworben hat.

Dokumente

können ähnlich wie Briefe (siehe unter diesem Stichwort) Neuigkeiten und Nachrichten symbolisieren; bei entsprechenden Lebensumständen verheißen sie vielleicht auch eine bevorstehende Erbschaft oder einen anderen finanziellen Gewinn. Zum Teil versinnbildlichen Dokumente auch wichtige Gedanken und Erkenntnisse, denen man Beachtung schenken sollte.

Dolch

kann wie der Degen (siehe unter diesem Stichwort) für männlich-aggressive Sexualität stehen, aber auch Aggressivität außerhalb der Sexualität anzeigen, die man beherrschen lernen muss. In den alten Traumbüchern der Inder und anderer antiker Hochkulturen wird er auch als Befreiung von Sorgen und Sieg über Feinde gedeutet. Teilweise kann darin auch die Hoffnung auf Hilfe und Zuwendung zum Ausdruck kommen.

Dollarnoten

deutet man häufig wie Devisen (siehe unter diesem Stichwort). Oft verkünden sie auch einen Misserfolg, aus dem man letztlich aber doch noch einen Gewinn zieht.

Dolmetscher

kann für das Bedürfnis stehen, Botschaften aus dem eigenen Unbewussten oder andere Menschen besser zu verstehen; die individuelle Bedeutung ergibt sich aus den jeweiligen Lebensumständen.

Dom

(Kirche) verspricht gute Erfolge, wenn man nicht vom rechten Weg abweicht.

Domherr

kann als weiser Ratgeber mit konkreten Empfehlungen für die Zukunft auftauchen. Alte Traumbücher verstehen ihn als Symbol für ein sorgenfreies Alter, in dem man zur Weisheit gelangt.

Don Juan

bedeutet oft Warnung vor Betrug, Lüge und Falschheit der anderen oder Untreue in einer Liebesbeziehung. Zuweilen zeigt er an, dass man sich nach erotischen Abenteuern sehnt, um vielleicht aus einer in Routine erstarrten Beziehung auszubrechen; allerdings wird das oft mit einer Enttäuschung enden.

Donner

warnt davor, dass sich lange unterdrückte, verdrängte Gefühle plötzlich heftig entladen und viel Unheil anrichten können; diese Gefahr muss man rechtzeitig erkennen und möglichst entschärfen, ehe es zu Streit und Unfrieden kommt. Geht der Donner mit Blitz (siehe unter diesem Stichwort) einher, wird man vielleicht unverhofft einem Menschen begegnen, mit dem man ein freudiges Wiedersehen feiert. Donner im Theater fordert auf, die Dinge nicht unnötig aufzubauschen, nicht viel Lärm um nichts zu machen, weil sich das nicht auszahlt.

Dorf

kann die Sehnsucht nach dem einfachen, natürlichen, friedlichen Leben zum Ausdruck bringen, dabei zugleich aber vor Illusionen warnen. Aus den Begleitumständen sind vor allem noch folgende Deutungen möglich:

- Schönes Dorf soll finanzielle Erfolge verheißen, ein ärmliches kündigt dagegen Verluste an.
- Im Dorf wohnen kann auf eine friedliche Zukunft hinweisen.
- Vom Dorf in die Stadt gehen weist auf Langeweile und das Bedürfnis nach Abwechslung hin.

Dorn

kann vor allem bei jungen Mädchen ohne Erfahrung ein Sexualsymbol darstellen, das gleichermaßen sexuelle Bedürfnisse und Angst vor der noch unbekannten Sexualität zum Ausdruck bringt; diese Bedeutung trifft vor allem zu, wenn sie sich in den Finger stechen und Blut austritt (Symbol der Defloration). Außerdem kann der Dorn allein unangenehme Lebenserfahrungen oder sogar eine ernste seelische Krankheit ankündigen. Zuweilen warnt er vor dem Eigensinn anderer Menschen, gegen den man schwer ankommt.

Drache

(als Fabeltier) gilt in China zwar als Glückssymbol, bei uns wird er aber negativ gedeutet. Oft weist er im Traum auf eine materialistische Grundeinstellung hin, neben der seelisch-geistige Bedürfnisse verkümmern, teilweise verbunden mit rücksichtslosem Egoismus. Solche Einstellungen muss man möglichst bald verändern.

Drache aus Papier

kann hochfliegende Pläne und Hoffnungen ankündigen, denen aber kein Erfolg beschieden sein wird.

Draht

symbolisiert oft Hindernisse, mit denen man in nächster Zeit rechnen muss; vor allem der Stacheldraht kann auf schmerzliche Erfahrungen hinweisen, ein Drahtverhau gar unüberwindliche Probleme anzeigen. Günstig gedeutet werden nur Drähte aus Silber und Gold, die darauf hinweisen sollen, dass man Schwierigkeiten überwindet und Fallen, die andere stellen, rechtzeitig entlarvt.

Drahtseil

weist nach alten Traumbüchern darauf hin, dass man zwar mühsam, aber sicher einen Aufstieg schaffen wird.

Drahtseilbahn

bedeutet, dass man den Aufstieg schafft, ohne sich besonders anstrengen zu müssen.

Drechsler

kündigt an, dass man ein Ziel erreichen wird, auch wenn das fast unmöglich erscheint; indische Traumbücher fügen noch hinzu, man müsse aber einen klaren Kopf dabei behalten.

Dreck

wird entgegen herkömmlicher Erwartungen traditionell immer als Sinnbild für Glück und Wohlstand gedeutet.

Drehbank

ermahnt, nicht nur zu nehmen, sondern dafür auch etwas zu geben und zu leisten.

Drei

als Zahl kann anzeigen, dass Gegensätze und Widersprüche sich auf einer höheren Ebene vereinigen und etwas Neues hervorbringen, das Glück, Zufriedenheit und großen Erfolg beschert.

Dreieck

wird ähnlich wie die Zahl Drei gedeutet, wobei man nach alten indischen Traumbüchern darauf hoffen kann, dass man von anderen unterstützt und gefördert wird. Teils steht das Dreieck aber auch als sexuelles Symbol, das entsprechende Bedürfnisse zum Ausdruck bringt, die man nicht übermäßig unterdrücken darf.

Dreirad

bietet eine festere Standfläche und zeigt deshalb an, dass man die in Angriff genommenen Pläne sicherer zum Erfolg führen wird; dadurch kommt Bewegung ins Leben, und es kann sich deutlich verändern.

Dreschflegel

warnt vor unüberlegten Handlungen, die zu Problemen und Sorgen führen können.

Drohung

steht im Traum meist für Unsicherheit und Angst vor der Zukunft. Es kann aber auch sein, dass man Angst vor der

Bedrohung durch ins Unbewusste verdrängte Inhalte spürt, die man noch nicht bewältigen kann. Droht man selbst jemandem, wird man bald Ärger und Streitigkeiten erleben.

Dromedar

steht einerseits für Sorgen und harte Arbeit, alte Traumbücher versprechen aber auch, dass man trotzdem glücklich wird.

Drucker

soll im Traum vor falschen Menschen und übler Nachrede warnen; man muss dann in der realen Lebenssituation nach Anhaltspunkten dafür suchen.

Drüsen

können die in uns schlummernden Möglichkeiten symbolisieren, die man erkennen und verwirklichen sollte. Vielleicht weisen sie aber auch auf ein schwaches Nervensystem hin, das unter Umständen behandelt werden muss.

Duell

kündigt im Allgemeinen Gefahr an. Schaut man ihm zu, hat man vielleicht Grund zur Eifersucht. Selbst an einem Duell beteiligt sein zeigt eine Gefahr an, die man nur mit Mühe beseitigen kann. Siegt man im Duell, wird man voraussichtlich ein Ziel erreichen, dadurch aber leider nicht glücklicher werden.

Dung

(Dünger) verkündet Erfolge und finanzielle Gewinne, wenn man ihn auf einem Acker sieht oder riecht. Damit verbunden ist oft die Aufforderung, aus dem, was man auf dem Lebensweg zurücklässt, die Grundlagen für eine bessere Zukunft zu schaffen und sich weiter zu entwickeln. Alte Traumbücher erklären auch noch, dass man mit einer Krankheit rechnen muss, wenn man auf dem Dünger steht.

Dung-(Kompost-)haufen

zeigt gesicherten Wohlstand und Erfolg an, ermahnt aber zugleich, nicht geizig zu werden, weil man sonst alles wieder verlieren kann.

Dunkelheit

verdeutlicht, dass man etwas nicht versteht und deshalb unsicher ist, wie man sich richtig verhalten und entscheiden soll. Dann muss zunächst danach getrachtet werden, die Dunkelheit zu erhellen. Oft können auch Teile der eigenen Persönlichkeit im Dunkel bleiben, sodass man sich um mehr Selbsterkenntnis bemühen muss.

Dunst

(Nebel) kann im Sinne von mangelndem »Durchblick« und Verwirrung verstanden werden; dahinter können sich Unsicherheit und Selbstzweifel verbergen, die den klaren Blick verhindern. Der Dunst kann aber auch Wünsche und Bedürfnisse verbergen, sodass eine Täuschungsabsicht zum Ausdruck kommt, die man aufgeben sollte. Verfliegt der Dunst im Traum, wird man wieder klar sehen können und zu Einsichten und Erkenntnissen gelangen, die das weitere Leben oft positiv beeinflussen.

Dunstkreis

kann darauf hinweisen, dass man stark von anderen Menschen beeinflusst wird; aus diesem einschränkenden Einfluss sollte man sich bald wieder befreien.

Durchfall

wird meist ähnlich wie Cholera (siehe unter diesem Stichwort) als Akt der Selbstreinigung verstanden. Auch Sorgen und Verluste kommen darin nicht selten zum Ausdruck. Indische Traumdeuter sahen darin den Hinweis, dass man das Glück vor der eigenen Tür nicht übersehen und geringschätzen sollte.

Durst

kann in körpereigenen Träumen auftreten, wenn man tatsächlich das Bedürfnis hat, etwas zu trinken. Alte Quellen sehen darin je nach den Begleitumständen im Traum noch folgende Bedeutungen:

- Durst haben soll auf den Wunsch nach guten Beziehungen zu anderen hinweisen.
- Durst stillen kann Erfolge und Glück, nicht stillen Misserfolge, Sorgen und Trauer ankündigen.
- Reichlich trinken verheißt vielleicht Wohlstand und Ansehen in nächster Zeit.
- Einem Durstigen zu trinken geben lässt auf Dankbarkeit hoffen.
- Durst vor einer leeren Flasche kann vor einer Enttäuschung in der Partnerbeziehung warnen.

Dusche

(warm) kann bessere Gesundheit verheißen, die kalte Dusche (eingangssprachlich deshalb: »eine kalte Dusche bekommen«) steht aber für Enttäuschungen oder Misserfolge.

Dutzend

wird wie die Zahl Zwölf (siehe unter dem Stichwort Zahlen) interpretiert; oft soll sie auch als positives ankündigen, dass man seine Pläne verwirklichen wird.

Dynamit

kann ähnlich wie die Bombe (siehe Bombe) davor warnen, sich rücksichtslos ohne auf andere zu achten durchzusetzen. Möglich ist aber auch, dass man durch neue Pläne den bisherigen Lebensrahmen sprengen wird. Vielleicht kommt auch »Sprengstoff« im Unbewussten darin zum Vorschein, etwa verdrängte Gefühle, die sich plötzlich entladen und viel zerstören können.

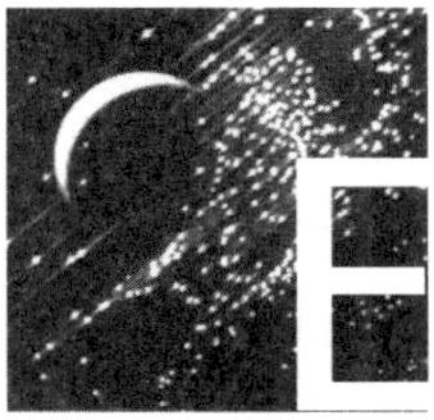

E

erscheint im Traum als Buchstabe geschrieben oder plastisch, manchmal auch gesprochen. Man deutet es traditionell als eine Art Bindeglied zwischen Körper und geistig-seelischem Bereich. Oft wird es heute mangelndes Körperbewusstsein mit Überbetonung von Verstand und Logik anzeigen, die man beseitigen sollte, um wieder zur inneren Harmonie zu finden; dabei können Körpertherapien wie die Bioenergetik gut helfen.

Ebbe und Flut

(Gezeiten) symbolisieren die Vergänglichkeit und ewige Wiederkehr des Gleichen im Lauf des Lebens. Bei entsprechenden persönlichen Lebensumständen kann darin Unzufriedenheit, Langeweile oder Resignation zum Vorschein kommen; dann sollte man versuchen, die Möglichkeiten des Lebens wieder mehr auszuschöpfen. Im Unglück können die Gezeiten trösten, weil es sich wieder zum Guten wenden wird, im Glück dagegen warnen die Gezeiten vor zu viel Sicherheit, Selbstherrlichkeit und Überheblichkeit.

Eben-(Spiegel-)bild

zeigt häufig, dass man auf der Suche nach sich selbst ist, sich besser kennenlernen und verstehen möchte; eine regelmäßig betriebene Traumdeutung kann dann gut bei der vertieften Selbsterkenntnis helfen.

Ebene

verspricht nach alten Traumbüchern, dass man in nächster Zeit Freude und Glück erleben und gut im Leben vorankommen wird. Vielleicht steht dahinter aber auch eine Warnung vor Hindernissen und Risiken, vor denen man bisher die Augen verschließt. Schaut man von einem höheren Standort weit über eine freundliche Ebene hinaus, überblickt man dabei den weiteren eigenen Lebensweg für einige Zeit und darf damit rechnen, dass er beschaulich ruhig und erfolgreich verlaufen wird.

Eber

kann etwas ungestüme sexuelle Bedürfnisse symbolisieren, die man aber nicht zu stark unterdrücken darf, weil man sonst leicht die Kontrolle darüber verliert. Fängt oder schießt man einen Eber, wird das einerseits als Verheißung von Glück gedeutet. Andere Deutungen sehen darin die Warnung vor Neidern.

Echo

taucht manchmal im Traum auf, wenn ein Geräusch aus der Umgebung, das man im Schlaf bewusst nicht wahrnimmt, in das Traumgeschehen eingebaut wird; dann kommt ihm keine Bedeutung zu. Oft kann man das Echo aber auch als Anzeichen darauf deuten, wie man innerlich auf reale Vorgänge reagiert, ohne dass das bewusst werden muss; dann kann das Symbol nur aus den individuellen Lebensumständen gedeutet werden. Hört man dagegen ein Echo im Wald, kann das Vereinsamung und Wunsch nach sozialen Beziehungen anzeigen.

Ecke

bedeutet, dass sich etwas im bisherigen Lebenslauf ändern wird, weil man eine andere Richtung einschlägt, aber keine radikale Wende um 180 Grad vollzieht; das kann sich auf Pläne und Ziele, aber auch auf innere Einstellungen, Haltungen und Überzeugungen beziehen, die man revidieren sollte, um nicht zu scheitern.

Eckhaus

kündigt nach alten Traumbüchern an, dass man durch andere Menschen Vorteile erlangen wird.

Eckstein

steht für Festigkeit und Sicherheit; das kann sich auf die Persönlichkeit oder auf Pläne und Ziele beziehen, die man zu einem guten Abschluss bringen wird.

Edelstein

hat die allgemeine Bedeutung von Schmuck (siehe unter diesem Stichwort). Je nach den Begleitumständen im Traum kann man darin noch die folgenden Bedeutungen erkennen:

- Edelsteine sehen oder kaufen kann anzeigen, dass man einer Versuchung nachgibt und dadurch einen Schaden oder Verlust erleiden wird.
- Edelsteine verkaufen kündigt dagegen einen finanziellen Erfolg an.
- Besitz von Edelsteinen soll vor allem auf mehr Ansehen hinweisen, der Verlust warnt davor, dass man seinen Ruf schädigen kann.
- Trägt man Edelsteine (zum Beispiel in einem Ring), zeigt das oft übertriebenen Stolz an, der einem selbst schaden wird.

Edelweiß

beinhaltet nach alten Traumbüchern die Ermahnung, nicht zu leichtsinnig zu werden, weil man sonst zu Fall kommen wird.

Eden

(Paradiesgarten) steht für Unschuld, schlichtes Glück und Zufriedenheit in innerer Harmonie; das sollte man nicht durch zu hochfliegende Pläne gefährden, sondern sich damit bescheiden.

Efeu

eine immergrüne Pflanze, symbolisiert oft das Bedürfnis nach einer dauerhaften, guten Freundschaft oder Liebesbeziehung, in der man sich geborgen fühlt. An der Mauer emporrankender Efeu kündigt an, dass eine Beziehung Bestand haben wird und man sich auf die Treue des anderen verlassen kann, während der am Baum empor rankende Efeu vor falschen Freunden warnen kann.

Egge

kann anzeigen, dass man hart »ackern« muss, um seine Ziele zu verwirklichen, aber schließlich doch zum Erfolg gelangt, wenn man sich genügend anstrengt. Manchmal deutet die Egge auch auf Steine (Hindernisse) auf dem Lebensweg hin, die man durch harte Arbeit überwinden wird, oder zeigt, dass man Schuld und Versagen im Leben vertuschen möchte.

Ehe

ist ein vieldeutiges Symbol. Trivial kann es manchmal als Wunsch nach einer festen Partnerschaft verstanden werden. Oft stehen dahinter aber ganz andere Bedeutungen, die mit der Ehe in der Realität nichts zu tun haben, vor allem:

- Bestehende Ehe weist im Traum darauf hin, dass man mit sich selbst in Einklang lebt, innere Widersprüchlichkeiten der Persönlichkeit miteinander ausgesöhnt hat und deshalb ein insgesamt glückliches, zufriedenes Leben führen kann.
- Eheschließung kann demnach dazu auffordern, diese innere Harmonie, diese innere Balance anzustreben, sich selbst besser zu erkennen und zu entfalten.
- Ehebruch deutet an, dass man durch eigenes Handeln die Einheit der Persönlichkeit gefährdet und deshalb mit Problemen rechnen muss, wenn man sich weiterhin von einseitigen Wünschen und Bedürfnissen leiten lässt, die der eigenen Persönlichkeit insgesamt nicht gerecht werden. Manchmal kommen darin auch Schuldgefühle zum Ausdruck, die sich nicht unbedingt auf die reale Ehe beziehen müssen.
- Ehescheidung warnt noch deutlicher als Ehebruch vor dem Verlust der inneren Harmonie; alte Traumbücher sehen darin aber auch den Hinweis auf Verleumdungen, denen man im realen Leben energisch entgegentreten muss.
- Verwitwung kann anzeigen, dass Teile der Persönlichkeit »abgestorben« sind, also massiv verdrängt und unterdrückt werden, was leicht zu Störungen der psychischen Gesundheit führt.

Ehepartner (-mann, -frau)

kann die Sehnsucht nach einer intensiven zwischenmenschlichen Beziehung nicht nur in der Ehe andeuten und taucht vor allem bei vereinsamten Menschen auf. Alte Traumbücher sehen in der Ehefrau das Symbol des gesicherten Wohlstands, während der Ehemann eine gute materielle Versorgung verspricht. Zuweilen können beide Symbole auch dazu ermahnen, sich mehr um familiäre Angelegenheiten zu kümmern.

Ehrgeiz

taucht in Träumen meist in Form bestimmter Verhaltensweisen auf, in denen man ihn erkennt. Er wird als Symbol für Beflissenheit und Strebertum, manchmal auch für eine gewisse egoistische Rücksichtslosigkeit gedeutet; dieses Verhalten sollte man wieder ablegen, weil es nur zu Problemen führt.

Ei

gehört zu den uralten Symbolen der Menschheit, das auch in Mythen und Religionen eine Rolle spielt. Allgemein versinnbildlicht es die Schöpfung, den Ursprung des Lebens oder die Auferstehung, was auch im Symbolgehalt des Ostereies zum Ausdruck kommt. Begrenzt auf die Persönlichkeit kann es für deren verborgene Eigenschaft stehen, die auf ihre Entfaltung warten. Daraus ergeben sich zahlreiche Bedeutungen, die von den Begleitumständen im Traum und von der individuellen Lebenssituation abhängen. An folgende Möglichkeiten ist dabei vor allem zu denken:

- Ei sehen, besitzen oder in der Hand halten steht allgemein für günstige weitere Lebensaussichten und große Erfolge.
- Ei verzehren kündigt eine Verbesserung und Absicherung der materiellen Lebensgrundlagen, zum Teil auch bessere Gesundheit an.
- Ei kaufen deutet an, dass man durch aktives Handeln eine günstige Gelegenheit wahrnehmen soll.
- Buntes Ei warnt meist vor Kummer, Sorgen und Krankheiten, wobei man jeweils den Symbolgehalt der Farbe mit berücksichtigen muss.
- Ei mit Küken darin verheißt häufig, dass man mit den Plänen, die man gerade »ausbrütet«, gute Erfolge erzielen wird.
- Ei fallen lassen bedeutet oft, dass man mit Zwist und übler Nachrede rechnen muss, was unter Umständen auf das eigene unhöfliche Verhalten zurückzuführen sein kann, das man ändern sollte.
- Faules Ei warnt vor einem schlechten Ruf, der sich häufig daraus erklärt, dass eigene üble Absichten durchschaut werden, von denen man rechtzeitig lassen sollte.
- Faules Ei auf andere werfen weist darauf hin, dass man jemandem bitter Unrecht tut und dafür seine Strafe bekommen wird; wird man selbst mit faulen Eiern beworfen, hat man mit Falschheit und Verleumdung durch andere Menschen zu rechnen.

- Eierschalen, die zerbrochen sind, kündigen an, dass man – meist durch eigene Ungeschicklichkeit – einen Schaden erleiden wird.
- Eierschaum (-schnee) kann davor warnen, Dinge unnötig aufzubauschen oder sich selbst zu sehr »aufzublähen«, weil man sonst Schwierigkeiten bekommen wird.
- Eierspeisen, die gesotten oder gebraten sind, zeigen Freude und Erfolge an; verdorbene Eierspeisen dagegen warnen vor häuslichem Zwist.

Eiche

symbolisiert Erfolg, Kraft, Macht, Einfluss und stabile Gesundheit; man steht dann fest auf dem Boden der Tatsachen, verwurzelt in den Ursprüngen der eigenen Existenz. Zum Teil kommt darin aber auch das Bedürfnis nach Schutz und Hilfe zum Ausdruck. Je nach den Begleitumständen kann man folgende spezielle Deutungen darin erkennen:

- Eiche mit mächtiger, grün belaubter Krone symbolisiert Gesundheit, langes Leben, Glück und Erfolg.
- Unter der Eiche im Schatten sitzen steht oft für das Gefühl der Sicherheit und Geborgenheit, kündigt vielleicht auch an, dass man unter einem mächtigen Schutz steht und gefördert wird.
- Kahle Eiche warnt davor, dass Pläne scheitern werden und man sich damit nur Schwierigkeiten einhandelt.
- Dürre, abgestorbene Eiche kann ankündigen, dass man zwar in große Not geraten wird, aber unbeschadet wieder herausfindet, wenn man den Mut nicht sinken lässt.
- Gefällte Eiche kann die Trennung von einer nahe stehenden Person anzeigen, manchmal auch Krankheit oder Tod eines Verwandten.

Eichel

(Frucht der Eiche) kann im Keim alles beinhalten, wofür der ausgewachsene Eichenbaum steht; das Symbol fordert dann oft dazu auf, sich um diese Eigenschaften mehr zu bemühen, kann aber auch anzeigen, dass man bereits dabei ist, sie zu verwirklichen. Manchmal kann die Eichel auch eine Erfahrung kennzeichnen, die auf das weitere Leben erheblichen Einfluss nehmen wird. Alte Traumbücher deuten sie zum Teil auch noch in folgendem Sinn:

- Eichel sehen kann Not und Armut ankündigen; das ist wohl mit daraus zu erklären, dass in armen Familien früher nur Eichelkaffee getrunken wurde.
- Eicheln sammeln kündigt finanzielle Erfolge an, für die man sich aber erheblich anstrengen muss.
- Eicheln vom Baum fallen sehen kann darauf hinweisen, dass man im Begriff steht, sich eine günstige Gelegenheit entgehen zu lassen, dann ist Aufmerksamkeit gefragt.

Manchmal symbolisiert die Eichel auch die unerschütterliche Treue eines anderen Menschen, auf den man sich bei seinen eigenen Absichten vollkommen verlassen kann.

Eichenlaub

wurde früher verwendet, um einen Sieger zu bekränzen; im Traum kann es vor allem eine bevorstehende Anerkennung verheißen.

Eichhörnchen

ein munteres, fleißiges Tierchen, soll nach alten Traumbüchern ankündigen, dass man sich um sein zukünftiges Glück und materielles Wohlergehen keine Sorgen zu machen braucht, weil man Helfer finden wird. Es kann aber auch ermahnen, Vorsorge für die Zukunft zu treffen, damit man keine Not erleiden muss; das gilt vor allem dann, wenn die Eichhörnchen im Traum emsig Futter sammeln.

Eid

zeigt oft an, dass man sich selbst in Schwierigkeiten gebracht hat, die nur durch völlige Ehrlichkeit und das Eingeständnis der eigenen Schuld wieder bereinigt werden können. Der Meineid warnt im Traum vor illegalen Machenschaften, mit denen man sich aus der Affäre ziehen will, denn sie werden wahrscheinlich entlarvt und schaden dann noch mehr.

Eidechse

steht oft für missgünstige Menschen, vor denen man auf der Hut sein muss. Auch Missverständnisse, Enttäuschungen und Zwistigkeiten können darin zum Ausdruck kommen, je nach den unterschiedlichen Begleitumständen und der individuellen Lebenssituation des Träumenden.

Eifersucht

mag manchmal wirklich darauf hinweisen, dass man Grund dazu hat oder Anlass dafür gibt. Oft symbolisiert sie aber allgemein sich ankündigenden Zank und Hader mit anderen Menschen, dem man kaum mehr aus dem Weg gehen kann.

Eile

kann auf verschiedene Weise in den Träumen auftauchen. Oft weist sie auf innere Unruhe, Unsicherheit und Nervosität hin. Unter Umständen enthält sie aber auch die Ermahnung, mehr zu überlegen, ehe man handelt, damit man nicht den zweiten Schritt vor dem ersten tut und dabei strauchelt. Weitere Bedeutungen können aus den folgenden Begleitumständen des Traums abgeleitet werden:

- Eilig zum Zug laufen kann ankündigen, dass man sich sputen und anstrengen muss, um noch den erhofften Erfolg zu erringen; fährt der Zug trotz der Eile vor der Nase ab, wird das aber nicht gelingen, weil man seine Chancen nicht rechtzeitig genutzt hat.
- Eilig ins Theater oder zu einem Bankett gehen weist manchmal darauf hin, dass man für ein (oft erotisches) Abenteuer offen ist, das man sich bei einer Verabredung erhofft.

◆ Eilig eine Mahlzeit verschlingen soll im Traum auf gute Gesundheit oder Heilung einer Erkrankung hinweisen.

Eimer

enthält die Vielfalt der Lebensmöglichkeiten und persönlichen Eigenschaften; zur individuellen Deutung muss man darauf achten, was sich im Eimer befindet. Grundsätzlich verspricht ein voller Eimer Glück, Erfolge und Selbstverwirklichung, ein leerer kündigt dagegen Misserfolge und Enttäuschungen an. Klares Wasser im Eimer gilt ebenfalls als Glückssymbol, trübes und schmutziges hingegen warnt vor Kummer und Sorgen. Sieht man einen Eimer mit Löchern, kann darauf hingewiesen werden, dass man sich in zu vielen Kleinigkeiten verzettelt und deshalb trotz aller Aktivitäten keine echte Befriedigung finden wird.

Einatmung

symbolisiert, dass man etwas von außen aufnimmt und verinnerlicht, um Nutzen daraus zu ziehen. Dabei kann es sich um Erfahrungen, fremde Gedanken und Ideen handeln, die einem weiterhelfen. Man muss aber auch prüfen, ob man nicht zu stark dadurch beeinflusst wird.

Einäugig

(auf einem Auge blind) kann manchmal auf Fehler hinweisen, die man noch nicht bemerkt hat; danach muss man im realen Leben intensiv suchen und sie beseitigen, damit man nicht in eine Falle läuft und scheitert. Oft erkennt man darin aber auch die Warnung, die Dinge und Personen nicht zu einseitig zu betrachten, weil man sonst ein falsches Bild davon erhält. Alte Traumbücher sehen in diesem Symbol auch den Hinweis, dass man Gefahr läuft, betrogen zu werden, auch hier ist verstärkte Aufmerksamkeit im realen Leben gefordert.

Einbalsamierung

kann Angst vor dem Tod und Hoffnung auf ein Leben danach verkörpern. Vielleicht steht dahinter aber auch der Wunsch, die Zeit anzuhalten, um den gegenwärtigen Zustand, in dem man sich wohl fühlt, für immer zu bewahren; dann kann dahinter die Warnung stehen, dass man bei dieser Einstellung leicht in Gewohnheit und Routine erstarrt, unbeweglich wird und sich bald langweilt.

Einbrecher

symbolisiert zum Teil sexuelle Bedürfnisse, die zu lange unterdrückt wurden und nun in den Wachzustand einzubrechen drohen, wenn man nicht auf sie achtet und sie nicht endlich befriedigt. Bei Frauen kann damit aber auch Angst vor der Sexualität verbunden sein. Stellt man dagegen einen Einbrecher im Traum, wird man voraussichtlich in nächster Zeit gelobt und belohnt werden.

Einbruch

steht oft für eine Gefahr, die man selbst nicht bemerkt hat, aber wahrscheinlich noch abwenden kann. Außerdem kann dahinter auch das Bedürfnis nach sexuellen Abenteuern zum Ausdruck kommen, wenn man die Sexualität zu stark unterdrückt. Teilweise kommen im Einbruch Schuldgefühle und Scham wegen vermeintlichen oder tatsächlichen Fehlverhaltens zum Vorschein, die man verdrängte; vor allem dann, wenn man selbst bei einem Einbruch ertappt wird.

Eingeborene

verkörpern oftmals den ursprünglichen, unverbildeten, teilweise unbewussten Teil der Persönlichkeit, vor allem Instinkte, Triebe und Gefühle, von denen man zwar fasziniert ist, die man in der Realität aus Rücksicht auf die Konventionen und die gesellschaftlichen Regeln jedoch nicht auszuleben wagt. Häufig versteht man diese Bedürfnisse, Neigungen und Wünsche als die »dunklen Seiten« der Persönlichkeit, für die man sich vielleicht sogar schämt; sie müssen aber auch ins eigene Selbstbild integriert und akzeptiert werden, sonst liegt man ewig mit sich selbst in Widerspruch. Gelegentlich symbolisieren die Eingeborenen sexuelle Bedürfnisse, die man der Moral geopfert hat, ohne sich von ihnen wirklich befreien zu können; auch diese Bedürfnisse müssen angenommen werden, selbst wenn man sie nicht ausleben kann.

Eingeweide

werden im Allgemeinen wie der Darm (siehe unter diesem Stichwort) gedeutet.

Einladung

zeigt meist Vereinsamung an, aus der man sich aus eigener Kraft nicht befreien kann; man hofft, dass andere den Kontakt aufnehmen. Das Symbol warnt davor, sich länger zu isolieren, und fordert auf, selbst aus dem Gefängnis der Vereinsamung auszubrechen, anstatt auf andere zu warten.

Einöde

steht oft ebenfalls für ein vereinsamtes, langweiliges Leben, weist aber darauf hin, dass man das oft der eigenen Unhöflichkeit zuzuschreiben hat; wenn man freundlicher mit anderen Menschen umgeht, findet man auch wieder aus der Isolierung heraus.

Eins

(Zahl) kann Erfolg und Glück verheißen; sieht man sich selbst im Zusammenhang mit der Zahl, wird man vielleicht in einer Angelegenheit als Sieger hervorgehen, kann aber auch vor Selbstüberschätzung und Übermut gewarnt werden.

Einseifen

hat meist mit Falschheit und Betrug zu tun. Seift man jemanden ein, will man ihn aus Eigennutz schädigen, wird man selbst eingeseift, muss man sich hüten, unehrlichen Menschen auf den Leim zu gehen.

Einsiedler

(Eremit) kann tatsächlich für den Wunsch stehen, sich vom Leben und den Menschen zurückzuziehen. Vielleicht ist das auf Enttäuschung und Verbitterung zurückzuführen, von der man sich aber nicht überwältigen lassen darf, sonst würde man es später bereuen. Mancher will sich jedoch zurückziehen, um zu sich selbst zu finden; das kann ein guter Entschluss sein. Auch als Lehrer und Ratgeber taucht der Einsiedler auf, dann oft mit einem langen weißen Bart (er erinnert dann an alte Darstellungen von Gottvater). Alte Traumbücher kennen noch eine Reihe anderer Deutungen, die von den Begleitumständen im Traum abhängen, zum Beispiel:

- Einsiedler sehen kann vor Falschheit und Heuchelei anderer warnen, die einem schaden wollen; unter Umständen muss man dann auch mit Misserfolgen und Enttäuschungen rechnen, obwohl man sich angestrengt hat.
- Einsiedler sein soll das Bedürfnis nach mehr Geselligkeit und Kontakt mit anderen anzeigen.
- Einsiedler im Kreis anderer Menschen sein steht für das Gefühl, von ihnen nicht verstanden und eventuell ignoriert zu werden und deshalb isoliert zu sein.

Einsiedelei

(Eremitage) deuten indische Traumbücher oft als Mahnung, seinen Nächsten mehr zu lieben, damit man auch selbst angenommen wird. Wenn man sich zusammen mit dem Ehepartner in einer Einsiedelei sieht, weist das auf eine Beziehung hin, die zu wenig Raum für äußere Impulse lässt und deshalb im Lauf der Zeit monoton geworden ist.

Eis

steht oft mit den eigenen Gefühlen in Beziehung. Je nach den Begleitumständen weist es vielleicht auf allgemeine Gefühlsarmut oder auf das Erkalten von Gefühlen für einen bestimmten Menschen hin. Außerdem wird Eis traditionell noch wie folgt gedeutet:

- Auf Eis gehen, schleudern oder stürzen warnt vor Spekulationen, die mit Misserfolgen und Verlusten enden werden, weil sie zu riskant sind; diesen Hinweis aus dem Unbewussten sollte man unbedingt beachten.
- Eis im Sommer sehen deutet oft an, dass ein Vorhaben unter keinem günstigen Stern steht und besser wieder aufgegeben werden sollte.
- Eis essen kann ein Abenteuer ankündigen, vor dem man »Bauchschmerzen« hat und das gefährlich verlaufen wird.

Eisbär

deuten alte Traumbücher als Warnung vor einer Enttäuschung durch einen geliebten Menschen.

Eisberg

kann man als Sinnbild der gesamten Persönlichkeit verstehen, von dem man nur einen kleinen Teil wahrnimmt, der über die Schwelle des Bewusstseins hinausragt. Dahinter kann die Aufforderung stehen, sich mehr mit dem Unbewussten zu beschäftigen, um die unter der Oberfläche erstarrten psychischen Inhalte wieder zu beleben.

Eisen

kann für Härte bis hin zur Brutalität und Rücksichtslosigkeit, eisernen Willen, Durchsetzungsvermögen, vielleicht auch Gefühlskälte stehen. Man deutet das Symbol je nach den weiteren Begleitumständen in folgender Weise:

- Eisen schmieden kann Pläne ankündigen, die aber leicht zu Streitigkeiten führen werden.
- Rostiges Eisen kündigt eine Enttäuschung durch eine nahe stehende Person oder sogar eine Trennung von ihr an.
- Glühendes Eisen steht für heftige, beständige Gefühle für einen geliebten Menschen.
- Eisen schmelzen weist darauf hin, dass man durch Treue in einer Beziehung glücklich werden kann.
- Durch Eisen verletzt werden verkündet bevorstehende Sorgen und Enttäuschungen.

Eisenbahn

ist ein wichtiges Traumsymbol, das vor allem für Lebenseinstellungen und -erfahrungen, Energie, Antriebskräfte, Werte und Ziele steht. Daraus kann man wichtige Rückschlüsse auf die Persönlichkeit und ihre weitere Entwicklung ziehen, sich selbst also besser erkennen. Je nach den Begleitumständen ergeben sich vor allem die folgenden speziellen Deutungen:

- Eisenbahn sehen deutet auf Absichten und Pläne hin, die man bald in Angriff nehmen wird; zuweilen kann das auch auf den bevorstehenden Abschied von einem geliebten Menschen hinweisen.
- Eisenbahn fahren verheißt, dass man mit seinen Absichten und Planungen rasch vorankommen wird.
- Aussteigen aus der Eisenbahn im Bahnhof verspricht, dass man seine Ziele erreichen wird; steigt man auf freier Strecke aus, wird man vermutlich nicht zum Ziel gelangen.
- Notbremse in der Eisenbahn ziehen kann auf übersehene Hindernisse und Risiken hinweisen, die man erst beseitigen muss, ehe man das Ziel erreichen kann.
- In einen Tunnel fahren bedeutet oft Heimlichkeiten, mangelndes Verständnis und fehlende Einsicht, was dazu führt, dass die Zukunft noch dunkel bleibt; verlässt man den Tunnel wieder, wird man zur Einsicht gelangen und Erfolge erzielen.
- Versäumt man die Eisenbahn, hat man wahrscheinlich eine günstige Gelegenheit verpasst.
- Wird man von anderen gehindert, in die Eisenbahn zu steigen, kommen darin oft Ängste und Hemmungen

zum Ausdruck, die das Weiterkommen behindern.

- Gerät man unter die Eisenbahn, kann das für die Angst vor den Folgen der eigenen Pläne oder vor den Antrieben und Wünschen stehen.

Eisenblech

wird als Sinnbild einer in sich gefestigten, aber nicht starren, unflexiblen Persönlichkeit gedeutet, die sich noch weiterentwickeln kann.

Eisengitter

kündigt erhebliche Widerstände gegen die eigenen Absichten an, die man nur mit viel Mühe überwinden kann; die indische Traumdeutung sieht darin auch Schwierigkeiten und Probleme mit Behörden voraus.

Eisenring

kann andeuten, dass man sich eingeschränkt, durch die Lebensumstände in seiner Beweglichkeit behindert (angekettet) fühlt; dagegen sollte man sich zur Wehr setzen. Traditionell steht er aber auch für eine lange gute Ehe.

Eiszapfen

kann für feste Gefühle stehen, die jedoch ins Wanken geraten können. Manchmal deutet man ihn auch als Symbol für den nachlassenden oder unterdrückten Geschlechtstrieb (vor allem bei Männern).

Eiter

kann wirklich einmal eine Krankheit ankündigen, die noch keine Symptome verursacht. Er kann aber auch als bestimmte Eigenschaften der Persönlichkeit gedeutet werden, die man unterdrückt; zukünftig sollten diese dann mehr berücksichtigt werden, weil sie sonst »zersetzend« wirken.

Ekel

tritt im Traum manchmal körperbedingt zum Beispiel bei einer Magenverstimmung auf. Oft erklärt er sich aber als Reaktion auf unbewusste Gefühle, Neigungen und Wünsche, die man selbst ablehnt. Empfindet man den Ekel beim Essen im Traum, soll das vor einem missgünstigen Menschen warnen.

Ekstase

(Verzückung) bringt meist Begeisterung für Ideen, Gefühle oder Personen zum Ausdruck. Auch ein Zustand der Harmonie mit sich selbst und mit der Umwelt steht manchmal dahinter.

Elastische Gegenstände

(zum Beispiel Gummiband) weisen im Traum auf seelisch-geistige Flexibilität und Anpassungsfähigkeit hin. Wird der Gegenstand zu stark gedehnt, kann das auf innere Anspannung zurückzuführen sein, die vielleicht durch übermäßige Anpassung entsteht. Reißt der elastische Gegenstand, zerbricht man viel-

leicht unter der Anspannung oder wird durch Anpassung überfordert.

Elefant

kann starke sexuelle Bedürfnisse, bei Frauen die Sehnsucht nach einem starken, einfühlsamen Sexualpartner symbolisieren. Daneben sind noch folgende Deutungen möglich:

- Elefant mit Treiber auf dem Nacken zeigt die Kraft und Energie an, mit der man Hindernisse auf dem Lebensweg überwindet, wobei man von Verstand und Logik geleitet wird.
- Elefant im Zirkus kann vor übertriebener Eitelkeit und Geltungssucht warnen, mit der man sich leicht der Lächerlichkeit preisgibt.
- Elefantenkuh mit Jungen symbolisiert, dass man sich nach einem stillen, friedlichen und harmonischen Familienleben sehnt.

Elektrizität

kann für Sexualität oder geistige Energie stehen. Die genaue Deutung ergibt sich zum Beispiel aus den folgenden Begleitumständen:

- Elektrisches Licht kann die Erhellung der eigenen Situation durch Selbsterkenntnis ankündigen; zuweilen wird dadurch auch vor einer Gefahr gewarnt.

- Elektrische Funken sprühen sehen deutet an, dass man ein sexuelles Abenteuer erleben kann, von dem man aber enttäuscht wird.
- Sieht man im Traum ein Elektrizitätswerk kann das darauf hinweisen, dass man bald mehr Verantwortung zu tragen hat.

Elend

das man bei anderen sieht, weist darauf hin, dass man erkennen sollte, wie gut man es selbst hat, und sich damit zufrieden geben sollte. Manchmal kommt darin auch der Neid anderer zum Ausdruck, den man noch nicht bemerkt hat.

Elfe

(Fabelwesen) kann das Unbewusste als Urgrund von Antrieben, Gefühlen, Energie und Bewusstsein verkörpern. Daraus lassen sich Rückschlüsse darauf ziehen, was einen Menschen bewegt und umtreibt. Nicht selten bringt die Elfe auch das Bedürfnis nach einer romantischen Liebesbeziehung zum Ausdruck.

Elfenbein

symbolisiert die Seele, wobei schwarzes Elfenbein für das Unbewusste steht. Was mit diesem Symbol ausgedrückt wird, kann man jedoch nur individuell aus der augenblicklichen Lebenssituation und den Begleitumständen im Traum ableiten.

Ellbogen

erlaubt die Beweglichkeit der Arme, mit denen man das Leben aktiv gestaltet, gibt zugleich aber auch festen Halt. Er wird deshalb häufig als Zeichen für Pläne, Ideen und Hoffnungen auf einer realistischen Grundlage verstanden, die man aber nicht stur verfolgen, sondern den jeweiligen Gegebenheiten anpassen sollte.

Elster

gilt als Symbol der Klugheit und List, kann also davor warnen, dass man ausgenutzt und getäuscht wird. Außerdem kommt dahinter zuweilen übersteigertes Streben nach materiellem Besitz zum Ausdruck.

Eltern

können im Traum für das Bedürfnis nach Rat, Hilfe, Sicherheit, Geborgenheit und aufrichtige Gefühle stehen. Je nachdem, wie das Verhältnis zu den eigenen Eltern ist (war), sind aber auch individuell andere Deutungen möglich. Alte Traumbücher geben unter anderen noch folgende Bedeutungen an:

- Mit den Eltern streiten warnt davor, dass man durch eigene Schuld in Schwierigkeiten geraten wird.
- Eltern sehen kann Glück und Erfolg in der nächsten Zeit verheißen.
- Eltern sterben sehen soll eigenes langes Leben ankündigen; vielleicht kommt darin auch zum Ausdruck, dass man sich von ihrem starken Einfluss befreien sollte.

- Tote Eltern werden als Glückssymbol verstanden, manchmal im Sinne von Wohlstand.

Embryo

symbolisiert Absichten, Pläne und Gefühle, die in uns heranreifen, aber noch nicht voll bewusst geworden sind. Manchmal kann dahinter auch der Wunsch nach Geborgenheit (im Mutterleib) und eine unreife Persönlichkeit stehen, die Verantwortung für sich selbst scheut; dann fordert das Symbol zur persönlichen Weiterentwicklung auf.

Emigration

(Auswanderung) deutet auf bevorstehende Veränderungen hin; man flieht aus der augenblicklichen Lebenssituation, die unerträglich geworden ist, und will ein völlig neues Leben beginnen. Das sollte man aber mit Vorsicht und Umsicht in die Wege leiten, um dabei nicht zu scheitern.

Empörung

(zum Beispiel über andere) kann durch die Verarbeitung von Tagesereignissen im Traum entstehen und hat dann meist keine tiefere Bedeutung. Vielleicht verbergen sich dahinter im Einzelfall aber auch verdrängte und unterdrückte psychische Inhalte, die man sehr beachten sollte; dann taucht die Empörung oft im Sinn eines »Aufstands« gegen die Zensur des Bewusstseins auf. Manchmal kann auch ein »widerborstiger« Charakter darin zum Ausdruck kommen, der sich auch besserer Einsicht nicht beugen will und leicht aufbraust.

Enge

kann man im Traum in verschiedenen Formen wahrnehmen und muss sie je nach Begleitumständen und individueller Lebenssituation deuten. Häufig kommt darin zum Ausdruck, dass man sich in der Selbstentfaltung eingeschränkt fühlt, ein beengtes Leben führt. Es ist aber auch möglich, dass das Symbol auf einen eingeengten Horizont hinweist und auffordert, geistig aktiver zu werden, mehr Informationen und Erkenntnisse zu sammeln.

Engel

verkörpert im Allgemeinen Botschaften aus dem Unbewussten, die man beachten und in die Lebensgestaltung einbeziehen sollte. Folgende Bedeutungen sind oft damit verbunden:

- Engel sehen kündigt an, dass man durch bessere Einsicht bald eine Lösung anstehender Probleme finden wird.
- Engel sprechen hören wird in alten Traumbüchern als Hinweis auf Krankheit und Tod einer nahe stehenden Person gedeutet.
- Sieht man sich selbst als Engel, kann das Glück und Ansehen verheißen.
- Zwei Engel, von denen der eine »dunkel«, der andere aber strahlend

schön erscheint, fordern meist dazu auf, sich zwischen Gut und Böse zu entscheiden.

- Von mehreren Engeln umgeben sein deutet oft innere Harmonie und Einklang mit der Umwelt an.

England

kann eine nüchterne und lebenstüchtige, dadurch aber auch langweilige und fantasielose Persönlichkeit symbolisieren, die sich vorwiegend von praktischen Überlegungen leiten lässt. Hinzu kommen oft noch Gefühlsarmut und mangelnde Anteilnahme für andere. Im Traum kann England darauf hinweisen, dass man weniger pragmatisch sein sollte, weil man dadurch viele Aspekte der Persönlichkeit unterdrückt; aber auch das Gegenteil, die Aufforderung zu mehr Sachlichkeit, kann dahinter stehen, wenn sich das aus den Lebensumständen ableiten lässt.

Englisch

als Sprache im Traum deutet man im Sinne von England als Ankündigung geschäftlicher und beruflicher Erfolge, für die man aber oft eine glückliche Liebesbeziehung opfern muss. Liest man etwas in englischer Sprache, kommt darin oft Langeweile zum Vorschein.

Entbindung

hat meist die gleiche Bedeutung wie Geburt (siehe unter diesem Stichwort). Indische Traumbücher deuten sie allgemein als Warnung vor einer Rufschädigung; Entbindung eines Mädchens soll familiäres Glück, eines Knaben Sorgen und Enttäuschungen ankündigen.

Entdeckung

steht meist für Nachrichten und Neuigkeiten, die man bald erfahren wird. Je nach Begleitumständen und persönlicher Lebenssituation können sie günstig oder ungünstig sein, das lässt sich nur im Einzelfall erkennen.

Ente

ist ein Glückssymbol, das vor allem Wohlstand und Ansehen verheißt. Sie kann auch die Intelligenz eines Menschen und die Weisheit des Unbewussten verkörpern, die bei der Realisierung von Zielen helfen. Schwimmt die Ente in trübem Wasser, muss man mehr auf seinen guten Ruf achten.

Enterbung

soll nach alten Traumbüchern auf Tod oder Trennung von einer nahe stehenden Person hinweisen, manchmal auch finanzielle Verluste ankündigen.

Entführung

kann dazu auffordern, sich bald zu einer Heirat zu entschließen, wenn es dafür in der realen Lebenssituation Anhaltspunkte gibt. Sonst wird sie allgemein als Glückssymbol aufgefasst.

Enthauptung

mahnt zuweilen ganz trivial, nicht so »kopflos« zu handeln, sondern vorher lange genug zu überlegen. Auch der Verlust von Ziel- und Wertvorstellungen, denen man bisher als Leitideen des Lebensplans folgte, kommt darin im Einzelfall zum Ausdruck. Sieht man bei der Enthauptung eines anderen zu, wird man vielleicht bald eine schmerzliche Trennung von einem nahe stehenden Menschen erleben. Die eigene Enthauptung kündigt allgemein Unannehmlichkeiten im privaten Bereich oder im Berufsleben für die nächste Zeit an.

Entkleidung

(Entblößung) bringt selten sexuelle Bedürfnisse zum Ausdruck, die man nicht genügend auslebt; unter Umständen ist damit Scham- und Schuldgefühl verbunden, weil man diese Bedürfnisse ablehnt. Weitere Bedeutungen ergeben sich aus folgenden Begleitumständen:

- Selbst entkleidet sein kann den Wunsch symbolisieren, sich ohne Maske und Verstellung so geben zu können, wie man eben ist, und falsche Hemmungen abzulegen; danach sollte man wirklich streben, um zur inneren Harmonie und Ausgeglichenheit zu finden.
- Öffentlich von anderen entkleidet zu werden steht oft für die Angst vor Bloßstellung und Entlarvung eigenen Fehlverhaltens oder von Wünschen und Absichten, die man selbst nicht gutheißt.
- Einen anderen entkleiden oder zuschauen, wie er entblößt wird, kündigt wahrscheinlich an, dass man einen Menschen durchschaut und von ihm enttäuscht wird.

Entlassung

kann darauf hinweisen, dass man tatsächlich den Verlust des Arbeitsplatzes befürchtet. Wenn sich das nicht aus den realen Lebensumständen ableiten lässt, symbolisiert sie meist Trennung von einem nahe stehenden Menschen, finanzielle Verluste und andere Alltagssorgen.

Entthronung

kann dazu auffordern, sich von Hemmungen, Zwängen, Ängsten, Plänen und Idealen, die das Leben beherrschen, zu lösen, damit man unbelastet von ihnen neue Lebensmöglichkeiten verwirklichen kann. Dieser Hinweis sollte immer ernst genommen werden, denn er zeigt an, dass man in der freien Selbstentfaltung und Lebensgestaltung doch erheblich eingeschränkt ist.

Entwaffnung

eines anderen verspricht, dass man bald Feinde und Widersacher unschädlich machen und Hindernisse aus dem Weg räumen wird, also seine Ziele erreicht. Wird man selbst entwaffnet, soll das nach alten Traumbüchern vor einem Verlust an Ansehen warnen, den man selbst verschulden kann.

Entweihung

ist meist ein Zeichen dafür, dass man sich selbst nicht uneingeschränkt annimmt, sondern Teile der Persönlichkeit (vor allem des Unbewussten) ablehnt, sich dafür schämt. Dadurch entweiht man aber den »Tempel der Seele« und kann nicht glücklich werden. Man muss also versuchen, sich selbst zu akzeptieren und das, was einem nicht an sich gefällt, allmählich zu ändern.

Entwirrung

kündigt oft an, dass man sich aus einem Netz von Ängsten, Missverständnissen, Intrigen und ähnlichen Einschränkungen befreien kann, um wieder ein selbstständiges Leben zu führen. Manchmal steht dahinter auch die Aufforderung, sich aus einer zwischenmenschlichen Beziehung zu lösen, die zu Verwicklungen im Leben führt.

Enzyklopädie

(Lexikon) kann auf gutes Gedächtnis und hohen Wissensstand hinweisen, wobei es aber nicht selten an Fantasie und Kreativität mangeln mag. Allgemein verkörpert sie die Summe der bisherigen Lebenserfahrungen und fordert auf, diese mehr zu nutzen.

Epilepsie

(Fallsucht) kann im Traum auf hohe innere Spannungen hinweisen, die unter anderem durch Stress, Konflikte oder unterdrückte sexuelle Bedürfnisse entstehen; sie werden im epileptischen Anfall während des Traums abreagiert, was tatsächlich mit realen Körperbewegungen verbunden sein kann. Da aber nur eine Scheinentlastung stattfindet, muss man unbedingt die individuellen Ursachen erkennen und versuchen, sie intensiv und so schnell wie möglich zu beseitigen.

Erbrechen

kann wie Durchfall (siehe unter diesem Stichwort) auf das Bedürfnis nach Selbstreinigung hinweisen, die aber aggressiver als beim Durchfall zum Ausdruck kommt. Im Einzelfall erkennt man darin auch Ekel und Überdruss vor sich selbst, anderen Menschen oder dem Leben schlechthin; dann müssen die individuellen Ursachen im realen Leben geklärt und überwunden werden. Alte Traumbücher deuten Erbrechen auch noch als Symbol von bevorstehendem Glück, bei dem man durch andere gefördert wird.

Erbschaft

(Erben) steht im Allgemeinen für eine Veränderung im Leben; nimmt man sie an, gilt das als ungünstig, die Ablehnung dagegen soll eine günstige Wende ankündigen. Ferner kann in dem Bild der Erbschaft zum Ausdruck kommen, dass man von einem anderen Verantwortung, Ideen oder andere seelisch-geistige Werte übernommen hat, von denen man sich aber nicht erdrücken lassen darf.

Erbsen

können auf eine kleinliche, pedantische Persönlichkeit (umgangssprachlich »Erbsenzähler«) hinweisen, die sich selbst und anderen das Leben nicht unnötig schwer machen sollte. Sieht man blühende Erbsen oder sammelt die Früchte, verheißt das Wohlstand; steckt man Erbsen neu ins Beet, wird ein Plan gut gedeihen, eine Hoffnung in Erfüllung gehen. Verzehr von gekochten Erbsen soll nach alten Quellen aber Krankheit, Leid und Not, die Erbsensuppe familiären Streit ankündigen.

Erdball

(-kugel, Globus) kann oft wie der Ball (siehe unter diesem Stichwort) als eine abgerundete, harmonische Persönlichkeit verstanden werden. Manchmal kommen darin auch die weitere Lebensplanung und der Wunsch nach mehr Selbstentfaltung und Ausblick in die Zukunft zum Vorschein, gelegentlich kann der Erdball auch das Bedürfnis nach einer Reise bedeuten.

Erdbeben

gehört zu den erschütternden Urerfahrungen der Menschheit. Im Traum warnt es oft vor grundlegenden Veränderungen des Lebens, die zutiefst verunsichern und nur durch Standfestigkeit gut überstanden werden; wird man dabei im Traum verletzt, führt die Entwicklung wahrscheinlich zu Kummer, Sorgen und Verlusten.

Erdbeere

ist ein Symbol für gute Freundschaft, in der auch sexuelle Bedürfnisse eine Rolle spielen, die man nicht unterdrücken sollte. Isst man Erdbeeren, wird man vielleicht ein erotisches Abenteuer erleben, schüttet man dagegen die Beeren aus, endet diese Beziehung aber wahrscheinlich mit einer Enttäuschung. Große, pralle, grellrote Erdbeeren können den Träumenden davor warnen, sich zu stark in den Vordergrund zu drängen.

Erde

steht allgemein für das Werden und Vergehen, Naturverbundenheit und Beständigkeit. Je nach den weiteren Begleitumständen können sich folgende spezielle Bedeutungen ergeben:

- In der Erde graben weist darauf hin, dass man sich selbst und die augenblickliche Lebenssituation nur aus den Erfahrungen der Vergangenheit verstehen kann, die gleichsam die Wurzeln bilden; noch weiter geht die Deutung, wenn man darin den Hinweis auf das kollektive Unbewusste sieht, in dem alle Menschen verwurzelt sind; das kann auffordern, das Unbewusste besser zu erforschen und frühere Erfahrungen zu nutzen.
- Erde essen (bei vielen Naturvölkern ein ritueller Brauch) kündigt vielleicht an, dass eine Sehnsucht sich erfüllen wird; oft kommt darin auch das Bedürfnis nach Kraft und Energie durch Naturverbundenheit zum Vorschein.

- Auf bloßer harter Erde sitzen oder liegen kann vor einer bevorstehenden Krankheit warnen, die man aber noch verhindern kann, wenn man rechtzeitig vorbeugt.
- Dunkelbraune oder schwarze Erde kündigt oft Kummer und Sorgen an.
- Aus der Erde (zum Beispiel dem Grab) emporsteigen weist auf seelisch-geistige Weiterentwicklung hin, wenn man auf den bisherigen Erfahrungen aufbaut.

Erfinder

kann als weiser Lehrer und Ratgeber in Träumen auftauchen, wenn man in schwierigen Situationen Rat und Hilfe sucht; seinen Empfehlungen kann man jedoch nur bedingt vertrauen, denn sie sind oftmals unrealistisch und weltfremd. Allgemein kann der Erfinder für einen rastlosen Geist stehen, der sich neugierig und wissbegierig ständig mit der Welt auseinander setzt.

Erfindung

kündigt oft eine grundlegende Veränderung im Leben an, die zum Beispiel durch vertiefte Selbsterkenntnis in Gang kommt; dahinter kann auch die Unzufriedenheit mit der augenblicklichen Lebenssituation stehen. Eine misslungene, nicht funktionsfähige oder kuriose Erfindung weist darauf hin, dass man zu idealistisch und weltfremd ist und deshalb keinen Erfolg haben wird, obwohl man sich sehr viel Mühe gegeben hat.

Erhängen

(Erhängter) zeigt meist an, dass man den Boden unter den Füßen verloren hat und im Augenblick nicht erkennt, wie der weitere Lebensweg verläuft. Wird man selber erhängt, wendet sich wahrscheinlich alles zum Guten, sieht man einen Erhängten, kann das auf eine ungünstige Wendung hinweisen.

Ermordung

soll nach alten Traumbüchern langes Leben bei guter Gesundheit verheißen. Man kann darin aber auch den Hinweis sehen, dass man Teile der eigenen Persönlichkeit durch massive Verdrängung gleichsam »ermordet« und deshalb unglücklich ist.

Ernte

(Ernten) steht meist für die Früchte der eigenen Anstrengungen und Mühen. Gute Ernte verheißt demnach Erfolge und Erfüllung von Wünschen, schlechte kündigt Misserfolge und Enttäuschungen an. Manchmal drückt die Ernte auch aus, dass man sich nach mehr Anerkennung der anderen sehnt, sich von ihnen vielleicht verkannt fühlt; das muss genauer analysiert und möglichst geändert werden.

Ersparnisse

symbolisieren die Reserven an Energie und Tatkraft, die in uns schlummern; das Symbol kann auffordern, sie nicht zu verschwenden, aber auch verlangen, dass man sie mehr einsetzt. Teilweise wird darin das Bedürfnis nach besserer materieller Absicherung deutlich.

Erstechen

kann wie der Dolch (siehe unter diesem Stichwort) Aggressivität und unreife Sexualität verkörpern. Unter Umständen kommt auch zum Ausdruck, dass man Hindernisse und Gefahren auf dem Lebensweg durch radikale Lösungen rasch beseitigen will/kann. Vielleicht zeigt sich auch konkret Aggressivität gegen einen anderen Menschen, den man aus dem Weg räumen möchte.

Ersticken

(Erdrosseln) wird oft als Symbol von Lebenserfahrungen verstanden, die einem »die Luft abstellen«, die Energie und Tatkraft hemmen; auch damit verbundene Ängste kommen häufig in diesem Symbol zum Ausdruck. Nicht selten leidet man dann auch im Alltag an psychosomatischen Störungen, wie Atemnot oder Kloßgefühl im Hals. Dann muss die verdrängte Erfahrung wieder bewusst gemacht und verarbeitet werden. Gelegentlich erkennt man im Ersticken auch eine Gefühlsbeziehung (oft Mutter–Kind), die regelrecht den Atem raubt und die freie Entwicklung hemmt.

Ertrinken

kann konkret darauf hinweisen, dass man in zu vielen Pflichten oder turbulenten Ereignissen unterzugehen droht; diesen negativen Stress muss man rasch beseitigen. Oft wird das Ertrinken aber als Warnung vor Risiken und Unglücken gedeutet; rettet man einen Ertrunkenen, wird man die Gefahren aber mutig und entschlossen bewältigen.

Erwürgen

kann ähnlich wie Erdrosseln (siehe unter diesem Stichwort) verstanden werden; oft sind es dann negative Erfahrungen oder überwältigende Gefühle, die einem den Hals zuschnüren. Im Einzelfall kommt darin auch der Wunsch zum Ausdruck, eigene Bedürfnisse, Eigenschaften, Erfahrungen und ähnliche verdrängte psychische Inhalte »abzuwürgen«, um nie mehr mit ihnen konfrontiert zu werden.

Erz

kann anzeigen, dass man materielle in geistig-seelische Werte umwandeln, sich nicht zu stark von materiellen Zielen leiten lassen sollte. Gräbt man nach Erz, wird man voraussichtlich zu wichtigen Erkenntnissen und Einsichten gelangen oder ein Geheimnis lüften. Auch Sicherheit und beständiger Wohlstand können im Erz zum Ausdruck kommen.

Esel

steht im Traum oft für »niedrige« Instinkte und Triebe, aber auch für Geduld, Bescheidenheit und Demut oder

Leichtsinn (Eselei); das ergibt sich aus der jeweiligen konkreten Lebenssituation. Je nach den Begleitumständen im Traum kann man vor allem folgende Bedeutungen ableiten:

- Esel sehen kann auf geistige Trägheit hinweisen, die man überwinden sollte.
- Beladener Esel oder Ritt auf dem Tier zeigt oft an, dass man nur langsam und mühselig ein Ziel erreichen wird.
- Esel kaufen soll zu mehr Sparsamkeit, Genügsamkeit und Bescheidenheit ermahnen.
- Esel füttern kann ankündigen, dass man Undank für seine Anstrengungen ernten wird.
- Esel schlagen deutet nach alten Traumbüchern auf einen rücksichtslosen, gefühlsarmen Charakter hin.
- Eselsgeschrei bringt Hohn und Spott der anderen über die eigenen Anstrengungen zum Ausdruck, die fruchtlos bleiben werden.

Eskimo

kann kaum eine Seite der Persönlichkeit symbolisieren, die fremdartig wirkt und weder fasziniert noch ängstigt (im Gegensatz zu Eingeborenen, siehe unter diesem Stichwort), sondern einfach »vergessen« wird. Das muss oft nicht weiter gedeutet werden.

Essen

kann im Traum als körperliches Signal auftreten, wenn man tatsächlich Hunger hat; dann soll der Schlaf durch die Scheinbefriedigung im Traum gesichert werden. Oft treten Träume mit Mahlzeiten auch während einer Schlankheits- oder Fastenkur sowie bei Menschen mit suchtartigen Essstörungen (Magersucht, Ess-Brechsucht) auf und weisen in den letzteren Fällen auf die psychischen Hintergründe hin, die in der Regel aber nur vom Therapeuten analysiert werden können. Im übertragenen Sinn kann Essen für die Einverleibung von Erfahrungen, Erkenntnissen und geistigen Werten stehen. Nach alten Traumbüchern kann das Essen je nach den Begleitumständen noch folgende Bedeutungen haben:

- Reichlich Essen allein rasch verschlingen zeigt oft Besitzgier und mangelndes Mitgefühl für andere an.
- Kärgliches Essen, das nicht schmeckt, kann darauf hinweisen, dass man einen geringen Erfolg erzielt, an dem man sich nicht freuen kann; manchmal kommen darin auch Schuldgefühle zum Ausdruck.
- Einladung zum Essen soll auf bevorstehende unruhige Zeiten hinweisen.

Essenz

kann anzeigen, dass man dem Kern einer Sache auf den Grund gekommen ist; worum es sich dabei handelt, lässt sich nur individuell verstehen.

Essig

warnt manchmal vor Anfeindungen und Neid anderer; wird er verschüttet, muss man mit ihrem Hohn und Spott rechnen. Riecht man den Essig, deuten indische Traumbücher das als Verbesserung der Stimmungslage. Essigumschläge sollen ankündigen, dass man mit dem Versuch, einen Fehler auszubügeln, alles nur noch schlimmer machen wird.

Estrich

zeigt die Lebensgrundlagen, auf denen Pläne und Ziele aufgebaut werden. Befindet er sich in gutem Zustand, kann man mit Erfolgen auf einer sicheren Grundlage rechnen, andernfalls drohen Misserfolge und Enttäuschungen.

Etikett

kann in knapper Zusammenfassung Ansichten, Meinungen, Überzeugungen und Einstellungen zum Ausdruck bringen; darin können auch Vorurteile zum Vorschein kommen (man heftet jemandem ein Etikett an), die man revidieren sollte. Wenn nichts auf dem Etikett steht, hat man sich wahrscheinlich noch keine Meinung gebildet.

Eule

symbolisiert Klugheit und Weisheit, mit der man das Dunkel des Unbewussten oder eine unklare Situation durchschauen kann. Außerdem kann sie für Angst vor Sexualität oder vor dem Unbewussten insgesamt stehen. Folgende Begleitumstände sind zum Verständnis oft wichtig:

- Eule sehen kann Einsichten und Durchblicke ankündigen, die aber nicht immer angenehm sind.
- Eule rufen hören deutet auf eine Belehrung hin, die einem nicht immer angenehm sein wird; manchmal versteht man das auch als Todesbotschaft.
- Eule im Käfig halten soll auf Weiterentwicklung und Weisheit hinweisen.

Eunuch

steht bei Männern manchmal für eine unterschwellige Kastrationsangst. Oft kommt darin aber auch zum Ausdruck, dass man sexuelle Bedürfnisse nicht länger massiv unterdrücken darf.

Euter

(der Kuh) kann als Glückssymbol ein Geschenk verheißen, das man unerwartet erhält. Andere alte Traumbücher sehen in ihm die Warnung, dass man seinen Wohlstand bald mit anderen teilen muss.

Eva

die Urmutter der Menschheit und Verführerin im Paradies, steht für die Seele und die Sinnlichkeit, bei Männern auch für den »weiblichen« Anteil der Psyche. Trivial kann man das Symbol als Warnung vor einer erotischen Verführung verstehen. Tiefer geht die Deutung, wenn man darin die Aufforderung sieht, die psychischen Bedürf-

nisse (vor allem Gefühle) mehr zuzulassen (das gilt oft besonders für Männer). Auch Bewusstseinserweiterung, Selbsterkenntnis, Willenskraft und Entscheidungsfähigkeit werden in Eva manchmal deutlich.

Evangelium

wird als guter Ratschlag gedeutet, den man bald erhalten wird und befolgen sollte. Bei frommen Menschen kann es das Verhältnis zur Religion oder die Hoffnung auf eine göttliche Offenbarung zum Ausdruck bringen.

Examen

kündigt eine Prüfung an, die man gut bestehen wird; das gilt auch dann, wenn man im Traum durch das Examen fällt.

Exkremente

(Kot, Urin) weisen nicht selten auf eine unreife Persönlichkeit hin, vielleicht auch auf entsprechende sexuelle Perversionen, die sich aus der Unreife ergeben. Oft kann man darin aber auch den Hinweis sehen, dass man aus den früheren Erfahrungen, die man hinter sich lässt, Nutzen ziehen soll, indem man sie kreativ zu neuen Elementen zusammenfügt. Sieht man sich selbst mit Exkrementen besudelt, kann das Selbstablehnung und Ekel zum Ausdruck bringen, weil man Teile der eigenen Persönlichkeit nicht annehmen kann. Alte Traumbücher verstehen die Exkremente als Symbol für Wohlstand und Glück.

Explosion

weist ähnlich wie Bombe und Dynamit (siehe unter diesen Stichwörtern) auf hohe innere Spannung, Gereiztheit, Unruhe und Nervosität hin; es droht eine plötzliche Entladung, die zu erheblichen Problemen mit der Umwelt führen kann, nach der man sich aber wieder entspannter fühlen wird.

Expressbrief

soll vor unangenehmen Nachrichten und Gefahren warnen, die plötzlich über einen hereinbrechen können.

Expresszug

weist darauf hin, dass man Veränderungen im Leben nicht zu stürmisch vorantreiben darf, weil man sonst Unannehmlichkeiten zu befürchten hat.

Exzellenz

(hochgestellte Persönlichkeit) verheißt nach den alten Deutungen, dass man durch einen einflussreichen Menschen gefördert wird und schneller zum Erfolg gelangt.

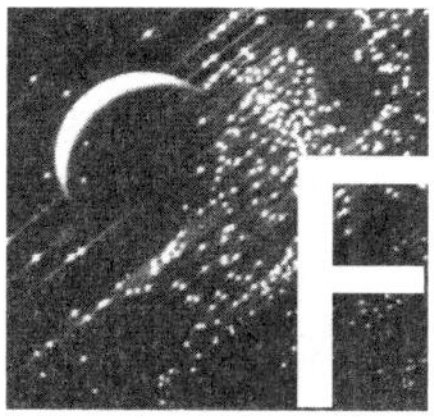

F

taucht als Buchstabe geschrieben oder plastisch in den Träumen auf oder wird ausgesprochen. Die alten Traumquellen verstehen es als die Verbindung von Außen- und Innenwelt durch die Augen. Weiter heißt es, dass es die Aufhellung einer Situation, mehr Verständnis und neue Hoffnungen verkörpern kann.

Fabel

(Märchen) kann gute Erfolge versprechen, aber auch vor einer Kränkung warnen, die man vielleicht bald erleben kann.

Fabrik

symbolisiert Tatendrang, Aktivität, Fleiß, Unternehmungsgeist und viele Pläne. Man kann dann meist auf gute berufliche und finanzielle Entwicklungen hoffen. Besitzt man die Fabrik selbst, warnt das jedoch vor zu großen, unüberlegten Geldausgaben. Zuweilen kommt in der Fabrik auch eine in Routine und Gewohnheit erstarrte, monotone Lebensweise zum Ausdruck, die man neu beleben sollte.

Fabrikschornstein (-schlot)

wird meist als Phallussymbol verstanden, das sexuelle Bedürfnisse anzeigt; besonders bei rauchendem Schlot.

Fächer

kann für Koketterie und Ziererei stehen, mit der man die Aufmerksamkeit auf sich lenken will; in diesem Sinn taucht er oft bei Frauen auf, die tatsächlich zu diesem Verhalten neigen und das Bedürfnis haben, immer im Mittelpunkt zu stehen. Vielleicht kommt darin auch der Wunsch zum Ausdruck, seine wahren Eigenschaften und Absichten zu verbergen, um andere zu täuschen.

Fackel

zeigt den Versuch an, Situationen, Zusammenhänge oder Menschen besser zu verstehen, gleichsam das Dunkel zu erhellen, in dem sie bisher verborgen sind. Damit sind oft Veränderungen des weiteren Lebens, der eigenen Pläne und Ziele verbunden, die auf der besseren Einsicht beruhen. Folgende Begleitumstände im Traum können die genaue Deutung wesentlich erleichtern:

- Fackel sehen deutet auf eine Aufklärung, Erkenntnis oder Einsicht hin, die desto wichtiger ist, je heller die Fackel leuchtet.
- Fackel tragen weist darauf hin, dass man von einer Person geliebt wird, die man bisher noch nicht bemerkt hat.
- Erloschene Fackel zeigt oft an, dass man Pläne und Hoffnungen aufgeben muss, weil sie sich nicht erfüllen lassen.
- Fackeln, die vom Himmel fallen, kündigen Kummer und Not in der nächsten Zeit an.
- Fackelzug soll nach alten Traumdeutungen mehr Ehre und Ansehen verheißen.

Faden

kann als Leitmotiv (roter Faden) des eigenen Lebens stehen, der von Idealen, Hoffnungen, Einstellungen, Plänen und Zielen bestimmt wird; dann ist die Deutung nur individuell möglich. Oft kommen darin auch nervöse Schwäche- und Erschöpfungszustände zum Vorschein, die zu Gereiztheit, Unruhe, Ungeduld (Geduldsfaden) und Konzentrationsmangel (Faden verlieren) führen; dann muss man auf mehr Entspannung und Erholung achten, um Krankheiten zu vermeiden.

Fahne

symbolisiert eigene Ansichten, Hoffnungen, Pläne und Ideale. Je nach den Begleitumständen kann man zu folgenden Deutungen gelangen:

- Fahne selbst tragen kündigt Ehrungen und hohes Ansehen an, wenn man sich selbst treu bleibt.
- Fahne schwingen kann ein freudiges Ereignis verheißen.
- Fahne flattern sehen soll auf Sorgen und Probleme in naher Zukunft hinweisen.
- Fahne senken symbolisiert oft Schuldgefühle, Scham und Reue wegen eines Fehlers, den man begangen hat.
- Schwarze Fahne kann Unglück, Kummer, Streitigkeiten oder Todesfälle anzeigen.

Fahnenstange

wird als Phallussymbol verstanden, das auf verdrängte, unterdrückte sexuelle Bedürfnisse hinweist, die man wieder mehr ausleben sollte.

Fähre

verbindet zwei Ufer miteinander und kann deshalb ähnlich wie die Brücke (siehe unter diesem Stichwort) verstanden werden; dabei kommt es aber vor allem auf die eigenen Anstrengungen an. Oft zeigt die Fähre auch an, dass man Gefühle, Einstellungen, Ideale, Hoffnungen, Absichten, Ziele und Verhaltensweisen hinter sich lässt, sich weiterentwickelt, seelisch-geistig zu neuen Ufern strebt; das bereichert zwar das Leben, verunsichert aber auch.

Fahren

hängt in seiner Bedeutung davon ab, welches Fahrzeug man benutzt (siehe unter den Stichwörtern Auto, Eisenbahn und andere); immer ist damit eine Veränderung im Leben verbunden.

Fahrgast sein

zeigt an, dass man von anderen abhängig ist, nicht frei bestimmen kann; nimmt man jemanden mit, steht dahinter oft der Wunsch, auf andere Menschen Einfluss zu nehmen.

Fahrkarte

symbolisiert die Kraft und Energie, mit der man sich auf den weiteren Lebensweg macht und die Hindernisse überwindet. Man wird dadurch auch aufgefordert, die früheren Erfahrungen mehr zu nutzen.

Fahrrad

steht als Fortbewegungsmittel für das Weiterkommen im Leben: das kann sich auf konkrete Absichten, Pläne und Ziele oder auf die Weiterentwicklung der Persönlichkeit beziehen. Jedenfalls kommt immer zum Ausdruck, dass man nur eine gemächliche Fortentwicklung erwarten darf und sich dabei erheblich anstrengen muss, nur auf die eigene Kraft und Fähigkeiten vertrauen darf. Ein beschädigtes oder umgeworfenes Fahrrad kündigt Probleme und Hindernisse in der nächsten Zeit an. Der Kauf eines Fahrrads im Traum kann zuweilen konkret dazu auffordern, sich mehr zu bewegen (nicht nur durch Rad fahren).

Fahrt

bedeutet wie Fahren (siehe unter diesem Stichwort) eine Veränderung des Lebens, die man nur anhand der weiteren Begleitumstände im Traum und vor allem der persönlichen Lebensumstände richtig verstehen und interpretieren kann.

Fahrzeug

(gleich welcher Art) steht für Lebensveränderungen; befindet es sich in gutem Zustand, kann man mit einer günstigen Entwicklung, bei Defekten aber mit Problemen und Hindernissen rechnen. Die genaue Bedeutung ergibt sich aus der Art des Fahrzeugs (siehe unter den Stichwörtern Auto, Eisenbahn und andere).

Fakir

steht als Symbol für das Fremdartige, das gleichermaßen fasziniert und erschreckt. Das kann sich auf Teile der eigenen Persönlichkeit beziehen, aber auch auf andere Menschen, von denen man fasziniert ist. Genau lässt sich das unter Berücksichtigung der individuellen Lebenssituation verstehen.

Falke

wird sinngemäß wie der Adler (siehe unter diesem Stichwort) interpretiert.

Fall

(Fallen) entsteht manchmal körperbedingt, wenn zum Beispiel der Blutdruck im Schlaf stärker absinkt und das Gehirn mangeldurchblutet wird; dadurch kann man sogar erwachen. Kommt das häufiger vor, kann sich eine gründliche Herz-Kreislauf-Untersuchung empfehlen. Oft symbolisieren Fallträume Gefahren auf dem weiteren Lebensweg; sie erklären sich zum Teil daraus, dass man das Vertrauen in sich selbst verloren hat oder feste Pläne, Meinungen und Überzeugungen aufgeben muss. Je nach den Begleitumständen im Traum sind oft folgende Deutungen möglich:

- Stolpern, aber nicht fallen verspricht, dass man an einem Hindernis zwar strauchelt, es aber doch glücklich überwindet.
- In einen Graben fallen warnt vor einem Verlust des Ansehens, den man selbst verschuldet.
- Über einen Stein oder anderen Gegenstand fallen kündigt an, dass man auf eine für das weitere Leben wichtige Einsicht stoßen wird.
- Beim Fallen selbst verletzt werden warnt vor bösen Absichten, die entlarvt werden und einem nur schaden können.
- Aus großer Höhe fallen steht oft für ein plötzliches Unglück, bei dem man Verluste hinnehmen muss; man kann aber auch »aus allen Wolken fallen«, also überrascht oder enttäuscht werden.
- Andere fallen sehen kann auf Feinde und Neider hinweisen, mit denen man aber fertig wird.

Falle

weist darauf hin, dass man sich vom äußeren Schein blenden lässt, von falschen Hoffnungen, Idealen und Erwartungen geleitet wird, dadurch aber Schaden nimmt.

Fallschirm

bremst den Fall (siehe unter diesem Stichwort), man wird also nicht zu Schaden kommen, auch wenn es im Leben einmal abwärts geht. Außerdem kann er anzeigen, dass man Ängste überwinden wird, die bisher die persönliche Weiterentwicklung behinderten. Vielleicht ermahnt das Symbol aber auch, sich nicht unnötig einer Gefahr auszusetzen.

Fallstrick

steht für Hindernisse und Risiken, über die man zu Fall kommen kann, vielleicht auch für üble Nachrede. Die individuelle Bedeutung ergibt sich aus den Begleitumständen und der realen Lebenssituation (siehe auch unter den Stichwörtern Fall, Falle).

Fallsucht

wird wie Epilepsie (siehe unter diesem Stichwort) gedeutet.

Falltür (-grube)

warnt vor einer Hinterlist; das kann sich auf eigene Absichten oder auf üble Machenschaften anderer Menschen beziehen, vor denen man sich hüten muss.

Falschgeld

kann auf einen Betrug oder eine Enttäuschung hinweisen; entweder wird man selbst das Opfer, oder man will selbst anderen etwas Übles zufügen.

Fälschung

(zum Beispiel Bilder) beinhaltet ebenfalls die Warnung vor eigenen Lügen und Betrugsabsichten, die entlarvt werden und Schande bringen, oder vor bösen, unlauteren Absichten anderer.

Familie

steht für häusliches Glück, eine erfüllte, friedliche Ehe oder Partnerbeziehung; entweder wünscht man sich das und sollte sich dann mehr darum bemühen, oder man erkennt darin, dass man mit seinen familiären Verhältnissen zufrieden und glücklich sein kann.

Fanfare

kündigt meist ein bevorstehendes wichtiges Ereignis, eine grundlegende Veränderung des Lebens oder eine Einsicht an; ob es sich dabei um eine gute oder schlechte Botschaft handelt, muss individuell aus den weiteren Begleitumständen gedeutet werden, aus denen man auch erkennt, worauf sich die Ankündigung konkret bezieht.

Farben

können im Traum für sich allein Bedeutung haben; oft werden sie aber erst im Zusammenhang mit anderen Symbolen verständlich. Grundsätzlich stehen sie für Gefühle, innere Haltungen und Erwartungen. Ein Teil der Farben wird gesondert unter dem entsprechenden Stichwort besprochen. Aussagefähig sind vor allem die folgenden:

- Weiß kann für Frau, Unschuld, Unreife oder Verarmung des Gefühlslebens stehen.
- Schwarz symbolisiert oft den Mann, aber auch die dunklen, unbewussten Seiten der Persönlichkeit, vor denen man oft Angst hat.
- Helles Rot wird mit Gefühlswärme und aufrichtiger Zuneigung gleichgesetzt.
- Dunkles Rot versinnbildlicht Energie und Antriebskräfte, Leidenschaften und Begierden, die einen Menschen beherrschen.

- Orange zeigt einen noch unreifen Idealismus und viel Begeisterungsfähigkeit an.
- Dunkles Orangerot kann auf Zynismus eines enttäuschten, verbitterten Menschen hinweisen.
- Gelb ist nicht allein Zeichen von Neid und Missgunst, sondern auch von Lebenskraft, Harmoniebedürfnis und Gerechtigkeitssinn.
- Grün verkörpert große Naturverbundenheit und seelisch-geistiges Wachstum.
- Dunkles Grün kann für Abneigungen bis hin zum Ekel und für Lebensüberdruss stehen.
- Blau hat oft mit Religiosität, geistigen Zielen und Reife der Persönlichkeit zu tun.
- Violett ist eine »unentschlossene« Farbe, die oft bei jungen, noch unreifen Menschen das Bedürfnis nach geistiger Führung, innerer Harmonie und mehr Selbsterkenntnis verdeutlicht.

Je nachdem, wie man mit den Farben im Traum umgeht, wie sie eingesetzt werden, sind auch noch die folgenden Bedeutungen möglich:

- Farben anrühren oder mischen kündigt geschäftliche Erfolge an; handelt es sich aber um Wasserfarben, muss man noch einige Risiken sorgfältig erwägen.
- Farben kaufen deutet oft auf ein monotones Leben und das Bedürfnis nach Abwechslung hin, dem man nachgeben sollte.
- Mit Farben arbeiten (streichen) warnt oft vor falschen Erwartungen und Hoffnungen, es ist aber auch möglich, dass man vor Unehrlichkeit gegen andere gewarnt wird, die sich letztlich gegen einen selbst richten wird.
- Sich selbst anstreichen zeigt, dass man sich der Lächerlichkeit preisgibt, getäuscht und belogen wird; streicht man einen anderen an, sollte man einen Menschen nicht verspotten oder täuschen.
- Ein Auto oder Haus (siehe unter diesen Stichwörtern) anstreichen kann nur anhand der Bedeutung dieser Symbole und der gewählten Farben gedeutet werden; man erhält dann Auskunft über die augenblickliche Lebenssituation und die weitere Entwicklung.
- Farben in einer Schachtel sollen nach alten Deutungen finanzielle Gewinne und Wohlstand verheißen.

Farm

(Bauernhof) kann die Sehnsucht nach dem naturverbundenen, einfachen Leben symbolisieren, wobei man sich aber vor Illusionen hüten muss. Oft wird man aber auch dazu aufgefordert, die eigene Persönlichkeit besser zu erforschen und zu entwickeln, insbesondere Aggressionen, Begierden und Triebe zu erkennen, zu akzeptieren und bei Bedarf zu verändern.

Farnkraut

hat nach alten Traumbüchern eine sexuelle Bedeutung; man wird dadurch ermahnt, sich nicht zügellos sexuellen Begierden und Leidenschaften hinzugeben.

Fasan

verkörpert Glück, Gesundheit, Lebensfreude und Erfolg, wenn man ihn im Traum sieht, jagt oder verspeist.

Fasching

(Karneval) weist auf das Bedürfnis nach mehr Abwechslung in einem monotonen, in Routine erstarrten, unbefriedigenden Leben hin, kann im Einzelfall auch den Wunsch nach einem flüchtigen, erotischen Abenteuer ohne Reue zum Ausdruck bringen. Vielleicht will man auch aus seiner alten Haut fahren, sein Verhalten und seine Gewohnheiten auf Dauer ändern.

Fass

hat oft ähnliche Bedeutung wie der Eimer (siehe unter diesem Stichwort) als Gefäß des Lebens. Oft kommen darin auch sexuelle Bedürfnisse, manchmal versteckte Krankheiten zum Ausdruck. Weitere spezielle Deutungen ergeben sich vor allem aus folgenden Begleitumständen:

- Volles Fass sehen verspricht, dass man mit seinen Bemühungen Erfolg haben wird.
- Leeres Fass kann Not und materielle Armut ankündigen.
- Fass ohne Boden bedeutet meist, dass alle Anstrengungen vergebens sind, weil man sein Ziel nicht erreichen kann.
- Leckendes Fass, aus dem Flüssigkeit ausläuft, warnt vor großen finanziellen Verlusten.
- Fass anzapfen kündigt das Ende einer Pechsträhne an; handelt es sich dabei um ein Bierfass, kann es auch die Genesung von einer Krankheit anzeigen.
- Fass rollen oder tragen macht darauf aufmerksam, dass man nur dann einen Erfolg erzielen wird, wenn man dafür hart arbeitet.
- Fässer im Keller symbolisieren eine gesicherte materielle Lebensgrundlage.
- Weinfässer können auf das Bedürfnis nach mehr Geselligkeit und Abwechslung hinweisen.

Fassade

versinnbildlicht das, was wir nach außen hin durch unser Verhalten von uns preisgeben. Im Traum kann sie davor warnen, sich zu sehr den Normen und Erwartungen anderer anzupassen, zu viel Wert auf den äußeren Schein zu legen, weil man dann nicht mehr aufrichtig sein kann und sich in seiner Individualität aufgeben muss. Gelegentlich kommt darin die Warnung vor einer seelischen Krankheit (Schizophrenie) zum Ausdruck, denn im Vorstadium legen die Betroffenen oft sehr großen Wert darauf, nach außen eine intakte Fassade vorzutäuschen. Auch familiäre Konflikte, die nicht offen ausgetragen werden, machen sich manchmal durch solche Träume bemerkbar, die vor der künstlichen Familienharmonie warnen. Stürzt die Fassade ein, kommt darin die Angst zum Vorschein, den äußeren Anschein nicht mehr wahren zu können, was für manche Menschen eine Katastrophe bedeutete. Eine frisch gestrichene oder in anderer Weise renovierte Fassade weist meist darauf hin, wie man sein Verhalten nach außen sinnvoll im Einklang mit sich selbst verändern sollte.

Fasten

kann man freiwillig, um sich von »Schlacken« zu befreien; dann steht es im Traum symbolisch für einen Neubeginn im Leben, bei dem man die früheren Belastungen hinter sich lässt, befreit von ihnen in ein glücklicheres Leben geht. Muss man fasten, soll das nach alten Traumbüchern Erfolg und Ansehen verheißen. Zuweilen kann Fasten auch auf eine Erkrankung hinweisen, die noch keine Symptome verursacht; in unklaren Fällen ist es dann ratsam, einen Arzt zu konsultieren, um Klarheit zu bekommen.

Fata Morgana

(Trugbild) deutet oft an, dass man falschen Zielen folgt, die mehr versprechen, als sie halten können; man wird also trotz aller Anstrengungen nicht belohnt. Worum es dabei konkret geht, muss individuell aus den Lebensumständen gedeutet werden.

Faulheit

ermahnt im Traum nur selten, sich mehr anzustrengen; oft steht gerade das Gegenteil dahinter, also die Aufforderung, sich mehr Erholung zu gönnen, damit man nicht erschöpft und schließlich krank wird.

Faun

(Naturgeist) symbolisiert die männliche Sinnlichkeit in ihrer ursprünglichen, nicht durch Normen und Moral eingeschränkten Form; oft weist das den Mann darauf hin, dass er mehr »aus dem Bauch« leben sollte, um innere Harmonie und Zufriedenheit zu finden.

Faust

steht für zupackende, praktische Energie und Tatkraft, die aktiv schafft, dabei aber oft etwas plump vorgeht. Andererseits können darin aber auch innere Spannungen, Aggressivität und Zorn zum Ausdruck kommen, das ergibt sich erst aus der realen Lebenssituation. Hebt man selbst die Faust gegen einen anderen, will man sich oft in den Vordergrund drängen, mehr Beachtung erzwingen.

Fechten

(Fechter) kann ankündigen, dass man mit einem nahe stehenden Menschen in Streit geraten wird. Zuweilen kommt darin auch eine Gesinnung zum Ausdruck, die auf Rache und Vergeltung für erlittenes tatsächliches oder vermeintliches Unrecht sinnt.

Feder

kann hohe Ideale, Unschuld, aber auch Eitelkeit zum Ausdruck bringen, das hängt von den Begleitumständen im Traum ab:

- Weiße Feder steht für Idealismus, Reinheit und Unschuld, vielleicht aber auch für eine gewisse Naivität und Unreife der Persönlichkeit.
- Schwarze Feder soll nach alten Traumbüchern auf ein bevorstehendes Unglück hinweisen.
- Feder, mit der man sich schmückt, kann hohes Ansehen und Ehre verheißen, aber auch auf Eitelkeit und Geltungssucht hindeuten.
- Feder, die in der Luft schwebt, warnt vor Hoffnungen und Erwartungen, die sich nicht erfüllen werden.
- Federn, die beim Schütteln eines Federbetts umherfliegen, sollen bevorstehenden Streit ankündigen.

Federvieh

(Geflügel) wird in der altindischen Traumkunde als Verheißung von Wohlstand interpretiert, wenn man es füttert; schlachtet man das Geflügel, soll man sich von aufdringlichen, lästigen Menschen trennen.

Fee

(Naturgeist) hat ähnliche Bedeutung wie der Faun (siehe unter diesem Stichwort), nur übertragen auf die Frau. Man kann sie als Bedürfnis nach einer romantischen Liebesbeziehung deuten (siehe auch unter dem Stichwort Elfe).

Fegefeuer

symbolisiert das Bedürfnis nach Läuterung, bei der man von Schuld freigesprochen wird und unbelastet ein neues Leben beginnen kann. Man erkennt darin oft unbewusste Ängste, die verarbeitet werden sollten, oder eine geistig-seelische Reifung.

Fegen

(mit dem Besen) weist darauf hin, dass man sich von belastenden Dingen befreien soll; worum es dabei geht, kann nur individuell aus den Lebensumständen abgeleitet werden.

Fegen

(des Kamins) soll nach alter Traumdeutung Glück und Erfolg verheißen (siehe auch unter den Stichwörtern Kamin, Kaminfeger).

Fehler

den man im Traum an sich selbst erkennt, ermahnt oft, sich nicht ausschließlich mit sich selbst, mit seinem Verhalten und äußeren Erscheinungsbild zu beschäftigen, weil man sonst das Leben »versäumt«. Manchmal kommen darin auch tatsächlich Schuldgefühle zum Ausdruck.

Fehlgeburt

weist oft auf eine Fehlentwicklung im Leben oder auf das Scheitern von Plänen hin. Auch Frauen, die eine Abtreibung hinter sich haben, träumen gelegentlich von Fehlgeburten, wenn sie den Verlust des Kindes seelisch noch nicht verkraftet haben. Bei schwangeren Frauen kann zuweilen die Angst vor Komplikationen während der Schwangerschaft dahinter stehen.

Feige

steht oft für sexuelle Bedürfnisse, vor allem bei jüngeren Menschen; allgemein deutet man sie auch als Ursprung der körperlichen und seelisch-geistigen Fruchtbarkeit. Daraus können sich je nach den Begleitumständen im Traum die folgenden Bedeutungen ergeben:

- Feigen sehen oder von ihnen essen weist auf das Bedürfnis nach einem erotischen Abenteuer hin.
- Feigen pflücken kündigt an, dass ein Plan Früchte tragen wird.
- Feige von jemandem erhalten symbolisiert oft Glück in der Liebe.
- Getrocknete Feige kann vor Enttäuschungen in einer Liebesbeziehung warnen.

Feigenbaum

hat ähnliche Bedeutung wie der Baum (siehe unter diesem Stichwort) mit Früchten. Er kann auch die extrovertierten Seiten der Persönlichkeit verkörpern und dann vor Oberflächlichkeit und Zerfahrenheit warnen.

Feigenblatt

kann für Unschuld und Keuschheit stehen oder anzeigen, dass man etwas verbirgt, wofür man sich schämt.

Feile

kann manchmal auf die vielen kleinen Enttäuschungen des Alltags verweisen, die immer mehr Ideale, Hoffnungen und Erwartungen unmerklich abtragen. In dem Symbol kann aber auch die schöpferische Kraft zum Ausdruck kommen, mit der man sein Leben gestaltet.

Feilhalten

(zum Kauf anbieten) deutet manchmal auf geschäftliche und finanzielle Erfolge hin. Oft bietet man sich damit aber selbst dar, was zum Ausdruck bringt, dass man mehr Geselligkeit, Anerkennung und Verständnis ersehnt.

Feind

warnt auch im Traum vor Streit, Problemen und Hinterlist. Sieht man sich selbst als Feind, sollte man oft versuchen, innere Widersprüche zu versöhnen, mit sich selbst Frieden und Harmonie zu finden, sich anzunehmen und selbst zu lieben.

Feld

umschreibt einen bestimmten Teil der Persönlichkeit (zum Beispiel Interessen) oder einen Lebensbereich (zum

Beispiel den Beruf). Je nach den Begleitumständen sind folgende genaue Deutungen möglich:

- Feld pflügen verspricht Erfolg in einem neuen Lebensbereich, für den man sich aber erheblich anstrengen muss.
- Feld mit Steinen deutet Hindernisse auf dem weiteren Lebensweg an.
- Brachliegendes Feld symbolisiert Eigenschaften und Fähigkeiten, die man nicht nutzt.
- Feld bebauen kündigt Sorgen und Not an, die man aber durch harte Arbeit überwinden kann.
- Grünes Feld steht für Erfolg und Wohlstand durch intensive Anstrengung.

Feldherr

kann auf einen Sieg (Erfolg) hinweisen, warnt aber zugleich davor, nun übermütig zu werden.

Feldstecher

wird wie Fernglas (siehe unter diesem Stichwort) gedeutet.

Fell

verkörpert oft unsere primitiven Instinkte, Begierden und Triebe, ermahnt vielleicht dazu, sie mehr zu zügeln. Folgende Deutungen sind je nach den Begleitumständen möglich:

- Fell sehen kündigt Ärger, Streit und Misserfolge an, die man dem eigenen Verhalten zuzuschreiben hat.
- Fell von einem Tier abziehen soll finanzielle Erfolge anzeigen.
- Fell einer Trommel verkündet meist günstige Nachrichten und Neuigkeiten.
- Fellkleidung bringt oft zum Ausdruck, dass man sich Konventionen und sozialen Zwängen nicht anpassen will.

Felsen

kann als Phallussymbol sexuelle Bedürfnisse anzeigen, die man zu stark unterdrückt. Häufig steht er aber für Idealismus, innere Festigkeit, Ausdauer, Standhaftigkeit und unerschütterliches Selbstvertrauen. Allgemein kann darin eine starke Persönlichkeit zum Vorschein kommen, deren Leben auf einer sicheren Grundlage steht, von festen Überzeugungen getragen wird, die dadurch vielleicht aber auch etwas unbeweglich und intolerant wirkt. Je nach den Begleitumständen sind zum Beispiel noch die folgenden ganz speziellen Deutungen möglich:

- Felsen sehen zeigt an, dass man bei seinen hochgesteckten Plänen mit Hindernissen rechnen muss, die man aber überwinden wird.
- Felsen erklettern weist daraufhin, dass man seine Ziele nur unter Aufbietung aller Kraft und Geschicklichkeit erreichen wird.
- Vom Felsen herabsteigen kann anzeigen, dass man vor den Schwierigkeiten kapitulieren muss, sein Ziel trotz aller Bemühungen nicht erreichen wird.

- Sturz vom Felsen warnt vor einem Misserfolg oder Unglück, weil man vielleicht seine Ziele zu hoch gesteckt oder Hindernisse nicht beachtet hat.

Fenster

bringt unsere Einstellungen zum Leben und zu anderen Menschen sowie unsere Erwartungen an andere zum Ausdruck. Unter anderem sind aus den Begleitumständen die folgenden Deutungen möglich:

- Geschlossene Fenster kündigen Widerstände an, die man aber mutig bewältigen wird.
- Offene Fenster zeigen Zufriedenheit und Glück in der nächsten Zeit an, können aber auch vor Verlockungen warnen, denen man nicht nachgeben darf.
- Aus dem Fenster schauen bedeutet eine kommende Enttäuschung.
- Aus einem Fenster fallen soll ein Unglück ankündigen, bei dem man auf sich allein gestellt ist und auf keine Hilfe von außen hoffen darf.
- Durch ein Fenster steigen warnt vor Streitigkeiten und Verlusten.
- Zerbrochene Fensterscheiben sollen auf Verleumdungen durch andere aufmerksam machen, denen man rechtzeitig energisch entgegentreten muss.

Die genaue Deutung kann im Einzelfall erfordern, dass man auch noch den Symbolgehalt von Haus und Glas (siehe unter diesen Stichwörtern) mit berücksichtigt.

Ferkel

gelten auch in der Traumdeutung als Symbol für Glück und Erfolg (siehe unter dem Stichwort Schwein).

Fernglas

(Feldstecher) zeigt an, dass man sich einen besseren Überblick über die Zukunft wünscht. Dahinter können Ängste und übertriebenes Bedürfnis nach Sicherheit stehen. Vielleicht warnt das Symbol aber auch davor, bestimmten Dingen zu viel Bedeutung beizumessen, sie unnötig aufzubauschen.

Fernsprecher

wird wie das Telefon (siehe unter diesem Stichwort) gedeutet.

Ferse

symbolisiert eine verwundbare, schwache Stelle (Achillesferse); das kann sich auf die Persönlichkeit oder auf Pläne mit »Schwachstellen« beziehen. Eine Wunde an der Ferse deutet an, dass eine persönliche Schwäche von anderen ausgenutzt wird, ohne dass man sich das bewusst gemacht hat.

Fessel

taucht im Traum manchmal körperbedingt auf, wenn man sich zum Beispiel im Bettzeug verheddert hat, dann kommt dem Traum natürlich keine Bedeutung zu. Auch hohe nervöse Anspannung und Stress können zum Fesseltraum führen, der dann oft von Angst und Albdrücken begleitet wird; das warnt vor weiterer Überforderung. Oft ist die Fessel darauf zurückzuführen, dass man sich durch innere (zum Beispiel Hemmungen) oder äußere Umstände und Menschen in seiner Selbstentfaltung und Weiterentwicklung der Persönlichkeit eingeschränkt fühlt; das muss individuell analysiert und abgestellt werden. Im Einzelfall kommt Fesselträumen sexuelle Bedeutung zu, beispielsweise der Wunsch nach völliger Hingabe oder die Befriedigung perverser Neigungen, die im Wachzustand nicht bewusst sein müssen.

Fest

deutet auf eine ausgeglichene, heitere Stimmungslage hin. Manchmal kommt darin auch der Wunsch nach mehr Geselligkeit zum Vorschein.

Festung

kann zum Teil ähnlich wie Burg (siehe unter diesem Stichwort) gedeutet werden. Häufig steht sie für Ängste und Unsicherheit, mit denen das Bedürfnis nach mehr Sicherheit, Schutz und Geborgenheit verbunden ist. Folgende Einzeldeutungen sind je nach den Begleitumständen möglich:

- Festung sehen zeigt Angst vor Angriffen, Feindschaft und Streitigkeiten an, denen man sich nicht gewachsen fühlt.
- Festung aufbauen weist oft auf innere Widerstände gegen eine wichtige Einsicht in die eigene Persönlichkeit hin, die man noch nicht verkraften kann.
- Zerstörte Festung kann auf eine enttäuschte Hoffnung hinweisen oder vor dem Verlust des Selbstvertrauens warnen; gelegentlich kommt darin auch zum Ausdruck, dass man lange vertretene Ansichten, Meinungen, Überzeugungen und ganz eigene Lebensweisen aufgegeben hat.

Festzug

soll nach alten Traumbüchern bevorstehende Freude und Glück verheißen; gleichzeitig wird man darauf hingewiesen, dass man dies teilen soll.

Fett

symbolisiert nach alten Traumbüchern oft behäbigen Wohlstand und Sinnesfreuden. Wenn es häufiger auftaucht, kann das als Hinweis darauf verstanden werden, dass man materiellen Werten und Genüssen zu viel Bedeutung beimisst, zu oberflächlich und vielleicht auch zu ungesund lebt.

Fettleibigkeit

kann ähnlich wie Fett gedeutet werden. Im Einzelfall kommen darin auch Minderwertigkeitsgefühle zum Ausdruck, weil man sich selbst als abstoßend empfindet; das kann tatsächlich mit Übergewicht in Beziehung stehen, deutet aber oft auch auf ein gestörtes Körperbewusstsein hin.

Feuer

tritt als vieldeutiges Symbol in verschiedenen Zusammenhängen in den Träumen auf. Es gehört zu den wichtigsten Traumbildern überhaupt, weil es für die Menschheit und Zivilisation von grundlegender Bedeutung war. Allgemein kann man es als Ausdruck starker Gefühle, verzehrender Leidenschaften, hoher Ideale und elementarer Kraft und Energie verstehen, die nicht immer ungefährlich sind. Die genaue Bedeutung ergibt sich im Einzelfall aus den Begleitumständen des Traums, wobei unter anderem die folgenden individuellen Vorgänge zu beachten sind:

- Feuer in einem Haus (siehe unter diesem Stichwort) deutet oft auf grundlegende Veränderungen im Leben hin, die bei hellen Flammen günstig, bei dunklem Rauch ungünstig ausfallen werden.
- Feuer im Freien kann für starke Gefühle stehen, die man selbst empfindet oder die einem von anderen entgegengebracht werden.
- Um ein Feuer tanzen kündigt oft freudige Ereignisse vor allem in Gefühlsbeziehungen an.
- Ein erloschenes Feuer kann sich auf die Gesundheit beziehen, die vielleicht durch eine drohende Krankheit gefährdet ist; auch erloschene Gefühle und Hoffnungen oder die Tilgung einer Schuld können darin zum Ausdruck kommen.
- Sieht man andere Menschen am oder im Feuer, kann das davor warnen, sie für seine eigenen Zwecke zu missbrauchen.
- Das brennende Herdfeuer zeigt oft an, dass man sich nach stillem Familienglück sehnt, kann aber auch Wohlstand und Erfolg ankündigen.
- Erloschenes Herdfeuer wird in alten Traumbüchern als Warnung vor familiären Problemen oder Krankheiten verstanden.

Außerdem muss im Einzelfall noch die Symbolik der Asche (siehe unter diesem Stichwort) berücksichtigt werden, die zusammen mit dem Feuer anzeigen kann, dass man geläutert und zufrieden aus einem Erfahrungs- und Reifungsprozess hervorgeht.

Feuersbrunst

(ausgedehntes Feuer) warnt häufig noch mehr als das Feuer vor eigenen Leidenschaften und Begierden. Alte Traumbücher sehen darin aber auch die Verheißung von Wohlstand und Ansehen.

Feuerwehr

kann andeuten, dass man in Schwierigkeiten geraten wird, die man aber mithilfe anderer erfolgreich bewältigt. Allgemein kommen darin die Selbstbeherrschung und Disziplin zum Ausdruck, mit der man seine Leidenschaften besser zügeln kann.

Feuerwerk

symbolisiert häufig, dass man sich leicht von Äußerlichkeiten blenden lässt und enttäuscht wird oder selbst versucht, andere durch den äußeren Schein zu täuschen. Mehr Realitätssinn und Ehrlichkeit sind die Konsequenzen, die man daraus ziehen sollte.

Feuerzange

zeigt einmal, dass man eine schwierige, unangenehme Aufgabe gestellt bekommt, verspricht aber gleichzeitig, dass man dabei auf Hilfe rechnen kann.

Feuerzeichen

(zum Beispiel am Himmel) sind ähnlich wie das Feuerwerk als Täuschung zu verstehen.

Fichte

kann als Phallussymbol für sexuelle Bedürfnisse stehen; der gesunde Baum zeigt starke Sexualität an, der verdorrte kann auf unterdrückte, verkümmerte Sexualität hinweisen. Allgemein warnt die Fichte oft davor, die Sexualität zu hoch zu bewerten, das kann nur aus den Begleitumständen und der persönlichen Situation verstanden werden.

Fieber

steht zum Teil für die verzehrenden Begierden und Leidenschaften, die man nicht genügend unter Kontrolle hält und die deshalb Schaden anrichten. Manchmal deutet es auch auf eine Krankheit oder chronische Erschöpfung hin, eine Untersuchung kann bei Verdacht angezeigt sein. Oft hat Fieber etwas mit »innerlich ausgebrannt« zu tun.

Fiedel

kann bei trivialer Bedeutung den Wunsch nach mehr Gesellschaft zum Ausdruck bringen. Vielleicht weist sie aber darauf hin, dass man die »erste Geige« spielen möchte, oder es kommt darin eine etwas leichtfertige Einstellung zum Leben zum Vorschein. Gelegentlich weist die Fiedel auf sexuelle Bedürfnisse hin.

Fiedel-(Geigen-)bogen

wird nach alten Traumbüchern als tröstliches Symbol verstanden, das Beistand und Hilfe in augenblicklichen Schwierigkeiten verspricht.

Film

kann den Wunsch nach mehr Abwechslung und sozialen Kontakten in einem langweiligen, ereignislosen Leben symbolisieren.

Filmschauspieler

taucht im Traum oft auf, wenn man sich in der Realität in Kreisen bewegt, zu denen man nicht recht passt, in denen man sich unwohl fühlt.

Filzpantoffeln

sind nach alter Deutung als Wunsch nach häuslicher Gemütlichkeit oder als

Warnung vor Gesundheitsrisiken zu verstehen.

Finden

(zum Beispiel einen Gegenstand) kann manchmal wirklich einen unverhofften Erfolg oder Gewinn im realen Leben ankündigen. Oft muss man allerdings auch mit dem Gegenteil, einer enttäuschten Erwartung oder einem Verlust rechnen.

Finger

ist ein vieldeutiges Symbol, abhängig davon, in welchem Zusammenhang er im Traum auftaucht. Manchmal kann er als Phallussymbol sexuelle Bedürfnisse anzeigen, die man mehr ausleben sollte. Weitere Bedeutungen sind aus folgenden Begleitumständen erkennbar:

- Erhobener Finger kann als Hinweis oder Warnung vor Fehlern verstanden werden; dabei kommt es darauf an, was vorher und nachher im Traum geschieht.
- Ausgestreckter Finger kann ebenfalls als Hinweis, aber auch als Anklage wegen persönlicher Schuld interpretiert werden.
- Fingerabdruck steht für Individualität, die persönliche Note; man muss dann beachten, wo sich der Abdruck genau befindet.
- Schöner Finger kann für Ansehen, Ehre oder sexuelle Aktivität stehen, die man sich für die Zukunft wünscht oder bereits hat.
- Schmutzige Finger warnen oft vor Intrigen, die man selbst spinnt oder vor denen man sich bei Fremden hüten muss.
- Abgeschnittener Finger kann einen Erfolg ankündigen, für den man jedoch persönliche Opfer bringen muss.
- In den Finger schneiden zeigt oft an, dass sich Pläne gegen einen selbst wenden können; manchmal warnt dieses Symbol auch vor übler Nachrede.

In den Fingern kann schließlich auch die Intuition zum Ausdruck kommen, mit der man andere Menschen und Sachverhalte spontan beurteilt und versteht (umgangssprachlich heißt es daher auch »Fingerspitzengefühl«).

Fingerhut

steht für eine mühsame Arbeit, bei der man nur langsam vorankommt und Hilfe benötigt.

Fingernagel

kann je nach Begleitumständen wie Finger verstanden werden. Oft steht er aber auch für »Waffen«, mit denen man sich gegen die Ansprüche der Umwelt, der Mitmenschen wehrt. Bricht er ab, muss man mit Misserfolgen, Enttäuschungen oder Verlusten rechnen. Schneidet man den Nagel, wird man wahrscheinlich eigene Ansprüche zurückschrauben müssen, während Feilen des Nagels auf ein ereignisarmes Leben hinweist.

Fingerring

kann den Wunsch nach einer guten Ehe und nach Kindern symbolisieren. Verliert man ihn, soll das nach alten Traumbüchern vor einer Beleidigung warnen.

Finsternis

wird wie Dunkelheit (siehe unter diesem Stichwort) vor allem als Zeichen für eine undurchsichtige Situation gedeutet, die man erhellen muss; das kann sich auf äußere Umstände beziehen, aber auch mangelnde Selbsterkenntnis anzeigen. Unter Umständen weist das bei seelischen Störungen in der Realität daraufhin, dass man eine Psychotherapie benötigt. In alten Traumbüchern versteht man die Finsternis auch als Vorahnung persönlicher Schwierigkeiten, was im Einzelfall zutreffen kann. Die Ankündigung schwerer Zeiten und Kriegswirren dagegen ist eine vage Deutung, der man kaum Beachtung schenken muss.

Firmament

(Himmelszelt) soll nach altindischer Traumdeutung eine Erbschaft verheißen, insbesondere wenn sich viele funkelnde Sterne am Firmament befinden; diese spezielle Deutung steht wahrscheinlich mit Erwartungen in Beziehung, die im Einzelfall aus der konkreten Lebenssituation berechtigt sein können. Allgemein steht das Firmament für die Zukunft und kann zeigen, dass diese auf absehbare Zeit gesichert ist.

Fisch

symbolisiert allgemein das Unbewusste und seine Inhalte, die uns unmerklich beeinflussen. Oft kommen darin auch sexuelle Bedürfnisse zum Ausdruck, die zu stark unterdrückt oder abgelehnt werden, oder es steht der Wunsch nach Kindern dahinter. Je nach den Begleitumständen ergeben sich unterschiedliche individuelle Deutungen, unter anderem:

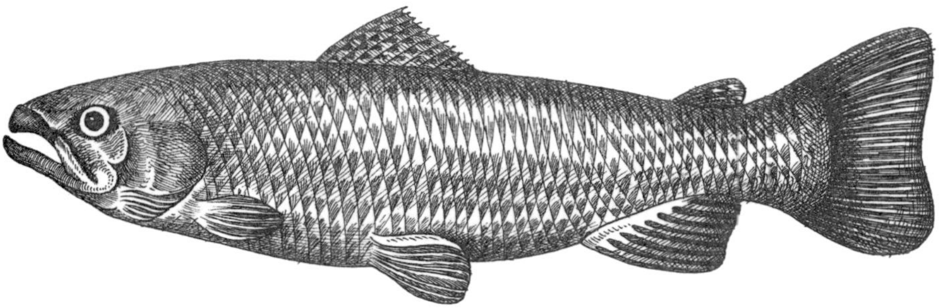

- Fische fangen kann eine Aufforderung darstellen, sich mehr um Selbsterkenntnis zu bemühen, sich genauer zu erforschen, um zur inneren Harmonie zu finden; außerdem können damit große Erfolge und finanzielle Gewinne angekündigt werden (siehe auch unter dem Stichwort »Fischen«).
- Fische kaufen wird von alten Traumbüchern oft als Warnung vor der Hinterlist anderer verstanden, denen man trotz ihrer Freundlichkeit nicht blind vertrauen darf.
- Fische, die einem aus der Hand gleiten, warnen vielleicht ebenfalls vor Schmeicheleien.
- Fische, die man als glitschig und kalt empfindet, deuten häufig auf eine gewisse Gefühlskälte hin, die man durch leere Freundlichkeit vertuscht; dieses unechte Verhalten sollte man ändern.
- Bekommt man Fische geschenkt, kann das oft vor übler Nachrede durch scheinbar freundliche Menschen warnen.
- Der Fisch, von dem man verschlungen wird, kündigt häufig an, dass man sich durch Inhalte des Unbewussten bedroht fühlt, weil sie durch das Bewusstsein nicht mehr genügend unter Kontrolle zu halten sind; manchmal kommt darin allerdings auch eine ernstere seelische Krankheit zum Ausdruck.
- Angel, Fischhändler oder Fischmarkt sind jeweils positive Symbole, die Erfolge und finanzielle Gewinne verheißen.

Fischen

(Angeln) kann auf einen guten »Fischzug«, also auf Erfolge und Gewinne hinweisen. Tiefenpsychologisch gedeutet fordert Fischen zu mehr Selbsterkenntnis auf, um die man sich bemühen muss. Sieht man andere fischen, zeigt sich darin vielleicht das Bedürfnis nach einer guten Freundschaft.

Fischernetz

weist noch stärker als Fischen auf gute Erfolge und große Gewinne hin.

Fischschuppen

haben bei oberflächlicher Deutung mit Geld zu tun, versprechen also einen Gewinn. Man kann sie im Einzelfall auch als Symbole unbewusster Gefühle, Einstellungen und ähnlicher Inhalte verstehen, wobei sich die genaue Deutung aus den weiteren Vorgängen ableiten lässt.

Flasche

symbolisiert nicht selten eine Persönlichkeit mit all ihren Eigenschaften, die sich nicht genügend entfalten kann, gleichsam eingeschlossen bleibt; in diesem Fall fordert der Traum meist auf, mehr aus sich herauszugehen, die Fülle der eigenen Möglichkeiten besser zu nutzen. Manchmal kann die Flasche auch auf sexuelle Bedürfnisse hinweisen. Eine leere oder zerbrochene Flasche kann auf Enttäuschungen und Verluste vorbereiten.

Flaschenzug

deutet meist auf Gesinnungen und Ideale hin, die das Leben prägen. Darin kann der Wunsch zum Ausdruck kommen, den »Niederungen« des Alltags zu entfliehen, auf einer höheren geistig-seelischen Ebene zu leben, wobei man sich aber vor Realitätsverlust hüten muss. Unter Umständen deutet der Flaschenzug auch auf eine schwere Arbeit hin, die man sich durch sorgfältige Überlegung und Planung und Anspannung aller Geisteskräfte sehr erleichtern kann.

Fleck

(zum Beispiel auf der Kleidung) hat oft eine Beziehung zu verdrängten Schuldgefühlen wegen einer Handlung, für die man sich selbst schämt und/oder deren Aufdeckung man fürchtet. Es kann darin aber auch eine lässig-unkonventionelle Lebenseinstellung zum Vorschein kommen, mit der man andere möglicherweise vor den Kopf stößt. Ein Schmutzfleck auf einem unbeschriebenen Blatt Papier warnt häufig davor, in der nächsten Zeit etwas zu tun, das einfach nicht ganz korrekt ist.

Fledermaus

steht für alle körperlichen und seelisch-geistigen Vorgänge, die ohne Kontrolle des Bewusstseins ablaufen; damit kann Angst vor den unbewussten Inhalten verbunden sein. Man sollte nach mehr Selbsterkenntnis und innerer Harmonie streben.

Fleisch

kann als körperbedingter Trauminhalt auftreten, der das reale Bedürfnis nach Fleisch anzeigt; das kommt zum Beispiel bei Durchführung einer Diät und Vegetariern vor. Häufig verkörpert Fleisch aber auch die materiellen, körperlichen und teilweise sexuellen Bedürfnisse; Abneigung gegen Fleisch kann im Traum dann für die Ablehnung dieser Bedürfnisse bis hin zum Ekel vor sich selbst stehen, während der starke Wunsch nach Fleisch anzeigt, dass man solche Bedürfnisse mehr beachten muss. Je nach den Begleitumständen im Traum können nach alten Quellen auch noch folgende Bedeutungen dahinter stehen:

- Fleisch sehen oder essen soll freudige Ereignisse, Glück und finanzielle Vorteile ankündigen.
- Rohes Fleisch verspricht Hilfe durch andere, die einem wohlgesonnen sind.
- Gebratenes oder verdorbenes Fleisch soll vor bevorstehenden Misserfolgen und Enttäuschungen warnen.
- Fleisch einem Hund vorwerfen wird als Warnung vor der Verachtung durch andere verstanden.

Flieder

symbolisiert die Liebe, die man ersehnt oder die man in sich aufkeimen spürt; dabei handelt es sich oft um eine romantische Liebe, die etwas weltfremd sein kann. Welker Flieder kündigt eine Enttäuschung an, der Fliederbusch oft ein leichtfertiges Liebesabenteuer.

Fliege

taucht oft bei gereizten, nervösen und launischen Menschen auf, die sich dann bemühen sollten, ihre Nerven zu stabilisieren und mehr Ruhe zu finden. Weitere Deutungen sind vor allem aus den folgenden Begleitumständen im Traum möglich:

- Fliegen fangen kann darauf hinweisen, dass man sich auf ein nutzloses Unterfangen eingelassen hat und dadurch Schaden nehmen wird.
- Fliegenfänger verspricht entweder, dass man ohne eigene Anstrengung einen Erfolg erzielen wird, oder warnt vor zu viel Leichtgläubigkeit, mit der man anderen auf den Leim zu gehen droht.
- Viele Fliegen in einem Zimmer können auf familiäre Probleme und Streitigkeiten hinweisen.
- Fliege in einem Getränk deutet man traditionell als Warnung vor Streit und Ärger.

Fliegen

kann anzeigen, dass man sich über die gegenwärtigen Verhältnisse erheben, vielleicht auch vor ihnen die Flucht ergreifen möchte, ohne sich dafür stärker anstrengen zu müssen. Gleichzeitig kann damit die Mahnung verbunden sein, nicht den Boden der Tatsachen zu verlassen, nicht schwärmerisch oder überheblich zu werden, damit man nicht unvermittelt aus allen Wolken fällt. Stürzt man beim Fliegen ab, wird man mit einem Plan scheitern, weil die Ziele zu hochgesteckt sind.

Fliegeralarm

kann noch deutlicher als Fliegen vor Schwärmerei und Selbstüberheblichkeit warnen, weil man sonst mit Schwierigkeiten rechnen muss.

Flinte

(Gewehr) wird in alten Traumbüchern als Symbol für geschäftliche Schwierigkeiten gedeutet, die man sich oft selbst zuzuschreiben hat, weil man nicht ehrlich mit den anderen war.

Floh

kann als körperbedingtes Traumsymbol auf eine Überreizung und Schwächung des Nervensystems hinweisen. Allgemein steht er für Ärger, Verdruss, Streit und andere Unannehmlichkeiten, die man als lästig empfindet. Ein hüpfender Floh soll nach alter Traumdeutung darauf hinweisen, dass man durch wohlüberlegtes Handeln eine verfahrene Situation doch noch retten kann.

Floß

stellt ein einfaches, aber robustes Fortbewegungsmittel dar; man kann dieses Symbol oft als die Art und Weise deuten, wie man durch das Leben geht, sich mit einfachen Mitteln behauptet. Je nachdem, was mit dem Floß im Traum geschieht, erkennt man, ob man mit Erfolgen oder Misserfolgen rechnen kann. Allgemein kann das Floß für eine unreife Persönlichkeit stehen, die sich etwas unbeholfen verhält.

Flöte

warnt oft vor einer Täuschung oder zu starken Beeinflussung durch andere. Bläst man sie selbst, soll das auf Probleme in einer Liebesbeziehung hinweisen. Gelegentlich zeigt sie als Phallussymbol sexuelle Bedürfnisse an. Manchmal kommt in der Flöte auch ein sehr ausgeglichenes Wesen zum Ausdruck.

Fluch

bringt oft den Einfluss zum Ausdruck, den vorangegangene Taten auf die eigene Gegenwart und Zukunft nehmen; damit können Schuld- und Schamgefühle verbunden sein. Zusätzlich warnt ein Fluch aber auch vor einer einseitig materialistischen Lebensgrundeinstellung, bei der man sich nicht ganzheitlich verwirklichen kann, weil alle anderen Seiten der Persönlichkeit vernachlässigt werden.

Flucht

verspricht im einfachsten Fall, dass man eine Gefahr rechtzeitig wahrnehmen wird und ihr dadurch noch entgegen kann. Diese Gefahr kann auch aus dem eigenen Selbst kommen, zum Beispiel ein ins Unbewusste verdrängter psychischer Inhalt, vor dem man Angst hat und dem man sich deshalb nicht mehr stellen will oder kann. Hilft man im Traum einem anderen bei der Flucht, weist das vielleicht darauf hin, dass man sich aus Gutmütigkeit oft ausnutzen lässt.

Flügel

kann meist wie Fliegen (siehe unter diesem Stichwort) gedeutet werden; man muss berücksichtigen, wie man mit den Flügeln umgeht und wie sie beschaffen sind.

Flugzeug

symbolisiert ebenfalls den Wunsch, sich über den Alltag zu erheben, hohe Ideale und Ziele zu verwirklichen. Stürzt das Flugzeug ab oder brennt es mit dunklem Rauch, wird man dabei scheitern, während helle Flammen meist einen großen Erfolg versprechen.

Fluss

gehört zu den Ursymbolen mit vielfältiger Bedeutung. Tiefenpsychologisch wird er meist als seelisch-geistige Kraft und Energie verstanden, die uns antreibt und befruchtet, unsere Anlagen zur Entfaltung bringt und das Leben stetig verändert, dabei aber auch stören oder gar zerstören kann. Je nach den Begleitumständen kann man vor allem zu folgenden Deutungen gelangen:

- Ruhig fließender, klarer Fluss zeigt einen klaren Lebensweg an, auf dem man sicher und ohne Umwege dahinschreitet und sich immer weiter vervollkommnet und reift.
- Unruhiger, schäumender Fluss mit trübem Wasser hat die gegenteilige Bedeutung, man wird also viele Schwierigkeiten im Leben zu überwinden haben, vielleicht auch unlautere Absichten verfolgen oder Intrigen anderer zum Opfer fallen.
- Rauschender, gefährlicher Fluss warnt oft vor übler Nachrede durch missgünstige Menschen, die viel Schaden anrichten können.
- Im Fluss baden kann Glück, Erfolg und Wohlstand verheißen; manchmal steigt man geläutert als »neuer Mensch« aus dem Fluss, steht also am Beginn einer Entwicklung der Persönlichkeit.
- Durch den Fluss schwimmen verspricht, dass man Hindernisse und Gegner aus eigener Kraft überwinden wird und danach ein besseres Leben beginnen kann.
- Überqueren des Flusses mit einem Boot oder auf einer Brücke (siehe unter diesem Stichwort) zeigt, dass man eine Änderung des bisherigen Lebens durchführen sollte, um den eigenen Horizont zu erweitern.
- Überschwemmung und Wasserfall werden in alten Traumbüchern oft als Vorzeichen von Problemen, Misserfolgen und Verlusten gedeutet; tritt das Wasser ins Haus, kann man aber vermutlich mit einem Gewinn rechnen.
- Steht man im Fluss oder schwimmt gegen seine Strömung, kann das auf eine eigenwillige Persönlichkeit hinweisen, die sich immer wieder den Erwartungen anderer widersetzt; vielleicht kommt darin aber auch zum Ausdruck, dass man sich auf die Suche nach den Wurzeln der eigenen Persönlichkeit begeben soll, um sich besser zu verstehen und zu entfalten.

Flüssigkeit

deutet man meist als Symbol für eine innere Wandlung, bei der sich geistig-seelische »Verhärtungen«, die bisher das Leben und die Entwicklung blockierten, allmählich auflösen.

Flut

(Sintflut) bringt Ängste vor unbewussten psychischen Inhalten zum Ausdruck, die plötzlich emporsteigen und das Bewusstsein überfluten können; man sollte dann versuchen, sie nur allmählich zuzulassen, ohne sie erneut zu verdrängen.

Folter

wird häufig als Symbol für Schuldgefühle gedeutet, die begründet oder unbegründet sind; sie können bewusst bestehen, oft wurden sie aber verdrängt, weil man damit nicht dauernd leben kann. Man muss versuchen, die Hintergründe zu erkennen und bewusst zu verarbeiten. Sieht man einen anderen, der gefoltert wird, kommt darin oft

Hilflosigkeit zum Ausdruck, weil man einem nahe stehenden Menschen in einer Notlage nicht helfen kann.

Folterkammer

in der man sich selbst befindet, zeigt ähnlich wie das Traumbild der Folter an, dass man unter Angst und Schuldgefühlen wegen einer Tat leidet, die man vor sich selbst nicht verantworten kann; es muss sich nicht unbedingt um eine objektiv schlechte Tat handeln, nicht selten steht dahinter auch ein zu strenges Gewissen, das Schuld und Versagen auch da sieht, wo kein Anlass dafür besteht.

Forderungen

die man an andere stellt oder eintreibt, können nach alten Traumbüchern auf finanzielle Erfolge in nächster Zeit hinweisen.

Forelle

in einem Gewässer soll ein Glückssymbol sein. Wenn man sie verzehrt, muss man allerdings oft mit einer schlechten Nachricht rechnen (siehe unter diesem Stichwort).

Forschungsreise

weist oft darauf hin, dass man sich selbst und die augenblickliche konkrete Lebenssituation genauer ergründen soll, damit man im Einklang mit sich selbst gelassener und zufriedener wird.

Foto

wird wie Bild (siehe unter diesem Stichwort) gedeutet.

Fotografieren

eines anderen Menschen kann das Bedürfnis nach Geselligkeit, vertrauter Freundschaft oder einer Liebesbeziehung symbolisieren. Fotografiert man ein Objekt oder eine Landschaft, soll man sich über eine bestimmte Situation oder über die weitere Zukunft mehr Klarheit verschaffen, um die richtigen Entscheidungen treffen zu können.

Frankreich

steht im Traum oft für eine etwas leichtfertige, vorwiegend auf Vergnügungen ausgerichtete Lebenseinstellung. Dann kann die Mahnung dahinter stehen, nicht zu leichtsinnig und oberflächlich zu leben, aber auch die Aufforderung, das Leben nicht zu ernst zu nehmen und darüber die schönen Seiten zu vergessen.

Frau

gehört zu den vieldeutigsten und wichtigsten Traumsymbolen. Allgemein kann sie als Verkörperung der Gefühlsschicht einer Persönlichkeit verstanden werden, woraus sich je nach den Begleitumständen zahlreiche Deutungen ableiten lassen. Oft ergibt sich das erst aus dem Zusammenhang mit den anderen Symbolen, die im Traum gemeinsam mit der Frau auftauchen. Die folgenden Bedeutungen kommen recht häufig vor:

- Frau sehen deutet oft auf noch nicht voll bewusste, teils sexuelle Bedürfnisse und Erwartungen hin.
- Schöne Frau kündigt Erfolge an, vor allem in Gefühlsbeziehungen, insbesondere wenn sie lange Haare trägt.
- Alte Frau kann die eigene Mutter oder überpersonal eine weise Ratgeberin verkörpern; dieses Symbol taucht oft bei unreifen Menschen auf, die sich übermäßig nach Schutz und Geborgenheit sehnen und keine Eigenverantwortung übernehmen wollen.
- Schwangere oder gebärende Frau wird als Glückssymbol gedeutet, das Wohlstand und Erfolg verheißt; manchmal kann dahinter auch ein unterdrückter Wunsch nach Ehe und Familie mit Kindern stehen.
- Nackte Frau hat meist nichts mit Sexualität zu tun, sondern warnt vor vergeblicher, erfolgloser Mühe.
- Frau umarmen soll vor Streitigkeiten warnen; küsst man sie dabei, verspricht das aber Erfolge.
- Betende, vor allem ältere Frau verkündigt oft, dass Pläne und Hoffnungen sich erfüllen werden, weil man Hilfe dabei erhält.
- Geschminkte Frau warnt vor der Schmeichelei anderer, der man keinen Glauben schenken darf.
- Rot- oder schwarzhaarige Frau soll oft auf bevorstehende Schwierigkeiten aufmerksam machen, braunhaarige manchmal auf eine noch unerkannte Krankheit hinweisen.
- Mit einer Frau spazieren gehen kann ebenfalls auf Ärger und andere Probleme des Alltags hinweisen.
- Mehrere Frauen beisammen können vor Klatsch warnen.

Das ist aber nur ein Teil der möglichen Deutungen des Symbols der Frau; oft erschließt sich der individuelle Sinn nur mithilfe freier Assoziationen und unter Berücksichtigung der persönlichen Lebensumstände.

Fremde(r)

repräsentiert jene Bereiche der eigenen Persönlichkeit, die man als fremdartig, nicht zum Selbstbild passend ansieht, oft strikt ablehnt, unterdrückt und verdrängt. Das Symbol weist dann im Traum darauf hin, dass man sie bewusst annehmen muss, ehe man sie vielleicht verändert, oder freier ausleben soll. Allgemeiner kann der Fremde für alles stehen, was man nicht versteht, was bedrohlich wirkt, vielleicht eine andere Person oder eine bestimmte Situation.

Frettchen

kann sexuelle Bedürfnisse darstellen und davor warnen, sie zu egoistisch auszuleben; auch falsche Hemmungen und Ängste vor der Sexualität verbergen sich nicht selten hinter dem kleinen Raubtier. Oft symbolisiert es aber Neugierde und ermahnt, andere dadurch nicht zu verletzen oder zu schnell Einsichten in die eigene Persönlichkeit zu erzwingen, denen man einfach noch nicht gewachsen ist.

Freude

taucht als Gefühlszustand in verschiedenen Formen in Träumen auf; sie wird meist als Zeichen für ein ausgeglichenes und gelassen-heiteres Wesen mit guten Beziehungen zur Mitwelt verstanden. Je nach den persönlichen Lebensumständen fordert das Symbol manchmal aber auch dazu auf, sich um mehr innere Ausgeglichenheit und Selbsterkenntnis zu bemühen.

Freund

(Freundschaft) kann auf eine tatsächliche Gefühlsbeziehung hinweisen; die Begleitumstände spiegeln dann wider, wie es darum im Alltag wirklich bestellt ist. Gibt es dafür keine Anhaltspunkte, kann der Freund im Traum häufig die eigene Persönlichkeit verkörpern; auch dabei sind die Begleitumstände zu beachten, die auf innere Harmonie oder Ablehnung von Teilen des Selbst hinweisen können. Alte Traumbücher deuten das Symbol oft noch in folgender Weise:

- Freund sehen/treffen soll freudige Ereignisse in bevorstehender Zeit ankündigen.
- Mit einem Freund streiten kann auf Probleme in zwischenmenschlichen Beziehungen hinweisen.
- Einem Freund helfen verspricht, dass man selbst Beistand von außen erhalten wird.
- Der tote Freund verheißt baldige gute Nachrichten, von denen man angenehm überrascht wird; zuweilen kommen in dem toten Freund auch verdrängte Teile der eigenen Persönlichkeit zum Ausdruck.
- Mehrere Freunde können das Bedürfnis nach mehr Geselligkeit mit vertrauten Menschen signalisieren.

Frieden

kann oft ähnlich wie Freude die innere Ausgeglichenheit eines Menschen symbolisieren. Oft weist das in unterschiedlicher Form auftauchende Symbol aber auch darauf hin, dass man im eigenen Interesse einen fruchtlosen Streit endlich beilegen sollte. Tiefenpsychologisch betrachtet fordert der Frieden auf, verdrängte Seiten der eigenen Persönlichkeit anzunehmen, also mit sich selbst Frieden zu schließen.

Friedhof

kann einen Todesfall ankündigen, wenn es darauf Hinweise im realen Leben gibt. Andere Bedeutungen ergeben sich aus den Begleitumständen:

- Auf dem Friedhof stehen, sitzen oder gehen kann versprechen, dass man ein geruhsames, glückliches Alter zu erwarten hat.
- Einen Friedhof sehen deutet vielleicht auf die Trennung (nicht Tod) von einem sehr nahe stehenden Menschen hin.
- Auf dem Friedhof beobachten, wie jemand zu Grabe getragen wird, fordert oft dazu auf, in einer bestimmten Situation die bisherigen Erwartungen und Einstellungen aufzugeben, damit man vorwärts kommt.

Frieren

kann bei chronisch gereizten, nervösen und überforderten Menschen als Warnzeichen einer Überreizung des Nervensystems auftauchen und dann vor möglichen Krankheiten als Folge warnen. Andere Bedeutungen ergeben sich aus folgenden Begleitumständen:

- Selbst frieren weist oft darauf hin, dass man Gefühle nicht übermäßig unterdrücken und kontrollieren darf, weil man sonst »seelisch erfriert«.
- Einen anderen frieren sehen kann anzeigen, dass man eine Gefühlsbeziehung abbrechen wird, die allmählich »erkaltet« ist.
- Wiederbelebung eines erfrorenen Menschen fordert vielleicht dazu auf, eine abgebrochene Beziehung zu einem anderen wieder aufzunehmen.

Frisieren

(Friseur) deutet oft auf Oberflächlichkeit und Eitelkeit hin, die dem äußeren Schein zu große Bedeutung beimisst; das kann auch mit dem Wunsch nach mehr sexueller Anziehungskraft verbunden sein. Alte Traumbücher sehen im Friseur, von dem man selbst frisiert wird, die Ankündigung finanzieller Erfolge oder einer Hochzeit; es kann aber auch bedeuten, dass man besser nicht zu einer Einladung gehen sollte, bei der man sich vielleicht blamiert.

Frisur

kann oft ähnlich wie Frisieren verstanden werden. Verändert sie sich im Traum, weist das vielleicht auf eine beginnende Entwicklung der Persönlichkeit oder eine Änderung der Lebensumstände hin. Alte Traumbücher bringen die Frisur auch noch mit mehr Ansehen in Zusammenhang; eine auffällige Frisur kann aber auch davor warnen, sich durch eigenes Verhalten lächerlich zu machen.

Frosch

kann auf Wandlungsfähigkeit hinweisen, was sich entweder auf die Persönlichkeit oder auf die Lebensbedingungen bezieht; damit sind oft positive Verheißungen von Anerkennung, Gewinnen und Liebe verbunden. Insbesondere der hüpfende Frosch soll nach altindischer Traumlehre gute Geschäfte ankündigen, was aber oft viel Kaltblütigkeit und Intuition erfordert. Tötet oder verzehrt man einen Frosch, muss man dagegen mit Verlusten und Krankheiten rechnen, die eigenem Verhalten zuzuschreiben sind.

Frost

wird im gleichen Sinn wie Eis und Frieren (siehe unter diesen Stichwörtern) gedeutet, meist geht es dabei um Gefühle.

Frucht

steht für das Ergebnis der eigenen Arbeit oder von Bemühungen in einer Gefühlsbeziehung; dabei kann es sich um Erfolge oder Misserfolge handeln.

Oft taucht das Symbol dann auf, wenn man selbst noch unsicher über den Ausgang einer Sache ist. Folgende Begleitumstände sind dabei oft zu beachten:

- Frucht sehen oder pflücken zeigt an, dass man mit einem Erfolg rechnen darf, für seine Mühen belohnt wird, auch wenn das lange Zeit unwahrscheinlich erscheint.
- Frucht essen weist darauf hin, dass man durch kluge Überlegung und umsichtige Planung zum Ziel gelangen wird.
- Faulige Früchte kündigen Enttäuschungen und Misserfolge an, die man eigentlich nicht verdient hätte.
- Früchte kaufen kann vor missgünstigen, hinterlistigen Menschen warnen, die einem um die Früchte der Arbeit bringen wollen.
- Süße Früchte verheißen Erfolg in einer Liebesbeziehung, oft ein erotisches Abenteuer.

Frühling

kann die Reifung und Entwicklung der Persönlichkeit symbolisieren, aus der sich neue Lebensmöglichkeiten ergeben. Bei jungen Menschen und Männern ab der Lebensmitte (zweiter Frühling) stehen dahinter aber auch oft sexuelle Bedürfnisse, die in erotischen Abenteuern realisiert und romantisch ausgelebt werden wollen; da das nicht selten zu großen Problemen führt und mit Enttäuschung endet, ermahnt der Traum in solchen Fällen aber zur Vorsicht.

Fuchs

steht für Klugheit, die oft mit Schläue und Hinterlist gepaart ist. Man muss das Symbol nach den Begleitumständen im Traum individuell deuten, zum Beispiel:

- Fuchs sehen kann vor der Hinterlist anderer warnen, die man vielleicht noch nicht erkannt hat.
- Fuchs fangen verspricht, dass man eine Hinterlist aufdecken und erfolgreich abwehren wird.
- Fuchs schießen (erlegen) zeigt an, dass man über einen Gegner trotz dessen Schläue doch triumphieren wird, wenn man sich rechtzeitig gegen ihn wehrt.
- Zahmer Fuchs warnt noch mehr vor falschen Freunden, die sich einschmeicheln wollen, um einem dann zu schaden.

Fuchsjagd

steht in Beziehung mit erotischen Verbindungen; sie kann entweder darauf hinweisen, dass man dabei vom Partner getäuscht wird oder selbst versucht, ihn zu hintergehen.

Fuchsschwanz

(des Tiers) warnt ebenfalls vor Schläue und List anderer Menschen.

Fuchsschwanz

(Säge) weist darauf hin, dass man durch harte Arbeit letztendlich zum Erfolg gelangen wird.

Führer

verkörpert meist die Normen, Werte, Regeln und Ideale, von denen man geleitet wird. Ob sie richtig oder falsch, zweckmäßig oder schädlich sind, ergibt sich aus den Begleitumständen des Traums. Vielleicht warnt der Führer auch davor, zu sehr einem anderen Menschen zu vertrauen, ihm nicht blindlings zu folgen.

Fuhrmann

wird in alten Traumbüchern oft als Ankündigung von Streit und Zwietracht gedeutet, wohl auch deshalb, weil er oft als grob und ungehobelt galt. Er kann aber auch der energische und nicht immer zimperliche innere Wegweiser sein, der uns einen bestimmten Lebensweg vorzeichnet; dem darf man aber nicht kritiklos und unüberlegt folgen.

Füllen

(junges Pferd) wird in der altindischen Traumdeutung als Verheißung einer überraschenden frohen Botschaft verstanden.

Fund

kann manchmal ankündigen, dass man eine günstige Gelegenheit erhält, die man unbedingt nutzen sollte. Oft steht dahinter aber die Ermahnung, sich nicht allein auf den glücklichen Zufall zu verlassen, sondern das Leben selbst in die Hand zu nehmen. Worauf sich das konkret bezieht, kann oft aus der Art des Fundes zusätzlich gedeutet werden.

Funken

die von einem Feuer oder beim Schmieden sprühen, deutet man traditionell als geschäftlichen/finanziellen Erfolg in der nächsten Zeit.

Furcht

entsteht im Traum nicht selten körperbedingt bei Herz-Kreislauf- oder Magenbeschwerden; sprechen dafür auch im Wachzustand auftretende Symptome, sollte man eine Untersuchung veranlassen. Oft kommt im Traum auch die reale Furcht vor bevorstehenden Ereignissen und Aufgaben zum Ausdruck, das ergibt sich aus der tatsächlichen Lebenssituation. Manchmal kündigt die Furcht an, dass man zu viel ins Unbewusste verdrängt und deshalb Furcht vor sich selbst hat, was durch mehr Selbsterkenntnis und Harmonie zu bessern ist.

Fürst(in)

verstehen alte Traumbücher oft als Warnung, der Gunst des Schicksals nicht zu sehr zu vertrauen, das oft launisch ist.

Fuß

kann zunächst als sexuelles Symbol gedeutet werden, das entsprechende Bedürfnisse zum Ausdruck bringt; manchmal kann er auch im weiteren Sinn für Liebe stehen. Die tiefere Bedeutung ergibt sich daraus, dass der Fuß festen Stand verleiht und die Fortbewegung ermöglicht; in diesem Sinn kann er die Werte, Überzeugungen und Prinzipien eines Menschen versinnbildlichen oder die Richtung des weiteren Lebenswegs anzeigen. Je nach Begleitumständen im Traum ergeben sich zum Beispiel die folgenden Bedeutungen:

- Fuß sehen kann eine geistig-seelische Veränderung anzeigen, die gerade in Gang kommt.
- Kranker, verkrüppelter oder gebrochener Fuß deutet auf Hindernisse auf dem weiteren Lebensweg hin, die man oft nicht aus eigener Kraft überwinden kann.
- Schmutziger Fuß kann auf falsche Lebensgrundlagen hinweisen oder eine Krankheit ankündigen, von der man noch nichts spürt.
- Großer Fuß zeigt manchmal Wohlstand an, oft warnt er aber vor Verschwendung.
- Fuß küssen deutet darauf hin, dass man zu demütig ist oder mit einer Demütigung für eigenes Fehlverhalten rechnen muss.
- Fuß waschen kann auf einen reinlichen Menschen hinweisen; häufig kommt darin der Wunsch zum Vorschein, sich von überholten Prinzipien zu trennen.

Außerdem muss man noch beachten, ob man nur von einem oder von beiden Füßen träumt; im ersten Fall ist oft noch die Bedeutung von rechts oder links (siehe unter diesen Stichwörtern) zu berücksichtigen.

Fußbad

wird in alten Traumbüchern als Symbol für eine gesicherte Existenz und familiäres Glück verstanden.

Fußball

kann eine zu leichtsinnige, nachlässige Lebenseinstellung symbolisieren, die man ändern sollte.

Fußfall

(vor anderen) warnt davor, dass man eine Demütigung zu erwarten hat oder sich selbst erniedrigt.

Fußschemel

steht in Beziehung zur Ehe und zeigt eine treue Liebe an.

Futtertrog

soll nach alten Traumbüchern vor Sorgen und Not warnen, die man durch Leichtsinn selbst verschuldet.

G

als geschriebener, plastisch dargestellter oder gesprochener Buchstabe wird als Symbol der Macht verstanden. Das kann auf Machtstreben und Herrschsucht des Träumers hinweisen oder ankündigen, dass man etwas erobern, einen Erfolg erzielen wird. Manchmal fordert der Buchstabe aber auch zu mehr Selbstbeherrschung auf.

Gabe

bedeutet manchmal, dass man sich in einer aussichtslosen Situation befindet und bemitleidet wird oder sich selbst bemitleidet. Teilt man sie selbst aus, kann das vor der Schädigung des eigenen Ansehens warnen.

Gabel

zeigt oft Widersprüche in der eigenen Persönlichkeit an, die eine Konzentration auf klare Ziele verhindert; dann muss man sich erst auf sich selbst besinnen, ehe man erfolgreich sein wird. Andere Bedeutungen ergeben sich aus folgenden Begleitumständen des Traums:

- Gabel verwenden warnt vor der Hinterlist anderer.
- Gabel zu Boden fallen lassen soll nach alten Traumbüchern auf familiären Zwist hinweisen.
- Gabel erhalten kündigt vielleicht bevorstehende Sorgen an.
- Heu- und Mistgabel sehen oder damit arbeiten verspricht Erfolg und Gewinne.

Galanterie

steht im Traum für übertriebene, leere Höflichkeit; verhält man sich selbst so, hüte man sich davor, andere durch geschliffenes Benehmen täuschen zu wollen, wird man galant behandelt, warnt das vor anderen, von denen man vielleicht übervorteilt wird.

Galeere

kann jene Teile der Persönlichkeit versinnbildlichen, die man ausnutzt, ohne sie aber zu akzeptieren; das führt zur inneren Disharmonie. Manchmal kann das Schiff aber auch auf Sorgen und Nöte hinweisen, denen man trotz harter Arbeit einfach nicht entgehen wird.

Galgen

kündigt nach der altindischen Traumlehre oft an, dass man »erhöht« wird, also mehr Ansehen erringt. Er kann aber auch darauf hinweisen, dass man eine unangenehme Lebensphase vor sich hat, für die man selbst verantwortlich ist; am Ende wird sich aber doch noch alles zum Guten wenden, wenn man für das eigene Fehlverhalten gebüßt hat und die Hoffnung nicht aufgibt. Zuweilen steht dahinter der Wunsch, mit Gegnern und Konkurrenten kurzen Prozess zu machen, was aber kaum gelingen wird.

Gallapfel

kann Wohlstand (vielleicht durch eine Heirat) ankündigen; alte Traumbücher verstehen ihn als Warnung vor Streitigkeiten mit Nachbarn.

Galoschen

(Überschuhe) trägt man im Traum oft, wenn man Sorgen und Probleme erwartet.

Gans

kann Einfalt versinnbildlichen, was sich oft auf eine Liebesangelegenheit bezieht, in der man nicht so leichtgläubig sein sollte. Weitere Bedeutungen können sich aus folgenden Begleitumständen ergeben:

- Gans sehen, braten oder verspeisen verheißt immer Erfolge, oft auch in finanzieller Hinsicht.
- Fliegende Gans steht dagegen für eine enttäuschte Hoffnung oder einen Verlust.
- Rupfen der Gans kann vor vergeblicher Mühe warnen, der kein Erfolg beschieden sein wird.
- Hüten von Gänsen kündigt eine lästige, unangenehme Pflicht mit geringem Gewinn an.
- Schnatternde Gans kann darauf hinweisen, dass andere über einen klatschen, einem übel nachreden.

Garbe

kann die Ernte des bisherigen Lebens, also die Erfolge versinnbildlichen, aber auch für die enge Bindung an einen Menschen stehen. Folgende weitere Bedeutungen sind je nach den Begleitumständen möglich:

- Garben zusammenbinden weist darauf hin, dass man das bisher Erreichte gut zusammenhalten und bewahren soll.
- Garben vor sich liegen sehen verspricht eine sorgenfreie Zukunft.
- Garben einbringen zeigt an, dass man für seine Arbeit und Mühe den gerechten Lohn erhalten wird.
- Garben ausdreschen weist darauf hin, dass man aus einer Situation durch eigene Anstrengung das Beste machen kann.

Gardine

bringt oft zum Ausdruck, dass man Teile der eigenen Persönlichkeit, Absichten und Ziele vor sich selbst oder vor anderen verschleiern, aber nicht ganz unterdrücken will. Dann sollte man wieder lernen, offener zu sich selbst zu stehen, weder sich selbst noch andere zu täuschen, auch wenn das nicht immer leicht fällt.

Garn

spinnen soll nach alten Traumquellen anzeigen, dass man eine glückliche Liebesbeziehung anbahnen kann. Sieht man das Garn, stehen dahinter oft Sorgen und innere Unruhe (siehe unter dem Stichwort Faden).

Garten

symbolisiert häufig das Innenleben, vor allem den Bereich der Gefühle. Die genaue Bedeutung kann sich aus folgenden Begleitumständen ergeben:

- Schönen Garten sehen bringt den Wunsch nach Liebe und Zuneigung zum Ausdruck.
- Im Garten spazieren gehen steht für eine ausgeglichen-heitere Lebensgrundstimmung.
- Garten hegen und pflegen zeigt an, dass man sich bemüht, Gefühle und zwischenmenschliche Beziehungen zu pflegen; zuweilen verspricht die Gartenarbeit auch Zufriedenheit mit dem Leben und mit sich selbst.
- Verwilderter Garten kann Enttäuschungen ankündigen, weil man sich vielleicht nicht genug um einen nahe stehenden Menschen bemüht.
- Hohe Gartenmauer kann stilles Glück verheißen, aber auch vor Selbstgenügsamkeit, Zurückgezogenheit und Vereinsamung warnen.

Gas

weist auf negative Gedanken, Erwartungen und Einstellungen hin, die sich unmerklich eingestellt haben und ungünstig beeinflussen, wenn man sie nicht rechtzeitig »umpolt«. Auch der Hinweis auf eine Täuschung durch andere kann darin enthalten sein.

Gaslicht

wird oft als Symbol für wichtige Einsichten und Erkenntnisse gedeutet; das bezieht sich häufig auf die eigene Persönlichkeit, aber auch auf Vorgänge und andere Menschen.

Gast

wird häufig im ähnlichen Sinn wie Fremder (siehe unter diesem Stichwort) gedeutet. Vielleicht tritt er aber auch auf, weil man tatsächlich Gäste erwartet und sich mit den Vorbereitungen beschäftigt, oder er weist darauf hin, dass man sich nicht so stark von anderen isolieren sollte.

Gastmahl

soll nach alten Traumbüchern vor Krankheiten warnen, verspricht aber gleichzeitig, dass man diese rasch überwinden wird. Manchmal kommt auch darin das Bedürfnis nach mehr Geselligkeit zum Ausdruck.

Gattin

(Ehefrau) kann die Gefühle der Partner füreinander in der realen Ehe symbolisieren oder Erwartungen bewusst machen, die der Ehemann an seine Partnerin hat. Trifft das nicht zu, wird die Gattin oft wie das Symbol der Frau (siehe unter diesem Stichwort) gesehen und auch danach gedeutet.

Gaukler

kann vor Illusionen, Selbsttäuschung und Scheinerfolgen warnen, denen man nicht erliegen darf; weitere Bedeutungen entsprechen denen der Symbole Clown und Fakir (siehe dort).

Gauner

hat nach alten Traumbüchern nichts mit Betrug und Schwindel zu tun, sondern soll oft vor familiären Schwierigkeiten warnen.

Gebäude

wird wie das Symbol des Hauses (siehe unter diesem Stichwort) verstanden.

Gebet

zeigt oft an, dass man demütig und schicksalsergeben auf Hilfe von außen hofft; ob das immer sinnvoll ist, ob man nicht besser das Schicksal aktiv selbst in die Hand nimmt, lässt sich nur aus den Begleitumständen des Traums ableiten. Manchmal kann das Gebet auch verheißen, dass Hoffnungen und Erwartungen sich erfüllen werden.

Gebetbuch

(Bibel) bedeutet oft, dass man aus sich selbst Trost und Hilfe finden wird, die man in einer schwierigen Situation benötigt. Wirft man das Gebetbuch weg oder verliert es, wird man durch eigene Schuld in Not geraten.

Gebirge

wird meist im gleichen Sinn wie der Berg (siehe unter diesem Stichwort) interpretiert, vor allem als Hinweis auf Hindernisse und Probleme des weiteren Lebenswegs. Manchmal kann es nach alter Traumdeutung auch mehr Ansehen und Ehrungen verheißen, sobald man die Schwierigkeiten erst einmal bewältigt hat.

Gebühr

verweist manchmal darauf, dass man für ein angestrebtes Ziel erst einmal eine Leistung erbringen oder etwas aufgeben muss. Oft kommt darin aber auch zum Ausdruck, dass die augenblickliche Lebenssituation, unter der man leidet, auf früheres Fehlverhalten zurückzuführen ist; daraus sollte man für die Zukunft lernen.

Gebüsch

steht allgemein für etwas Verborgenes; dabei kann es sich um Risiken auf dem weiteren Lebensweg handeln, die man noch nicht wahrgenommen hat, oft aber auch um wichtige Einsichten in einen Sachverhalt oder in die eigene Persönlichkeit. Das brennende Gebüsch wird in Anlehnung an die Bibel häufig als wichtige Erkenntnis interpretiert, die spontan wie eine Offenbarung über einen kommt.

Geburt

steht für einen Neubeginn und kann einen grundlegenden Wandel im Leben oder eine erfolgreich zu Ende geführte Absicht anzeigen. Das Symbol wird in der Regel positiv verstanden, verspricht also die Verwirklichung von Zielen. Im Einzelfall je nach den Lebensumständen kann das Symbol auch konkret auf die eigene Geburt hinweisen, die nicht selten ein seelisches Trauma darstellte, das Ängste und andere psychische Störungen hinterließ; oft wird man dann das Geburtstrauma, das ins Unbewusste verdrängt wurde, im Rahmen einer Psychotherapie unter fachkundiger Anleitung nachträglich verarbeiten müssen.

Geburtstag

deuten alte Traumbücher als günstiges Vorzeichen für die Zukunft, insbesondere auch für ein hohes, sorgenfreies Alter. Er kann aber auch einen Wendepunkt im Leben markieren, an dem etwas Neues beginnt.

Gedicht

bringt oft in komprimierter Kurzform verdrängte psychische Inhalte des Unbewussten zum Vorschein; dabei tauchen meist weitere Symbole auf, die man individuell deuten muss. Zuweilen handelt es sich auch um einen trivialen Trauminhalt, der nur etwas wiederholt, was man im Alltag nebenbei aufgeschnappt hat.

Gefahr

verspricht nach alten Traumbüchern, dass man bald mehr innere Ruhe und Gelassenheit finden wird. Sie kann aber auch konkret auf Risiken des Alltags hinweisen, die man vielleicht noch nicht erkannt hat.

Gefangenschaft

deutet meist an, dass man sich eingeengt fühlt, sich nicht frei entfalten kann, vielleicht zu stark von der Mitwelt isoliert ist. Das kann zahlreiche Ursachen haben, die nur aus den individuellen Lebensumständen erkennbar sind; zu denken ist vor allem an Pflichten, Hemmungen, Moralvorstellungen, Gefühle und Leidenschaften. Stets sollte man versuchen, diese Situation zu ändern.

Gefängnis

hat ähnliche Bedeutung wie Gefangenschaft. Im Einzelfall kann dahinter auch einmal konkret Furcht vor Strafe stehen, wenn man sich falsch verhalten hat. Alte Traumbücher deuten das Symbol auch als Aufforderung, nicht auf den schlechten Rat anderer zu hören.

Gefäß

kann die Persönlichkeit mit all ihren Möglichkeiten darstellen und wird dann ähnlich wie Flasche (siehe unter diesem Stichwort) interpretiert. Das volle Gefäß steht allgemein für Erfolg und Wohlstand, das leere für Misserfolg und Verlust.

Geflügel

deuten alte Traumbücher als Zeichen innerer Unruhe und Anspannung, die zur Überreizung des Nervensystems führt; oft stehen dahinter Ängste, ungelöste Konflikte, Sorgen und zu hoher Dauerstress.

Gegner

wird als Traumsymbol positiv gedeutet; man wird neue Freundschaften schließen oder hat zumindest das Bedürfnis danach.

Gehen

(Gang) kann die augenblicklichen Absichten, Pläne und Ziele versinnbildlichen; die genaue Bedeutung ergibt sich zum Beispiel aus folgenden Begleitumständen:

- Vorwärts gehen weist in die Zukunft, wobei man zur individuellen Deutung weitere Symbole (zum Beispiel die Umgebung, anderer Personen und Ereignisse) mit berücksichtigen muss.
- Bergauf gehen zeigt viel Mühe an, ehe man zum Ziel gelangt.
- Bergab gehen deutet oft an, dass man sich mehr Erholung gönnen muss, oder kann vor einer Verschlechterung der Lebensverhältnisse warnen.
- Rückwärts gehen ermahnt, sich nicht so stark von der Vergangenheit beeinflussen zu lassen.
- Langsam gehen verspricht oft gute Erfolge, wenn man das Vorhaben gründlich plant und Schritt für Schritt verwirklicht.
- Schnell gehen bedeutet eine Warnung vor unüberlegtem, überstürztem Handeln.
- Stolpernd oder schlurfend gehen weist auf Hindernisse und Probleme oder auf mangelnde Energie und Eigeninitiative hin.

Geheimnis

steht allgemein für eine wichtige Einsicht, die man noch nicht voll bewusst wahrgenommen hat; dabei kann es sich um das Verständnis von Sachverhalten oder anderen Menschen, aber auch um Einblicke in die eigene Persönlichkeit handeln.

Gehirn

symbolisiert die geistigen Fähigkeiten des Träumers; es kann zu mehr Überlegung auffordern, aber auch vor zu viel »Kopflastigkeit« durch Überbetonung des Verstands zulasten seelischer Kräfte (zum Beispiel Gefühle) warnen.

Gehör

(Hören) steht für die Erfahrungen des Lebens und für die Wahrnehmung der Mitwelt. Es kann zu mehr Beachtung der Umwelt ermahnen oder auffordern, aus Erfahrungen zu lernen (siehe unter dem Stichwort Taub).

Geier

symbolisiert intellektuelle Schärfe, die aber meist mit Gefühlsarmut verbunden ist und andere ausbeutet, ihre Schwächen rücksichtslos ausnutzt. Je nach den individuellen Lebensumständen wird man vor anderen gewarnt, die sich so verhalten, oder aufgefordert, das eigene Verhalten zu ändern.

Geige

deutet man im Allgemeinen wie Fiedel (siehe unter diesem Stichwort).

Geißbock

kann nach alten Traumbüchern vor Geiz warnen; manchmal symbolisiert er auch übertrieben ausgelebte sexuelle Bedürfnisse.

Geist

kann das Bewusstsein, die Antriebe, Neigungen und Ziele eines Menschen verkörpern. Zum Teil steht er auch für eine Entwicklung, die bereits in Gang gekommen, aber noch nicht voll bewusst geworden ist. Zuweilen ermahnt das Symbol jedoch, keinen Hirngespinsten, falschen Hoffnungen und unrealistischen Erwartungen anzuhängen.

Geiz

(Geiziger) bringt oft unbewusste Ängste zum Ausdruck; sie können sich auf den Verlust von Geld, aber auch von Potenz, Einfluss und Macht beziehen.

Gelbe Rübe

(Möhre, Karotte) wird häufig als Phallussymbol gedeutet, das sexuelle Bedürfnisse aufzeigt.

Gelbsucht

eines anderen soll nach alten Traumbüchern auf Glück und Erfolge hinweisen; hat man sie selbst, bahnt sich vielleicht eine Krankheit an, die noch keine Symptome verursacht.

Geld

wird als Symbol sexueller Potenz, von Macht und Einfluss interpretiert. Die genaue Bedeutung ergibt sich zum Beispiel aus folgenden Begleitumständen im Traum:

- Geld besitzen kann vor leichtsinnigen Ausgaben warnen, aber auch ankündigen, dass man Ansehen und Einfluss einbüßen wird; manchmal kommt auch Stolz darin zum Vorschein.

- Geld ausgeben verheißt Erfolge und finanzielle Gewinne.
- Geld finden zeigt, dass man einen Verlust oder anderen Schaden noch verhindern kann.
- Geld verlieren bedeutet oft einen Misserfolg, der aber nicht so schwerwiegend ist.
- Geld gewinnen warnt ebenfalls vor Misserfolgen und Verlusten.
- Geld wechseln kündigt oft eine unsichere Zukunft an.
- Geld zählen kann einen Gewinn verkünden, den man für gute Arbeit erhalten wird.

Weitere Bedeutungen können sich zum Beispiel aus den Symbolen Bank, Devisen oder Geiz (siehe unter diesen Stichwörtern) ergeben.

Geldbeutel

kann ähnlich wie Geld für Potenz, Macht und Einfluss stehen. Der leere Geldbeutel verspricht meist Erfolge, findet man ihn, gehen Erwartungen wahrscheinlich nicht in Erfüllung. Der gefüllte Geldbeutel kann vor zu viel Hochmut und Verlusten warnen.

Geliebte

verkörpert die Idealvorstellungen des Träumers von einer Frau. Oft deutet sie auf Frustrationen in einer Liebesbeziehung hin, die sich aus falschen Erwartungen ergeben. Zuweilen warnt die Geliebte auch vor illegalen Absichten.

Gemälde

deutet man wie Bild oder Fotografie (siehe unter diesen Stichwörtern).

Gemüse

kann zum Teil als Phallussymbol sexuelle Bedürfnisse ausdrücken. Allgemein wird es wie Frucht (siehe unter diesem Stichwort) gedeutet.

Generaldirektor

kann ähnlich wie Chef (siehe unter diesem Stichwort) verstanden werden; oft kommt darin die Erwartung zum Ausdruck, dass man für gute Arbeit im Beruf belohnt wird.

Genick

kann darauf hinweisen, dass man sich zu viel aufbürdet und überfordert ist. Der Genickbruch warnt oft vor Leichtsinn, durch den man zu Schaden kommt.

Gericht

fordert häufig zu mehr Verständnis, Toleranz und Gerechtigkeit im Umgang mit anderen auf. Zuweilen, je nach den individuellen Lebensumständen des Träumenden, steht auch der Wunsch nach Rache dahinter. Wird man vor Gericht geladen, kann das vor den Ansprüchen anderer warnen, gegen die man sich rechtzeitig wehren muss. Eine Verurteilung kündigt Undank und Enttäuschung an.

Gerichtsbeamter

kann nach alter Traumdeutung vor Unvernunft warnen, die zu Misserfolgen und Verlusten führt.

Gerippe

(Skelett) symbolisiert oft den Wunsch, den Dingen auf den Grund zu kommen, sie genauer zu verstehen. Nicht selten symbolisiert es aber auch verdrängte Angst vor dem Tod, manchmal Todessehnsucht mit Selbstmordgedanken; dann kann eine Psychotherapie unter fachlicher Anleitung erforderlich werden.

Gerste

hat die gleiche Bedeutung wie Getreide (siehe unter diesem Stichwort), meist kündigt sie gesicherten Wohlstand an.

Geruch

kann Erinnerungen und Erfahrungen verdeutlichen, die man nur aus der Vergangenheit verstehen kann. Allgemein gilt angenehmer Geruch als positiv, übler wird dagegen als Warnung vor Gefahren verstanden.

Gerüst

stellt eine Hilfe bei Plänen dar, die man aus eigener Kraft nicht verwirklichen kann. Arbeitet man darauf, wird man zum Ziel gelangen, beim Absturz drohen Misserfolge, weil man zu große Risiken eingeht.

Gesang

kann oft innere Harmonie und Ausgeglichenheit anzeigen; vielleicht weist er aber auch darauf hin, dass man sich selbst Mut machen und negative Erfahrungen der Vergangenheit überwinden soll.

Geschenk

interpretiert man meist als Wende im Leben hin zu günstigeren Verhältnissen. Vielleicht erhält man auch mehr Anerkennung oder geht eine neue Liebesbeziehung ein.

Geschirr

symbolisiert meist das Verhältnis zu Anderen und bringt dann oft zum Ausdruck, dass man sich unbeholfen, ungeschickt, schüchtern oder plump verhält. Zerbrochenes Geschirr wird traditionell als Glückssymbol verstanden, warnt vielleicht aber auch vor Streit.

Geschmack

umfasst alles, was uns interessiert, weil es unseren Neigungen entspricht. Angenehmer Geschmack weist oft auf die Fülle der Lebensmöglichkeiten hin, die man mehr nutzen sollte, unangenehmer Geschmack kann anzeigen, dass man falschen Bedürfnissen folgt.

Geschmeide

deutet man wie Schmuck (siehe unter diesem Stichwort).

Geschmeidig

(zum Beispiel ein Gegenstand) bringt die Anpassungsfähigkeit des Träumers zum Ausdruck; die genaue Bedeutung ergibt sich erst aus den weiteren Symbolen des Traums.

Geschwister

können im Traum manchmal vor Streit mit Verwandten warnen. Oft deutet man sie aber einzeln (siehe auch unter den Stichwörtern Bruder, Schwester).

Geschworener

appelliert als Traumsymbol an den Gerechtigkeitssinn, was sich auf eine konkrete Lebenssituation beziehen kann. Vielleicht wird man aber auch ermahnt, endlich eine Entscheidung zu treffen, die man bisher immer wieder verschoben hat.

Geschwür

deutet man meist wie Abszess (siehe unter diesem Stichwort). Alte Traumbücher verstehen es auch als Warnung vor geschäftlichem Misserfolg, den man sich selbst zuzuschreiben hat, oder allgemein als Hinweis auf bevorstehende Sorgen und Probleme.

Gesellschaft

in der man sich befindet, zeigt oft das Bedürfnis nach mehr sozialen Kontakten bei vereinsamten Menschen an. Eine große Gesellschaft, in der man sich verloren fühlt, kann darauf hinweisen, dass die eigenen Lebensverhältnisse im Augenblick verworren sind und bald wieder geordnet werden müssen.

Gesicht

repräsentiert meist die Art, wie man sich selbst nach außen darstellt, und wird dann wie Fassade (siehe unter diesem Stichwort) gedeutet. Allgemein gilt ein schönes Gesicht als Symbol für Glück und Erfolg, ein hässliches für Sorgen und Misserfolg, ein geschminktes für Täuschung.

Gesindel

kündigt Ärger und Probleme mit falschen Freunden an.

Gespann

symbolisiert, wie man im Leben vorankommt, seine Ziele erreicht. Dabei sind folgende Bedeutungen möglich:

- Eselsgespann kann Probleme und durch Unüberlegtheit selbst verschuldete Hindernisse ankündigen.
- Ochsengespann zeigt an, dass man mit viel Energie beharrlich und unbeirrt auf Ziele zusteuert.
- Pferdegespann verheißt schnelles Vorwärtskommen ohne größere Hindernisse.

Gespenst

wird oft als die innere Stimme (Intuition) gedeutet, auf die man in einer konkreten Situation mehr hören sollte. Zum Teil zeigt es auch Ängste oder Schuldgefühle an, die verdrängt wurden, aber das Leben weiterhin beeinflussen; oft kann man sie nur durch Psychotherapie wieder aufdecken und endgültig verarbeiten.

Gestirn

kann für etwas Geheimnisvolles, Rätselhaftes, weit Entferntes stehen, das man genauer analysieren muss; das bezieht sich auf die eigene Persönlichkeit oder auf andere Menschen und Sachverhalte. Das helle Gestirn soll eine unerwartete freudige Nachricht ankündigen (siehe unter dem Stichwort Stern).

Getreide

hat ähnlich wie Frucht (siehe unter diesem Stichwort) mit Wohlstand, materieller Sicherheit und Lohn für die Arbeit zu tun. Folgende Begleitumstände sind dabei zu beachten:

- Getreide sehen kann auf zukünftigen Wohlstand und Sicherheit durch harte Arbeit hinweisen.
- Getreide mähen, einbringen oder dreschen kündigt oft an, dass die materiellen Sorgen bald zu Ende sind.
- Getreide kaufen zeigt dagegen an, dass die eigene Arbeit nicht ausreicht, um Sorgen und Not abzuwenden.

Gewand

(Kleidung), das man trägt, soll nach alten Traumbüchern für Sicherheit, Geborgenheit und Zufriedenheit stehen. Vielleicht kommt darin aber auch zum Vorschein, dass man etwas zu verbergen sucht.

Gewehr

kann als Phallussymbol aggressive sexuelle Bedürfnisse versinnbildlichen, die man mehr unter Kontrolle halten muss. Oft deutet es auch auf eine zur Aggressivität neigende, tatsächlich aber schwache, unter Hemmungen und Minderwertigkeitsgefühlen leidende Persönlichkeit hin, die sich um Weiterentwicklung und Reifung bemühen muss.

Geweih

kann im Traum Misstrauen und Eifersucht in einer Liebesbeziehung verkörpern; in erster Linie sind es Männer, die befürchten, von einer Frau »gehörnt« zu werden, was allerdings oft auf Minderwertigkeitsgefühle zurückzuführen ist. Zum Teil deuten altindische Traumquellen das Geweih auch als Symbol für geschäftliches und finanzielles Wachstum; je größer das Geweih, desto mehr Erfolg soll man in dieser Hinsicht erzielen können.

Gewicht

versinnbildlicht oft gute Geschäfte und Gewinne. Tiefenpsychologisch kann es auf Selbstwertgefühl und Einfluss eines Menschen hinweisen, also auf das Gewicht seiner Persönlichkeit. Manchmal kommen darin auch drückende Pflichten und ähnliche Belastungen des Alltags zum Vorschein, die man vielleicht verringern sollte.

Gewinn

im Traum steht ganz entgegen traditioneller Vermutungen meist als Warnung vor Verlusten; das kann sich auf finanzielle Angelegenheiten, aber auch auf zwischenmenschliche Kontakte beziehen, in denen man vielleicht zu viel aufgeben muss.

Gewitter

kündigt plötzliche Veränderungen des Lebens an, die man bewusst überhaupt noch nicht überschauen kann; sie ergeben sich oft aus der spontanen Entladung innerer Spannungen, die zum Beispiel zu einem heftigen Streit führen, der die Atmosphäre wieder bereinigt. Unter anderem kann das bei lange verdrängten Konflikten der Fall sein (siehe auch unter den Stichwörtern Blitz, Donner).

Gewölbe

(oft Keller) steht für das Unbewusste und die dorthin verdrängten Inhalte. Die individuelle Deutung hängt vor allem davon ab, wie man sich darin fühlt und was geschieht; oft treten Ängste oder Gefahren auf, die anzeigen, dass man nach mehr Selbsterkenntnis streben, unbewusste Inhalte annehmen und verarbeiten muss. Zum Teil wird Gewölbe auch mit guten Geschäften und finanziellen Erfolgen erklärt, während ein finsteres oder einstürzendes Gewölbe auf Misserfolge und Gefahren hinweist.

Gewürz

deutet meist an, dass man mehr Abwechslung und Freude ins Leben bringen soll, die Alltagsroutine durchbrechen muss. Manchmal warnt das Symbol auch vor Abenteuern (siehe auch unter dem Stichwort Salz).

Gicht

(Gichtknoten, -schmerzen) kann mit der tatsächlichen Krankheit in Beziehung stehen und erfordert dann als körperbedingter Traum keine weitere Deutung. Trifft das nicht zu, kommt darin oft eine negative Lebenseinstellung mit Enttäuschung über das eigene Schicksal zum Ausdruck.

Gift

kann für Missgunst und Bosheit stehen; das bezieht sich entweder auf eigenes Verhalten oder auf andere Menschen. Allgemein verkörpert Gift negative Gedanken, Erwartungen und Einstellungen aus dem eigenen Unbewussten oder negative Einflüsse aus der Umwelt.

Gitarre

wid im gleichen Sinn wie Fiedel (siehe unter diesem Stichwort) verstanden.

Gitter

stellt oft ein schwer überwindbares Hindernis auf dem weiteren Lebensweg dar. Manchmal kündigt es auch die Trennung von einem nahe stehenden Menschen an, unter der man sehr leiden wird.

Glas

taucht in verschiedener Form im Traum auf, zum Beispiel als Fensterscheibe oder Gefäß; man muss dann meist zusätzlich die Bedeutung solcher Symbole (siehe unter den Stichwörtern Fenster, Flasche, Gefäß) berücksichtigen, um den Sinn zu verstehen. Allgemein deutet Glas oft an, dass man sich selbst oder andere besser durchschauen wird, aber vielleicht noch nicht fähig ist, daraus Konsequenzen zu ziehen. Oft helfen folgende Begleitumstände bei der individuellen Deutung:

- Glas sehen kann im obigen Sinn auf Einsichten hinweisen; ist es milchig oder beschlagen, deutet das eine undurchsichtige Situation an.
- Sprung im Glas wird oft als Warnung vor Täuschung und Betrug verstanden.
- Zerbrochenes Glas kann ein Glückssymbol darstellen; zerbricht man es selbst, muss man jedoch mit Streit rechnen.
- Glas schleifen verheißt einen Gewinn bei einer Spekulation, ohne dass man sich dafür stärker anstrengen muss.
- Glas mit Wasser trinken soll häufig ankündigen, dass sich die Gesundheit bessern wird.
- Glas verschenken deutet an, dass man einen guten Freund verlieren wird.
- Glas kaufen warnt häufig vor Leichtsinn in finanziellen Angelegenheiten.

Glatze

deutet man manchmal als Potenzsymbol, das bei Männern auf sexuelle Probleme hinweisen kann. Oft steht sie aber für Klugheit und Ernsthaftigkeit im Denken und Handeln (siehe auch unter dem Stichwort Haare).

Gletscher

umfasst meist den Bereich der eigenen Gefühle; ähnlich wie Eis (siehe unter diesem Stichwort) kann er signalisieren, dass man Gefühlen mehr Bedeutung beimessen muss, um psychisch nicht zu verarmen. Zuweilen verspricht es aber auch Erfolg durch mühsame, harte Arbeit, wenn man über einen Gletscher geht.

Glocke

läutet gleichsam eine neue Lebensphase ein, die günstig oder ungünstig verlaufen kann. Mehrere läutende Glocken deuten nach altindischer Traumlehre auf Klatsch und üble Nachrede hin.

Glück haben

im Traum wird als negativ verstanden; es deutet darauf hin, dass man in einer Liebesbeziehung, geschäftlichen oder finanziellen Angelegenheiten mit Problemen, Schwierigkeiten und Nachteilen rechnen muss.

Glücksrad

symbolisiert, dass man sich nicht allein auf glückliche Zufälle verlassen darf, sondern mehr Eigeninitiative entwickeln und ernsthaft arbeiten muss, um die anvisierten Ziele zu erreichen. Wird diese Mahnung nicht befolgt, muss man oft mit Misserfolgen rechnen, denn das Glück hält nicht ewig und ist nicht verlässlich.

Glühen

(zum Beispiel ein Gegenstand) symbolisiert die seelisch-geistigen Kräfte; worauf sich das konkret bezieht, erkennt man an der zusätzlichen Deutung der glühenden Objekte (siehe unter entsprechenden Stichwörtern). Oft kommen persönliche Ideale, Bestrebungen und Eigenschaften darin zum Vorschein.

Gold

kann wie Geld (siehe unter diesem Stichwort) für Potenz, Ansehen, Einfluss und Macht stehen, deutet aber an, dass das alles Bestand haben wird. Auch wertvolle seelisch-geistige Eigenschaften erscheinen oft in verschiedenen Formen als Gold. Weitere Bedeutungen kann man zum Beispiel aus folgenden Begleitumständen ableiten:

- Gold sehen oder besitzen deutet auf sicheren Wohlstand und großes Ansehen hin.
- Gold finden gilt als allgemeines Glückssymbol, insbesondere für die wichtigen zwischenmenschlichen Beziehungen.
- Gold ausgeben kann finanzielle Sorgen, aber auch Glück in der Partnerbeziehung ankündigen.
- Gold verlieren warnt nach alten Traumbüchern vor dem Verlust eines treuen Menschen.
- Gold waschen verheißt Erfolge, für die man aber hart arbeiten muss.
- Gold als Schmuck (siehe unter diesem Stichwort) tragen kann manchmal vor einer zu leichtfertigen, auf äußeren Glanz bedachten Lebenseinstellung warnen.
- Goldenes Kalb deutet auf eine zu materialistische Einstellung hin.

Golf

steht oft für Geltungssucht und übertriebenen Ehrgeiz; das Spiel warnt davor, sich in »besseren« Kreisen durch sein Verhalten lächerlich zu machen, weil man die Regeln nicht beachtet.

Golf

(als Meeresbucht) kann Vereinsamung zum Ausdruck bringen; dann muss man sich mehr um zwischenmenschliche Kontakte und bestehende Beziehungen bemühen.

Gondel

wird grundsätzlich ähnlich wie das Boot (siehe unter diesem Stichwort) verstanden; meist deutet sie aber auf etwas weltfremd-romantische Erwartungen in einer Liebesbeziehung hin, die leicht enttäuscht werden.

Gorilla

wird im Sinne von Affe (siehe unter diesem Stichwort) verstanden, wobei oft Angstzustände eine Rolle spielen, denen man nachgehen sollte.

Gott

steht häufig als Symbol für den Versuch, mit sich selbst und anderen in Einklang zu kommen, wobei Fragen der Ethik und Moral oft im Vordergrund stehen. Auch das Bedürfnis nach Rat und Hilfe, Befreiung von Schuldgefühlen und persönlicher Reifung spielt häufig mit in die Deutung hinein. Die Anbetung Gottes verspricht Glück und Erfüllung geheimster Wünsche.

Gottesdienst

soll nach alten Traumbüchern eine gute Stellung mit Wohlstand verheißen.

Götzenbild

weist darauf hin, dass man falschen Vorstellungen, Erwartungen, Zielen und Idealen folgt oder von falschen Freunden negativ beeinflusst wird; man muss daher mit Enttäuschungen, Misserfolgen und sogar Demütigungen rechnen.

Grab

versinnbildlicht jene unbewussten Inhalte, die man unbewältigt verdrängt hat und die deshalb Unsicherheit und Angst erzeugen. Das fordert dazu auf, diese Konflikte zu verarbeiten. Zum Teil kommt auch Angst vor dem eigenen Tod oder dem eines anderen Menschen darin zum Ausdruck.

Graben

hat ähnlich wie Grab mit verdrängten psychischen Inhalten zu tun, die das Leben behindern. Überspringt man den Graben, wird man diese Probleme jedoch bewältigen; fällt man hinein, drohen die Schwierigkeiten übermächtig zu werden.

Grabinschrift

soll nach alten Traumbüchern vor dem Verlust eines guten Freundes warnen.

Grabrede

weist auf Klatsch und üble Nachrede anderer hin, die das eigene Ansehen schädigen können.

Grabstein

soll für Wohlstand und eine glückliche Ehe stehen.

Graf/Gräfin

wird meist im gleichen Sinn wie Fürst (siehe unter diesem Stichwort) gedeutet; oft ermahnt das Symbol, keine übertriebenen Ansprüche zu stellen.

Grammophon

(Plattenspieler) kann allgemein für Erinnerungen stehen, die sich auf diese Weise wieder bemerkbar machen; bei Bedarf sollte man sie vollends verarbeiten und daraus lernen. Hört man die eigene Stimme, deutet das oft auf Mitteilungsbedürfnis hin.

Granat

(ein Schmuckstück) verspricht nach alten Traumbüchern eine glückliche Zukunft.

Granate

hat ähnliche Bedeutung wie Bombe (siehe unter diesem Stichwort), vor allem warnt sie vor plötzlich auftauchenden Risiken.

Gras

kann die Fülle von Gedanken, Gefühlen und anderen geistig-seelischen Inhalten veranschaulichen und dann auffordern, eine gewisse Ordnung in sie zu bringen und Prioritäten zu setzen, damit man sich nicht verzettelt. Weitere Deutungen sind aus den jeweiligen Begleitumständen möglich:

- Grünes, saftiges Gras soll auf langes, glückliches Leben hinweisen.
- Hohes Gras kann davor warnen, seine Kräfte zu vergeuden, da man wichtige Dinge nicht mehr von unwichtigen unterscheidet.
- Dürres Gras steht für Sorgen und Nöte, was sich oft auf den Lebensabend bezieht.
- Gras mähen verheißt mehr Wohlstand und Sicherheit.
- Im Gras liegen kann falsche Erwartungen und Hoffnungen anzeigen, die sich nicht erfüllen werden.
- Gras essen ermahnt manchmal, sein Verhalten zu ändern, weil man sich sonst lächerlich macht.

Außerdem kann bei Gras auch noch die Bedeutung des Symbols der Wiese (siehe unter diesem Stichwort) zur Deutung beitragen.

Grau

als Farbe deutet man anhand der Objekte und ähnlichen Trauminhalte, die grau aussehen. Allgemein weist es auf eine ernste Persönlichkeit mit Neigung zu Pessimismus und Schwermut hin oder bringt zum Ausdruck, dass man ein eintöniges Leben führt.

Griechenland

wird als Symbol für gefühlsbetonte Intelligenz und Weisheit verstanden.

Grille

kann auf Erfolge ohne große Mühe hinweisen, die man dem glücklichen Zufall zu verdanken hat. Zugleich ermahnt sie auch, eine zu leichtfertige, oberflächliche Lebenseinstellung zu korrigieren, sich nicht allein auf sein Glück zu verlassen.

Grind

(Krusten, meist am Kopf) wird in alten Traumbüchern als Symbol für Wohlstand und Glück gedeutet.

Grobheit

anderer Menschen kann eine Warnung vor Neid und Missgunst beinhalten.

Groß

(zum Beispiel ein Gegenstand) deutet immer darauf hin, dass man von etwas stark beeindruckt wurde. Worum es sich dabei handelt, muss aus den entsprechenden Objekten und persönlichen Lebensumständen abgeleitet werden.

Großeltern

symbolisieren allgemein Erfahrung und Weisheit; sie können darauf aufmerksam machen, dass man in einer Angelegenheit klug und umsichtig vorgehen und aus Erfahrungen lernen soll. Manche Traumquellen sehen darin auch die Verheißung für langes Leben oder eine Erbschaft.

Grotte

(Höhle) kann für sexuelle Bedürfnisse stehen. Manchmal zeigt sie auch an, dass man zu wenig Eigenverantwortung übernimmt oder dazu neigt, sich in sich selbst zu verkriechen. Tiefenpsychologisch deutet man sie als die Gefühlsschicht der Seele; damit kann die Warnung vor heftigen, alles verzehrenden Gefühlen und Leidenschaften verbunden sein.

Grube

wird allgemein als Warnung vor Problemen und Konflikten verstanden, die durch eigenes Verhalten entstehen. Fällt man in die Grube, sind diese Schwierigkeiten besonders groß, überspringt man die Grube, wird man aus eigener Kraft damit fertig.

Gruft

kann ähnlich wie Grab (siehe unter diesem Stichwort) gedeutet werden; oft symbolisiert sie verdrängte Erfahrungen, Ängste und Konflikte, die beunruhigen und verunsichern. Dann muss man versuchen, sie wieder bewusst zu machen und zu verarbeiten. Steigt man in eine Grube, soll das nach alten Traumbüchern vor Verleumdung warnen, die man sich selbst zuzuschreiben hat.

Grün

symbolisiert die Hoffnungen, Empfindungen und den Frühling. Die Farbe deutet darauf hin, dass Liebesglück, Wohlstand und Freude bevorstehen. Es kann aber auch bedeuten, dass man der Realität nicht entfliehen, sondern ihr mehr Beachtung schenken sollte.

Guillotine

(Fallbeil) kann energisch dazu auffordern, in einer Angelegenheit endlich eine Entscheidung zu fällen Allgemein warnt das Symbol oft davor, dass man nicht zu »kopflastig« leben, also den Verstand nicht zulasten der Psyche überbetonen darf.

Gurke

kommt oft als Phallussymbol vor, das sexuelle Bedürfnisse anzeigt. Isst man Gurke, warnt das vor falschen Freunden, kann kranken Menschen aber auch bessere Gesundheit und Genesung versprechen.

Gürtel

kann als Schmuckstück ermahnen, nicht so eitel, oberflächlich und selbstgefällig zu sein. Gelegentlich zeigt er auch übertriebenes Machtstreben oder sexuelle Bedürfnisse an. Vielleicht steht er allgemein für das Gefühl, eingeengt zu sein. Unter anderem kann man folgende Bedeutungen ableiten:

- Umgelegter Gürtel weist auf eine glückliche Liebesbeziehung hin.
- Eng geschnallter Gürtel deutet auf eine weniger herzliche Freundschaft hin.
- Reißender Gürtel symbolisiert eine Trennung von geliebten Menschen oder Gegenständen.

Gürtelschnalle

kann ankündigen, dass in einer Angelegenheit bald eine Lösung gefunden wird.

Guru

versinnbildlicht die Führung des Unbewussten, fordert zu vertiefter Selbsterkenntnis und Nutzung von Erfahrungen und Intuitionen auf, damit man zu innerer Harmonie und Erweiterung des Bewusstseins gelangt.

Gutshof

verheißt Wohlstand und materielle Sicherheit, wenn man fleißig arbeitet.

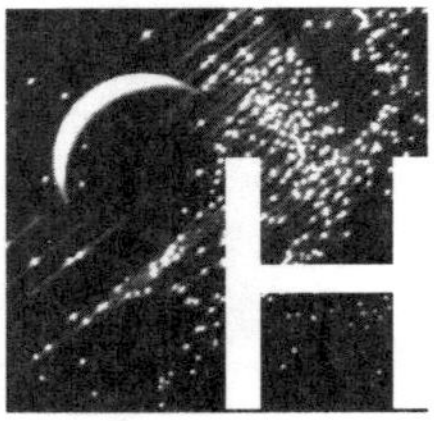

H

taucht als Buchstabe geschrieben, plastisch oder gesprochen auf und symbolisiert innere Harmonie. Es fordert auf, sich um mehr Ausgeglichenheit und innere Ruhe zu bemühen.

Haar

versinnbildlicht oft Sexualität, bei Männern auch allgemein Männlichkeit. Darüber hinaus sind je nach Begleitumständen noch viele spezielle Deutungen möglich, vor allem:

- Farbe der Haare hat unterschiedliche Bedeutung, zum Beispiel rot für Temperament und Beliebtheit, schwarz für Gesundheit, grau für Sorgen und Kummer, weiß für Weisheit, Güte und Glück.
- Kurze Haare können auf verdrängte sexuelle Bedürfnisse hinweisen.
- Langes Haar kann für Sinnlichkeit, aber auch für Überbetonung des Intellekts stehen.
- Sorgfältig gekämmtes und frisiertes Haar deutet auf Eitelkeit oder zu starke sexuelle Selbstdisziplin hin.
- Haar schneiden bringt bei Männern manchmal Kastrationsangst zum Ausdruck; allgemein deutet es auf Kummer, Sorgen und Verluste hin.
- Haar färben warnt vor Täuschungen und falschen Erwartungen.
- Ausfallendes Haar kann je nach Lebensumständen Potenzprobleme oder den Tod eines nahe stehenden Menschen ankündigen.
- Frau mit männlicher Behaarung weist oft auf eine maskulin geprägte Gefühlswelt hin, weil vielleicht die Geschlechtsrolle nicht akzeptiert wird.
- Mann mit Frauenhaaren warnt vor Untreue in einer Liebesbeziehung.
- Haar auf Brust und Bauch kann sexuell oder als allgemeines Glückssymbol gedeutet werden.
- Haar in der Suppe soll vor Streit und Zwist oder Kleinlichkeit warnen, (umgangssprachlich: »Das Haar in der Suppe suchen«).

Weitere Deutungen können sich zum Beispiel noch aus den Symbolen Frisur oder Glatze (siehe unter diesen Stichwörtern) ergeben.

Haarcreme

(Pomade) verheißt traditionell nach alten Traumbüchern Ehre und hohes Ansehen.

Haarlocke

steht als traditionelles Symbol für Glück in der Liebe und verheißt dem Träumenden also Gutes.

Haarshampoo

kann zum Ausdruck bringen, dass man sich von sexuellen Bedürfnissen, die vielleicht nicht in das eigene Lebenskonzept passen, »reinigen« will, sie zu vergeistigen (sublimieren) versucht.

Habicht

interpretiert man meist ähnlich wie Adler (siehe unter diesem Stichwort); Warnung vor Untreue.

Hackbeil

kann als Phallussymbol für sexuelle Bedürfnisse stehen; oft wird es auch wie die Axt (siehe unter diesem Stichwort) verstanden.

Hacke

(ein Gartengerät) weist auf harte Arbeit hin, die jedoch später von Erfolg gekrönt sein wird; dabei kommt es oft auch darauf an, in welchem Zustand sich der Garten (siehe unter diesem Stichwort) befindet.

Hackklotz

kann für Beharrlichkeit stehen, mit der man auch schwere Schicksalsschläge erträgt.

Hades

(Unterwelt) symbolisiert das Unbewusste mit seinen zum Teil widersprüchlichen Inhalten; man muss sich dann bemühen, die Gegensätze miteinander zu versöhnen, um ein glücklicheres Leben zu führen (siehe auch unter dem Stichwort Hölle).

Hafen

kann eine Phase der Ruhe und Besinnung im Leben ankündigen, nachdem man ein Ziel erreicht hat. Oft deutet er auch auf das Bedürfnis nach Schutz und Geborgenheit hin. Älteren Menschen kann er einen beschaulichen Lebensabend versprechen.

Hafer

steht oft für Ungestüm, Übermut und ungezügelte Sinnlichkeit bei einer unreifen Persönlichkeit. Aber auch leichte Erfolge und finanzielle Gewinne können damit angekündigt werden (siehe auch unter Getreide).

Hagel

weist auf innere Unruhe und Unzufriedenheit hin, was vor allem in zwischenmenschlichen Bereich zu erheblichen Problemen führen kann.

Hahn

symbolisiert oft Männlichkeit und sexuelle Potenz, die aber mit Aggressivität verbunden sein können. Kräht der Hahn, kommt darin zum Teil männliche Eitelkeit und Selbstüberschätzung zum Ausdruck. Wenn ein Hahn Eier legt, darf man finanzielle Gewinne erwarten. Kämpfende Hähne kündigen meist Streitigkeiten an, auf die das Unbewusste aufmerksam machen will.

Hai

kann auf eigene Aggressivität und Rücksichtslosigkeit hinweisen, die man besser beherrschen muss. Zuweilen warnt der Fisch auch vor Täuschung durch andere.

Halbmond

verheißt nach altindischen Traumquellen, dass eine junge Liebe zunehmen wird. Es ist aber auch möglich, dass die Gefühle allmählich nachlassen. Manchmal weist er darauf hin, dass man mehr der Intuition und weniger den vernünftigen Überlegungen folgen sollte.

Halfter

(meist an einem Pferd) steht für Selbstdisziplin und Selbstbeherrschung, mit der man Gefühle, Triebe und andere seelische Bedürfnisse zügelt; vielleicht sollte man dann lernen, wieder spontaner zu sein. Manchmal kann das Symbol aber auch vor dem Verlust von Ansehen warnen.

Halle

wird tiefenpsychologisch als die Gesamtheit unbewusster seelischer Inhalte verstanden; die genaue Bedeutung lässt sich nur aus den individuellen Lebensumständen erkennen. Auch das Bedürfnis nach mehr Geselligkeit kommt zuweilen in dem Symbol zum Vorschein.

Halm

wird meist im Zusammenhang mit Getreide oder Gras (siehe unter diesen Stichwörtern) gedeutet. Alte Traumbücher sehen darin ein allgemeines Glückssymbol.

Hals

warnt oft vor der Überbewertung des Verstands oder vor Waghalsigkeit, die einem schaden kann. Der dicke, geblähte oder geschwollene Hals kann Glück und Erfolg ankündigen. Ein steifer Hals steht oft für Uneinsichtigkeit, Sturheit und Halsstarrigkeit. Fühlt man Enge im Hals, kann das auf zu viele Verpflichtungen hinweisen, die einem schier die Luft abstellen.

Halskette

(-band) deutet manchmal auf Belastungen hin, die einem schwer am Hals hängen; dabei kann es um Verantwortung, Pflichten oder Gefühlsbindungen gehen. Oft symbolisiert es aber auch erotische Bedürfnisse, die unbefriedigt bleiben; dann können zum Beispiel folgende Begleitumstände bei der Deutung helfen:

- Halskette sehen weist auf eine glückliche Liebesbeziehung hin, für die gute Aussichten auch weiterhin bestehen.
- Halskette geschenkt bekommen verheißt, dass man von einem anderen Menschen geliebt wird, was vielleicht noch nicht bewusst bemerkt wurde.
- Halskette verschenken stellt die eigenen Gefühle dar, die man einem anderen entgegenbringt.
- Zerrissene Halskette deutet Probleme in einer Liebesbeziehung an, die zur Trennung führen kann.
- Goldene Halskette kann auf Eifersucht hinweisen, die zum Teil unbegründet ist und eine Beziehung unnötig belastet.
- Auffällige Halskette tragen bringt oft Eitelkeit und Geltungssucht zum Ausdruck.

Haltung des Körpers

symbolisiert im Traum innere Einstellungen zum Leben und allgemein oder bezogen auf eine bestimmte Angelegenheit oder einen Menschen. Gute Haltung wird positiv, schlechte negativ verstanden.

Hammel

soll nach altindischen Traumquellen ankündigen, dass man eine einflussreiche Stellung mit hohem Ansehen erhalten wird.

Hammer

kann als Sexual-(Phallus-)symbol Ausdruck sexueller Bedürfnisse sein, die auf den Partner zu wenig Rücksicht nehmen; dann ist er als Warnung zu verstehen, weil eine Beziehung dadurch ge- und zerstört wird. Allgemein steht der Hammer für eine Persönlichkeit, die sich rücksichtslos durchzusetzen versucht und dadurch zwar viele Erfolge erzielt, sich aber auch viele Feinde schafft. Arbeiten mit einem Hammer zeigt an, dass man sich gegen alle Widerstände durchsetzen wird.

Hampelmann

weist manchmal auf eine oberflächliche, leichtfertige Lebenshaltung hin, fordert dann also zu mehr Ernsthaftigkeit auf. Außerdem kann er davor warnen, sich zu stark von außen beeinflussen zu lassen oder sich durch sein Verhalten lächerlich zu machen. Oft spielen dabei auch Minderwertigkeitsgefühle eine Rolle.

Hamster

kann ähnlich wie Geiz (siehe unter diesem Stichwort) auf eine materialistische Grundhaltung hinweisen, die übertrieben nach Besitz strebt und andere Bedürfnisse darüber vernachlässigt. Vielleicht kommt darin aber auch zum Ausdruck, dass man in einer Gefühlsbeziehung immer nur nimmt, aber dem anderen zu wenig gibt. Manchmal verspricht das Tier im Traum eine gesicherte materielle Existenz, die nicht durch Verschwendung gefährdet werden soll.

Hand

steht allgemein für die Gestaltung des Lebens durch Energie und Tatkraft. Je nach den Begleitumständen ergeben sich die folgenden Bedeutungen:

- Große Hand fordert auf, mehr Energie zu entwickeln, damit man seine Ziele erreicht.
- Kleine Hand deutet mangelnde Eigeninitiative und Tatkraft an, was zu Misserfolgen und Enttäuschungen führt.
- Schlaffe, schwache Hand kann ebenfalls Energiemangel signalisieren; zum Teil symbolisiert sie auch Distanziertheit oder Überempfindlichkeit.
- Händedruck steht für großes Vertrauen und Treue, was sich meist auf zwischenmenschliche Kontakte bezieht.
- Händewaschen zeigt oft an, dass man sich unschuldig fühlt oder sich von einem Verdacht reinwaschen will; auch mehr Ansehen kann darin angekündigt werden.
- Beschmutzte Hand deutet an, dass man mit Menschen Umgang pflegt, vor denen man sich hüten sollte; vielleicht erkennt man darin auch die Verstrickung in eine »unsaubere« Angelegenheit.
- Jemanden an der Hand halten bedeutet, dass man auf einen anderen Einfluss ausübt, den man nicht missbrauchen darf.
- Selbst an der Hand gehalten werden kann darauf hinweisen, dass man Rat und Hilfe benötigt oder von anderen beeinflusst wird.
- Stark behaarte Hände gelten als Vorzeichen von Sorgen und Verlusten.
- Hand verbrennen oder verletzen kann vor Risiken warnen, die man noch nicht genau abschätzen kann.
- Hände vor die Augen halten warnt oft vor unrealistischen Erwartungen und Hoffnungen, weil man die Augen vor den Tatsachen verschließt.
- Hand eines anderen küssen weist darauf hin, dass man sich einzuschmeicheln versucht; wird die eigene Hand geküsst, warnt das vor der Täuschung durch andere.
- Hände ringen tritt oft bei Rat- und Hilflosigkeit auf, wenn man keinen Ausweg mehr sieht.

Außerdem muss man berücksichtigen, ob man die rechte Hand sieht, die für Männlichkeit steht, oder die linke, die Weiblichkeit symbolisiert (siehe auch unter den Stichwörtern rechts und links).

Handel

(Handeln) kann auf eine günstige Gelegenheit hinweisen, die man wahrnehmen sollte; zum Teil kündigt das aber auch große Sorgen und Krankheit an.

Handlesen

weist auf das eigene Unbewusste und die daraus stammende Intuition hin, der man mehr vertrauen sollte.

Handschelle

steht oft für das Gefühl, in der Selbstentfaltung behindert zu sein; worauf sich das konkret bezieht, kann nur aus den individuellen Lebensumständen erkannt werden. Manchmal tritt das Symbol auch ohne tiefere Bedeutung körperbedingt auf, wenn man sich zum Beispiel mit den Händen im Bettzeug verfangen hat. Auch hohe innere Anspannung kann darin zum Vorschein kommen.

Handschuh

kann für den Wunsch nach mehr Sicherheit und Geborgenheit stehen, gleichzeitig aber auch darauf hinweisen, dass man damit immer wieder scheitert, weil man sich zu stark von der Mitwelt abkapselt. Weitere Bedeutungen leiten sich oft aus folgenden Begleitumständen ab:

- Handschuh fallen lassen zeigt manchmal an, dass man zur Koketterie neigt, aus der sich die Isolierung erklären kann.
- Großer Handschuh wird oft als Selbstüberschätzung gedeutet, die zum Scheitern großer Pläne führt.
- Zu enger Handschuh weist darauf hin, dass man mit den Lebensumständen unzufrieden ist, sich zu stark eingeschränkt fühlt.
- Handschuh auf einen andern oder ein Objekt werfen kann darauf hinweisen, dass man sich mehr zur Wehr setzen muss.
- Handschuh vom Boden aufnehmen deutet an, dass man einer Auseinandersetzung nicht aus dem Weg gehen darf.
- Handschuh tragen soll nach alten Traumbüchern mehr Ansehen verheißen.
- Handschuh verlieren kann auf bevorstehenden Streit hinweisen.

Handwerker

verkündet oft eine zufriedene Zukunft mit bescheidenem Glück, wenn man hart arbeitet und keine zu hohen Ansprüche stellt.

Handwerkszeug

wird ähnlich wie Handwerker gedeutet, betont aber noch viel mehr den Fleiß und die Ausdauer bei der Arbeit.

Harfe

kann das Bedürfnis nach einem erotischen Abenteuer versinnbildlichen. Altindische Traumbücher deuten sie als Symbol einer glücklichen Familie mit wohlgeratenen Kindern. Zum Teil bedeutet dies auch chronische Überspannung des vegetativen Nervensystems, die man abbauen muss.

Harn

wird im Sinne von Exkrementen (siehe unter diesem Stichwort) verstanden. Trinkt man ihn, kann das bessere Gesundheit versprechen; das erklärt sich aus einer früher üblichen Therapie mit Eigenharn.

Härte

(zum Beispiel eines Objekts) kann Hartherzigkeit, Sturheit, Prinzipienreiterei und Gefühlsarmut symbolisieren und dann auffordern, sich flexibler zu verhalten, mehr am Leben anderer gefühlsmäßig teilzunehmen.

Hase

wird allgemein als Symbol der Fruchtbarkeit gedeutet; das kann sich auf die sexuelle Potenz und erotische Abenteuer beziehen, aber auch auf die geistige Tätigkeit oder das Seelenleben hinweisen. Als Glückssymbol gilt es, wenn man einen Hasen schießt oder Hasenbraten verzehrt.

Haselnuss

setzen alte Traumbücher oft in Beziehung zu den Zähnen, die vielleicht schadhaft sind oder zu wenig gepflegt werden. Zum Teil verkündet sie auch Erfolge durch mehr Ausdauer und Fleiß.

Haus

kann insgesamt oder mit den im Traum auftauchenden einzelnen Teilen gedeutet werden. Das ganze Haus symbolisiert meist die Lebenssituation, in der sich der Träumer befindet, wobei folgende Begleitumstände wichtig sind:

- Haus bauen oder besitzen zeigt eine günstige weitere Situation mit zukünftigen Erfolgen und finanziellen Gewinnen an.
- Haus abreißen deutet auf eine bevorstehende Veränderung des Lebens, die auch darin bestehen kann, dass man ein Problem aus dem Weg räumt.
- Haus brennen kann auf zukünftiges Glück hinweisen.

Die einzelnen Teile des Hauses deutet man (unter Berücksichtigung weiterer Begleitumstände) grundsätzlich wie folgt:

- Dach steht für den geistigen Bereich, für Intellekt und Verstand, die vielleicht überbetont werden.
- Dachboden bringt das Bedürfnis nach Geborgenheit zum Vorschein.
- Küche kann die materiellen Grundbedürfnisse verkörpern oder den Wunsch nach mehr Abwechslung zeigen.
- Schlafzimmer symbolisiert oft die Haltung zur Sexualität, teilweise aber auch mangelndes Interesse an bestimmten Dingen, um die man sich eigentlich jedoch mehr kümmern müsste.
- Wohnzimmer deutet auf das Bedürfnis nach mehr Erholung und Entspannung oder nach Geselligkeit hin.
- Badezimmer kann bedeuten, dass man sich moralisch reinwaschen möchte; dahinter stehen oft Schuldgefühle.
- Toilette zeigt an, dass man sich von Belastungen der Vergangenheit und den damit verbundenen inneren Spannungen befreien sollte.
- Keller symbolisiert das Unbewusste mit den Trieben und die materiellen Bedürfnisse.

- Fundamente stehen für die Grundlagen des Lebens; das kann sich sowohl auf materielle Sicherheit als auch auf Einstellungen, Erwartungen und Ziele beziehen.

Weitere Deutungen ergeben sich noch aus den Symbolen Balkon, Fenster, Möbel, Tor und Treppe (siehe unter diesen Stichwörtern).

Hausgeräte

sollten nach alten Traumbüchern auf eine günstige Veränderung der Lebensverhältnisse hinweisen.

Hausmeister

ermahnt zu mehr Fleiß und ernsthafter Arbeit.

Hausschuh

deutet auf den Wunsch nach harmonischem, behaglichem Familienleben hin.

Haut

verkörpert die Art und Weise, wie man sich nach außen gibt; zum Teil kommen darin auch die vergangenen Erfahrungen zum Vorschein, die einen Menschen prägten. Folgende Begleitumstände können eine Rolle spielen:

- Zarte Haut weist auf Sensibilität des Träumers hin, der vielleicht zu überempfindlich ist.
- Gelbe Haut deutet oft auf Ängstlichkeit hin, die das Leben unnötig behindert.
- Dunkle Haut warnt vor Täuschung und Betrug durch andere.
- Abgestreifte Haut (zum Beispiel einer Schlange) kann auffordern, unbelastet von der unerfreulichen Vergangenheit einen neuen Anfang zu wagen.

Hebamme

verkörpert manchmal tatsächlich den Wunsch nach einem Kind. Oft steht sie aber auch für eine neue Entwicklung im Leben, für die man Hilfe benötigt. Zuweilen kommt darin zum Ausdruck, dass man zu einer wichtigen Einsicht gelangen wird.

Hebel

steht für Kraft und Energie, mit der man Probleme des Lebens überwinden wird.

Hecke

(Zaun) kann auf das Bedürfnis nach Geborgenheit hinweisen oder vor Selbstisolierung warnen. Zuweilen deutet sie auf Hindernisse im Leben hin, die man aber überwinden kann.

Hefe

symbolisiert alles, was uns bewegt und antreibt, zum Beispiel Ideen, Pläne, Ziele und Interessen.

Heide

die blüht oder grünt, verspricht meist, dass sich Hoffnungen erfüllen, vor allem in Gefühlsbeziehungen; die ausgetrocknete, dürre oder braune Heide bedeutet das Gegenteil.

Heidekraut

wird oft als Symbol für beständige Gefühle verstanden. Manchmal kann es auch ein langes, sorgenfreies Leben verheißen.

Heiland

wird wie Christus (siehe unter diesem Stichwort) gedeutet.

Heilige(r)

kann ähnlich wie der Guru (siehe unter diesem Stichwort) verstanden werden; oft verspricht das Symbol eine gute Zukunft.

Heimat

sehen zeigt die Sehnsucht nach den besseren Verhältnissen in der Vergangenheit an, weil man mit einer neuen Situation unzufrieden ist. Verlässt man die Heimat, kann das auf familiäre Probleme hinweisen.

Heimweh

kann wie die Heimat gedeutet werden; oft bezieht sich das auf eine Gefühlsbindung, in der sich die Erwartungen nicht erfüllten.

Heirat

steht für die Versöhnung von Gegensätzen in einer fruchtbaren Symbiose. Das kann sich auf äußere Umstände (zum Beispiel Streit, Konflikte) beziehen, oft ist damit aber der Ausgleich innerer Widersprüche gemeint.

Heiserkeit

deutet meist auf Kontaktschwäche und Vereinsamung hin, die man überwinden muss. Nach alten Traumquellen soll sie aber auch Erfolge und Gewinne versprechen.

Held

kann oberflächlich als Aufforderung zu mehr Wagemut und Unternehmungsgeist im Alltag verstanden werden. Tiefenpsychologisch gedeutet ermahnt er oft dazu, auch unangenehme Selbsterkenntnisse nicht zu scheuen, sondern sich ihnen mutig zu stellen, damit man reifen kann.

Hemd

verkörpert oft sexuelle Bedürfnisse, die zu stark sind, als dass man sie länger unterdrücken dürfte; damit kann Angst vor einer Bloßstellung verbunden sein. Allgemein kommt darin häufig die Angst zum Vorschein, sich eine Blöße zu geben, eine Schwäche zu zeigen. Folgende Begleitumständen lassen weitere Deutungen zu:

- Hemd anziehen verspricht Hilfe in einer wichtigen Angelegenheit.
- Hemd ausziehen warnt vor Enttäuschungen und Misserfolgen.
- Hemd waschen ermahnt, sich nicht mit Menschen einzulassen, die einem schaden.
- Hemd bügeln zeigt an, dass man beliebt und angesehen ist.
- Hemd wechseln kann den Wunsch nach einem erotischen Abenteuer anzeigen.
- Schmutziges oder zerrissenes Hemd deutet eine leichtfertige, oberflächliche Lebensweise an, die man ändern sollte.
- Mehrere Hemden sehen signalisiert das Bedürfnis nach mehr Geselligkeit und Freunden.

Hengst

steht für männliche Potenz, die schwer zu zügeln ist, aber auch antreibt und beflügelt. Oft kommt darin bei Frauen das Bedürfnis nach einem starken, betont männlichen Partner zum Ausdruck. Allgemein kann der Hengst aber auch auf viel Energie und Tatkraft hinweisen.

Henker

(Scharfrichter) kündigt eine schwierige Situation an, die man aber wahrscheinlich meistern wird, ohne viel Schaden zu nehmen.

Henne

wird als Glückssymbol verstanden, das familiäre Harmonie und finanzielle Erfolge verspricht; vor allem die brütende oder Eier legende Henne ist in diesem Sinn zu deuten. Schlachtet man die Henne, warnt das vor Misserfolgen und Enttäuschungen durch eigene Unvorsichtigkeit.

Herberge

zeigt das Bedürfnis nach Ruhe und Geborgenheit an, oft die Sehnsucht nach einer guten, treuen zwischenmenschlichen Beziehung. Verlässt man die Herberge, steht wahrscheinlich im wirklichen Leben eine Trennung und Vereinsamung bevor.

Herbst

symbolisiert die Ernte, den Ertrag, den man für seine Arbeit erhält und in Ruhe und Beschaulichkeit genießen soll. Auch die Reifung der Persönlichkeit kann darin zum Ausdruck kommen. Zuweilen weist die Jahreszeit auf sich abkühlende Gefühle hin oder bringt bei Männern (oft im mittleren Lebensalter) Angst vor beruflichem Abstieg und/oder Potenzverlust zum Vorschein.

Herd

kann ähnlich wie Herbst für Gefühle stehen, die hell lodern, still und treu glühen oder erkaltet sind; das ergibt sich aus den Begleitumständen, wobei vor allem das Feuer im Herd zu beachten ist.

Herde

(aus Tieren) kann vor dem »Herdentrieb«, also vor kritikloser Anpassung an die vorherrschende Meinung warnen, weil man sich dadurch nicht individuell verwirklichen kann. Allgemeiner symbolisiert sie die Teile der Persönlichkeit, die vom Verstand beherrscht werden. Eine große Herde soll nach alten Traumbüchern zuweilen Wohlstand versprechen.

Hering

deutet man meist wie Fisch (siehe unter diesem Stichwort). Nach der altindischen Traumlehre soll das Einsalzen von Hering vor Kosten warnen, die man selbst verschuldet.

Herr

(vornehmer Mann) wird traditionell als Warnung vor einer Beleidigung verstanden. Manchmal kommt darin auch Unterwürfigkeit im Umgang mit anderen Menschen infolge von Unsicherheit, Hemmungen und Minderwertigkeitsgefühlen zum Vorschein. Sieht man sich selbst als Herr, deutet das oft auf Selbstüberschätzung und Überheblichkeit hin.

Herrscher

(Herrschen) verheißt, dass man nach langer Anstrengung doch noch zu einem Erfolg gelangt und Gewinne einstreichen kann, die den Wohlstand sichern.

Herz

kann zuweilen körperbedingt bei nervösen Herzbeschwerden im Traum auftreten und wird dann oft von Angst begleitet; eine Untersuchung ist dann sinnvoll. Oft symbolisiert das Herz traditionell aber Gefühle und Weisheit, die weit über Verstand und Vernunft hinausgehen. Die individuelle Bedeutung kann sich aus folgenden Begleitumständen ergeben:

- Herz sehen deutet eine innige Liebesbeziehung an.
- Herz zerschneiden kündigt Kummer und Trennung von einem geliebten Menschen an.
- Blutendes Herz warnt vor einer Beleidigung oder ähnlichen seelischen Verletzung durch einen nahe stehenden Menschen.
- Herz essen symbolisiert oft das Bedürfnis, mit einem geliebten Menschen in eine ganz innige Beziehung zu treten, kann aber auch auf die Vereinnahmung durch andere in einer solchen Beziehung die Aufmerksamkeit des Träumenden lenken.

Herzklopfen

weist manchmal auf Gefühle hin, die man noch nicht voll bewusst wahrgenommen hat; zuweilen kündigt es auch erhebliche Probleme in der nächsten Zeit an, auf die sich der Träumende einstellen sollte.

Herzkrankheit

symbolisiert innere Unruhe, die oft durch die real existierende Suche nach Liebe und Zuneigung und Gebundenheit verursacht wird.

Herzog

wird ähnlich wie Fürst oder Graf (siehe unter diesen Stichwörtern) gedeutet; zuweilen steht er eindeutig für mehr Ansehen und Ehrungen im weiteren Leben.

Heu

symbolisiert fruchtlose Gedanken und Gefühle, von denen man sich nicht weiter beeinflussen lassen sollte, weil sie nur von wichtigeren Dingen ablenken. Oft kommt darin auch zum Ausdruck, dass man sich vergeblich bemüht und für alle Anstrengungen nur geringen Lohn und Erfolg erhalten wird. Weitere Bedeutungen sind je nach den Begleitumständen im Traum möglich:

- Heu aufladen zeigt harte Arbeit für nur sehr geringen Lohn an.
- Heu mähen kann für bescheidene Erfolge stehen, die man aber nicht verachten sollte.
- Im Heu liegen deutet auf bescheidene Ansprüche hin, die leicht zu erfüllen sind.
- Heu riechen soll nach alten Traumbüchern Gesundheit versprechen.
- Heu sehen kann auffordern, realistischer zu denken und zu handeln.

Heugabel

bedeutet, dass man zu mäßigem Wohlstand gelangen wird, wenn man harte Arbeit nicht scheut.

Heuschrecke

kann auf vorübergehende Erfolge hinweisen, an denen man sich aber nicht lang freuen wird. Manchmal kommt darin auch die Neigung zu Schwermut und Pessimismus zum Ausdruck, die sich aus der Persönlichkeitsstruktur, nicht aus äußeren Einflüssen erklärt.

Hexe

wird manchmal als Symbol der überbetonten körperlichen Liebe gedeutet, die auf Dauer unbefriedigend bleibt. Tiefenpsychologisch versteht man sie als Ausdruck von Ängsten vor den verdrängten irrationalen Inhalten des Unbewussten, die durch Selbsterkenntnis bewältigt werden müssen. Eine freundliche Hexe kann gelegentlich auch einmal Naturverbundenheit und Weisheit verkörpern.

Himbeere

essen kündigt freudige Ereignisse an, die man genießen wird.

Himmel

steht für die unbewussten geistigen Einflüsse, für Streben nach höheren Zielen, manchmal auch für eine gehobene Stimmungslage; insbesondere der blaue oder mit Sternen übersäte Himmel hat eine positive Bedeutung. Der bedeckte Himmel dagegen weist auf Kummer und Ärger hin. Auffahren zum Himmel kann mehr Ansehen verheißen, manchmal aber auch vor Frömmelei mit Intoleranz und Selbstüberschätzung oder vor der Neigung zu Mystizismus, Aberglauben und Weltfremdheit warnen.

Hinken

(Lahmen) deutet meist auf Probleme des Alltags hin, die man selbst verursacht; oft kommt darin zum Vorschein, dass man sich das Leben selbst unnötig schwer macht.

Hinrichtung

steht zunächst ganz allgemein gehalten für Lebensveränderungen, die durch neue Einsichten oder geänderte Einstellungen entstehen; sie können günstig oder ungünstig ausgehen. Vorsicht ist vor allem geboten, wenn man der Hinrichtung beiwohnt oder selbst hingerichtet wird; die Hinrichtung dagegen, die man selbst durchführt, steht meist für Erfolge und Überwindung von Hindernissen, die einem im realen Leben Schwierigkeiten bereiten (siehe auch unter dem Stichwort Henker).

Hinten

taucht mit anderen Symbolen (Personen, Objekte, Vorgänge) auf und kann nur im Zusammenhang mit diesen verstanden werden. Grundsätzlich steht es für alles, was sich unbemerkt (hinter unserem Rücken) zuträgt, vor allem im Unbewussten; teils kann hinten auch auf Hinterlist anderer hinweisen oder darauf aufmerksam machen, dass alles seine zwei Seiten hat, die bei der Beurteilung einer Angelegenheit unbedingt in Betracht gezogen werden müssen.

Hinterhalt

kündigt nach alten Traumbüchern unerwartete Erfolge an, warnt manchmal aber tatsächlich vor einem noch nicht erkannten Risiko.

Hirsch

kann sexuelle Bedürfnisse darstellen, vor allem wenn er ein großes Geweih (siehe unter diesem Stichwort) trägt. Oft weist er auch darauf hin, dass man sich mit bescheidenem Wohlstand und stillem Familienglück begnügen soll. Tiefenpsychologisch betrachtet kann er verdrängte weibliche Wesenszüge beim Mann oder männliche bei der Frau symbolisieren und auffordern, sie anzunehmen.

Hirse

wird allgemein wie Getreide (siehe unter diesem Stichwort) verstanden.

Hirte

deutet noch stärker als die Herde (siehe unter diesem Stichwort) auf die geistigen Kräfte hin, die innere Widersprüche miteinander aussöhnen sollen. Zum Teil steht er auch mit Wohlstand in Zusammenhang, wobei folgende Begleitumstände zu beachten sind:

- Hirte mit einer Herde soll gute Gewinne und Ansehen verheißen.
- Hirte allein kann dagegen Verluste ankündigen.
- Gänsehirt warnt oft vor Klatsch und übler Nachrede, vor allem wenn die Gänse schnattern.

Hitze

steht mit Begierden und Leidenschaften in Beziehung, die man mehr zügeln muss, um keinen Schaden zu erleiden.

Hobel

(Hobeln) wird oft als Ermahnung verstanden, mehr Rücksicht und Feingefühl im Umgang mit anderen zu zeigen, weil man sonst durch eigenes Verhalten unnötige Konflikte provoziert; das kann sich auch auf eine konkrete Lebenssituation beziehen, die man bald bereinigen sollte. Manchmal taucht der Hobel als Warnung vor pedantischer Genauigkeit auf, die von anderen Menschen als kleinlich interpretiert wird.

Hochamt

(feierlicher Gottesdienst) soll nach alten Traumbüchern ein bevorstehendes freudiges Ereignis ankündigen.

Hochschule

(Universität) steht häufig für die geistige Weiterentwicklung, die durch mehr Selbsterkenntnis gefördert wird. Bei manchen Menschen warnt das Symbol vor der Überbetonung des nüchternen Verstands, vor zu viel »Kopflastigkeit«, die zur Isolierung führen kann.

Hochzeit

deutet man im Sinn von Heirat und Ehe (siehe unter diesen Stichwörtern).

Hochzeitszug

kündigt an, dass man durch eigene Schuld in eine unangenehme Situation geraten wird, bei der man sich vielleicht lächerlich macht.

Hof

kann auffordern, etwas mehr Distanz zu sich selbst zu gewinnen, sich objektiver zu betrachten, damit man neue Impulse zur Lebensgestaltung gewinnt. Teils verkörpert der Hof aber auch Teile der Persönlichkeit, die weitgehend verdrängt und unterdrückt werden. Praktische Konsequenzen ergeben sich immer nur unter Berücksichtigung der individuellen Lebensumstände (siehe auch unter dem Stichwort Haus).

Hofdame

kann vor Albernheit und Hochmut des Träumers selbst warnen.

Hofmeister

(-diener) soll Kummer und Sorgen ankündigen, manchmal aber auch auf ungenutzte Fähigkeiten und Anlagen hinweisen.

Hofnarr

warnt nicht selten vor einer Blamage, die man dem eigenen Verhalten zuzuschreiben hat, weil man sich zum Beispiel zum Narren halten lässt oder macht.

Hofstaat

kann ebenfalls vor Misserfolgen und Verlust des Ansehens warnen; dahinter steht oft der Verkehr in Kreisen, zu denen man nicht passt und in denen man sich auch nicht wohl fühlt.

Höhe

fordert auf, durch Selbsterkenntnis neue geistige Höhen zu erklimmen, sich neue Horizonte zu erschließen, um ein erfolgreicheres, glücklicheres Leben zu führen; damit kann auch der Hinweis auf Hindernisse in der eigenen Persönlichkeit verbunden sein, die das bisher noch verhindern.

Höhensonne

(Solarium) steht für den Wunsch, nach außen einen geschönten Eindruck von sich selbst zu hinterlassen, also andere über die eigene Persönlichkeit zu täuschen, und die wahre Persönlichkeit sorgsam vor den Augen der Mitmenschen zu verbergen.

Höhle

deutet man wie Grotte (siehe unter diesem Stichwort).

Hölle

umfasst meist die verdrängten psychischen Inhalte, unter denen ein Mensch leidet, bis er sie angenommen und bewusst verarbeitet hat; oft handelt es sich dabei um unbewusste oder bewusste Ängste und Schuldgefühle. Zugleich kann die Hölle aber für die zu erwartende Läuterung stehen, die man durchhalten muss, um hinterher das Leben unbelastet von der Vergangenheit zu verändern. Das wird manchmal betont, wenn man im Traum schließlich aus der Hölle erlöst wird.

Holunderbusch

kann die Heilung von einer Krankheit oder eine gute Liebesbeziehung ankündigen.

Holz

verkörpert oft die Ideen, Überzeugungen und Verhaltensweisen eines Menschen, die zur Gewohnheit geworden sind; man sollte dann selbstkritisch an sich arbeiten, damit das Leben nicht in Routine erstarrt, das gilt besonders, wenn das Holz hart, spröde, dürr oder faulig ist. Je nach den Begleitumständen sind zum Beispiel noch folgende andere Bedeutungen möglich und denkbar:

- Holz aufschichten steht für beschwerliche, aber sehr erfolgreiche Arbeit.
- Holz sammeln weist ebenfalls auf harte Arbeit hin, die den Wohlstand sichert.
- Holz hacken kann vor finanziellen Verlusten warnen.
- Holz sägen weist darauf hin, dass man durch andere in Gefahr geraten wird.
- Holz schnitzen symbolisiert allgemein die Gestaltung des Lebens; Hinweis auf eine nicht genutzte künstlerische Begabung.
- Holz verbrennen kann zu mehr Sparsamkeit ermahnen.
- Holz schwimmen sehen zeigt oft an, dass Unglück durch Neid und Missgunst anderer bevorsteht.
- Holz kaufen deutet auf bevorstehende größere Kosten hin.
- Mit Holz handeln kann finanziellen Ertrag versprechen.
- Morsches Holz weist bei älteren Menschen oft darauf hin, dass sie nicht mehr aus dem Vollen schöpfen können, ihre Kräfte nicht mehr überfordern dürfen, die Augen nicht länger vor dem Altern verschließen sollen.

Holzklotz

kann noch mehr als Holz vor dem starren Festhalten an Gewohnheiten und Ideen warnen, die überholt sind; manchmal taucht er auch bei Menschen mit krankhaften fixen Ideen auf, denen nur durch Psychotherapie zu helfen ist.

Holzschuh

symbolisiert familiäres Glück, Zufriedenheit und einen gewissen Wohlstand.

Honig

wird oft als Zeichen guter Gesundheit verstanden. Im weiteren Sinn kündigt er an, dass man für geistige oder berufliche Anstrengungen belohnt wird und durch Selbsterkenntnis zur inneren Harmonie gelangt.

Horchen

(zum Beispiel an einer Tür oder Wand) bringt oft ein schlechtes Gewissen und Schuldgefühle zum Ausdruck; man fürchtet, dass man von anderen durchschaut wird und Ansehen einbüßt.

Horn

deutet man wie Geweih (siehe unter diesem Stichwort); meist bezieht sich das auf Eifersucht in einer Liebesbeziehung.

Horizont

kann unsere Hoffnungen und Ziele, aber auch die geistigen Grenzen zum Vorschein bringen. Die genaue Bedeutung lässt sich nur aus den Lebensumständen ableiten.

Hose

deutet oft Angst vor Bloßstellung und Verlust von Ansehen an; damit kann das Bedürfnis nach mehr Schutz und Geborgenheit verbunden sein. Insbesondere die ausgezogene oder zerrissene Hose ist in diesem Sinn zu verstehen. Manchmal weist sie auch auf eine oberflächliche Lebenseinstellung hin, die zu viel auf Äußerlichkeiten Wert legt.

Hostie

erhalten zeigt meist, dass man inneren Frieden findet, die Widersprüche in der eigenen Persönlichkeit miteinander versöhnen wird.

Hotel

kann für jene Einstellungen und Haltungen stehen, die im Verlauf der persönlichen Entwicklung vorübergehend auftreten, aber schon bald überholt sind. Vielleicht wird man dadurch aber ermahnt, nicht länger vor sich selbst zu fliehen. Ein luxuriöses Hotel kann das Bedürfnis nach mehr Bequemlichkeit und Wohlergehen verkörpern.

Hufeisen

gilt auch im Traum meist als Glückssymbol; wenn man es findet, kann das einen unverhofften Erfolg ankündigen. Beschlägt man ein Pferd damit, versteht man das nach alten Traumbüchern als Verheißung eines sorglosen Lebensabends, den man bei bester Gesundheit glücklich und zufrieden, meist mit dem Partner ganz bewusst erlebt und genießt.

Hüfte

kann bei Frauen auf den Wunsch nach einem Kind hinweisen; allgemein gibt sie oft Auskunft über die Gesundheit, die vor allem bei starker Hüfte gut sein soll.

Hügel

steht ähnlich wie der Berg (siehe unter diesem Stichwort) für Hindernisse, die man leicht überwindet.

Huhn

kann im Sinne von Geflügel (siehe unter diesem Stichwort) gedeutet werden. Oft weist es auch darauf hin, dass man belanglosen Dingen nicht zu viel Beachtung schenken, sondern sich auf das konzentrieren soll, was wirklich wichtig ist (siehe auch unter dem Stichwort Henne).

Hühnerauge

kann darauf hinweisen, dass man ein belastendes Geheimnis mit sich herumträgt, über das man mit jemandem sprechen sollte. Altindische Traumbücher verstehen es als Ankündigung eines Todesfalls im Bekanntenkreis.

Hülle

(Hülse, Etui) kann ähnlich wie Fassade (siehe unter diesem Stichwort) zum Ausdruck bringen, dass man sein wahres Wesen verbirgt (vielleicht auch vor sich selbst). Manchmal weist das Symbol darauf hin, dass man in einer Angelegenheit noch nicht zum Kern vorgedrungen ist, sich erst noch mehr Klarheit verschaffen muss, ehe man zum Beispiel eine Entscheidung trifft.

Hummel

warnt vor übler Nachrede, vor allem wenn sie vernehmlich brummt. Vielleicht deutet sie aber auch auf Unbeholfenheit im Umgang mit anderen hin.

Hund

umfasst Triebe (vor allem sexuelle), Instinkte und Gefühle; dann bringt er die eigenen Einstellungen dazu zum Ausdruck, warnt vielleicht auch davor, diese psychischen Inhalte zu stark zu unterdrücken. Im weiteren Sinn kann das Tier die männlich-aggressive Sexualität verkörpern. Manchmal taucht er auch als Führer durch die Welt des Unbewussten auf, der zur Selbsterkenntnis auffordert. Einzelne Bedeutungen können sich aus folgenden Begleitumständen ergeben:

- Zutraulicher Hund warnt oft vor Hinterlist und Betrug.
- Bellender Hund kann auf üble Nachrede hinweisen.
- Heulender oder bissiger Hund gilt als allgemeine Warnung vor schwerwiegenden Gefahren.
- Jagender Hund soll eine oberflächliche, leichtfertige Lebenseinstellung mit Neigung zu (vor allem sexuellen) Abenteuern anzeigen.
- Mit dem Hund spielen bedeutet, dass man seine Gegner überwinden wird.
- Hund an die Kette legen kann ein finanzielles Risiko oder andere Schäden durch Leichtfertigkeit ankündigen.
- Schwarzer Hund wird oft als schmerzhafte Täuschung durch einen Freund gedeutet.
- Mehrere Hunde, die sich streiten, soll familiären Zwist anzeigen.

Hundehütte

symbolisiert jenen psychischen, meist unbewussten Bereich, aus dem Triebe, Instinkte und Gefühle stammen. Die genaue Bedeutung ergibt sich daraus, wie die Hundehütte beschaffen ist und was dort im Traum geschieht.

Hunger

wird traditionell als günstiges Anzeichen für die Sicherung der materiellen Existenz und Vermehrung des Wohlstands verstanden; dabei kann zum Ausdruck kommen, dass man sich um diese Dinge unnötig Sorgen macht. Vielleicht steht aber auch der »geistige Hunger« nach mehr Wissen, Erkenntnis und Selbsteinsichten oder der »seelische Hunger« nach Gefühlen und Geborgenheit dahinter. Manchmal handelt es sich um einen belanglosen körperbedingten Traum, wenn man tatsächlich Hunger hat; das ist oft bei Durchführung einer Diät der Fall.

Hure

wird als Prostituierte (siehe unter diesem Stichwort) gedeutet.

Husten

kann die Abwehr von äußeren Ansprüchen symbolisieren, gegen die man sich nicht offen zu protestieren traut, weil man zu unsicher ist; das muss geändert werden: Zuweilen warnt der Husten auch davor, eigene Geheimnisse zu offenbaren.

Hut

kann eigene Absichten, Erwartungen und Meinungen verkörpern, die man vor anderen verbirgt, weil man sich ihrer vielleicht schämt; dann sollte man lernen, sich mutiger offen dazu zu bekennen. Wenn ein Hut vom Wind fortgeweht wird, muss man wohl damit rechnen, dass sich Hoffnungen und Pläne zerschlagen. Ein besonders schöner, auffälliger, vielleicht noch mit Federn geschmückter Hut kann als Ermahnung verstanden werden, nicht zu eitel und selbstgefällig zu sein.

Hütte

(Kate) weist darauf hin, dass man nicht unbescheiden sein darf, sondern sich mit dem bisher Erreichten zufrieden geben sollte. Auch die Ermahnung zu mehr Geduld kann dahinter stehen. Wohnt man im Traum in einer armseligen Hütte, muss man vermutlich lange warten, bis sich die Lebenssituation günstig verändert.

Hyazinthe

bringt meist den Wunsch nach Gebundenheit in Ehe und Familie zum Ausdruck. Nach alten Traumbüchern kann die verwelkte Blume vor einer herben Enttäuschung durch einen nahe stehenden Menschen warnen, dem man vertraute.

Hydrant

macht auf eine Gefahr aufmerksam, verspricht aber zugleich, dass man sie gut überstehen wird.

Hymne

wird im Sinn von Gedicht (siehe unter diesem Stichwort) verstanden.

Hypnose

warnt meist vor der Beeinflussung durch andere, kann aber auch anzeigen, dass man selbst einen starken Einfluss ausübt; in beiden Fällen muss man sich vor Missbrauch hüten. Zum Teil kommt in dem Symbol Unsicherheit und fehlendes Verantwortungsbewusstsein für das eigene Leben zum Vorschein.

Hysterie

kann auf starke Gefühle oder Ängste hinweisen, die zu unvernünftigem Verhalten führen; man muss dann lernen, die Emotionen wieder mehr unter Kontrolle zu bringen.

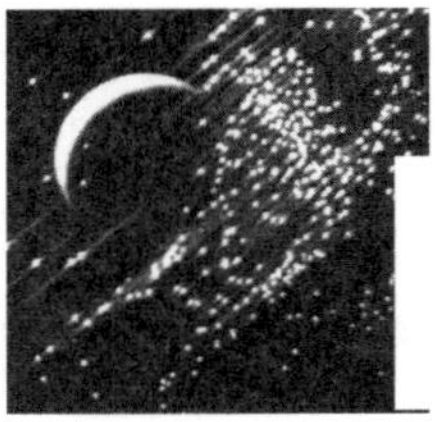

I

als Buchstabe kann gesprochen, geschrieben oder plastisch im Traum für das Bedürfnis nach mehr Geborgenheit auftauchen.

Idiot

bedeutet oft, dass man unvernünftig handelt und deshalb Gefahr läuft, Misserfolge und Verluste zu erleiden Dann muss man aus den Lebensumständen erkennen, worauf sich das konkret bezieht.

Idol

symbolisiert überhöhte Erwartungen und materialistische Einstellungen, die zu falschen Lebenszielen führen; diese muss man korrigieren. Mitunter kann auch das Bedürfnis nach einem Vorbild oder Ratgeber dahinter stehen.

Igel

steht manchmal für ein zufriedenes, wenn auch recht bescheidenes Leben und kann gleichzeitig vor Neid und Missgunst durch andere Mitmenschen warnen. Vielleicht deutet er aber auch daraufhin, dass man sich zu stark zurückgezogen (eingeigelt) hat und mehr aus sich herausgehen und Gesellschaft suchen sollte.

Illusion

(oft als Sinnestäuschung) versinnbildlicht falsche, häufig überhöhte Erwartungen, Hoffnungen, Einstellungen und Vorstellungen, die wahrscheinlich zu Enttäuschungen führen werden, wenn man diese nicht rechtzeitig korrigiert.

Iltis

wird meist als Warnung vor Täuschungsabsichten anderer verstanden, kann aber auch auf eigene Habgier hinweisen. Die altindische Traumdeutung sieht darin die Beschwichtigung, dass andere einem nichts anhaben können, weil man ein gutes Gewissen und sich nichts vorzuwerfen hat.

Immergrün

steht für Treue und Beständigkeit, was sich vor allem auf Gefühlsbindungen bezieht.

Impfung

deutet oft auf einen empfindsamen, vielleicht auch überempfindlichen Menschen hin, der unter den Widerwärtigkeiten des Alltags leidet und sich wünscht, immuner dagegen zu werden, eine dickere Haut zu bekommen; allgemein kann darin das Bedürfnis nach Schutz und Hilfe bei der Bewältigung des Lebens zum Ausdruck kommen.

Impotenz

weist im Einzelfall, je nach den individuellen Umständen des Träumenden, tatsächlich auf sexuelle Probleme hin, die man mit fachlicher Hilfe behandeln muss. Häufig kommt darin aber das Gefühl zum Ausdruck, ein Schwächling und Versager zu sein; dahinter stehen meist behandlungsbedürftige Minderwertigkeitsgefühle.

Indianer

wird manchmal als Warnung vor Hinterlist verstanden, vor der man sich hüten muss. Zuweilen kann er Reiselust anzeigen. Tiefenpsychologisch betrachtet repräsentiert er den irrationalen Bereich des Seelenlebens mit Fantasie und Kreativität und fordert dazu auf, diese positiven Eigenschaften mehr zu nutzen.

Indien

(Inder) verkörpert ebenfalls irrationale Bereiche der Psyche; dann wird man oft zu mehr Realitätssinn aufgefordert, damit man das Leben besser bewältigen kann. Auch die Warnung vor Betrug durch andere oder vor Selbsttäuschung kann dahinter stehen. Zum Teil taucht der Inder als Guru (siehe unter diesem Stichwort) auf.

Industrie

symbolisiert die schöpferischen Kräfte, die das eigene Leben gestalten; man kann sie ähnlich wie Fabrik (siehe unter diesem Stichwort) verstehen.

Infanterie

(Infanterist) bringt Leichtlebigkeit zum Ausdruck und ermahnt, das Leben nicht so oberflächlich zu nehmen.

Inflation

tritt häufig bei Menschen auf, die sich in einer tiefen seelischen Krise befinden, in der alle früheren Werte fraglich geworden sind, die sich leer und ausgebrannt fühlen. Zugleich verspricht das Symbol auch, dass man durch eine Veränderung wieder neue Werte und Ziele finden wird, wenn man die Krise annimmt und verarbeitet.

Injektion

(Einspritzung) kann im Sinne von Arznei (siehe unter diesem Stichwort) gedeutet werden. Manchmal kommen darin auch verdrängte sexuelle Bedürfnisse zum Ausdruck.

Insekt

weist häufig auf verdrängte Erfahrungen, Ereignisse oder Schuldgefühle hin, die man bewusst verarbeiten muss. Wird man von einem Insekt gestochen, kann das Krankheit, Misserfolge und Verluste ankündigen. Tötet man das Insekt aber, wird man mit den Schwierigkeiten bald auf einfache Weise fertig.

Insel

kann für Selbsterkenntnis stehen, mit der unbewusste psychische Inhalte bewusst gemacht werden; diese Aufforderung soll befolgt werden. Außerdem kann die Insel anzeigen, dass man aus Angst und Unsicherheit dazu neigt, sich von der Mitwelt, von der Realität zurückzuziehen. Ferner sind nach alten Traumbüchern noch folgende Begleitumstände wichtig für die Deutung:

- Allein auf einer Insel sein bringt das Bedürfnis nach Ruhe und Entlastung vom Alltagsstress zum Ausdruck.
- Die Insel verlassen zeigt eine Wandlung im Leben an, die aber den weiteren Lebensweg unsicher macht.
- Verwüstete Insel kann vor finanziellem Ruin warnen.

Inserat

deutet oft an, dass man auf der Suche nach neuen Lebensmöglichkeiten ist, weil man aus der Routine des Alltags ausbrechen will. Manchmal symbolisiert es auch Entscheidungsschwäche und Zögerlichkeit.

Installationen

(meist Rohre, Leitungen) verkörpern Gefühle, Einstellungen, Erwartungen und ähnliche seelische Inhalte, die unserem Leben seine individuelle Richtung geben. Intakte Installationen sind ein günstiges Zeichen für innere Ausgeglichenheit. Verstopfte Leitungen weisen auf Hindernisse hin. Wenn eine Wasserleitung platzt, kann das vor dem Ausbruch von Gefühlen warnen, die man nicht mehr unter Kontrolle halten kann.

Invalide

(Invalidität) steht allgemein für eine Behinderung im Leben, die zum Beispiel durch Gefühle oder Abhängigkeiten entsteht. Das muss aus der individuellen Lebenssituation abgeleitet und möglichst geändert werden, damit man wieder ein selbstständiges Leben führen kann.

Inzest

hat oft keine sexuelle Bedeutung. Es kann vielmehr darauf hindeuten, dass in der Beziehung zwischen Eltern und Kindern oder unter Geschwistern die Herzlichkeit fehlt. Inzest mit Verwandten kann aber auch heißen, dass jemand aus der Familie Hilfe braucht.

Irland

verkörpert Naturverbundenheit und starke Gefühle, zum Teil auch irrationales Denken und Handeln. Man wird dadurch entweder aufgefordert, den Verstand nicht überzubewerten, oder vor Irrationalität und Gefühlsüberschwang gewarnt.

Irrenhaus

symbolisiert oft einen unsteten Lebenswandel. Man sollte versuchen, wieder den richtigen Weg für sich selbst zu finden. Es kann auch darauf hindeuten, dass man sich in privater Hinsicht in einer Sackgasse befindet, aus der man einen Ausweg suchen sollte.

Irrlicht

symbolisiert verlockende Ideen, Pläne und Ziele, die einer Realitätsprüfung aber nicht standhalten; man darf sich davon nicht verführen lassen, auch wenn sie noch so faszinierend erscheinen.

Irrweg

wird im gleichen Sinn wie Irrlicht gedeutet.

Italien

(Italiener) interpretiert man als Ausdruck sinnlicher Lebensfreude, Sensibilität, Sinn für Schönheit und naiver Gläubigkeit. Oft ist damit die Ermahnung verbunden, im Leben nicht nur nach Vergnügungen zu streben, es etwas ernster zu nehmen, die Vernunft walten zu lassen und Gefühle nicht zu überschwänglich zu äußern.

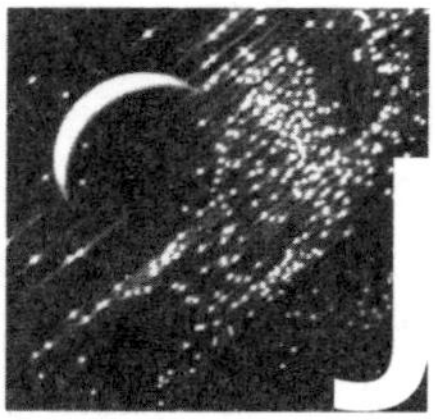

J

als geschriebener, plastischer oder gesprochener Buchstabe steht für Autorität und Einfluss. Man kann selbst darüber verfügen oder unter fremdem Einfluss stehen.

Jacht

wird im Sinne von Boot oder Schiff (siehe unter diesen Stichwörtern) verstanden, weist aber auf eine elegantere, gehobenere Form der Lebensgestaltung hin.

Jacke

steht für Gefühle, die uns wärmen; aus ihr kann man also Rückschlüsse auf das eigene Gefühlsleben ziehen, das zum Beispiel harmonisch oder unbefriedigend ist. Zur genauen Deutung müssen die individuellen Lebensumstände berücksichtigt werden.

Jagd

kann allgemein Hoffnungen, Begierden und Ehrgeiz anzeigen, die das Leben bestimmen. Unter Umständen steht dahinter die Aufforderung, die Lebensziele neu zu überdenken. Weitere Bedeutungen können sich aus folgenden Begleitumständen im Traumgeschehen ergeben:

- Zur Jagd gehen zeigt an, dass man neue Pläne in Angriff nehmen soll; alte Traumbücher verstehen das auch als Bedürfnis nach erotischen Abenteuern.
- Mit einer Jagdbeute zurückkehren soll für Schadenfreude stehen, die man selbst empfindet oder von anderen erleidet.
- Ohne Beute bleiben oder vorbeizielen kündigt Enttäuschungen und Verluste an.
- Sich selbst gejagt sehen kann auf Stress und Zeitmangel, zuweilen auch auf krankhafte Verfolgungsideen hinweisen, die behandelt werden müssen.
- Zur Jagd eingeladen werden soll nach alten Traumbüchern einen Gewinn bei einem Glücksspiel verheißen.

Jagdhorn

kündigt ein freudiges Ereignis an, das man nicht erwartet hat.

Jagdhund

kann andeuten, dass man übertrieben ehrgeizig oder materialistisch hinter Geld und Erfolg herjagt. Zuweilen kommen darin aber Inhalte des Unbewussten zum Vorschein, die man aufspüren sollte. Nach alten Traumbüchern wird man vor Betrug und Hinterlist anderer gewarnt.

Jagdmesser

ermahnt, weniger aufzuschneiden und anzugeben, weil man dabei durchschaut wird und sich lächerlich macht.

Jagdtasche

(-ranzen) fordert meist zu mehr Sparsamkeit auf, damit man das Vermögen nicht unnötig vermindert.

Jäger

deutet man meist als Warnung vor Leichtsinn; das gilt nicht nur finanziell, sondern für die gesamte Lebensführung.

Jahrmarkt

enthält oft die Aufforderung, das Leben nicht zu ernst zu nehmen, sich nicht jede Freude, jeden Genuss zu versagen. Gleichzeitig kann aber auch vor leichtfertigen Geldausgaben gewarnt werden, die das Budget übersteigen.

Jammern hören

kündigt manchmal eine freudige Nachricht an, kann aber auch für mehr Glück und Erfolg in der nächsten Zeit stehen.

Japan

(Japaner) versinnbildlicht meist ein Verhalten, das von leerer Förmlichkeit und Höflichkeit ohne innere Anteilnahme bestimmt wird; da es unecht wirkt, ergeben sich daraus oft zwischenmenschliche Probleme. Zuweilen kommen in dem Symbol auch Bescheidenheit und Fleiß zum Ausdruck, zu denen man ermahnt wird, oder man wird vor der Durchtriebenheit anderer gewarnt.

Jauche

deutet man im Sinne von Dung (siehe unter diesem Stichwort).

Jauchzer

(Jauchzen) hat im Traum nichts mit Freude zu tun, sondern kündigt Unglück und Sorgen an.

Jazzmusik

weist im Gegensatz zu anderer Musik (siehe unter diesem Stichwort) nicht auf innere Harmonie hin, sondern auf Nervosität, Unruhe, Überreiztheit und Unbeständigkeit; dagegen sollte der Träumende unbedingt etwas tun.

Jesus

versteht man wie Christus (siehe unter diesem Stichwort).

Joch

verheißt eine sichere, erfolgreiche Zukunft; allerdings muss man dafür besonders hart und sehr ausdauernd arbeiten.

Jockey

steht für die seelisch-geistigen Kräfte, die den Lebensweg bestimmen; je nach den Begleitumständen kann er Erfolge oder Probleme ankündigen, oft fordert er auch zu mehr Selbstbeherrschung auf (siehe auch unter dem Stichwort Pferd).

Jodeln

kann manchmal überschäumende Lebensfreude symbolisieren; häufiger wird man dadurch aber vor der Hinterlist anderer gewarnt.

Joga

verkörpert die Persönlichkeit als Ganzes und fordert zu mehr Selbsterkenntnis auf, damit man im Einklang mit sich selbst leben kann.

Jogi

wird im Sinne eines Gurus (siehe unter diesem Stichwort) gedeutet, der zur Selbsterkenntnis anleitet.

Johannisbeere

deutet auf eine beständige gute Freundschaft oder Liebesbeziehung hin, die man bereits hat oder nach der man sucht. Der Saft der Beeren kann aber auch Langeweile symbolisieren, weil eine Beziehung in Routine des Alltags erstarrt und erkaltet ist.

Jongleur

verweist nach altindischer Traumlehre auf unverhoffte (meist finanzielle) Erfolge. Manchmal warnt er vor Intrigen und Gaukeleien.

Journalist

bringt oft zum Ausdruck, dass man sich mitteilen, verständlich machen, vielleicht auch Einfluss gewinnen möchte; zuweilen kann dahinter Geltungssucht stehen, die man abbauen muss.

Judas

symbolisiert den Verrat an sich selbst durch Verdrängung von Emotionen, geistigen Werten und anderen psychischen Inhalten, die zur Überbetonung von Verstand, Vernunft und materiellen Werten führt. Eine Änderung dieser einseitigen Haltungen ist dann dringend erforderlich, um sich selbst und die eigene innere Harmonie zu finden und glücklich leben zu können.

Jude

steht oft für die Aufforderung zur Selbstfindung und Selbstverwirklichung, die eine Abwehr vom krass materialistischen Denken voraussetzt; man sollte sich dann mehr auf geistige Werte besinnen, damit man zu innerer Harmonie findet. Manchmal bringt das Symbol auch Gefühle wie Überlegenheit, Hochmut und Stolz zum Vorschein, die nicht selten zu erheblichen zwischenmenschlichen Problemen führen und deshalb normalisiert werden müssen.

Jugend

kann darauf hinweisen, dass man sich auf das bevorstehende Altern vorbereiten sollte. Das Bild will auch vor betonter Jugendlichkeit älterer Menschen warnen, die sich dadurch leicht lächerlich machen können. Vielleicht versinnbildlicht sie auch eine in Gang gekommene Entwicklung der Persönlichkeit.

Junge

symbolisiert of die männlich-intellektuelle Seite der Persönlichkeit, vor allem Verstand und Willen; er fordert dann meist auf, das Leben bewusster und aktiver selbst in die Hand zu nehmen und zu gestalten.

Jungfrau

steht für eine Entwicklung der Persönlichkeit, die oberflächlich bleibt, den Kern des Wesens nicht verändert; man soll dann versuchen, sich trotz der notwendigen Anpassung an äußere Zwänge und Lebensumstände stets treu zu bleiben. Nach traditioneller Traumdeutung kann das Symbol auch Entsagungen und Verzichte im realen Leben verkündigen.

Jupiter

(Zeus) kann vor wenig gezügelter sexueller Begierde warnen, die man im realen Leben nicht ungehemmt ausleben darf. Oft steht er aber auch für Tatkraft, Energie und Einfluss, mit denen man Ziele verfolgt und meist verwirklichen kann.

Jurist

deutet auf bevorstehenden Streit hin, der vielleicht tatsächlich mit einem Prozess vor Gericht endet; das ergibt sich stets aus den persönlichen Lebensumständen.

Juwelen

(Edelsteine) versteht man allgemein als Symbol des unveränderlichen Persönlichkeitskerns, den man nicht antasten lassen sollte. Außerdem können sie auch vor Armut und Verlusten warnen oder zur Sparsamkeit ermahnen. Die einzelnen Edelsteinarten deutet man oft wie folgt:

- Amethyst als Warnung, bei hohen Erwartungen, Zielen und Plänen den Boden der Realität zu verlassen, was unweigerlich zur Enttäuschung führt.
- Diamant wird als das Symbol des Bewusstseins verstanden, manchmal auch der Gefühlskälte, Habgier und des übertriebenen Strebens nach Einfluss und Macht.
- Lapislazuli gilt in den meisten Traumdeutungen als Verkörperung von Vitalität und Sensibilität.
- Opal steht meist für das Bedürfnis des Träumenden nach seelisch-geistiger Läuterung, nach Geborgenheit und Schutz.
- Perle symbolisiert innere Harmonie, zu der man aber erst durch Leiden gelangen wird, beispielsweise durch schmerzhafte Selbsteinsichten und Veränderungen, die man am bisherigen Lebensverlauf vornimmt.
- Rubin bedeutet Gefühlswärme, ein differenziertes Gefühlsleben und viel Mitmenschlichkeit; oft taucht er in Träumen von Menschen auf, die man umgangssprachlich als »herzensgut« bezeichnet, er kann aber auch die Sehnsucht nach aufrichtigen Gefühlen in diesem Sinne verkörpern.
- Saphir kann auffordern, überbetonte Sinnlichkeit, Genusssucht oder materialistische Einstellungen aufzugeben, damit man inneren Frieden findet.
- Smaragd steht für die Erweiterung des eigenen Bewusstseins durch Selbsterkenntnis, aus der man mehr innere Harmonie gewinnt.

K

tritt geschrieben, plastisch oder gesprochen als Symbol für Tatkraft und Vitalität des Träumers auf.

Kabel

kann manchmal eine unverhoffte günstige Nachricht ankündigen. Meist symbolisiert es aber die Verbundenheit mit anderen, die man ersehnt oder mehr pflegen sollte.

Kachelofen

steht für Behaglichkeit (oft im Familienleben), kann dann aber auch ermahnen, sich nicht auf der faulen Haut auszuruhen und selbstzufrieden zu werden. Allgemeiner kann er als Bedürfnis nach Gefühlswärme und Geborgenheit gedeutet werden.

Käfer

kann das ewige Auf und Ab im Leben versinnbildlichen; in einer misslichen Situation tröstet er, weil es irgendwann wieder aufwärts geht, bei günstigen Lebensumständen warnt er dagegen vor Selbstzufriedenheit und zu viel Sorglosigkeit. Zum Teil deuten alte Traumbücher ihn auch als Zeichen für ein bescheidenes Wesen, mit dem man sich bei anderen beliebt macht.

Kaffee

wird als Wunsch nach Anregung, Abwechslung und Energie verstanden, was sich auch auf gesellige Kontakte beziehen kann. Folgende Begleitumstände sind für die genaue Deutung wichtig:

- Kaffee mahlen weist auf ein gutes Familienleben hin.
- Kaffee aufbrühen (zubereiten) kann man als ein Vorzeichen für kommenden Wohlstand verstehen.
- Warmen Kaffee trinken kündigt Abwechslung und Aufregungen an, kalter Kaffee dagegen einen Misserfolg; unabhängig davon zeigt Kaffeetrinken als Symbol für ein geselliges Miteinander meist an, dass man bei anderen beliebt ist.

Kaffeehaus

bringt noch mehr als Kaffee das Bedürfnis nach Geselligkeit zum Ausdruck.

Kaffeekanne

steht oft für eine schwierige Arbeit, die man erfolgreich beenden wird.

Kaffeemühle

kann auf ein gutes Familienleben hindeuten, aber auch schlechte Nachrichten ankündigen.

Käfig

besteht oft aus den Regeln, Normen und moralischen Maßstäben unserer Gesellschaft; meist zeigt er dann an, dass man sie zu genau befolgt und deshalb die Selbstentfaltung behindert. Man sollte ab und zu aus diesen Zwängen ausbrechen.

Kahlkopf

kann ankündigen, dass die Sorgen bald zu Ende gehen. Manchmal steht auch die Angst vor einer Bloßstellung dahinter (siehe unter diesem Stichwort).

Kahn

wird ähnlich wie Boot (siehe unter diesem Stichwort) gedeutet, bringt in diesem Zusammenhang aber zum Ausdruck, dass man sich umständlich verhält und dadurch das Leben unnötig kompliziert. Grundsätzlich kann er eine günstige Veränderung anzeigen, mit der es nur langsam vorangeht.

Kaiser

kann auf Ansehen, Lob und Ehren hinweisen; zuweilen warnt er vor Selbstüberschätzung und überhöhten Hoffnungen, die sehr oft enttäuscht werden.

Kajüte

zeigt oft an, dass man sich zu sehr isoliert und deshalb seine Absichten nicht verwirklichen kann.

Kakao

kündigt an, dass eine bittere Enttäuschung bevorsteht. Der Kakaobaum dagegen kann auf eine interessante neue Bekanntschaft hinweisen.

Kaktus

taucht manchmal als Symbol für ein »kratzbürstiges« Wesen auf, das zu zwischenmenschlichen Problemen führt. Es kann aber auch die Angst dahinter stehen, durch andere verletzt und enttäuscht zu werden. Ein kleiner Kaktus symbolisiert manchmal eine kleinliche, intolerante Persönlichkeit.

Kalb

verkörpert den unbekümmerten Umgang mit sinnlichen Bedürfnissen,

Oberflächlichkeit und etwas Frivolität, was oft auf Unreife hinweist. Sieht man das Tier, kann das auch Leichtsinn anzeigen, zugleich aber trotzdem begründete Hoffnungen machen. Das Kalb neben der Kuh deutet auf Unselbstständigkeit hin. Im goldenen Kalb kommt häufig übersteigertes materielles Streben und Gewinnsucht zum Vorschein.

Kalender

steht allgemein als Symbol über die verstreichende Zeit, kann vielleicht vor Zeitvergeudung warnen. Kauft man ihn, soll das eine gute Zukunft verheißen, auch wenn man jetzt noch Sorgen hat.

Kalk

wird manchmal als Ankündigung eines hohen Alters verstanden. Isst man ihn, warnt das vor häuslichen Streitigkeiten.

Kälte

bezieht sich meist auf nachlassende oder unterdrückte Gefühle; die genaue Bedeutung ergibt sich erst aus den individuellen Lebensumständen.

Kamel

ermahnt zu Geduld, Ausdauer und Durchstehvermögen, weil man damit die Probleme des Alltags am besten bewältigt und Erfolge erzielt. Sieht man sich auf einem Kamel sitzen, kann man Hilfe erwarten und einen Teil seiner Aufgaben anderen aus der eigenen Mitwelt übertragen.

Kamera

steht für das Gedächtnis; sie fordert auf, die darin gespeicherten Erfahrungen mehr in der alltäglichen Lebensgestaltung zu nutzen.

Kamerad

(Kameradschaft) symbolisiert die Einheitlichkeit der Persönlichkeit, die alle seelisch-geistigen Widersprüche miteinander versöhnt hat; dazu fordert das Symbol auf. Konkret kann dahinter auch Vereinsamung mit dem Bedürfnis nach guten Freunden zum Vorschein kommen.

Kamille

aus der man einen Tee herstellt, soll nach alter Traumdeutung auf baldige Genesung hinweisen. Wenn man sie kauft oder sammelt, kann das eine beginnende Krankheit ankündigen, die jedoch noch keine Symptome verursacht.

Kamin

bringt oft vernachlässigte sexuelle Bedürfnisse zum Vorschein. Raucht er, soll das häusliche Probleme ankündigen. Wenn man vor einem Kamin mit Feuer sitzt, darf man eine sorglosere Zukunft erwarten.

Kaminfeger

wird auch im Traum oft als allgemeines Glückssymbol verstanden; das bezieht sich vor allem auf die Gefühlsebene und zwischenmenschliche Beziehungen.

Kamm

(Kämmen) wird zum Teil sexuell gedeutet; damit ist dann die Aufforderung verbunden, die Sexualität mehr zu beherrschen. Kauft man einen Kamm, ermahnt das, sein Leben in Ordnung zu bringen. Altindische Traumbücher deuten den Kamm auch als Warnung vor Streit mit den Geschwistern.

Kampf

kann für den Streit in der eigenen Persönlichkeit stehen, die durch gegensätzliche Eigenschaften und Bedürfnisse entzweit wird; man muss dann versuchen, diese Gegensätze auszugleichen. Weitere Bedeutungen lassen sich aus folgenden Begleitumständen ableiten:

- Kampf zuschauen fordert auf, sich gegen feindselige Menschen oder widrige Umstände im Leben einfach mehr zur Wehr zu setzen.
- Auf dem Schlachtfeld (in der Arena) einen Kampf beobachten weist auf eigene Schadenfreude und Gehässigkeit hin.
- Selbst kämpfen kann auf Probleme hindeuten, die man wahrscheinlich bewältigt, wenn man sich mehr anstrengt; manchmal wird auch eine Krankheit angekündigt.

Kanada

zeigt das Bedürfnis nach mehr Abwechslung, Herausforderung und Abenteuer an; davon träumen oft Menschen, die ein angepasstes, ereignisloses Leben führen, mit dem sie unzufrieden und unglücklich sind.

Kanal

kann allgemein die geistige Lenkung der Gefühle, Triebe und Leidenschaften verkörpern; das fordert oft zu mehr Selbstdisziplin auf. Ferner kann er Hindernisse ankündigen oder auf gute geschäftliche Verbindungen hinweisen, aus denen man Vorteile zieht.

Kanarienvogel

soll nach alten Traumbüchern vor Schmeichlern warnen, die einen betören wollen. Vielleicht symbolisiert er auch das Bedürfnis nach Freundschaft und Liebe.

Kandidat sein

(zum Beispiel in einer Prüfung) verspricht, dass sich die Erwartungen erfüllen werden.

Kaninchen

kann auf sexuelle Bedürfnisse, Sanftmut, Gefühlsreichtum und Idealismus hindeuten; zum Teil erklären sich diese Eigenschaften allerdings aus Angst, Unsicherheit und Minderwertigkeitsgefühlen, man will von anderen nicht angegriffen werden, und versucht sich zu schützen. Weiße Kaninchen gelten allgemein als Glückssymbol, schwarze Kaninchen können dagegen Misserfolge und Trauer ankündigen. Tötet man ein Kaninchen, weist das darauf hin, dass man Gefühle und ähnliche psychische Inhalte mit Gewalt aus dem Bewusstsein verdrängt und sie unterdrückt und deshalb unglücklich ist.

Kannibale

kann ähnlich wie Eingeborene (siehe unter diesem Stichwort) verstanden werden.

Kanone

bringt Rücksichtslosigkeit, Aggressivität und ungezügelte Sexualität zum Ausdruck und warnt davor, all diese Eigenschaften ungehemmt auszuleben; manchmal kommt darin sogar eine masochistische Neigung zum Vorschein. Allgemein steht die Kanone für Gefahren und Ängste; worauf sich das konkret bezieht, muss aus den persönlichen Lebensumständen des Träumenden abgeleitet werden.

Kanzel

weist darauf hin, dass man Einfluss und Macht über andere anstrebt, vielleicht auch zur Rechthaberei und Uneinsichtigkeit neigt. Ferner kann darin ein starkes Mitteilungsbedürfnis zum Ausdruck kommen.

Kapelle

steht für Religiosität, allgemeiner für den Rückzug in sich selbst; vielleicht enthält das die Aufforderung, mehr aus sich herauszugehen, um die Isolierung zu durchbrechen.

Kapitän

verkündet für die Zukunft mehr Ansehen, Autorität, Einfluss und Ehre.

Kaplan

wird ebenfalls als Anzeichen für Ansehen und Ehre verstanden.

Kappe

deutet man im gleichen Sinn wie Hut (siehe unter diesem Stichwort).

Kapuze

ähnelt zum Teil der Fassade (siehe unter diesem Stichwort), soll also etwas von der eigenen Persönlichkeit verbergen. Sie kann aber auch das Bedürfnis nach Schutz und Geborgenheit anzeigen.

Karawane

fordert zur Beharrlichkeit auf dem Lebensweg auf, den man unbeirrt von Zweifeln und Problemen weitergehen soll; dann wird sich der Erfolg einstellen. Zusätzlich kann man oft noch das Symbol des Kamels (siehe unter diesem Stichwort) zur Deutung heranziehen.

Karneval

bringt den Wunsch nach mehr Abwechslung zum Ausdruck; wenn man sich verkleidet, sucht man oft ein flüchtiges, meist erotisches Abenteuer.

Karpfen

kann nach alten Traumbüchern vor finanziellen Schwierigkeiten und familiären Problemen warnen.

Karren

steht meist für die Pflichten und anderen Belastungen, die den Lebensweg behindern; das gilt vor allem dann, wenn man einen Karren mit Steinen zieht oder schiebt.

Karte

hat unterschiedliche Bedeutungen, je nachdem, um welche Art Karte es sich handelt; danach unterscheidet man:

- Straßen-/Landkarte symbolisiert den Lebensweg, das vergangene und zukünftige Schicksal; die genaue Deutung ergibt sich aus den persönlichen Lebensumständen.
- Fahrkarte zeigt Veränderungen im Leben an und warnt vor Ungeduld, wenn Erwartungen nicht gleich erfüllt werden.
- Postkarte kündigt eine wichtige Neuigkeit an, die unerwartet eintrifft.
- Kartenspiel warnt vor Täuschung und Hinterlist, wenn man damit spielt; legt man sich selbst die Karten, sieht man sein weiteres glückliches Schicksal und kann darauf vertrauen.

Kartoffel

kann Bescheidenheit und Reifung der Persönlichkeit symbolisieren, um die man sich bemühen sollte. Ernte der Kartoffeln ermahnt, sich mehr um die Familie zu kümmern.

Karussell

kann körperbedingt als Hinweis auf eine Innenohrerkrankung mit Gleichgewichtsstörungen auftauchen. Oft deutet es aber ähnlich wie Jahrmarkt (siehe auch unter dem Stichwort) auf Leichtsinn hin.

Käse

wird manchmal als Sexualsymbol beurteilt, das entsprechende Bedürfnisse zum Vorschein bringt. Verzehrt man ihn, soll das auf gute Gesundheit oder finanzielle Gewinne hinweisen, während alter, harter Käse vor Krankheiten warnt.

Kaserne

bringt oft Angst vor Einschränkung der persönlichen Freiheit zum Ausdruck, die durch äußere Umstände oder unbewusste Einflüsse drohen kann. Verlässt man die Kaserne, wird man sich von solchen Behinderungen befreien und das Leben ändern.

Kasse

kann allgemein vor Schulden oder vor dem Verborgen von Geld warnen. Sieht man eine leere Kasse, verspricht das einen unerwarteten Gewinn.

Kasten

steht für Heimlichkeiten, die man vor anderen nicht aufdecken sollte.

Kastration

versinnbildlicht unterdrückte, meist sexuelle Bedürfnisse; dahinter stehen häufig Ängste und Minderwertigkeitsgefühle. Zum Teil kommt darin auch zum Ausdruck, dass man sich von Wünschen trennen muss, weil sie nicht zu erfüllen sind.

Kater

wird oft als wenig gezügelte sexuelle Leidenschaft gedeutet, nach der man sich sehnt, die man aber auch fürchtet. Mehr Selbstbeherrschung ist dann oft notwendig.

Katze

hat ebenfalls sexuelle Bedeutung, die aber weniger leidenschaftlich zu verstehen ist, mehr den Wunsch nach Zärtlichkeit versinnbildlicht. Allgemein kann das Tier auch vor Hinterlist und Falschheit warnen oder auffordern, mehr der Intuition zu vertrauen.

Kauf

(Kaufen) kann vor leichtsinnigen Geldausgaben warnen oder für unerfüllte Bedürfnisse stehen.

Kaufmann

verkörpert materielle oder geistige Werte und Gewinne, zuweilen auch Habgier und Egoismus. Die individuelle Bedeutung hängt von den Lebensumständen ab.

Kegel

(Kegeln) symbolisiert Zufälle und Risiken des Lebens; oft wird man vor zu hohen Risiken gewarnt oder soll sich nicht nur auf den glücklichen Zufall verlassen. Fallen alle Kegel, kündigt das an, dass man eine riskante Angelegenheit erfolgreich beenden wird.

Kehren

deutet man wie Fegen (siehe unter diesem Stichwort).

Kehricht

hat die Bedeutung von Abfall (siehe unter diesem Stichwort).

Keim

verkörpert Anlagen, Fähigkeiten, Chancen und Möglichkeiten des Lebens, die man mehr nutzen sollte; ein kräftiger Keim verspricht dann meist Erfolge.

Kelch

kann im Sinne von Gefäß (siehe unter diesem Stichwort) als Summe der psychischen Inhalte gedeutet werden. Manchmal kündigt er auch schmerzliche Erfahrungen an, die man durchstehen muss. Auch der Mutterschoß kann dadurch versinnbildlicht werden, was im Einzelfall je nach den individuellen Lebensumständen des Träumenden als Neigung zur Flucht vor der Realität zu verstehen ist.

Keller

wurde bereits als Teil des Hauses (siehe unter diesem Stichwort) erklärt; andere Bedeutungen können sich aus der Verbindung mit den Bildern der Grotte und Gruft (siehe auch unter diesen Stichwörtern) ergeben.

Kellner(in)

sein kann auf Führsorglichkeit und Demut hinweisen, die man aber nicht bis zur Selbstaufgabe übertreiben darf. Lässt man sich bedienen, deutet das auf das Bedürfnis nach Rat und Hilfe hin. Nach alten Traumbüchern soll die Kellnerin eine frohe Zukunft verheißen.

Kentern

(eines Schiffs) fordert zu kühler Überlegung und Tatkraft in einer schwierigen Angelegenheit auf, damit man nicht scheitert.

Kerker

wird wie Gefängnis (siehe unter diesem Stichwort) gedeutet.

Kern

kann bessere Gesundheit versprechen, wenn man ihn verzehrt. Oft symbolisiert er aber den Kern der Persönlichkeit und die Werte, an denen man das Leben orientiert.

Kerze

kann als Phallussymbol sexuelle Bedürfnisse anzeigen. Die brennende Kerze wird als Bedürfnis nach Einsicht, Erkenntnis, Erleuchtung oder Gefühlswärme verstanden. Ist sie erloschen, muss man Hoffnungen aufgeben. Alte Traumbücher setzen die Kerze auch mit »Lebenslicht« gleich; dann kann sie langes Leben, aber auch Krankheiten und Todesfälle ankündigen.

Kessel

steht oft für Aufregungen und Streitigkeiten, vor allem wenn sein Inhalt kocht.

Kette

kann im Sinn von Schmuck (siehe unter diesem Stichwort) verstanden werden. Wenn sie als Fessel auftaucht, kommen darin Gefühle, Werte, Normen und Ideale oder Menschen zum Vorschein, an die man sich gebunden fühlt; das fordert meist auf, sich dieser Ketten zu entledigen, die das Leben behindern. Die Kette kann aber auch den Wunsch nach Sicherheit und Ruhe symbolisieren.

Keule

deutet häufig auf innere Stärke und Entschlossenheit hin, mit der man sich im Leben erfolgreich durchsetzen sollte. Schwingt man sie oder schlägt jemanden damit, muss man mit Schwierigkeiten und Gegnern rechnen, die man aber ohne große Probleme überwinden wird.

Kichern

warnt meist davor, dass man sich durch sein Verhalten lächerlich macht.

Kiefer

(Kinn) symbolisiert Entschlossenheit, Ausdauer, Tatkraft und innere Stärke; nach diesen Eigenschaften sollte man im Lebenskampf streben.

Kiel

eines Schiffs steht für den Kurs, den man im weiteren Leben steuern sollte; die genaue Bedeutung ergibt sich aus den individuellen Lebensumständen. Allgemeiner kann man ihn auch im Sinne von Fundamenten (siehe auch unter dem Stichwort Haus) als Basis des Lebens verstehen.

Kies

wird manchmal als Geld gedeutet, zu dem man bald kommen wird. Häufiger kommen darin aber Risiken zum Ausdruck, die das weitere Leben beschwerlicher machen.

Kind

kann ähnlich wie Jugend (siehe auch unter dem Stichwort) Chancen und Möglichkeiten zur weiteren Entwicklung verkörpern. Häufig kommen darin aber auch Konflikte zum Vorschein, die meist auf eine unreife Persönlichkeit zurückzuführen sind. Die weitere Bedeutung kann sich aus den Symbolen Junge und Mädchen (siehe auch unter diesen Stichwörtern) ergeben.

Kindheit

enthält im Einzelfall Erinnerungen an die eigene Kinderzeit, die man bewusst annehmen und verarbeiten muss. Trifft das nicht zu, symbolisiert sie Unreife, kindisches Verhalten oder Flucht aus der Verantwortung für das eigene Leben.

Kino

deutet meist an, dass man in einer Angelegenheit noch nicht klar genug sieht, vielleicht auch getäuscht wird; das muss aus der konkreten Lebenssituation verstanden werden.

Kirche

kann für seelische Reifung, geistige Entwicklung, manchmal auch für Religiosität stehen, wonach man streben sollte. Betet man darin, wird sich eine Hoffnung erfüllen. Die brennende Kirche warnt vor Unglück, die einstürzende vor Gefahren, die man oft nicht mehr allein bewältigen kann.

Kirchhof

kann als allgemeines Glückssymbol verstanden werden. Häufig kündigt er aber an, dass man eventuell lang gehegte Hoffnungen im realen Leben endgültig begraben muss.

Kirsche

weist oft auf erotische Bedürfnisse hin, die vielleicht zu einem flüchtigen Abenteuer führen können. Wenn man sie im Traum verzehrt, wird man Gewinne erzielen. Saure Kirschen können als Vorzeichen für eine herbe Enttäuschungen in einer Liebesbeziehung verstanden werden.

Kissen

deutet auf die weiche Seite der Persönlichkeit, auf das Bedürfnis nach Ruhe, Entspannung und gefühlsmäßige Geborgenheit hin.

Kiste

versteht man wie Kasten (siehe unter diesem Stichwort).

Klavier

kann den Träumenden vor leichtfertigen Geldausgaben warnen oder darauf hinweisen, dass man seine Zeit mit einem hoffnungslosen Unternehmen vergeudet; weitere Deutungen können sich aus der Verbindung mit dem Symbol Musik (siehe unter diesem Stichwort) ergeben.

Klee

wid als allgemeines Glückssymbol gedeutet, kann aber auch als seelische Unebenheit gedeutet werden.

Kleid

bringt Bedürfnisse, Erwartungen und Eigenschaften zum Vorschein. Das kann bedeuten, dass man sie deutlicher nach außen zeigen oder vor anderen verbergen soll. Je nach Begleitumständen sind noch folgende individuelle Bedeutungen möglich:

- Schönes, kostbares oder prunkvolles Kleid kann Glück und Erfolg verheißen, zuweilen aber auch vor Eitelkeit warnen.
- Schmutziges Kleid steht für Misserfolge, zerrissenes für Aggressivität.
- Kleid ausziehen kann einen Verlust ankündigen, vor allem in einer Liebesbeziehung.
- Brennendes Kleid warnt vor übler Nachrede und Verleumdung; das gilt auch, wenn man das Kleid wäscht.
- Nach der Farbe deutet man das Kleid wie folgt: rot für Stolz und Hochmut; gelb als Hinterlist; grün als Erfüllung eines Wunsches; schwarz als Anzeichen für Liebesprobleme.

Kleidung

wird als Ausdruck der eigenen Persönlichkeit im Sinne von Selbstdarstellung verstanden. Im Einzelfall kann das mit Täuschungsabsichten verbunden sein, denn die Kleidung kann auch beschönigen und verbergen. Neben dieser allgemeinen Bedeutung kommen in den einzelnen Kleidungsstücken oft folgende Aussagen zum Vorschein:

- Unterhemd und Unterrock bringen das innere Wesen und unbewusste Gefühle zum Ausdruck.
- Unterhose, Slip und Schlüpfer zeigen sexuelle Bedürfnisse.
- Rock und Hose stehen ebenfalls meist für erotische Wünsche.
- Hemd und Bluse symbolisieren allgemein Begierden, Leidenschaften und Bestrebungen, die sich nicht auf den sexuellen Bereich beschränken.
- Mantel kann wie Fassade (siehe unter diesem Stichwort) oder als Bedürfnis nach Schutz und Geborgenheit verstanden werden.
- Manschetten(-knöpfe) und Krawatte (siehe auch unter diesen Stichwörtern) weisen meist auf Höflichkeit hin; das kann aber auch leere Förmlichkeit und Überbewertung des äußeren Scheins bedeuten.
- Handschuhe (siehe auch unter dem Stichwort) stehen allgemein für Schutzbedürfnis oder den Versuch, etwas zu verbergen.
- Schuhe verdeutlichen die Grundlagen des Verhaltens; oft zeigen sie an, dass man mit beiden Beinen fest auf dem Boden der Tatsachen steht.

Weitere Kleidungsstücke werden gesondert besprochen (siehe entsprechendes Stichwort).

Klein

weist darauf hin, dass diese Angelegenheiten oder Personen keine besondere

Beachtung erfordern. Sieht der Träumende sich selbst klein, kommen darin Minderwertigkeitsgefühle zum Vorschein.

Kleister

steht für vorübergehende Misserfolge und Enttäuschungen, die durch negative Erwartungen vorprogrammiert werden. Klebt er an den Händen, warnt das vor der Verstrickung in unlautere Machenschaften.

Klempner

deutet die erwartete Hilfe in einer problematischen Situation an.

Klette

weist darauf hin, dass man sich von lästigen, aufdringlichen Menschen trennen sollte (umgangssprachlich auch »wie eine Klette an einem hängen«).

Klettern

fordert zum Aufstieg durch neue Erkenntnisse und Einsichten auf, der aber mit einigen Mühen verbunden ist; das kann sich auch auf den beruflichen Bereich beziehen.

Klingel

vesteht man als Signal, das Aufmerksamkeit verlangt; oft deutet sie auf Veränderungen des Lebens hin, sagt aber nichts über deren Ergebnis aus.

Klippe

steht meist für Hindernisse auf dem Lebensweg, die man nur mühsam überwinden wird.

Klistier

(Einlauf) deutet man als Drang zur seelisch-geistigen Reinigung; dahinter können Gewohnheiten, Zwänge oder Schuldgefühle stehen, von denen man sich befreien soll, indem man sie bewusst verarbeitet.

Klosett

(WC) wird wie Abort (siehe auch unter dem Stichwort) verstanden.

Kloster

kann im gleichen Sinn wie Kirche (siehe auch dort) gedeutet werden, warnt aber zugleich davor, sich zu sehr in sich selbst zurückzuziehen und auf der Suche nach dem Lebenssinn den Kontakt zur Realität und zu seinen Mitmenschen zu verlieren.

Klotz

symbolisiert meist lästige Pflichten, die kaum Gewinn bringen. Spaltet man ihn, fordert das auf, sich gegen Beleidigungen zu wehren.

Knabe

versteht man im gleichen Sinn wie Junge (siehe auch unter dem Stichwort).

Knall

deutet ein bevorstehendes Ereignis an, über das man heftig erschrecken wird.

Knecht

versteht man als Symbol der Hinterlist und Untreue.

Kneipe

kann vor Begierden warnen, die leicht mit einem Unglück enden können, wenn man die eigenen Begierden nicht mehr beherrscht.

Knie

steht häufig für erotische Bedürfnisse, aber auch andere Begierden können darin zum Vorschein kommen, die man mehr zügeln muss.

Knien

(Kniefall) zeigt oft Demut, Unterwürfigkeit und Schicksalsergebenheit an, die sich zum Teil aus Schuld- und Minderwertigkeitsgefühlen erklären; aber auch aufrichtige Bescheidenheit kann darin sehr stark zum Vorschein kommen.

Knoblauch

wird allgemein als Symbol guter Gesundheit verstanden. Riecht man ihn unangenehm stark, soll das nach alten Traumbüchern vor Streit und anderen Unannehmlichkeiten warnen.

Knochen

weist manchmal auf ein Geheimnis hin, das man lüften sollte. Nagt man daran, soll das auf mühsame Arbeit hindeuten, die kaum Erfolg bringt. Wirft man ihn einem Hund vor, kündigt das den Undank anderer Menschen an.

Knopf

kann eine gesicherte Lebenslage verkörpern. Ist er abgerissen, muss man mit Ärger rechnen, verliert man ihn, kann das vor Treulosigkeit warnen.

Knospe

ähnlich wie Keim (siehe dort) für Entwicklungen, die angelegt sind, sich aber noch nicht entfaltet haben; häufig bezieht sich das auf eine Gefühlsbindung.

Knoten

kann Verwicklungen und Verwirrungen anzeigen, die zu Problemen führen, wenn man sie nicht löst. Knotet man etwas auf, wird man allmählich zu besseren Einsichten gelangen. Schneidet man den Knoten durch, verspricht das eine rasche Klärung.

Koch

(Köchin) bringt zum Ausdruck, dass man Erfahrungen und Ereignisse bewusst verarbeiten muss, damit sie nicht länger belasten; das wird meist als Hinweis auf eine günstige Wendung im Leben verstanden.

Kochen

deutet man wie Koch (siehe unter diesem Stichwort).

Köder

symbolisiert Täuschung und Hinterlist, mit der man zu bestimmten Dingen veranlasst werden soll; die Warnung kann nur aus den konkreten Lebensumständen verstanden werden.

Koffer

(Reisetasche) steht manchmal wirklich mit einer geplanten Reise in Beziehung und bedarf dann keiner weiteren Deutung. Oft zeigen sich darin sexuelle Bedürfnisse oder man wird auf ein Geheimnis hingewiesen. Allgemein symbolisiert er das Gedächtnis.

Kohle

wird teilweise im Sinne von materiellem Besitz verstanden, nach dem man strebt. Oft steht sie aber für seelisch-geistige Werte wie Weisheit, die man aus früheren Erfahrungen gewonnen hat und aus denen man Energie schöpft. Da auch der Diamant (siehe auch unter dem Stichwort) aus Kohlenstoff besteht, kann Kohle manchmal ähnlich wie er gedeutet werden. Glühende Kohlen sollen nach alter Traumdeutung für Glück und Zufriedenheit stehen, erloschene auf Kummer in einer Liebesbeziehung hinweisen. Heizt man mit Kohlen, warnt das oft vor Verschwendung.

Komet

wird traditionell als Zeichen des Unglücks gedeutet. Allgemein kann er auch eine Lebensveränderung ankündigen, aus der man grundlegend gewandelt hervorgeht und einen bisher ungeahnten Lebensweg einschlägt.

Komiker

(Komödie) warnt manchmal davor, dass man sich lächerlich machen wird. Außerdem kann dadurch angezeigt werden, dass man eine Angelegenheit, die einen im realen Leben beschäftigt, nicht zu ernst nehmen sollte. Altindische Traumbücher sehen darin Grund zur Freude über gute Geschäfte.

Kompass

verkörpert die Richtung des Lebenswegs, nach der man suchen muss, um über den Alltagssorgen nicht die wichtige Selbstverwirklichung zu versäumen.

Komposthaufen

verdeutlicht ähnlich wie Dung (siehe auch unter dem Stichwort) die individuellen Eigenschaften, aus denen man Energie und Tatkraft für seine Pläne gewinnt.

Konditor(ei)

deutet oft Langeweile an, weil man durch eigenes Verschulden von anderen isoliert ist.

Kongress

kann für neue Einsichten stehen, die man nutzen sollte, oder Lob und Anerkennung verheißen.

König(in)

symbolisiert häufig das Verhältnis zu den Eltern; die genaue Bedeutung ergibt sich aus den tatsächlichen Lebensumständen. Außerdem kann darin Machtstreben, materielles Denken, der Wunsch nach mehr Achtung und Beachtung zum Vorschein kommen. Sieht man sich als Untertan, kann das auf Minderwertigkeitsgefühle oder Abhängigkeit von anderen hinweisen.

Konserve

stellt überholte Gedanken, Gefühle, Gewohnheiten und Pläne dar, die das Leben unnötig behindern und deshalb überwunden werden müssen.

Kopf

kann körperbedingt bei Kopfschmerzen, Fieber und anderen Krankheiten als Warnzeichen auftreten. Sonst weist er oft auf Sorgen und Konflikte hin, über die man nachgrübelt, oder warnt davor, den Kopf zu »verlieren«. Allgemein symbolisiert Kopf das Bewusstsein und das von ihm gesteuerte Verhalten. Folgende Begleitumstände können noch wichtig sein:

- Großer Kopf soll auf Glück und Erfolg hinweisen, wenn man dazu seinen Verstand gebraucht.
- Wunde am Kopf kündigt Sorgen und Unglück an.
- Kopf verkehrt sitzen haben, warnt vor unbesonnenem Verhalten.
- Sich einen Kopf aufsetzen kann auf übertriebene Einbildung hinweisen.
- Kopf eines Vogels haben soll auf ein flatterhaftes, oberflächliches Wesen hindeuten.
- Kopfschmerzen, die nicht körperbedingt sind, kündigen Alltagssorgen an.

Korb

bringt oft die Angst vor der Ablehnung eigener Gefühle durch andere zum Ausdruck. Er kann aber auch für Gewinne und Verluste stehen, wenn er gefüllt oder leer ist. Ein Blumenkorb soll mehr Glück für die nächste Zeit verheißen.

Korn

steht für die Erfahrungen und Reifung der Persönlichkeit als Lohn für erfahrene Enttäuschungen und anderes Leid. Zum Teil deutet es auch auf materiellen Gewinn durch harte eigene Arbeit hin (siehe auch unter dem Stichwort Getreide).

Körper

versinnbildlicht die Persönlichkeit und die Art, wie sie sich nach außen repräsentiert und das Leben bewältigt. Die individuelle Bedeutung leitet man aus den Lebensumständen ab.

Korridor

symbolisiert den Lebensweg, der hell und glücklich oder dunkel und beschwerlich sein kann. Zuweilen deutet er auch sexuelle Bedürfnisse an.

Korsett

zeigt meist, dass man sich eingeengt fühlt, zum Beispiel durch alte Gewohnheiten, die man ändern sollte. Manchmal kommt darin das Bedürfnis nach innerem Halt zum Vorschein.

Kosmetik(erin)

wird oft im Sinne von Fassade (siehe dort) verstanden. Man wird vielleicht auch darauf hingewiesen, dass man die Tatsachen ohne Selbsttäuschung und Beschönigung akzeptieren muss.

Kot

deutet man wie Exkremente (siehe auch unter dem Stichwort).

Krach

(Krachen) versteht man wie Knall (siehe auch unter dem Stichwort); oft sind damit Unannehmlichkeiten verbunden.

Kragen

kann auf widrige Umstände hinweisen, die zu Misserfolgen führen; das gilt besonders dann, wenn man ihn bügelt oder sich vergeblich bemüht, ihn um den Hals zu legen.

Krähe

symbolisiert als Unglücksbote meist Unfrieden, Misserfolg oder Todesfälle. Mehrere Krähen dagegen können eine glückliche Entwicklung ankündigen.

Krämer

deutet man im Sinne von Kaufmann (siehe auch unter dem Stichwort).

Kran

weist auf schwere Arbeit hin, die man nicht ohne Hilfe bewältigen kann.

Kranich

symbolisiert Weisheit, die man nutzen soll, um seine Ziele zu verwirklichen. Altindische Traumdeutung versteht ihn als Warnung vor untreuen Dienstbogen und Angestellten.

Krankenhaus

verheißt Trost und Hilfe in schwierigen Situationen, die sich bald bessern werden. Besucht man einen Patienten, soll das auf Glück in der nächsten Zeit hinweisen. Verlässt man ein Krankenhaus, deutet das auf eine persönliche Reifung hin, durch die man nach einer Phase der seelischen Not selbstständiger und unabhängiger geworden ist.

Krankenschwester

kann manchmal erscheinen, wenn man sich zu viele Sorgen um die Gesundheit macht. Oft bringt eine Krankenschwester aber auch das Bedürfnis nach Zuwendung und Fürsorge zum Ausdruck.

Krankheit

kann körperbedingt auftauchen, wenn man tatsächlich erkrankt ist. Oft sieht man darin jedoch innere Widersprüche, unter denen man leidet.

Kranz

kann den Wunsch nach Ehe und Familie symbolisieren. Trägt man ihn auf dem Kopf, darf man mit Ehre und Anerkennung rechnen, sofern er nicht verwelkt ist und dann Enttäuschungen ankündigt. Auf dem Grab zeigt er an, dass man sich mit jemandem endlich aussöhnen sollte.

Krater

(eines Vulkans) mit glühender Lava verkörpert Gefühle, Begierden und Leidenschaften, die ständig brodeln und plötzlich zum Ausbruch kommen können, wenn man sie zu stark unterdrückt. Im erkalteten Krater erkennt man schmerzliche Erfahrungen, die man verarbeitet hat.

Kratzen

kann auf Eigenschaften der Persönlichkeit hinweisen, die nicht miteinander zu vereinbaren sind und deshalb zur Disharmonie führen.

Krawatte

wurde bei der Kleidung (siehe auch unter dem Stichwort) gedeutet.

Krebs

kündigt meist Erfolge durch anstrengende Arbeit an, wenn man ihn fängt oder verzehrt. Sieht man einen, warnt das oft vor falschen Freunden in der realen Mitwelt.

Krebskrankheit

macht auf einen gefährlichen Gegner aufmerksam, den man rechtzeitig abwehren muss. Unklar ist, ob dahinter zuweilen auch der Hinweis auf eine tatsächliche Erkrankung stehen kann, die noch keine Symptome verursacht; eine Untersuchung kann jedenfalls angezeigt sein, um sich Klarheit über die eigene Gesundheit zu verschaffen.

Kreide

soll vor Schulden, finanziellen Risiken und Betrug warnen.

Kreis

stellt oft eine harmonisch abgerundete Persönlichkeit dar, kann aber auch das Bedürfnis nach Geborgenheit anzeigen. Bewegt man sich im Kreis, warnt das vor der Neigung zu fruchtlosem Grübeln, das immer um das gleiche Thema kreist und letztendlich doch nichts bringt.

Kreuz

(Kreuzigung) gehört zu den Ursymbolen und muss sorgfältig individuell gedeutet werden. Allgemein versinnbildlicht es Konflikte und Probleme des Lebens, an denen man zu einer geläuterten Persönlichkeit reift, wenn man sie annimmt und verarbeitet. Zur genauen Deutung sind unter anderem folgende Begleitumstände wichtig:

- Kreuz am Weg oder auf einer Kirche kündigt Positives an, wenn vorher anstehende Probleme gelöst sind.
- Kreuz tragen zeigt traurige Ereignisse an, die man hinnehmen muss.
- Umgestürztes Kreuz verspricht, dass man aus einer schwierigen Situation einen Ausweg finden wird.
- Sich selbst am Kreuz sehen ermahnt zur Geduld, mit der man Kummer und Sorgen ertragen muss.
- Vor einem Kreuz knien kann anzeigen, dass man vor anderen »zu Kreuze kriechen« muss.
- Kreuz mit Blumen soll auf Familienglück hinweisen.

Kreuzotter

vestehen alte Traumbücher als Symbol der Niederlage.

Kreuzspinne

wird als Glückssymbol gedeutet.

Kreuzweg

steht oft für innere Widersprüche, zwischen denen man sich entscheiden muss. Außerdem kann er Unentschlossenheit und Entscheidungsschwäche anzeigen.

Krieg

zeigt innere Konflikte an, die aus gegensätzlichen Eigenschaften resultieren; man muss sie miteinander versöhnen, damit man wieder ausgeglichener wird.

Krippe

kann als Futterkrippe für Tiere oder mit dem Jesuskind auftauchen; sie wird als Symbol für Glück und Wohlstand gedeutet, die leere steht aber für Sorgen und Armut.

Kristall

bringt die Grundzüge der Persönlichkeit zum Ausdruck, die unveränderlich sind. Ein schöner Kristall steht für innere Harmonie, die eine glückliche Zukunft verheißt. Manchmal kann er auch als der Vorbote einer Bekanntschaft mit einem wertvollen Menschen angesehen werden.

Krokodil

(Alligator) steht für unbewusste Inhalte (vor allem Gefühle, Triebe), von denen man sich im wirklichen Leben bedroht fühlt. Wird man von einem Krokodil gebissen, weist das auf eine Gefahr hin, tötet man eins, wird man einen unliebsamen Gegner besiegen.

Krone

deutet oft übersteigertes Geltungsbedürfnis, Eitelkeit und Oberflächlichkeit an. Besteht sie aus minderwertigem Material, macht man sich durch Eitelkeit lächerlich, während die beschädigte Krone anzeigt, dass man Ansehen verliert und der eigene gute Ruf leiden wird. Die Dornenkrone wird allgemein als Symbol für seelisches Leid und Sorgen verstanden, aber auch Demut und übersteigerte Religiosität kann dahinter stehen.

Kröte

deutet auf finanziellen Gewinn, Anerkennung und Besserung der realen Lebensumstände des Träumenden hin. Tötet man sie, wird man aus eigener Schuld Verluste, Misserfolge und Krankheiten erleiden.

Krücke

symbolisiert Unsicherheit und Bedürfnis nach Hilfe, manchmal auch sexuelle Wünsche. Geht man an Krücken, kommt man nur langsam voran. Wirft man sie weg, kann man mit der Beseitigung von Hindernissen und Problemen rechnen.

Krug

wird allgemein im Sinn von Gefäß (siehe auch unter diesem Stichwort) gedeutet; der zerbrochene Krug soll vor allem auf familiäre Streitigkeiten hinweisen, die man offen austragen muss.

Küche

versteht man meist ähnlich wie Koch (siehe auch unter diesem Stichwort). Zuweilen verheißt sie eine gesicherte materielle Existenz oder bringt den Wunsch nach Abwechslung zum Vorschein.

Kuchen

hat eine ähnliche Bedeutung wie Brot (siehe auch unter diesem Stichwort), manchmal warnt er vor großer Verschwendung.

Kuckuck

bringt Egoismus einer unreifen Persönlichkeit zum Ausdruck, was sich vor allem auf den erotischen Bereich bezieht. Alte Traumbücher verstehen ihn auch als Verheißung eines langen Lebens.

Kugel

wird als Warnung vor den Launen des Schicksals verstanden, ermahnt insbesondere, nicht zu leichtsinnig und übermütig zu werden. In der gläsernen Kugel erkennt man Unentschlossenheit und Entscheidungsschwäche.

Kuh

kann allgemein das Bedürfnis nach gefühlsmäßiger Geborgenheit anzeigen. Bei Frauen steht sie manchmal auch für einen sehr intensiven Wunsch nach einem Kind.

Kühl

wird im Sinne von kalt (siehe auch unter diesem Stichwort) auf Gefühle bezogen.

Kuhstall

verheißt oft eine baldige Genesung von einer Krankheit. In manchen Traumdeutungen wird der Kuhstall auch als Hinweis auf mehr Wohlstand gedeutet.

Kündigung erhalten

verspricht mehr materielle Sicherheit. Auch kommen darin Partnerprobleme zum Vorschein, die zur Trennung führen können.

Kunst

(Künstler) zeigt meist an, dass man nach mehr Selbstverwirklichung streben und dabei auch irrationale psychische Inhalte nicht unterdrücken soll.

Manchmal weist das auf zu wenig beachtete kreative und künstlerische Fähigkeiten hin.

Kunstseide

warnt davor, das Lebensglück in falschen Bereichen zu suchen, weil man daraus nur für kurze Zeit eine Scheinbefriedigung gewinnt.

Kupfer

kann beständiges Glück vor allem in einer Liebesbeziehung symbolisieren, poliert warnt es vor Hochmut. Kupfergeld wird als schlechter Lohn für harte Arbeit gedeutet.

Kupplerin

deutet an, dass man von anderen betrogen wird.

Kuss

(Küssen) kann Sehnsucht nach zärtlicher Liebe verkörpern, allgemein auch für Sympathien stehen. Weitere Bedeutungen ergeben sich bei folgenden Begleitumständen:

- Kuss erhalten zeigt an, dass man geachtet und geschätzt wird.
- Kuss geben deutet Erfolg beim jeweils anderen Geschlecht an.
- Hand küssen warnt vor Schmeichelei und Täuschung.
- Alte Menschen küssen weist auf eine Enttäuschung hin.
- Boden küssen kündigt eine Demütigung an, die man erleidet.
- Andere beim Küssen sehen steht oft für depressive Stimmung infolge unerfüllter Sehnsüchte.

Kutsche

wird ähnlich wie Gespann (siehe auch unter diesem Stichwort) interpretiert.

Kutscher

kann einen Ratgeber verkörpern, manchmal aber auch davor warnen, dass man von anderen getäuscht wird und einen falschen Lebensweg einschlägt.

Kutte

bedeutet nach alten Traumbüchern Glück und Wohlstand.

L

als gesprochener, geschriebener oder plastischer Buchstabe symbolisiert Besitzstreben; es kann sich auf materielle Dinge oder auf den seelisch-geistigen Besitz in Form von Wissen oder zwischenmenschlichen Beziehungen ausweiten.

Labor

(Laborant) verkörpert eine problematische Situation, in die man sich selbst gebracht hat; man wird sie nur lösen, wenn man alle Kräfte vereint, um Gegensätze in einer Synthese zu verbinden, um im seelischen Gleichgewicht die problematische Situation zu lösen.

Labyrinth

(Irrgarten) bringt die Irrungen und Verwirrungen des Lebens zum Ausdruck, die dem Glück im Weg stehen; man muss dann intensiv versuchen, durch mehr Selbsterkenntnis zur klaren Orientierung zu gelangen, einen geradlinigeren Lebensweg zu beschreiten.

Lachen

(Gelächter) kann auf Sorgen und Probleme hinweisen; die damit verbundenen Spannungen lösen sich dann oft vorübergehend. Manchmal weist es darauf hin, dass man das Leben zu ernst nimmt oder sich im Gegenzug lächerlich macht.

Lack

deutet man meist wie Fassade (siehe auch unter diesem Stichwort) als Versuch, etwas zu beschönigen oder zu übertünchen. Glänzender Lack kann auch Eitelkeit und Selbstüberschätzung anzeigen.

Laden

kann auf die Fülle der Lebensmöglichkeiten hinweisen, die man zu wenig nutzt; dabei lässt man manche Chance und gute Gelegenheit aus. Manchmal deutet er an, dass man sich zu stark anbietet (anbiedert). Ein leerer oder zugesperrter Laden steht nach alten Traumbüchern für Misserfolg.

Lähmung

symbolisiert häufig Ängste, Hemmungen und Minderwertigkeitsgefühle, die das Leben des Träumenden behindern; man kann sie nur aus eigener Kraft überwinden.

Lamm

steht für eine sanftmütige, vielleicht auch naive Persönlichkeit, die oft von ihren Mitmenschen ausgenutzt wird. Zum Teil kommt darin auch zum Vorschein, dass man sich aus dem Unbewussten bedroht fühlt.

Lampe

zeigt den Wunsch nach Aufklärung in einer Angelegenheit an, die man besser verstehen will, oder kann andeuten, dass man auf eine »Erleuchtung« wartet. Wird sie angezündet, erhält man Hilfe in einer schwierigen Lage oder wird anderen helfen.

Land

deutet nach altindischer Traumforschung oft die Erfüllung von Hoffnungen und das Ende von Schwierigkeiten an. Blickt man von oben darauf, soll das vor Überheblichkeit und Spekulationen warnen.

Landkarte

kann man zuweilen als Reisewünsche verstehen. Oft symbolisiert sie die Richtung des weiteren Lebens.

Landschaft

steht allgemein für unerfüllte Sehnsüchte, die aber noch Wirklichkeit werden, wenn die Landschaft von der Sonne beschienen wird.

Landstraße

symbolisiert einen beschwerlichen weiteren Lebensweg mit harter Arbeit, Kummer und Sorgen.

Lang

(Länge) kann andeuten, dass man von einer Angelegenheit oder Person nachhaltig beeindruckt wurde und sich noch lange mit ihr beschäftigt.

Lanze

steht als Phallussymbol für erotische Bedürfnisse.

Lärm

kann durch äußere Reize entstehen und erfordert dann keine Deutung. Oft bringt er Nervosität und Unruhe zum Ausdruck; deren Ursachen muss man aus den konkreten Lebensumständen erkennen.

Larve

(Raupe) kündigt meist bevorstehende große Lebensveränderungen an. Als Maske wird sie im Sinne von Fassade (siehe auch unter diesem Stichwort) interpretiert.

Last

versteht man ähnlich wie Klotz (siehe auch unter diesem Stichwort); vielleicht deutet sie aber auch eine Schuld oder einen Verdacht an, von dem man sich belastet fühlt.

Lastwagen

symbolisiert Energie, Tatkraft und Ehrgeiz bei der Bewältigung schwieriger Aufgaben. Ist er mit Möbeln beladen, deutet das auf eine Lebensveränderung hin.

Laterne

steht ähnlich wie Lampe (siehe auch unter diesem Stichwort) für Einsichten und Erkenntnisse, die eine Situation erhellen.

Latte

stellt ein kleineres Hindernis dar, das man leicht bewältigt.

Laub

bedeutet allgemein Vergänglichkeit, fordert oft auf, mehr im Augenblick zu leben. Grünes Laub verheißt Erfüllung von Hoffnungen, buntes oder welkes kündigt Misserfolg an.

Laus

kann Glück und Erfolge anzeigen, zugleich aber vor negativen Gedanken warnen, die das wieder infrage stellen.

Laute

deutet man ähnlich wie Fiedel (siehe auch unter diesem Stichwort).

Läuten

kann wie Glocke oder Lärm (siehe auch unter diesen Stichwörtern) verstanden werden.

Lautsprecher

kündigt wichtige Erkenntnisse und Nachrichten an, die im wirklichen Leben auf den Träumenden warten, oder warnt vor Großspurigkeit.

Lava

die im Traum glüht, zeigt unterdrückt psychische Inhalte (oft Gefühle), die man bislang zwar kontrollieren konnte, die sich jetzt aber explosiv zu entladen drohen. Erstarrte Lava zeigt meist erkaltete Gefühle an (siehe auch unter dem Stichwort Krater).

Lavendel

soll nach alten Traumbüchern eine glückliche, erfolgreiche Zeit ankündigen.

Lawine

warnt vor Gefahren, denen man durch Umsicht aber noch entgehen kann, sofern man nicht bereits unter dem Schnee (siehe auch unter diesem Stichwort) verschüttet ist.

Lebendig sein

zeigt Vertrauen in die Zukunft, Tatkraft und Energie an. Verbrennt man lebendig, werden Hoffnungen durch zu große Probleme zunichte. Wird man lebendig begraben, kommen Ängste zum Vorschein.

Leber

taucht oft bei Verstimmungen oder Gereiztheit auf, die man nicht abreagieren kann. Zuweilen macht sie auf eine latente Leberkrankheit aufmerksam, sodass eine Untersuchung angezeigt sein kann.

Leder

versteht man meist als Symbol der Beharrlichkeit, Ausdauer und des Durchhaltevermögens, die man in schwierigen Situationen benötigt, oder allgemeiner als Lebenskraft, die zum Teil aus den Trieben stammt.

Lehm

gilt als Hinweis auf eine unsichere Lebensbasis, die Misserfolge und andere Schwierigkeiten begünstigt. An Füßen oder Schuhen deutet er an, dass man nur langsam vorankommt. Formt man den Lehm, kommen darin die eigenen Ideale zum Vorschein.

Lehnstuhl

zeigt Behaglichkeit, Harmonie und Frieden an (oft in der Familie). Sitzt man darin, warnt das aber vor Bequemlichkeit und zu großer Selbstzufriedenheit.

Lehrer

kann auffordern, sich selbst besser zu erkennen oder in einer Angelegenheit mehr Informationen zu sammeln. Gelegentlich kündigt er Probleme an oder warnt vor Besserwisserei.

Leib

ist meist im Sinne von Körper (siehe auch unter diesem Stichwort) zu verstehen; auch sexuelle Bedürfnisse können dahinter stehen.

Leibschmerzen

deutet die altindische Traumlehre als Warnung vor Leichtsinn und Übermut.

Leibwache

symbolisiert das Bedürfnis nach Schutz und Geborgenheit; das kann sich auch auf Gefühle, Leidenschaften und Begierden beziehen, vor denen man sich selbst schützen soll.

Leiche

kann für Fehler, Schuld und Versagen in der Vergangenheit stehen, die man zu verbergen sucht, obwohl sie längst erledigt sind. Ferner kann sie erkaltete Gefühle und Leidenschaften verkörpern. Manchmal kommt darin der unbewusste Wunsch nach dem Tod eines anderen zum Ausdruck, mit dem man Probleme hat.

Leichenhaus

kann für Gefühle und Hoffnungen stehen, die sich nicht erfüllt haben; das kann mit Abschied und Trennung verbunden sein.

Leichenwagen

(Leichenzug) zeigt oft an, dass man Gefühle und Erwartungen endgültig begraben sollte.

Leihhaus

stellt Versuchungen dar, denen man nicht folgen darf, weil man sonst auf Abwege gerät und mit Problemen rechnen muss.

Leim

kann allgemein starke Anteilnahme an Vorgängen und Personen anzeigen, zum Teil auch auf zähe Gewohnheiten oder heftige Leidenschaften hinweisen, an denen man klebt. Zum Teil warnt er davor, sexuelle Bedürfnisse ungezügelt auszuleben.

Leinen

deuten alte Traumbücher als Hinweis, dass man mit Umsicht und Fleiß viel erreichen kann. Ein sehr großes Leinentuch soll Krankheiten ankündigen.

Leinwand

kann man als allgemeines Glückssymbol verstehen, wenn sie nicht schmutzig oder beschädigt ist.

Leiter

deutet Unsicherheit an, oft aber auch günstige Gelegenheiten zum langsamen, jedoch stetigen Aufstieg. Weiterführende Bedeutungen ergeben sich aus folgenden Begleitumständen im Traumgeschehen:

- Leiter emporklettern verheißt Ansehen, Erfolg und Ehre.
- Leiter hinabsteigen warnt vor Verlusten, Gefahren und schwindendem Ansehen.
- Leiter herabstürzen ermahnt zu mehr Überlegung, ehe man etwas beginnt.
- Leiter tragen deutet an, dass man sich nur selbst helfen und aus eigener Kraft befreien kann.
- Wackelnde oder beschädigte Leiter bedeutet, dass man sich auf eine sehr unsichere Angelegenheit oder Situation eingelassen hat, die man mit Vorsicht beobachten sollte.

Leiterwagen

fordert zu mehr Mut und Tatkraft auf, damit man bald zu Ansehen und Wohlstand gelangt.

Leopard

steht für die Warnung vor ungezügelter Sexualität.

Lerche

kann raschen Aufstieg verheißen, der die Zukunft günstig verändert.

Lernen

weist auf Erfahrungen hin, die man im weiteren Leben mehr nutzen sollte. Auch Probleme kommen darin zum Vorschein, die man aus Erfahrung und durch Wissen lösen kann.

Leuchtturm

warnt vor Risiken und Gefahren, an denen man durch Unvorsichtigkeit scheitern kann.

Leute

können allgemein die Beziehungen zu anderen Menschen verkörpern; das muss individuell je nach den Lebensumständen gedeutet werden. Manchmal wird man auch auf üble Nachrede hingewiesen.

Licht

symbolisiert Bewusstsein, Wahrnehmung, Erkenntnis und Verstehen (es geht einem »ein Licht auf«); worauf sich das bezieht, ergibt sich aus der konkreten Lebenssituation (siehe auch unter den Stichwörtern Dunkelheit, Glühen, Lampe).

Liebe

zeigt das Bedürfnis nach Zuwendung, Zärtlichkeit und Gefühlswärme an, oft bei vereinsamten Menschen.

Lied

bringt häufig vergangene Gefühle zum Ausdruck, an die man sich meist gern erinnert. Auch ein gutes Gewissen oder die Warnung vor Übermut kann dahinter stehen.

Lift

(Aufzug) weist darauf hin, dass man rasch und bequem nach oben kommen oder Probleme lösen will; das wird aber nur gelingen, wenn man sich mehr anstrengt.

Lilie

steht für die Wurzeln des Bewusstseins im Unbewussten, die man sich wieder mehr bewusst machen sollte. Alte Traumbücher deuten sie als Symbol der Liebe, Verehrung, Bescheidenheit und Uneigennützigkeit.

Limonade

kann vor Oberflächlichkeit warnen, das versteht man nur aus den persönlichen Lebensumständen.

Linde

(Baum, Blüte) steht allgemein für Harmonie und Frieden, die zu einer glücklichen Zukunft führen. Die rauschende Linde kündigt eine erfreuliche Nachricht an.

Links

kann immer nur im Zusammenhang mit den weiteren Symbolen im Traumgeschehen individuell verstanden werden. Allgemein symbolisiert es das Unbewusste, Weibliche, Irrationale und Destruktive, die Mutter und Natur. Lähmungen der linken Körperhälfte warnen daher vor Überbetonung von Verstand und Logik.

Linse

(Nahrungsmittel) kann Streit und Probleme ankündigen; kocht man sie, werden die Schwierigkeiten bald überwunden. Das Auslesen von Linsen kündigt jedoch vergebliche Mühe an, man hat trotz aller Anstrengungen, die man noch unternimmt, keine Chance.

Linse

(optische) deutet an, dass man einer Angelegenheit oder den Bedürfnissen einer bestimmten Person mehr Aufmerksamkeit widmen, sich stärker darauf konzentrieren muss.

Lippe

symbolisiert erotische Bedürfnisse, die Sehnsucht nach Glück in der Liebe. Schmale Lippen sollen vor Neid und Missgunst warnen.

Lippenstift

zeigt nach alten Traumbüchern an, dass man in der Liebesbeziehung mit Streit rechnen muss.

Loch

stellt oft eine Falle dar, in die man leicht hineinfällt. Hat man es in der Kleidung, deutet das Täuschung und vergebliche Anstrengungen an. Manchmal kommen darin auch sexuelle Bedürfnisse zum Ausdruck.

Locke

steht allgemein für Hoffnungen, die man sich macht, was sich auf Gefühlsbindungen bezieht.

Löffel

weist oft darauf hin, dass man die Konsequenzen für sein Verhalten tragen muss (umgangssprachlich: »die Suppe auslöffeln«). Isst man damit, kann das auch ankündigen, dass die Sorgen und Probleme bald nachlassen.

Loge

(zum Beispiel im Theater) deutet Neid und andere soziale Probleme an, weil man sich überheblich und oberflächlich benimmt.

Lokomotive

deutet man im Sinne von Eisenbahn (siehe auch unter dem Stichwort).

Lorbeer

sehen verheißt baldige Ehrungen und Auszeichnungen. Wenn man ihn selbst trägt (zum Beispiel als Kranz), warnt das jedoch vor Eitelkeit und Geltungssucht, mit denen man sich lächerlich macht. Allgemein können Lorbeerblätter, die man erntet, eine günstige Wende im Leben ankündigen.

Lötkolben

(Löten) symbolisiert menschliche Bindungen, die fest sind oder gefestigt werden sollen. Vielleicht wird man auch darauf hingewiesen, dass man ein Zerwürfnis beseitigen soll, indem man auf die anderen zugeht und den ersten Schritt wagt.

Lotterie

kündigt Verluste an. Gelegentlich berichten Menschen, dass sie dabei Zahlen sahen, die tatsächlich gewonnen haben; das ist zwar nicht erklärbar, aber ein Versuch schadet nicht.

Löwe

wird allgemein als Ausdruck hoher Energie, Tatkraft und Aggressivität gedeutet, die aus der Triebwelt stammen. Je nach den Begleitumständen sind vor allem folgende Bedeutungen möglich:

- Löwe jagen warnt vor Risiken eines Vorhabens; erlegt man das Tier, wird man erfolgreich sein, fällt man ihm zum Opfer, geht eine Angelegenheit ungünstig aus.

- Löwe fangen kann ankündigen, dass man sich einen Gegner zum Freund machen wird.
- Löwe zähmen mahnt, anderen nicht zu sehr zu vertrauen.
- Löwe brüllen hören fordert auf, sich gegen zudringliche Menschen zu wehren.
- Löwe mit Jungen warnt allgemein vor Unheil.

Luchs

symbolisiert Schläue und Hinterlist, vor der man auf der Hut sein muss.

Luft

umfasst das geistig-seelische Leben, vor allem hohe Ideale und Ziele; man muss sich aber hüten, zu hoch hinaus zu wollen, weil man sonst scheitert.

Luftangriff

steht für neue Ideen und Pläne, die spontan über einen kommen; ehe man sie verwirklicht, muss man prüfen, ob sie realistisch sind.

Luftballon

wird im Sinne von Ballon oder Luftschiff (siehe auch unter diesen Stichwörtern) gedeutet.

Luftschiff

(Zeppelin) kann Leidenschaften und Begierden (oft sexuell) verkörpern, die leicht das innere Gleichgewicht gefährden. Stürzt man mit einem Luftschiff ab, täuscht man sich selbst über bestimmte Tatsachen und wird dadurch ernsten Schaden nehmen.

Lüge

ermahnt, offen zu seinen Handlungen zu stehen, auch wenn das ernste Konsequenzen hat.

Lumpen

deutet man im Sinne von Abfall (siehe auch unter dem Stichwort).

Lunge

kann auf eine Erkrankung der Atemwege hinweisen, die durch eine Untersuchung von einem Arzt geklärt werden muss. Oft kündigt sie auch schwere, langwierige Arbeit an, die man durchstehen muss, um zum Erfolg zu gelangen.

Lupe

warnt entweder davor, eine Angelegenheit zu leicht zu nehmen, oder zeigt an, dass man Kleinigkeiten nicht überbewerten darf.

Lustig sein

sieht man sich selbst im Traum in lustiger Stimmung, so deutet man dies in der Regel als ein Vorzeichen von Sorgen und Kummer.

M

als geschriebener, plastischer und gesprochener Buchstabe kann Fruchtbarkeit im Sinne von schöpferischer Potenz anzeigen, bei Frauen kann das »M« manchmal auch den Wunsch nach eigenen Kindern symbolisieren, der bewusst oder unbewusst vorhanden ist.

Macht

ausüben, warnt oft vor eigener Herrschsucht, die zu erheblichen Problemen mit anderen führt.

Mädchen

kann unreife Sexualität oder eine beginnende Liebe anzeigen; bei Männern weist sie oft auf den Wunsch nach sexuellen Abenteuern hin. Der Kuss (siehe auch unter dem Stichwort) eines Mädchens deutet an, dass man sich lächerlich macht und zudem gesellschaftlichen Konventionen absolut zuwider läuft, wenn man seine sexuelle Begierden nicht besser unter Kontrolle behält.

Made

symbolisiert meist Gedanken, Gefühle und Verhaltensweisen aus dem Unbewussten, die man als »schlecht« ablehnt; um ihre bewusste Annahme und Veränderung muss man sich mehr bemühen.

Magen

kann körperbedingt nach reichlichem oder verdorbenem Essen auftreten. Tiefenpsychologisch symbolisiert er alles, was man in sich aufnimmt, was belastet und »verdaut« (verarbeitet) werden muss.

Mager

wird allgemein als Verheißung von Glück und Wohlstand verstanden, was sich auch auf Gefühle beziehen kann. Manchmal zeigt das Symbol auch, dass man alte Hoffnungen endgültig aufgeben sollte, weil sie sich kaum noch erfüllen werden; dafür spricht vor allem, wenn man abgemagerte alte Menschen sieht.

Magnet

steht allgemein für die ordnende Kraft von Geist und Logik, denen man mehr folgen soll. Außerdem kann er Sympathie (Anziehung) oder Abneigung gegen Menschen und Dinge aus der eigenen Lebensumwelt des Träumenden verkörpern; worauf sich das bezieht, ist nur aus den konkreten Lebensumständen zu verstehen.

Mähen

(Gras, Getreide) soll nach altindischer Traumdeutung raschen Erfolg und Aufstieg ankündigen.

Mahlen

(Kaffee, Getreide) verheißt finanzielle Gewinne ohne, dass große Anstrengungen unternommen werden müssen.

Mahlzeit

kann tatsächlich auf Hunger (oft bei Diäten) oder Essstörungen (Magersucht, Bulimie) hinweisen. Die sehr kleine, ärmliche oder schlecht schmeckende Mahlzeit zeigt häufig Verbitterung oder Reue über bestimmte Ereignisse an. Zu reichliche Mahlzeit warnt dagegen vor Egoismus und Habgier.

Mähne

deutet man aus den kombinierten Bedeutungen von den Symbolen Pferd und Haar (siehe auch unter diesen Stichwörtern).

Maibaum

bringt als Phallussymbol erwachende sexuelle Bedürfnisse zum Vorschein. Allgemein steht er jedoch oft für die neu entdeckten schöpferischen Kräfte, die einfach mehr genutzt werden sollen.

Maiblume

kann die Erfüllung von Wünschen durch andere versprechen. Ist die Blume welk, kann das darauf hinweisen, dass man wahrscheinlich mit der Trennung von einem nahe stehenden Menschen rechnen muss.

Maikäfer

verkörpert Probleme für die nächste Zeit; fängt man ihn, kommen aber alle Ereignisse doch noch zu einem guten Ende.

Make-up

deutet man wie Kosmetik (siehe auch unter dem Stichwort).

Makkaroni

(oder ähnliche Teigware) hat mit zeitlicher Länge zu tun. Sie warnt entweder davor, etwas voreilig erledigen zu wollen, das sich nicht beschleunigen lässt, oder fordert auf, endlich etwas zum Abschluss zu bringen, das schon lange auf eine endgültige Entscheidung wartet; das versteht man erst aus den konkreten Lebensumständen.

Malen

kann im positiven Sinn anzeigen, wie man sich in nächster Zeit weiterentwickelt und das Leben gestaltet. Trifft das nicht zu, kann es auf Täuschung und Beschönigung oder die Neigung zu übertriebenem Optimismus oder Pessimismus hinweisen; dabei muss man vor allem noch den Symbolgehalt der Farben (siehe unter den jeweiligen Stichwörtern) berücksichtigen, die zum Malen im Traumgeschehen verwendet werden.

Maler(in)

kann im Sinne von Künstler (siehe auch unter diesem Stichwort Kunst) verstanden werden. Als Handwerker deutet er an, dass man sich anstrengen muss, um Ansehen und die angestrebten Erfolge zu erzielen. Er bringt unter Umständen auch erotische Bedürfnisse zum Ausdruck oder kündigt eine Überraschung an.

Mandel

essen verheißt Erfolg und Anerkennung, bittere Mandel aber eine Enttäuschung.

Maniküre

steht für Oberflächlichkeit, die sich vom äußeren Schein blenden lässt oder nach Scheinerfolgen strebt. Pflegt man die Nägel eines anderen, warnt das oft vor Täuschungsversuchen, die entlarvt werden.

Mann

(männlich) versinnbildlicht als Ursymbol meist Bewusstsein, Verstand, Geist, Tatkraft und Willen, oft gepaart mit Härte und Aggressivität. Bei Frauen kann er sexuelle Bedürfnisse anzeigen. Weitere Bedeutungen ergeben sich aus folgenden Begleitumständen:

- Alter Mann taucht oft im Sinne von Führer oder Guru (siehe unter diesen Stichwörtern) auf.
- Junger Mann kann auf Rastlosigkeit, Unruhe, Tatendrang oder ungezügelte Sexualität hinweisen.
- Dicker Mann wird häufig im Sinne von Weichherzigkeit verstanden.
- Großer Mann warnt vor Aggressivität oder Überbetonung des Verstands.
- Kleiner Mann kann Minderwertigkeitsgefühle (oft auch sexuelle) versinnbildlichen.

Mannequin

steht allgemein für die Überbewertung der äußeren Schönheit; manchmal weist es auf den Wunsch nach einem erotischen Abenteuer hin.

Manschette

(Manschettenknopf) wurde bei Kleidung (siehe auch unter diesem Stichwort) gedeutet.

Mantel

ist ebenfalls bei Kleidung (siehe auch unter diesem Stichwort) erklärt.

Manuskript

kann vor Neugierde warnen oder das Bedürfnis nach Selbstdarstellung und Mitteilung verkörpern.

Mappe

verstehen altindische Traumdeuter als Symbol für ein Geheimnis, das man bald lüften wird.

Marder

warnt vor ungezügelter, oft sexueller Triebhaftigkeit, manchmal auch vor Klatsch und Tratsch.

Margarine

soll nach alten Traumbüchern auf bevorstehende Not und Entbehrungen hinweisen.

Maria

symbolisiert Mutter oder Natur, geistige Inspiration, die Materie belebt. Oft kommen darin auch Sanftmut und reiche Gefühlswelt zum Ausdruck. Allgemein kann man daraus auf Reife und Vergeistigung einer Persönlichkeit schließen.

Marionette

bringt meist zum Ausdruck, dass man sich abhängig fühlt; das kann sich auf andere Menschen, Leidenschaften oder konkret auf Suchtmittel beziehen, die man missbraucht.

Mark in Knochen

verkündet zukünftigen Wohlstand und Erfolg.

Markt

versinnbildlicht zwischenmenschliche, teils sexuelle Beziehungen, die man nach den Vorgängen auf dem Markt, den man im Traum sieht, individuell deuten muss. Oft kommt darin auch Geschäftstüchtigkeit oder übersteigertes Streben nach materiellem Besitz zum Vorschein.

Marmelade

steht für angenehme Ereignisse in der Vergangenheit, von denen man in der Gegenwart immer noch zehren kann; man sollte sie sich wieder häufiger in Erinnerung rufen.

Marmor

wird nach alten Traumbüchern als Hartherzigkeit und Gefühlskälte gedeutet. Er kann aber auch darauf hinweisen, dass man Hoffnungen und Ziele nur unter großer Mühe und mit vielen Anstrengungen oder überhaupt nicht erreichen wird.

Mars

verkörpert Härte, Männlichkeit, Entschlossenheit und Energie, die zerstören oder je nachdem erschaffen kann; man wird ermahnt, sie verantwortungsvoller einzusetzen.

Märtyrer

kann für die Neigung zur Selbstaufopferung oder für selbst verschuldete Schwierigkeiten stehen, manchmal auch Heuchelei anzeigen. Manchmal kommen darin unterdrückte Eigenschaften zum Vorschein, die das innere Gleichgewicht stören.

Masche

stellt oft eine Falle oder Intrige dar, an der man aktiv oder als Opfer beteiligt ist. Man sollte sich dann ehrlicher und geradliniger verhalten.

Maschine

bringt Gewohnheiten, Vorurteile und ähnlich eingeschliffene Denk- und Verhaltensweisen zum Ausdruck, die Spontaneität und Selbstentfaltung behindern und deshalb wieder aufgebrochen werden sollten. Zuweilen symbolisiert sie auch den Wunsch nach ordentlichen, geregelten Lebensverhältnissen.

Maske

versteht man im gleichen Sinn wie Fassade (siehe auch unter diesem Stichwort).

Massage

(Masseur) kann auf eine beginnende Krankheit hinweisen, die noch keine Symptome verursacht. Meist deutet sie aber an, dass man seelische Spannungen lösen, aus Zwängen und Gewohnheiten ausbrechen sollte.

Mastbaum

kann als Phallussymbol auf unbefriedigte sexuelle Bedürfnisse hinweisen. Ferner verkörpert er oft eine seelische Haltung, die durch nichts zu erschüttern und zu beugen ist.

Matratze

zeigt oft Unsicherheit, mangelnde Tatkraft und Entscheidungsschwäche an; man sollte dann lernen, sich besser zu beherrschen und nicht einfach die Zügel schleifen zu lassen.

Matrose

verkörpert den Wunsch nach einer Veränderung, die man mit Weitblick und Überlegung einleiten muss.

Mattigkeit

(Schwäche) zeigt an, dass man das Leben aktiver angehen und energischer gestalten sollte, um zufriedener zu werden.

Mauer

steht oft für ein Hindernis auf dem Lebensweg; steigt man darüber, wird man es überwinden. Springt man von ihr, weist das auf Risiken, der Sturz auf Misserfolge hin. Wenn man von einer Mauer umgeben ist, kann das auch vor

Isolierung und Vereinsamung warnen oder das Bedürfnis nach Geborgenheit anzeigen.

Maulbeeren

verheißen Ansehen, Erfolg und Wohlstand.

Maulesel

(Maultier) wird oft im Sinne von Esel (siehe auch unter diesem Stichwort) gedeutet; oft symbolisiert er Halsstarrigkeit und Uneinsichtigkeit, teilweise aber auch Lebensgewandtheit.

Maulkorb

kann nach alten Traumbüchern ermahnen, sich vor vorlauten Bemerkungen zu hüten oder Klatsch zu vermeiden.

Maulwurf

zeigt an, dass man sich unverstanden, missachtet oder ungerecht behandelt fühlt.

Maurer

fordert zu Fleiß und Geduld auf; außerdem kann er als sichere Basis des Lebens verstanden werden.

Maus

hat oft sexuelle Bedeutung oder kann auf Ängste hinweisen, die aus dem Unbewussten stammen. Außerdem kann sie auf Vorgänge aufmerksam machen, die man nicht unterbewerten darf. Die pfeifende Maus warnt vor Verlusten und finanziellen Risiken. Fängt man das Tier, kündigt das an, dass man Ärger bald überwinden wird.

Mausefalle

warnt vor einer Hinterlist anderer.

Mechaniker

hat ähnliche Bedeutung wie Maschine (siehe auch unter diesem Stichwort).

Medaillon

steht für eine treue zwischenmenschliche Beziehung; verliert man es, wird man einen lieben Menschen verlieren.

Medizin

deutet man wie Arznei (siehe dort).

Meer

symbolisiert das kollektive Unbewusste, die Gesamtheit von Gedanken, Gefühlen und Hoffnungen oder Weiblichkeit; außerdem steht es noch für die Art und Weise, wie man seinen Lebensweg geht. Je nach Begleitumständen sind folgende einzelne Deutungen möglich:

- Ruhiges Meer kündigt eine angenehme, friedliche Zukunft an.
- Aufgewühltes, stürmisches Meer weist auf Auseinandersetzungen und Schwierigkeiten hin.

- Ins Meer fallen warnt vor einem schweren Schicksalsschlag.
- Im Meer untergehen fordert auf, sich auf sich selbst zu besinnen, damit man glücklicher wird.
- Aus dem Meer auftauchen zeigt Erweiterung des Bewusstseins und einen Neubeginn im Leben an.

Meerkatze

wird ähnlich wie Affe (siehe auch unter diesem Stichwort), manchmal auch als Warnung vor Betrug und List gedeutet.

Meerschweinchen

kann nach alten Traumbüchern ein freudiges Ereignis ankündigen.

Mehl

wird im Sinne von Brot, Getreide oder Korn (siehe auch unter diesen Stichwörtern) verstanden.

Melken

(Melker) weist auf Chancen und Möglichkeiten hin, die man rasch beim Schopf packen sollte.

Mensch

fordert auf, sich nicht zu isolieren, mehr Gesellschaft zu suchen. Ein fröhlicher Mensch kann aber auch Sorgen ankündigen.

Merkur

symbolisiert Handel und Wandel, manchmal auch Betrug. Allgemein kann man ihn als Aufforderung verstehen, vor allem in geschäftlichen Dingen mehr der Intuition zu vertrauen.

Messe

(Gottesdienst) kann für aufrichtige Frömmigkeit oder geistige Führung stehen, nach der man sich sehnt.

Messe

(mit Waren) verspricht günstige Geschäftsverbindungen.

Messen

kann zu mehr Anstrengung und Mut auffordern, um einen realen Gegner auszuschalten. Allgemein stehen dahinter Vorsicht, Misstrauen und Kritikfähigkeit, die man im Alltag sehr einsetzen sollte.

Messer

bringt Aggressivität, Rücksichtslosigkeit und unreife Sexualität zum Ausdruck und warnt davor, sie ungezügelt durchbrechen zu lassen. Auch Streit, Risiken, Misserfolge oder Trennungen können durch das Bild des Messers im Traum angekündigt werden.

Messing

ermahnt, sich in einer konkreten Lebenssituation nicht vom äußeren Schein täuschen zu lassen, sondern auf den Grund der Dinge zu blicken.

Met

(Honigwein) fordert zur Versöhnung in einem Streit auf.

Metall

versinnbildlicht manchmal Wohlstand, häufiger aber Beständigkeit, Härte und konsequentes Handeln.

Meteor

wird wie Komet (siehe auch unter diesem Stichwort) gedeutet.

Metzger

kann materialistische Einstellungen, Gefühlskälte oder Gefahren anzeigen, zuweilen auch Angst und Aggressivität.

Mickymaus

steht für ein kindlich-fröhliches Gemüt, Naivität und eine noch unreife Persönlichkeit.

Mikrofon

deutet man wie Lautsprecher (siehe auch unter diesem Stichwort) vor allem als Mitteilungs- und Geltungsbedürfnis.

Mikroskop

macht nach alter Traumdeutung auf Betrug und Täuschung aufmerksam. Allgemein kann es Sensibilität und Einfühlungsvermögen anzeigen.

Milch

kann für Mütterlichkeit, Selbstlosigkeit und Mitgefühl stehen; vielleicht muss man sich davor hüten, von anderen ausgenützt zu werden. Allgemein verheißt sie Glück, Erfolg und Wohlstand (siehe auch unter den Stichwörtern Kuh, Melken).

Militär

(Soldaten) deuten altindische Traumbücher als Angst oder bevorstehende Aufregungen. Oft kommen darin auch sexuelle (teils masochistische) Bedürfnisse zum Vorschein.

Mineralwasser

kann vor finanziellen Risiken und Verlusten warnen oder ein flüchtiges erotisches Abenteuer ankündigen.

Mist

deutet man wie Dung (siehe unter dem Stichwort) als Glückssymbol.

Mitra

auf dem Kopf kündigt nach alter Traumdeutung hohes Ansehen und Ehrungen an.

Mittag

steht für das gereifte Bewusstsein des Erwachsenen, der sein Leben im Einklang mit sich selbst gestaltet.

Mittagessen

verspricht bald bessere Zeiten.

Mittelpunkt

(Zentrum) symbolisiert den Wesenskern, den Mittelpunkt, um den sich das Leben dreht. Das kann nur individuell verstanden werden.

Mitternacht

wird als unangenehme Überraschung gedeutet.

Möbel

versinnbildlichen innere Haltungen, Ansichten, Einstellungen und Überzeugungen, die Art und Weise also, wie man sich im Leben eingerichtet hat.

Mohammed

(islamischer Prophet) wird wie Christus (siehe auch dort) gedeutet.

Mohn(blume)

warnt vor Illusionen und falschen Hoffnungen.

Mönch

warnt davor, sich zu weit von der Welt und der Realität zurückzuziehen, die weltlichen Dinge zu stark zu vernachlässigen. Der Bettelmönch soll nach alter Traumdeutung vor Verarmung warnen.

Mond

steht allgemein für das Weibliche, für Intuition, Sehnsucht, Romantik, Gemüt und Gefühlsreichtum. Je nach den Begleitumständen kann man ihn zum Beispiel wie folgt deuten:

- Mond sehen kündigt Veränderungen im Leben an, die günstig oder ungünstig ausfallen.

- Voller, klarer Mond steht für Erfolge und Ansehen.
- Mond mit Hof kann Verluste ankündigen oder vor Menschen warnen, die einem nicht wohlwollend begegnen.
- Mond hinter Wolken kündigt Enttäuschung und Kummer an.
- Zunehmender Mond verheißt Erfolg, Ansehen und wachsenden Wohlstand.
- Abnehmender Mond steht für Misserfolge, die einen aber nicht umwerfen sondern leicht zu verschmerzen sind, oder für die Trennung von einem Menschen.
- Vom Himmel stürzender Mond warnt vor großen Schwierigkeiten und Unglück.
- Blutroter Mond wird als ernstes Warnzeichen verstanden.

Mondfinsternis

deutet oft an, dass das Gefühlsleben durch die Überbewertung des Verstands und der Vernunft unterdrückt wird; oft steht sie auch als ernstzunehmende Warnung vor Verlusten und anderen Problemen.

Monogramm

symbolisiert die gesamte bewusste Persönlichkeit (Ich).

Monokel

deutet man wie Brille oder Lupe (siehe auch unter diesen Stichwörtern).

Monstranz

kündigt einen Schicksalsschlag an, den man jedoch gut übestehen wird.

Moos

wird als Überbewertung materieller Güter verstanden, die man normalisieren muss, um nicht seelisch-geistig zu verarmen.

Morast

(Schlamm) deutet darauf hin, dass man durch Einstellungen, Bindungen oder Gefühle behindert wird. Auch Sorgen und harte Arbeit können darin zum Ausdruck kommen.

Mord

steht oft für verdrängte Gefühle und versäumte Lebensmöglichkeiten, die man nicht annimmt; dann muss man versuchen, sie bewusst ins Leben zu integrieren. Begeht man einen Mord, kann das einen radikalen Wandel im Leben ankündigen. Wird man selbst ermordet, deutet das darauf hin, dass man in einer Notlage von seiner Mitwelt ausgenützt wird.

Mörder

soll nach alten Traumbüchern ein langes Leben verheißen. Tiefenpsychologisch versteht man ihn oft als Sinnbild der unterdrückten psychischen Inhalte, die Ängste verursachen, wenn man sie nicht wieder bewusst annimmt.

Morgen
steht für Energie, Tatkraft, Vitalität und Elan, für neue Möglichkeiten des Lebens, die man nicht versäumen darf.

Morgendämmerung
bringt Hoffnungen und allmähliche Erkenntnisse zum Ausdruck, woraus sich neue Lebensmöglichkeiten und Perspektiven für den Träumenden entwickeln.

Morgenrot
wird ähnlich wie Morgendämmerung als Hoffnungszeichen interpretiert.

Morgenstern
verkündet Glück, das aber rasch verblasst.

Mosaik
symbolisiert die Vielfalt der Persönlichkeit, die aus verschiedenen Facetten besteht; das Mosaik kann dann einheitlich und schön, auffällig, unharmonisch oder bruchstückhaft wirken, was auf entsprechende Eigenschaften und Probleme hinweist. Gelegentlich kündigt das Mosaik auch eine günstige Entwicklung in mehreren Lebensbereichen zugleich an.

Most
steht für »innere Gärung« von Leidenschaften und Begierden, nach deren Befriedigung man doch eher ernüchtert ist.

Motor
wird meist im Sinne von Auto oder Maschine (siehe auch unter diesen Stichwörtern) gedeutet.

Mücke
versteht man wie Fliege oder Insekt (siehe auch unter diesen Stichwörtern).

Mühle
kann Angst vor bestehenden Problemen verkörpern, die zu einer tiefen Lebenskrise führen, weil man viele innere Einstellungen und Überzeugungen dabei aufgeben muss; darauf sollte man sich rechtzeitig vorbereiten. Die klappernde Mühle deutet man als guten Lohn für harte Arbeit.

Mühlstein
deuten alte Traumbücher als Symbol einer Trennung oder eines Todesfalls.

Müller
fordert auf, sich mehr anzustrengen, um Wohlstand zu erlangen.

Müllerin
soll nach alten Traumbüchern Liebesglück oder ein erotisches Abenteuer ankündigen.

Mumie

steht tiefenpsychologisch betrachtet für eine konservative Persönlichkeit, die sich der Entwicklung und dem Lauf der Zeit verschließt, aus Erfahrungen keine Konsequenzen zieht und deshalb Konflikte und Probleme heraufbeschwört.

Mund

kann erotische Bedürfnisse verdeutlichen oder allgemein für Mitteilungs- und Kontaktbedürfnis stehen. Oft symbolisiert er auch die Art und Weise, wie man äußere Eindrücke aufnimmt. Zuweilen warnt er konkret davor, den »Mund zu voll zu nehmen«.

Münze

deutet man wie Geld (siehe auch unter diesem Stichwort).

Muschel

weist auf eine sensible, leicht verletzbare und überempfindliche Persönlichkeit hin, die sich hinter einer harten äußeren Schale verbirgt. Zuweilen symbolisiert sie auch ein Geheimnis, das man hüten sollte.

Musik

(hören oder Instrumente sehen) kann für innere Harmonie und Ausgeglichenheit einer einheitlichen, in sich ruhenden Persönlichkeit stehen. In schwierigen Zeiten verheißt sie oft aber auch Trost und Zuwendung.

Mustang

(wildes Pferd) steht für Unreife, Aggressivität und ungezügelte Sexualität; zuweilen zeigt er an, dass man aus Gewohnheiten und Alltagsroutine ausbrechen will.

Mutter

kann im Einzelfall das Verhältnis zur eigenen Mutter aufzeigen; kommen dabei Probleme zum Vorschein, muss man sie verarbeiten. Allgemein verkörpert sie den teilweise unbewussten seelisch-geistigen Bereich einer Persönlichkeit; das lässt sich nur individuell verstehen.

Muttergottes

deutet man wie Maria (siehe auch unter diesem Stichwort).

Mutterschoß

weist oft darauf hin, dass man sich unreif verhält, zu wenig Eigenverantwortung übernimmt, vor der Realität und ihren Ansprüchen in kindliche Geborgenheit zu fliehen versucht. Dann muss man an der Reifung der Persönlichkeit arbeiten.

Myrte

(oft als Kranz) kann den Wunsch nach Ehe und Familie oder eine bestehende glückliche und erfüllte Partnerschaft symbolisieren.

N

als geschriebener, plastischer oder gesprochener Buchstabe steht für die Befruchtung des männlichen Geistes durch die weiblichen Aspekte der Persönlichkeit. Oft wird man darauf hingewiesen, dass man auch die »weichen« Seiten des eigenen Wesens zulassen sollte.

Nabel

deutet auf zwischenmenschliche Abhängigkeiten hin, die nicht von positiven Gefühlen getragen werden; dabei kann es sich zum Beispiel um Hassliebe oder eine neurotische Beziehung zur Mutter handeln. Oft kann man sich daraus nur mithilfe der Psychotherapie befreien.

Nachbar(n)

versteht man traditionell als Warnung vor Unfrieden; das kann, muss sich aber nicht wirklich auf die real existierenden Nachbarn beziehen.

Nachen

deutet man im Sinne von Boot (siehe auch unter diesem Stichwort).

Nachkommen

stehen nach alten Traumbüchern für ein sorgenfreies Leben.

Nachricht

fordert auf, eine unklare Situation endlich aufzuklären, um danach richtig entscheiden und handeln zu können. Die schlechte Nachricht im Traum soll tatsächlich eine freudige Überraschung ankündigen.

Nacht

symbolisiert das Unbewusste; oft kommt darin die Bedrohung durch verdrängte psychische Inhalte zum Ausdruck, die man bewusst verarbeiten muss, um Frieden zu finden.

Nachtarbeit

ermahnt zu mehr Fleiß, der gut belohnt wird.

Nachthaube

(Nachtmütze) kann auf einen »schlafmützigen« Menschen hinweisen, der sich viele Chancen entgehen lässt. Manchmal warnt sie vor Untreue in einer Freundschaft oder Liebesbeziehung.

Nachthemd

verkörpert oft erotische Bedürfnisse und, etwas allgemeiner beschrieben, die unbewussten Seiten der eigenen Persönlichkeit.

Nachtigall

sehen oder singen hören verheißt Glück in der Liebe und Ehe. Sitzt sie im Käfig, wird man vor einer Hinterlist gewarnt.

Nachtlokal

versteht man wie Bar (siehe auch unter diesem Stichwort).

Nachtwächter

zeigt Unsicherheit in einem Konflikt an; oft handelt es sich dabei um familiäre Probleme, für die man keine Lösung findet.

Nacktheit

kann zu mehr Offenheit und Ehrlichkeit auffordern; man soll dann falsche Hemmungen ablegen oder andere nicht länger täuschen. Auch Angst vor einer Bloßstellung kommt darin manchmal zum Vorschein. Zuweilen weist das Symbol auf sexuelle Bedürfnisse hin, für die man sich vielleicht schämt oder die man verdrängt hat.

Nadel

kann als Phallussymbol für sexuelle Bedürfnisse stehen. Häufiger warnt sie vor Gegnern, die man nicht ernst genug nimmt, weil die einem nur »Nadelstiche« (Sticheleien) zufügen.

Nadelkissen

bedeutet Erfolg durch fleißige Arbeit.

Nagel

(aus Metall) kann eine starke zwischenmenschliche Beziehung oder den inneren Zusammenhalt der Persönlichkeit symbolisieren. Häufig weist er auch auf Gegner hin, durch die man Schaden und Verluste erleiden wird; der krumme Nagel kündigt jedoch an, dass man sie überwinden wird. Findet man einen Nagel, soll das nach alten Traumbüchern auf Verarmung hinweisen.

Nagel

(an Fingern und Zehen) versinnbildlicht oft die Gier nach materiellem

Besitz oder den Wunsch, einen anderen gewaltsam festzuhalten. Sehr lange Nägel warnen vor riskanten Spekulationen, das Schneiden von Nägeln zeigt Verluste an.

Nähen

zeigt an, dass man Sehnsucht nach haltbaren zwischenmenschlichen Beziehungen hat.

Nähmaschine

kündigt an, dass eine Absicht rasch verwirklicht wird; der Erfolg kann allerdings trotz harter Arbeit spärlicher als erwartet ausfallen.

Nahrung

(Speise) deutet man ähnlich wie Mahlzeit (siehe auch unter diesem Stichwort); oft bezieht sich das Symbol auf den seelisch-geistigen Bereich, der nach Erfahrung, Hoffnung, Idealen und Liebe »hungert«.

Nähzeug

(meist Nadel, Faden und Schere) fordert auf, eine Angelegenheit endlich zum Abschluss zu bringen, auch wenn das Mühe und Opfer kostet.

Namen

symbolisiert die eigene Persönlichkeit, was im Einzelfall auf Eitelkeit und Geltungssucht, aber auch auf Angst vor dem Verlust der eigenen Identität hinweisen kann. Schreibt man seinen Namen, warnt das vor unüberlegtem Handeln, mit dem man Verpflichtungen eingeht.

Narbe

verkörpert eine Erfahrung, die zwar schmerzte, aber inzwischen verarbeitet wurde.

Narkose

kann vor Leichtgläubigkeit warnen, die zu erheblichen Problemen führt.

Narr

deutet man im Sinne von Clown (siehe auch unter diesem Stichwort).

Narrenkappe

warnt davor, dass man sich durch eigene Schuld lächerlich macht; unter Umständen steht das mit Verliebtheit in Beziehung.

Nase

deutet man oft als Symbol sexueller Bedürfnisse. Ist sie auffallend groß, kann das auf eine »gute Nase« hinweisen, mit der man Chancen wittert, oder ermahnen, die Nase nicht in anderer Leute Angelegenheiten zu stecken. Die rote Nase soll nach altindischer Traumdeutung auf Ehre und Wohlstand hinweisen, die blutende Nase dagegen vor

Misserfolgen und finanziellen Verlusten im realen Leben warnen.

Nass sein

(Nässe) kündigt oft Ungerechtigkeit und Verlust des guten Rufs an. Wenn man einen anderen nass macht, kommt darin die eigene Ungerechtigkeit zum Vorschein.

Natter

deutet man wie Schlange (siehe auch unter diesem Stichwort).

Nebel

kann Unsicherheit in einer Angelegenheit oder Selbstzweifel durch mangelnde Selbstkenntnis andeuten; in beiden Fällen muss man sich um mehr Erkenntnisse bemühen. Zum Teil symbolisiert er auch die Absicht, andere zu täuschen, ein falsches Bild von sich abzugeben.

Nebelhorn

deutet eine Nachricht an, die zwar ungünstig ist, aber Klarheit schafft.

Nelke

wird als Symbol der Freundschaft gedeutet, wobei man je nach Begleitumständen folgende Bedeutungen erkennt:

- Blühende Nelke steht für gute Freundschaft, besonders wenn sie rot oder grün aussieht.
- Weiße Nelke deutet eine selbstlose Freundschaft an.
- Gelbe oder schwarze Nelke zeigt Probleme in der Freundschaft an.
- Welke Nelke verkündet, dass eine Freundschaft abkühlt.

Nerz

(Tier oder Mantel) kann das übersteigerte Streben nach materiellem Besitz und Ansehen verkörpern.

Nessel

(Brennnessel) weist auf Ärger und andere Schwierigkeiten hin.

Nest

versinnbildlicht das Bedürfnis nach Geborgenheit und Familienglück, zum Teil verbunden mit erotischen Wünschen. Dabei kann man folgende Begleitumstände unterscheiden:

- Nest mit Eiern oder Jungen kündigt Familienglück an.
- Leeres Nest warnt vor familiären Problemen und Streitigkeiten, die zur Trennung führen können.
- Zerstörtes Nest kann den Zerfall der Familie androhen.
- Schwalbennest verspricht ein fröhliches Familienleben.

Netz

bedeutet, dass man eine Gefühlsbindung sucht, in der auch sexuelle Bedürfnisse erfüllt werden.

Niederkunft

kann den Wunsch nach einem Kind zum Ausdruck bringen. In übertragenem Sinn steht sie für eine Veränderung der Persönlichkeit und des Lebens, der sich eben erst anbahnt.

Niederlage

warnt davor, sich auf eine unsichere, riskante Angelegenheit einzulassen.

Niesen

kann manchmal gute Gesundheit anzeigen. Häufig zeigt es den Wunsch, sich spontan von Problemen und anderen persönlichen Schwierigkeiten zu befreien; hierbei ist das Niesen positiv zu verstehen.

Niet

(Verbindungsstift) wird ähnlich wie Nagel (siehe auch unter diesem Stichwort) verstanden, symbolisiert aber eine feste Bindung.

Niete

(in der Lotterie) warnt nach altindischer Traumdeutung vor Verschwendung.

Nische

kann eine heimliche Liebesbeziehung anzeigen; sitzt man in einer Nische, deutet dass auf bevorstehendes Eheglück.

Nixe

steht für Verführung und Sinnlichkeit, das Bedürfnis nach einer starken vollkommenen erotischen Liebesbeziehung.

Nonne

kann ähnlich wie Mönch (siehe auch unter diesem Stichwort) verstanden werden; allgemein symbolisiert sie geistige Erfahrungen, die man nutzen sollte.

Norden

deutet geistige Stagnation, »erfrorene« Gefühle und oft auch Depressionen an, die man aber durch eigene Kraft überwinden wird.

Nordlicht

kündigt eine unerwartete und auch freudige Nachricht an.

Nordpol

warnt vor Selbstüberschätzung und zu hohen Zielen, die man aus eigener Kraft nicht erreichen kann.

Nordstern

umfasst die Prinzipien, an denen man das Leben und die Ziele orientiert; ist er umwölkt, muss man mit Problemen rechnen.

Not

(Notlage) kann übertriebene Sparsamkeit aus Angst vor Verarmung anzeigen. Manchmal warnt sie bei entsprechenden Lebensumständen tatsächlich vor einer Notlage.

Notizbuch

fordert auf, gegen Vergesslichkeit und Unordentlichkeit anzugehen.

Nudeln

tauchen körperbedingt bei Hunger auf oder bringen sexuelle Bedürfnisse zum Ausdruck (siehe auch unter dem Stichwort Makkaroni).

Nuss

kann für den gesunden oder »faulen« Wesenskern eines Menschen stehen. Zuweilen warnt sie vor dummem, unüberlegtem Handeln. Außerdem sind folgende Begleitumstände zu beachten:

- Nuss sehen verheißt eine gute Zeit.
- Nuss ernten wird als unerwartetes Glück gedeutet.
- Nuss knacken kündigt schwierige Aufgaben an.
- Nuss essen fordert auf, sich nicht zu ärgern, weil man bald für Ärger und Mühe belohnt wird.
- Taube Nuss zeigt eine große Enttäuschung an.

Nussbaum

mit Früchten verspricht, dass man durch harte Arbeit Probleme überwinden und Erfolge erzielen wird. Ist er kahl, wird man die Hindernisse aber nicht bewältigen.

Nussknacker

kündigt eine besonders schwere Arbeit an, die man ohne Hilfe nicht schafft.

Nymphe

deutet man oft als Wunsch nach einem intensiven erotischen Abenteuer.

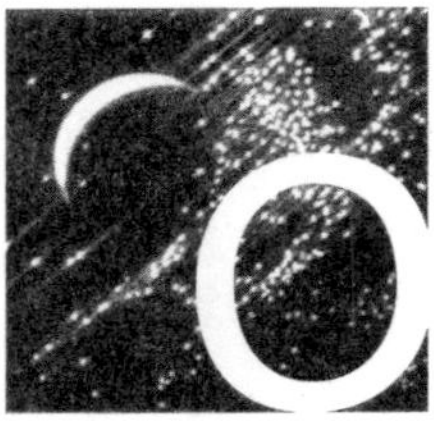

O

als geschriebener, plastischer oder gesprochener Buchstabe bedeutet meist das Schicksal, das unüberwindliche Grenzen absteckt; allgemein versteht man es wie Kreis (siehe auch unter diesem Stichwort).

Oase

kann vor der Missachtung von Gefühlen warnen, aus denen man Kraft und Energie schöpfen sollte. Verlässt man sie, stehen schwierige Zeiten bevor.

Obdach

bringt zum Ausdruck, dass man Schutz, Hilfe und Geborgenheit ersehnt. Findet man es, werden diese Bedürfnisse erfüllt, bleibt man obdachlos, tritt das Gegenteil ein.

Obelisk

symbolisiert zum Teil, dass man ein beispielhaftes Leben führt und gute Erfolge (vor allem geschäftlich) erzielt. Manchmal steht er als Phallussymbol auch für sexuelle Bedürfnisse.

Oben

versteht man allgemein als das Streben nach hohen Zielen und Idealen, die man vielleicht nicht erreicht. Manchmal warnt es auch vor Überbetonung des Intellekts. Man versteht das nur aus den Symbolen, die mit oben in Beziehung stehen.

Oberschenkel

steht für inneren Halt, Realitätsnähe, Kraft und Sicherheit, mit denen man das Leben gut meistert.

Oberst

soll nach alten Traumbüchern eine gute Stellung verheißen.

Oblate

kann auf eine gute Nachricht hindeuten. Isst man sie, wird sie im Sinne von

Arznei (siehe auch unter diesem Stichwort) gedeutet.

Obst

versteht man ähnlich wie Frucht (siehe auch unter diesem Stichwort); oft stehen dahinter sexuelle Bedürfnisse.

Obstbaum

deutet man wie Baum (siehe auch unter diesem Stichwort).

Obstgarten

wird wie Garten (siehe auch unter diesem Stichwort) interpretiert.

Ochse

kann Schwerfälligkeit und Einfalt, aber auch Kraft und Durchhaltevermögen verkörpern. Sieht man ihn arbeiten, verspricht das mäßigen Erfolg trotz viel Mühe. Schlachtet man das Tier, soll das auf Krankheiten hinweisen. Isst man Ochsenfleisch, kündigt das geschäftliche Erfolge an.

Öde

bringt die geistig-seelische, vor allem gefühlsmäßige Verarmung zum Ausdruck; das kann nur individuell aus den realen Lebensumständen verstanden und geändert werden.

Ofen

steht oft für das Bedürfnis nach Liebe und Geborgenheit als »seelische Nahrung« (siehe unter dem Stichwort Backen); damit sind häufig sexuelle Bedürfnisse verbunden. Glüht der Ofen, warnt das vor übler Nachrede.

Offizier

steht für Selbstdisziplin und Selbstbeherrschung; entweder soll man sich mehr darum bemühen oder sich nicht übermäßig unter Kontrolle halten.

Ohnmacht

kann bei Durchblutungsstörungen körperbedingt im Traum auftauchen. Oft symbolisiert sie aber Hilflosigkeit oder mangelnde Eigenverantwortung. Das muss anhand der individuellen Lebensumstände gedeutet werden (siehe auch unter dem Stichwort Betrug).

Ohr

steht manchmal für erotische Bedürfnisse. Je nach den Begleitumständen in den Träumen kann man noch folgende Bedeutungen darin erkennen:

- Ohr sehen warnt manchmal vor übler Nachrede.
- Großes Ohr ermahnt, mehr auf andere zu hören, oder kündigt an, dass man mit einem Anliegen auf offene Ohren stoßen wird.
- Ohr reinigen kann zur Vorsicht und Hellhörigkeit in einer bestimmten Angelegenheit auffordern.

- Verstopftes Ohr kündigt an, dass man ein Unrecht erleiden wird.
- Am Ohr gezogen werden kann an ein Versprechen erinnern, das man einhalten muss.

Ohrfeige

zeigt oft, dass man für eigene Fehler die Rechnung präsentiert bekommt. Gibt man sie jemandem, warnt das vor dem Versuch, Probleme auf einfache, plumpe Weise zu lösen.

Ohrring

kann vor Eitelkeit warnen, wenn man ihn kauft. Verliert man den Ohrring, soll das finanzielle Verluste ankündigen.

Öl

kann für geistige Kraft und Energie stehen. Das brennende Öl weist nach alten Traumbüchern auf Ruhe und Zufriedenheit hin. Trinkt man Öl, deutet das Widerwillen gegen einen Menschen oder eine Angelegenheit an. Schüttet man Öl aus, kann das auffordern, sich wieder zu beruhigen und zwischenmenschliche Reibereien zu vermeiden.

Olive

kann auf erotische Bedürfnisse hinweisen. Isst man sie, warnt das vor Verschwendung. Schlechte Olive kann für Untreue in einer Liebesbeziehung stehen, die gekaufte steht für ein erotisches Abenteuer, für das man teuer bezahlen muss.

Olymp

bringt höhere geistige Einsichten, aber auch das Vertrauen in höhere Fügung und Vorsehung zum Ausdruck. Dahinter steht auch Schicksalsergebenheit, die jede Aktivität lähmt.

Olympiade

symbolisiert allgemein den Lebenskampf, den Wettbewerb mit anderen, der angenommen werden soll. Siegt man dabei, deutet das auf eine Niederlage im realen Leben hin, während das Unterliegen im Traum tatsächlich einen Erfolg verheißt.

Omnibus

ermahnt, auf dem weiteren Lebensweg mehr sich selbst zu vertrauen, sich nicht auf die Hilfe anderer zu verlassen (siehe auch unter dem Stichwort Auto).

Oper

kann wie Bühne (siehe unter diesem Stichwort) verstanden werden. Häufig steht sie auch für Gefühlsüberschwang, Täuschung durch andere oder unnötiges Aufbauschen von Vorgängen.

Operation

zeigt einen schwerwiegenden Einschnitt im Leben an, der durch innere Wandlung entsteht; oft fordert das auf, unzweckmäßige innere Haltungen aufzugeben, auch wenn das zunächst schmerzlich ist. Teilweise kommt darin übersteigerte Angst vor Krankheiten zum Vorschein.

Operette

deutet man ähnlich wie Oper (siehe unter diesem Stichwort), aber nicht so gewichtig.

Opernglas

kann wie Fernglas oder Lupe (siehe auch unter diesen Stichwörtern) Vorgänge im Leben verdeutlichen, um deren besseres Verständnis man sich bemühen sollte. Manchmal warnt es vor übertriebener Selbstbeobachtung.

Opfer

(Opfern) fordert auf, Absichten und Ziele aufzugeben. Zuweilen kommt eigene Rücksichtslosigkeit gegen andere darin zum Vorschein.

Opferstock

deutet man als Warnzeichen bevorstehender Verarmung, die man aber meist noch abwenden kann, wenn man falsche Verhaltensweisen und unerreichbare Ziele aufgibt.

Opium

kann körperbedingt auftreten und dann auf nervöse Erschöpfung hinweisen; das warnt vor weiterer Überforderung. Möglicherweise steht das Rauschmittel auch für die Neigung, aus der Realität in Illusionen zu flüchten. Ferner kann es auf Leichtsinn oder schlechten Umgang hindeuten.

Orange

wurde bei den Farben (siehe unter diesem Stichwort) erklärt. Die Frucht kann sexuelle Bedürfnisse verkörpern. Oft fordert sie auch auf, mehr für die

Erhaltung der eigenen Gesundheit zu tun, schädliche Gewohnheiten abzulegen. Altindische Traumbücher deuten den Kauf von Orangen als Erfüllung in einer Liebesbeziehung.

Orchester

deutet auf innere Harmonie hin, in der einander widerstrebende psychische Inhalte versöhnt wurden, sich dem großen Ganzen (Persönlichkeit) unterordnen.

Orden

kann auf eine Anerkennung hinweisen, die man sich verdient hat. Trägt man ihn, stehen dahinter aber oft Eitelkeit und Geltungssucht oder rein äußerliche Autorität, die sich nicht aus der Persönlichkeit, sondern aus Funktionen (zum Beispiel Vorgesetzter) ergibt.

Orgel

symbolisiert oft einen ernsten, zurückgezogenen Menschen, der innere Harmonie erreicht hat. Sie kann aber auch ein ernstes Ereignis ankündigen oder auffordern, eine besondere Fähigkeit mehr zu nutzen.

Orgie

bringt verdrängte Begierden und Leidenschaften zum Ausdruck, die man nur schwer beherrschen, aber auch nicht ausleben kann, um den guten Ruf nicht zu gefährden. Der Traum kann eine vorübergehende Entlastung von innerer Spannung bewirken.

Orient

deutet man wie Osten (siehe unter diesem Stichwort).

Orkan

steht für starke innere Unruhe, die auf unbewussten Vorgängen beruht und in eine tiefe Krise stürzen wird, wenn man die Ursachen nicht bewusst verarbeitet.

Ornament

weist auf Kreativität und Begabungen hin, die man mehr verwirklichen sollte; damit kann eine gewisse Geltungssucht verbunden sein.

Osten

symbolisiert die Sehnsucht nach geistig-seelischen Erfahrungen und Erleuchtungen; oft fordert das auf, Meditationsübungen zu betreiben, um das Bewusstsein zu erweitern.

Osterei

wird oft als Ankündigung finanzieller Gewinne verstanden, vor allem wenn man es verzehrt.

Ostern

zeigt an, dass man sich von alten Gewohnheiten, Idealen und Routine befreien sollte, um zu einem neuen Leben aufzuerstehen.

Otter

kann auf eine Störung in einer Liebesbeziehung hinweisen; tötet man das Tier, wird man die Probleme aber bewältigen.

Oval

kann im Sinne von Ei (siehe unter diesem Stichwort) verstanden werden.

Ozean

deutet man wie Meer (siehe unter diesem Stichwort).

P

taucht als geschriebener, gesprochener oder plastischer Buchstabe auf und symbolisiert Enttäuschungen und ähnliche negative Lebenserfahrungen; genau versteht man das nur aus den konkreten Lebensumständen.

Paar

kann das Bedürfnis nach Zweisamkeit symbolisieren; wenn es im Traum glücklich ist, muss man in der Realität selbst mit Problemen in einer Beziehung rechnen.

Pacht

steht für die Abhängigkeit von anderen; sie fordert auf, das Leben selbstständiger zu gestalten, die Hilflosigkeit zu überwinden.

Packen

(zum Beispiel Koffer) kündigt eine Veränderung im Leben an, vielleicht eine Reise oder Trennung.

Paddel

(Ruder) symbolisiert alles, was uns im Leben voranbringt, unter anderem Antriebskräfte, Hoffnungen, Wünsche und Ideale; die individuelle Bedeutung ergibt sich aus den Lebensumständen.

Paket

kann eine noch nicht verarbeitete Erfahrung oder verdrängte sexuelle Bedürfnisse anzeigen; beides muss voll bewusst gemacht werden. Ein leeres Paket kündigt schlechte Nachrichten und Verluste an.

Palast

steht oft für Protz- und Geltungssucht oder für den Neid anderer; davor muss man sich hüten, um keinen Schaden zu erleiden. Wohnen im Palast kann materiellen Besitz versinnbildlichen, durch den man sich eingeengt und behindert fühlt.

Palisade

wird als Hindernis auf dem Lebensweg verstanden.

Palme

verkörpert meist das weibliche Bedürfnis nach einem betont männlichen Sexualpartner, manchmal auch den Wunsch nach Tröstung. Befindet sie sich im Zimmer, wird man eine Enttäuschung erleben. Ansonsten kann sie auch die Sehnsucht nach sonnigen Gegenden symbolisieren.

Palmzweig

deuten alte Traumbücher als Symbol des häuslichen Friedens.

Pantoffel

versteht man wie Hausschuh (siehe unter diesem Stichwort).

Panzer

kann als Fahrzeug vor der eigenen Aggressivität warnen. Als Rüstung getragen, soll er gegen die Aggressionen anderer schützen. Allgemein kommt darin eine Gefahr zum Ausdruck (siehe auch unter dem Stichwort Waffe).

Papagei

ermahnt oft, nicht kritiklos alles nachzuahmen, was andere tun. Er kann auch vor Klatsch, übler Nachrede oder Bloßstellung warnen. Hört man ihn sprechen, soll das ein Lob und eine Anerkennung ankündigen.

Papier

kann neue Eindrücke und Gedanken oder mangelnde Lebenserfahrung versinnbildlichen, vor allem wenn es weiß und unbeschrieben ist. Weitere Deutungen ergeben sich aus den Symbolen Blatt, Buch oder Zeitung (siehe auch unter diesen Stichwörtern).

Pappe

(Pappdeckel) deuten altindische Traumbücher als Warnung vor Verrat.

Pappel

symbolisiert den Lebensweg, die Einstellungen, Haltungen und Ziele, die ihn bestimmen. Der aufrechte, starke Baum zeigt Geradlinigkeit an, der verkümmerte oder verkrüppelte warnt vor falschen Absichten, die scheitern werden.

Paprika

kann allgemein Ärger ankündigen, besonders der rote; oft handelt es sich dabei um eine »scharfe« Auseinandersetzung.

Papst

verkörpert Religiosität, im weiteren Sinne ethische Richtlinien; oft fordert das Symbol auf, nicht zu streng mit sich selbst und anderen zu sein, Fehler und Schwächen zu verzeihen.

Parade

kann zu mehr Selbstdisziplin ermahnen. Zuweilen soll sie gute Geschäfte ankündigen.

Paradies

versteht man wie Eden (siehe unter diesem Stichwort).

Parfüm

deutet an, dass man eigene Fehler zu beschönigen versucht, aber durchschaut wird und Ansehen einbüßt. Verschenkt man es, kann man einen Erfolg in der Liebe erwarten.

Park

zeigt an, dass man sich erholen und entspannen muss, um wieder innere Ruhe und Ausgeglichenheit zu finden; oft steht dahinter nervöse Schwäche zum Beispiel durch chronische Überforderung.

Parlament

kann soziales Engagement anzeigen, das aber oft mit Geltungsdrang verbunden ist. Alte Traumbücher sehen darin die Warnung vor Streitigkeiten.

Parterrewohnung

soll ein glücklicheres, sorgenfreies Leben verheißen.

Pass

(Ausweis) wird ähnlich wie der Name (siehe unter diesem Stichwort) verstanden.

Pass

(eines Bergs) verspricht oft, dass man Schwierigkeiten überwinden wird. Manchmal weist er darauf hin, dass alles auch eine Kehrseite hat, dass dem Aufstieg ein Abstieg folgen kann.

Pastete

wird ähnlich wie Brot oder Nahrung (siehe unter diesen Stichwörtern) gedeutet, oft als Symbol für Freude, Glück und Gesundheit.

Pate

verkörpert meist einen verlässlichen Menschen, dem man vertrauen kann. Manchmal kündigt er an, dass man eine lästige Pflicht übernehmen muss.

Patent

symbolisiert eine Erfolg versprechende Idee, aus der man Gewinn zieht, wenn man sie tatkräftig und ausdauernd verwirklicht.

Pater

deutet man im Sinne von Mönch.

Patrone

wird ähnlich wie Bombe (siehe unter diesem Stichwort), aber in abgeschwächter Form verstanden.

Pauke

kündigt meist Neuigkeiten an, die jedoch nicht immer angenehm ausfallen. Schlägt man sie selbst, sollte man nicht aus Geltungsdrang versuchen, stets im Mittelpunkt zu stehen.

Pavillon

verstehen altindische Traumbücher als Zeichen einer heimlichen Liebe.

Pech

erleben oder sehen gilt als allgemeines Warnzeichen; das kann sich auf Neid, Missgunst, Verlust des Ansehens oder materielle Nachteile beziehen.

Peitsche

symbolisiert Aggressivität, Hass, Verachtung und andere verletzende Gefühle, die man für andere hat oder selbst ertragen muss. Zuweilen stehen dahinter sadomasochistische sexuelle Bedürfnisse. Hört man die Peitschen knallen, fordert das zu mehr eigener Aktivität in einer Angelegenheit auf.

Pelz

versteht man oft wie Fell (siehe unter diesem Stichwort), manchmal auch im

Sinne von Nerz (siehe unter diesem Stichwort) oder allgemein wie Tiere (siehe unter diesem Stichwort).

Perle

wurde bereits bei Juwelen (siehe unter diesem Stichwort) erklärt.

Perlmutt

kann vor einer gefährlichen Täuschung oder Illusion warnen.

Persien

symbolisiert Gefühlsreichtum, der übertrieben dargestellt wird und deshalb oft auf Unverständnis stößt.

Perücke

weist manchmal auf Minderwertigkeitsgefühle (auch sexuelle) hin oder wird im Sinne von Haar (siehe unter diesem Stichwort) gedeutet. Nach alten indischen Traumbüchern soll sie mehr Ansehen versprechen.

Petersilie

kann vor verlustreichen Spekulationen warnen. Manchmal soll sie auch anzeigen, dass man Gönner hat.

Petroleum

versteht man wie Öl (siehe unter diesem Stichwort).

Pfad

(Weg) zeigt die Richtung des Lebens, die unter anderem durch Pläne, Hoffnungen und Werte bestimmt wird; die genaue Bedeutung ergibt sich aus den Lebensumständen. Allgemein steht ein breiter, bequemer Pfad für Glück und leichte Erfolge, ein schmaler für beschwerliches Vorwärtskommen. Irrt man vom Pfad ab, warnt das vor falschen, vielleicht unlauteren Absichten.

Pfahl

symbolisiert, dass man ein Unternehmen auf sicherer Basis aufgebaut hat und deshalb erfolgreich sein wird.

Pfändung

warnt vor Verlusten, die man oft eigener Unüberlegtheit zuzuschreiben hat; das kann sich auch auf die Trennung von einem Menschen beziehen.

Pfanne

verkörpert die ungezügelte Sexualität, die mehr beherrscht, aber auf keinen Fall ganz verdrängt werden sollte.

Pfarrer

versteht man wie Mönch.

Pfau

deutet darauf hin, dass man vor anderen glänzen will; das kann zu Ansehen und Ehre führen, wenn dahinter eine echte Leistung steht, aber auch als Geltungssucht und Angeberei entlarvt werden.

Pfeffer

kann starke Begierden und Leidenschaften anzeigen, die besser beherrscht werden müssen. Vielleicht fordert er aber auch auf, eine Angelegenheit zu beschleunigen oder dem Leben mehr Würze zu geben. Alte Traumbücher sehen darin den Hinweis auf ein Leben mit viel Widerwärtigkeiten.

Pfeife

(Tabak) wird als Sinnbild von Ruhe, Selbstsicherheit und Männlichkeit verstanden. Gelegentlich bringt sie als Phallussymbol sexuelle Bedürfnisse zum Ausdruck.

Pfeife

(Pfeifen) versteht man als allgemeines Warnzeichen; worauf sich das bezieht, ergibt sich aus den Lebensumständen und den weiteren Symbolen im Traum.

Pfeil

symbolisiert Gefahren, die vom Verhalten anderer ausgehen, insbesondere seelische Verletzungen durch Aggressivität, Bosheit, Gehässigkeit, Neid und Missgunst (siehe auch unter dem Stichwort Waffe).

Pfeiler

wird ähnlich wie Pfahl (siehe unter diesem Stichwort) als feste Lebensbasis verstanden.

Pferd

gehört zu den vieldeutigsten Traumsymbolen. Allgemein verkörpert es Instinkte, Triebe, Leidenschaften, Begierden, Sinnlichkeit, Körperbewusstsein und Sexualität; die Stute steht auch für Weiblichkeit, Sanftmut und Harmoniebedürfnis. Je nach den Begleitumständen kann man zum Beispiel folgende spezielle Bedeutungen erkennen:

- Frei laufendes Pferd steht allgemein für innere Unabhängigkeit und Freiheitsdrang.
- Pferd im Stall soll Wohlstand verheißen.
- Pferd mit Sattel kündigt mehr Ansehen und beruflichen Aufstieg an.
- Ungebändigtes Pferd kann Erfolge anzeigen, für die man aber viele Hindernisse zu überwinden hat; weitere Bedeutungen ergeben sich aus dem Symbol des Mustangs (siehe unter diesem Stichwort).
- Ausbrechendes Pferd signalisiert allgemein Gefahr.
- Springendes Pferd kündigt an, dass man Hindernisse leicht überwinden kann.
- Pferd beschlagen kann als allgemeines Glückssymbol verstanden und gedeutet werden.
- Dressiertes Pferd weist auf Gönner und treue Helfer hin.

- Pferd am Halfter führen warnt vor Übereilung in einer bestimmten Angelegenheit.
- Pferd vor einem einfachen Wagen kündigt viel Mühe und harte Arbeit an; vor einem prunkvollen Wagen soll es Erfolg, Ansehen und Ehren versprechen.
- Pferd anschirren oder satteln steht für den glücklichen Beginn eines Unternehmens.

Pferderennen

warnt davor, sich zu sehr auf sein Glück zu verlassen, auch wenn man dadurch schon Erfolge erlebte; man muss sich zukünftig mehr anstrengen.

Pfingstrose

steht allgemein für Glück in der Liebe, wenn sie blüht. Probleme zeigt die welkende oder abgerissene Pfingstrose an. Manchmal kommt darin auch Schüchternheit gegenüber dem anderen Geschlecht zum Vorschein.

Pfirsich

wird als Symbol erotischer Bedürfnisse verstanden. Er kann, je nach persönlichen Lebensumständen, auf eine gute, tiefe Liebesbeziehung hinweisen, oft auch auf ein flüchtiges Abenteuer.

Pflaster

(Steine) verdeutlicht einen sicheren, bequemen weiteren Lebensweg. Zuweilen warnt es vor Hartherzigkeit. Sieht man, wie ein Pflaster verlegt wird, kann man auf Hilfe von außen hoffen.

Pflaster

(für Wunden) weist meist darauf hin, dass man gekränkt wurde und darüber noch nicht hinweg ist. Legt man es jemandem an, sollte man sich für eine Kränkung entschuldigen, die man einem anderen zugefügt hat. Das Pflaster vor dem Mund fordert auf, sich nicht in alles einzumischen, nicht so redselig oder vertrauensselig zu sein.

Pflug

symbolisiert die Erfahrungen, die einen Menschen aufgewühlt haben; wenn man sie beachtet, wird man daraus Nutzen ziehen.

Pflügen

kündigt Erfolge an, für die man hart arbeiten muss.

Pfütze

steht für ein peinliches Missgeschick, das man durch eigene Schuld erleidet.

Photo

deutet man im Sinne von Bild (siehe unter diesem Stichwort).

Pickel

der Haut kann ähnlich wie Abszess (siehe unter diesem Stichwort) verstanden werden. Als Werkzeug deutet man ihn wie die Axt (siehe unter diesem Stichwort).

Pilger

steht für den Wunsch, zu sich selbst zu finden, warnt aber zugleich vor großer Vereinsamung und Selbstisolierung.

Pille

kann wie Arznei (siehe unter diesem Stichwort) gedeutet werden. Eine bittere Pille, selbst geschluckt, steht für schmerzliche Erfahrungen, aus denen man einen Nutzen ziehen kann.

Pilz

wird oft als Phallussymbol gesehen, das sexuelle Bedürfnisse anzeigt. Allgemein steht es für alle Lebensvorgänge, die schlecht bekommen, also zu Problemen führen. Der giftige Pilz kann vor der Hinterlist falscher Freunde warnen.

Pinsel

deutet meist starke sexuelle Bedürfnisse an. Manchmal weist er auf eine

Beziehung zu einem einfältigen, albernen Menschen hin, durch den man behindert wird.

Pistole

wird allgemein wie Waffe (siehe unter diesem Stichwort) gedeutet. Sie kann vor allem auf Gefahren hinweisen oder vor überschießendem Zorn warnen.

Plakat

steht für eine aufregende Neuigkeit oder Überraschung, die man in nächster Zeit erwarten kann.

Platz

warnt eindringlich davor, die Augen weiterhin vor Problemen zu verschließen; dabei kommt es auch darauf an, was auf dem Platz geschieht.

Platzregen

versteht man traditionell als unerwarteten »Segen von oben«. In der altindischen Traumdeutung wird er als eine Kränkung durch die eigenen Kinder gedeutet.

Plazenta

(Mutterkuchen) deutet man ähnlich wie Nabel (siehe unter diesem Stichwort).

Plünderung

(Plündern) warnt vor Habgier, die das ganze Leben beherrscht.

Pokal

versteht man meist wie Becher oder Gefäß (siehe unter diesen Stichwörtern). Trinkt man daraus, kann das auf Freude oder Heilung von einer Krankheit hinweisen.

Politik(er)

deutet man ähnlich wie Parlament (siehe unter diesem Stichwort).

Polizei

(Polizist/in) verkörpert Moral und ähnliche Normen sowie das eigene Gewissen, das über deren Einhaltung wacht. Folgende Begleitumstände helfen bei der Deutung weiter:

- Polizei sehen warnt vor einer illegalen Absicht, die man aufgeben sollte.
- Von der Polizei abgeführt werden kann Schuldgefühle wegen tatsächlich oder vermeintlich unmoralischer Handlungen anzeigen.
- Selbst Polizist sein weist oft darauf hin, dass man sich zu stark den Normen und der allgemeinen Moral unterwirft.
- Hilfe durch die Polizei erhalten deutet an, dass man die sozialen Normen befolgt und dafür belohnt wird.
- Polizistin (Politesse) weist darauf hin, dass sich der Inhalt des Traums vor allem auf Gefühle bezieht.

Polster

kündigt an, dass die Bequemlichkeit der letzten Zeit zu Ende geht und man sich wieder mehr anstrengen muss.

Polyp

steht oft für Abhängigkeit, in der man sich selbst befindet oder in die man andere bringen will; ferner kann er Ängste und Ekel verkörpern.

Portier

ermahnt, sich nicht zu sehr um die Angelegenheiten anderer zu kümmern, sich nicht an Klatsch und Gerüchten zu beteiligen.

Posaune

kündigt an, dass man für eine Handlung zur Rechenschaft gezogen oder verspottet wird.

Post

kann wichtige Nachrichten (siehe auch unter dem Stichwort Brief) anzeigen, die man beachten muss. Das Paket von der Post verspricht ein Geschenk, der Geldbriefträger dagegen einen finanziellen Verlust. Manchmal kann das Symbol auch auftauchen, wenn man dringend einen Brief erwartet.

Postament

(Podest), auf dem man steht, warnt vor Selbstüberschätzung und Überheblichkeit. Blickt man zu ihm empor, sucht man ein Idol, das man verehren kann.

Postkarte

bringt eine lästige Verpflichtung zum Ausdruck, die man rasch erledigen sollte.

Postsparbuch

warnt nach altindischer Traumdeutung davor, jemandem Geld zu leihen.

Prämie

kann Einsichten in die eigene Persönlichkeit anzeigen, die zu mehr Harmonie und Lebensfreude führen.

Präsident

steht nach alten Traumbüchern für Ärger, Probleme und Enttäuschungen.

Predigt

(Prediger) symbolisiert häufig zu strenge Moralvorstellungen, mit denen man sich selbst und anderen das Leben unnötig schwer macht. Sie kann auch auffordern, das Leben nicht zu erst zu nehmen, oder vor Streitigkeiten warnen.

Presse

deutet man wie Zeitung.

Priester

versteht man wie Mönch.

Prinz

verkörpert Verstand, Vernunft und Männlichkeit; er gilt als allgemeines Glückssymbol und verheißt die Erfüllung von Wünschen.

Prinzessin

steht für Weiblichkeit, Sanftmut, Mitgefühl und Harmonie. Oft versteht man sie als Symbol für Liebesglück; Männer kann sie auffordern, die weiblichen Seiten ihrer Persönlichkeit nicht zu unterdrücken, sondern sie zu akzeptieren.

Programm

warnt nach alten Traumbüchern vor Neugierde, weil man andere damit vor den Kopf stößt.

Prophet

(Prophezeiung) kann manchmal zusammen mit einer Vorahnung auftauchen, die tatsächlich in Erfüllung geht. Oft deutet er aber auch an, dass man sich verkannt und unverstanden fühlt, oder bringt Ängste und Minderwertigkeitsgefühle zum Vorschein.

Prostituierte

(Hure) kann sexuelle Hörigkeit oder schwere sexuelle Minderwertigkeitsgefühle symbolisieren; daraus kann man sich oft durch Psychotherapie befreien. Allgemeiner deutet sie an, dass man in materiellen Werten einen Liebesersatz sucht, dadurch aber immer wieder enttäuscht wird. Im Einzelfall steht sie für Schuldgefühle, weil man die Liebe eines anderen zu egoistischen Zwecken ausnützt und missbraucht. Schließlich kann sie auch noch bei zynischen, verbitterten Menschen auftauchen, die den einzigen Sinn ihres Lebens in Besitz und hemmungslosem Genuss sehen.

Prozess

kann ankündigen, dass man Probleme erst nach langer Anstrengung beseitigen wird. Gewinnt man ihn, deutet das an, dass eine Angelegenheit einen unerwarteten Ausgang nehmen wird. Der verlorene Prozess fordert zur Versöhnung in einem Streit auf.

Prozession

bedeutet häusliche Harmonie. Manchmal warnt sie auch davor, zu kritiklos mit der Menge zu schwimmen, oder zeigt an, dass man sich in einer Angelegenheit rechtfertigen sollte, um Schuldgefühle loszuwerden.

Prügel

die man selbst bekommt, oder der Prügel fordern auf, sich mehr für Erfolge anzustrengen; prügelt man einen anderen, wird man Schaden in einer Angelegenheit nehmen.

Psychologe

symbolisiert das Bedürfnis, sich selbst besser zu verstehen oder geistige Führung und Lebenshilfe (siehe auch unter dem Stichwort Guru) zu erhalten.

Pudel

kann eine verlässliche Freundschaft verkörpern.

Puder

wird wie Kosmetik (siehe unter diesem Stichwort) gedeutet.

Puls

versinnbildlicht die Energie und Tatkraft eines Menschen, die schwach oder stark »pulsieren« kann, je nachdem wie man selbst veranlagt ist.

Pult

deutet man wie Tisch (siehe unter diesem Stichwort).

Pumpe

ermahnt, eine Angelegenheit endlich zum Abschluss zu bringen. Manchmal kündigt sie auch angenehme Überraschungen an.

Punkt

steht für die Energie, die man auf ein bestimmtes Ziel konzentrieren soll.

Puppe

symbolisiert Hoffnungen, Wünsche und Ziele, die man realisieren sollte. Manchmal ermahnt sie auch, nicht mit den Gefühlen anderer zu spielen, sich auf kein erotisches Abenteuer einzulassen.

Putzen

deutet man im Sinne von Fegen (siehe unter diesem Stichwort).

Pyramide

steht für Kreativität, Energie und Streben nach höheren Einsichten, außerdem für Reifung der Persönlichkeit. Die genaue Bedeutung kann man nur individuell finden.

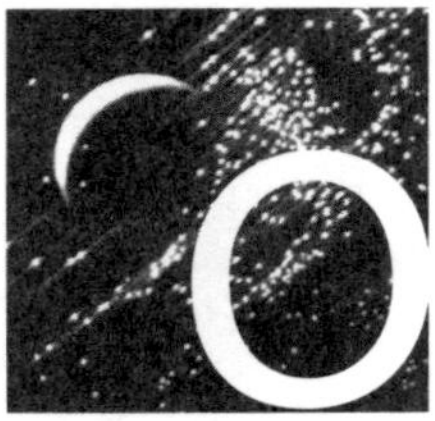

Q

steht als geschriebener, plastischer oder gesprochener Buchstabe für das Ergebnis des eigenen Handelns. Die genaue Bedeutung ergibt sich aus den individuellen Lebensumständen.

Qualle

Die Qualle symbolisiert ein Gefühl, das aus dem Unbewussten aufsteigt und sehr schmerzhaft sein kann.

Quacksalber

warnt vor Täuschung und Hinterlist.

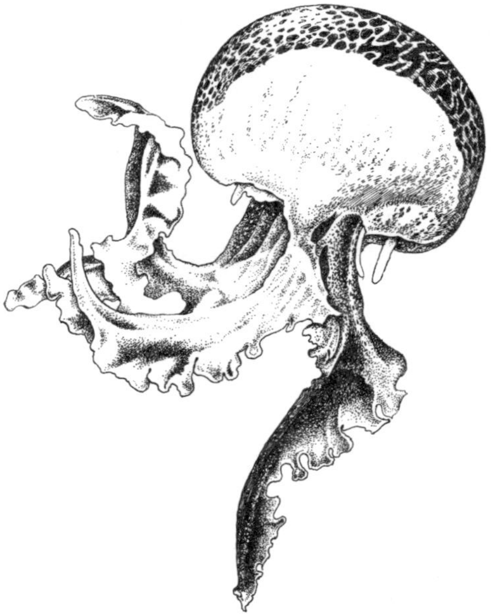

Quadrat

kann innere Festigkeit und Ruhe anzeigen, zuweilen auch Pedanterie und Mangel an Kreativität.

Quaken

kündigt manchmal eine Nachricht an. Oft erkennt man darin aber die Unreife der eigenen Persönlichkeit.

Quark

deuten altindische Traumbücher als Warnung vor zu viel Offenheit, mit der man sich Feinde schafft.

Quarz

wird im Sinne von Felsen oder Kristall (siehe auch unter diesen Stichwörtern) verstanden.

Quaste

kann Erfolge, Ehrungen und Ansehen verheißen, aber auch vor Eitelkeit und Geltungssucht warnen. Benutzt man sie zum Pudern, deutet man das im Sinne von Kosmetik (siehe unter diesem Stichwort).

Quecksilber

symbolisiert allgemein die Wechselfälle des Lebens, die man nicht vorausberechnen kann; insbesondere warnt es davor, sich allein auf sein Glück zu verlassen. Im Einzelfall kommt darin ein quirliges Temperament oder die Neigung zu Stimmungsschwankungen zum Vorschein, die man besser beherrschen sollte.

Quelle

kann für Glück und Erfolg stehen, wenn ihr Wasser klar wirkt (siehe auch unter dem Stichwort Bach). Eine trübe Quelle warnt vor Unaufrichtigkeit und Intrigen anderer Menschen. Ist die Quelle versiegt, kann das anzeigen, dass man sich wieder mehr auf die unbewussten Kräfte und Strömungen der eigenen Persönlichkeit besinnen muss; im Einzelfall kommt darin zum Ausdruck, dass eine Phase des Glücks und Erfolgs zu Ende geht.

Quitte

wird meist als Symbol erotischer Bedürfnisse verstanden. Die schöne Frucht sehen oder pflücken verheißt Glück in der Liebe, die faulige warnt vor einem Menschen, der die Liebe ausnützen will.

Quittung

kann ankündigen, dass man für seine Handlungen bestraft wird, vielleicht durch einen finanziellen Verlust; das beinhaltet oft auch die Warnung vor unüberlegtem Verhalten. Zuweilen zeigt sie aber an, dass eine Schuld getilgt wird.

R

kommt als Symbol männlicher Tatkraft und Energie gesprochen, geschrieben oder plastisch im Traum vor und weist auf die entsprechenden Eigenschaften hin.

Rabbiner

(jüdischer Geistlicher) versteht man im Allgemeinen im Sinne von Jude (siehe unter diesem Stichwort), wobei oft noch der Symbolgehalt des Mönches oder Gurus (siehe unter diesen Stichwörtern) berücksichtigt werden muss. Häufig wird er auch als Zeichen von Geschäftstüchtigkeit und Schläue angesehen oder warnt vor Übervorteilung; solche traditionellen Deutungen beruhen zwar auf Vorurteilen, die sich aber hartnäckig halten.

Rabe

deutet man als Vorbote von Unglück und Misserfolgen, aber auch als Symbol der Weisheit. Zuweilen kommt darin die Bedrohung aus dem Unbewussten durch seine verdrängten Inhalte zum Ausdruck, manchmal auch Angst vor dem Tod. Wenn eine Rabenschar aus einem Baum auffliegt, deutet das auf eine Gefahr hin, der man aber noch rechtzeitig entgehen kann.

Rache

kündigt oft an, dass man eine missliche Situation bessern kann, wenn man sich nicht mit ihr abfindet, fordert also zu aktivem Handeln auf. Seltener erkennt man darin tatsächliche Rachegelüste gegen andere, denen man die Schuld an eigenen Problemen gibt.

Rachen

fordert auf, ehrlicher zu sein, oder warnt vor einer Gefahr, die man erst aus den realen Lebensumständen erkennt.

Rad

kann für die Fortentwicklung im Leben stehen; sie wird desto tief greifender ausfallen und rasanter verlaufen, je schneller das Rad sich im Traumgeschehen dreht. Steht es still, deutet das auf eine Stagnation in der eigenen Entwicklung hin, die man nicht lange hinnehmen darf.

Radar

(oft als Bildschirm) fordert auf, mehr auf die Intuition zu hören, die den richtigen Weg weist oder vor Gefahren warnt.

Räderwerk

bedeutet ähnlich wie Rad (siehe unter diesem Stichwort) den Gang des Lebens; wenn es sich bewegt, läuft alles reibungslos, steht es still, muss man mit Schwierigkeiten rechnen.

Radieschen

können auf den Wunsch nach einem sexuellen Abenteuer hinweisen. Zuweilen symbolisiert es auch Ärger, weil man durch einen anderen verletzt wird. (siehe auch unter dem Stichwort Rettich).

Radioaktivität

versteht man als Bedrohung, die durch Beeinflussung von außen oder durch bewusst werdende Inhalte des Unbewussten entsteht; das kann je nach der individuellen Disposition vor weiterer Selbstanalyse ohne fachliche Hilfe und Unterstützung warnen.

Radioapparat

zeigt das Bedürfnis nach Abwechslung und Neuigkeiten an, oft taucht er auf, wenn man in der Alltagsroutine zu erstarren droht und Veränderung gut tun würde.

Ragout

soll nach altindischer Traumdeutung vor Verschwendung und Übermut warnen.

Rahm

verspricht einen guten Erfolg, wenn man die richtigen Entscheidungen trifft.

Rahmen

symbolisiert Grenzen, die man schwer überschreiten kann; oft bezieht sich das auf die eigenen beschränkten Möglichkeiten, die man akzeptieren muss. Zuweilen warnt er davor, durch sein Benehmen »aus dem Rahmen zu fallen«. Teilweise muss man auch noch das Bild (siehe unter diesem Stichwort) im Rahmen bei der Deutung mit berücksichtigen.

Rakete

steht allgemein für höheres geistiges Streben; dann kann sie ermahnen, nicht nach den Sternen zu greifen. Gelegentlich wird sie im Sinne von Waffe (siehe unter diesem Stichwort) als Bedrohung von außen gedeutet.

Rand

verkörpert alles, was im Leben von geringer Bedeutung ist; worauf sich das konkret bezieht, ergibt sich aus den anderen Symbolen im Traum und aus der realen Lebenssituation.

Rang

(oft als Abzeichen zum Beispiel an Uniformen erkennbar) kann ähnlich wie Orden (siehe unter diesem Stichwort) verstanden werden. Manchmal weist er aber auf eine wichtige Angelegenheit oder Person hin, der man mehr Beachtung schenken muss.

Ranke

(einer Pflanze) soll nach alten Traumbüchern Liebesglück verheißen, sofern sie nicht verwelkt ist.

Rasen

deutet man wie Gras (siehe unter diesem Stichwort).

Rasieren

soll nach altindischen Traumbüchern vor Täuschung und Betrug warnen. Wird man selbst rasiert, bezieht sich die Warnung auf das eigene Leben, wird ein anderer rasiert, soll man selbst keinen Betrug und keine Täuschung versuchen.

Rasiermesser (-apparat)

steht für einen scharfen, analytischen Verstand; das bedeutet, dass man Probleme zwar durch eigene Hilfe leichter lösen kann, dabei aber die eigenen Gefühle und Intuitionen nicht vernachlässigen darf.

Raspel

verspricht, dass man viel Anerkennung für seinen Fleiß erfahren wird.

Rat

erhalten weist traditionell darauf hin, dass man für seine Mühe nur Undank erntet.

Rathaus

kann auffordern, einen sachkundigen Rat einzuholen und bei einer Entscheidung zu befolgen.

Ratsherr

deutet auf eine Angelegenheit hin, in der man einen Rat benötigt; danach wird man von seinen Sorgen befreit sein.

Ratte

kann Ekel vor sich, vor anderen oder vor dem ganzen Leben (Überdruss) verkörpern, was jede Aktivität und Lebensfreude lähmt; man muss dann die Ursachen beseitigen. Konkret warnt sie manchmal vor einem falschen Freund.

Raub

bringt bevorstehende Probleme und Verluste, manchmal auch eine menschliche Enttäuschung oder die Zerstörung von Illusionen zum Ausdruck.

Räuber

warnt meist auch vor Gefahren, wenn man zu hohe Risiken eingeht oder anderen zu viel zutraut. Alte Traumbücher erwarten vom Überfall durch Räuber einen Vermögenszuwachs.

Raubkatze (-tier)

steht für ungezügelte Triebe, Begierden und Leidenschaften, durch die man gefährdet wird; die Katze kann zudem vor Hinterlist warnen.

Raubvogel

deutet man ähnlich wie Adler (siehe unter diesem Stichwort).

Rauch(en)

taucht oft körperbedingt bei Nervosität, zuweilen auch bei Nikotinmissbrauch als Warnzeichen auf. Ferner kann dunkler Rauch vor Problemen und Verlusten warnen, heller Rauch dagegen kann einen flüchtigen Erfolg versprechen.

Raum

verkörpert oft das kollektive Unbewusste oder symbolisiert die Entfaltung im Lebensraum, der einem Menschen zur Verfügung steht; die genaue Bedeutung ergibt sich aus den individuellen Lebensumständen.

Raupe

soll manchmal eine Krankheit ankündigen. Tiefenpsychologisch betrachtet symbolisiert sie Eigenschaften, die noch nicht erkennbar sind; das kann vor anderen Menschen warnen, die sich vielleicht in einer unangenehmen Art »entpuppen« werden, oder auffordern, die eigenen Möglichkeiten zu entwickeln.

Raupenschlepper

steht für die Kraft und Energie, mit der man bevorstehende Probleme bewältigen wird.

Rausch

warnt vor Illusionen und übertriebenen Hoffnungen; man wird rasch und schmerzlich wieder auf den Boden der Tatsachen zurückgeholt.

Razzia

deutet auf Leichtsinn hin, durch den man in eine missliche Lage gerät.

Rebe

steht für Glück und Erfolg, wobei man nach den Begleitumständen die folgenden Bedeutungen unterscheidet:

- Grüne Rebe symbolisiert Erfolge.
- Rebe mit Trauben kündigt ebenfalls Erfolge an, für die man sich aber sehr anstrengen muss.
- Kahle Rebe steht für Misserfolge.
- Reben schneiden verspricht Familienglück.
- Rebe pflanzen fordert auf, sein Glück durch eigene Anstrengung zu begründen.

Rechnen

(Rechenschieber) fordert zu gründlicher Überlegung auf, ehe man entscheidet und handelt. Manchmal warnt es auch vor der Berechnung anderer, die einen ausnützen wollen, oder droht an, dass man sich in einer Angelegenheit verrechnet hat.

Rechnung

kann im Sinne von Quittung (siehe unter diesem Stichwort) verstanden werden. Teilweise symbolisiert sie Unsicherheit, Ängste, Selbstzweifel, bei Männern auch Potenzstörungen durch Überbewertung der Sexualität.

Rechts

steht für das Bewusstsein, Energie, Tatkraft und Kreativität, die man zur Lebensbewältigung mehr einsetzen sollte. Die individuelle Bedeutung ergibt sich aus der Beziehung zu anderen Symbolen im Traum und aus den individuellen Lebensumständen (siehe auch unter dem Stichwort Links).

Rechtsanwalt

wird teilweise als Helfer in einer misslichen Lage gedeutet; oft sieht man darin auch bevorstehende Streitigkeiten.

Rede

(Ausrede) kann Mitteilungs- und Geltungsbedürfnis versinnbildlichen; dann warnt sie oft vor Übertreibungen, mit denen man anderen auf die Nerven fällt. Manchmal weist sie auf Schwatzhaftigkeit hin oder warnt davor, sich zu etwas überreden zu lassen.

Regatta

deuten altindische Traumbücher als Problem, das sich aus der eigenen Eitelkeit ergibt.

Regen

steht oft für Gefühle, die sich aus der Verdrängung befreien. Je nach den Begleitumständen deutet man ihn oft wie folgt:

- Regen sehen fordert auf, mehr Gefühle zuzulassen.
- Vom Regen durchnässt werden deutet auf Probleme durch Gefühle hin.
- Nieselregen steht für Entspannung und innere Ausgeglichenheit.
- Wolkenbruch warnt vor Gefühlsüberschwang.
- Überschwemmung durch Regen deutet darauf hin, dass man sich von Gefühlen hinreißen lässt und dadurch zu Schaden kommt.

Regenbogen

kann die Brücke zwischen Verstand und Gefühlen symbolisieren, die zur inneren Harmonie führt. Konkret fordert er oft auf, sich mit einem anderen auszusöhnen.

Regenmantel

weist darauf hin, dass man unangenehme Einflüsse nicht überbewerten darf, sondern einfach an sich »ablaufen« lassen soll, weil ihnen keine besondere Bedeutung zukommt.

Regenschirm

kann auf überflüssige Ängste hinweisen, von denen man sich befreien soll. Nach alten Traumbüchern kann er auch mehr Ansehen verheißen.

Regenwurm

steht für viele Feinde und Gegner, die man sich oft durch eigene Rücksichtslosigkeit selbst schafft.

Regierung

symbolisiert Überzeugungen, Prinzipien, Haltungen und äußere Zwänge, die das Leben beherrschen; die individuelle Bedeutung ergibt sich aus den Lebensumständen.

Register

(Registrator) weist auf einen höflichen, ordentlichen, pünktlichen und genauen Menschen hin. Nicht selten wird er aber mit diesem Traumbild aufgefordert, damit nicht zu übertreiben, weil die Selbstentfaltung sonst übermäßig eingeschränkt wird.

Reh

verkörpert die weiche, sanftmütige, verletzliche Seite der Persönlichkeit, die nach Harmonie, Liebe und Glück strebt. Folgende Begleitumstände können für die genaue Deutung wichtig sein:

- Reh sehen ermahnt, das Glück nicht durch eigene Schuld leichtfertig zu zerstören.
- Reh erlegen kündigt eine Enttäuschung in der Liebe an.
- Zahmes Reh soll nach alten Traumbüchern Familienglück mit Kindern versprechen.
- Rehbraten zubereiten oder essen steht für Gewinne, was sich oft auf persönliche Bindungen bezieht.

Reichtum

weist auf das Streben nach materiellem Besitz oder Macht und Einfluss hin; zugleich warnt das Symbol vor Spekulationen, die das alles gefährden können.

Reif

(Raureif) symbolisiert abgekühlte Gefühle, die aber nicht völlig erloschen sind, sondern neu belegt werden können, wenn man sich darum bemüht.

Reifen

deutet man wie Kreis oder Rad (siehe unter diesen Stichwörtern).

Reis

kann körperbedingt bei Hungergefühl auftreten. Alte Traumbücher verstehen ihn als Symbol guter Gesundheit und eines langen Lebens. Weitere Bedeutungen ergeben sich aus Getreide und Korn (siehe unter diesen Stichwörtern).

Reise

taucht oft auf, wenn man durch neue Pläne und Aufgaben eine Veränderung der Lebensrichtung vornehmen muss; die genaue Bedeutung kann nur individuell aus den Lebensumständen erkannt werden. Zuweilen fordert die Reise auch zur Erforschung der eigenen Persönlichkeit auf.

Reisende

sollen nach altindischen Traumbüchern anzeigen, dass der neue Lebensweg erfolgreich verlaufen wird.

Reisepass

wurde bei Pass und Name (siehe unter diesen Stichwörtern) erklärt.

Reißbrett

ermahnt zu mehr Fleiß und Ausdauer in jeglicher Hinsicht.

Reißverschluss

symbolisiert eine besonders innige Beziehung zu einem anderen Menschen.

Reiten

weist darauf hin, dass man Kraft, Energie oder sexuelle Bedürfnisse mehr zügeln sollte. Oft muss man zusätzlich das Tier, auf dem man reitet, bei der Deutung berücksichtigen (siehe auch unter den Stichwörtern Esel, Kamel, Pferd).

Reiter

kann auf Selbstüberschätzung und Überheblichkeit hinweisen, man sitzt dann auf einem hohen Ross. Vielleicht fordert er aber auch auf, alle die Eigenschaften, die das Reittier verkörpert, mehr durch den Geist zu lenken.

Rekrut

kann eine Einschränkung anzeigen, die zum Beispiel durch Abhängigkeit oder Fremdbeeinflussung entsteht. Teilweise kann er auch darauf hinweisen, dass man sich selbst mehr oder nicht so stark beherrschen sollte.

Rennen

(sehen oder selbst laufen) verdeutlicht, wie man sich im Leben behauptet. Gewinnt man ein Rennen, deutet das auf Selbstvertrauen hin. Sieht man sich selbst rennen, kann das Ängste und Minderwertigkeitsgefühle anzeigen.

Rennbahn (-platz)

kann vor Vermögensverlusten durch Spekulationen warnen oder ankündigen, dass man von einem anderen Menschen überrundet oder gar übervorteilt wird.

Rennstall

steht für ein gewagtes Unternehmen mit unsicherem Ausgang, auf das man sich besser nicht einlassen sollte.

Reptil

deutet auf Besonnenheit und Kaltblütigkeit, vielleicht aber auch auf übersteigertes Misstrauen und Gefühlskälte hin.

Restaurant

deutet man im Sinne von Café oder Nahrung (siehe unter diesen Stichwörtern).

Rettich

kann auf verdrängte sexuelle Bedürfnisse hinweisen. Oft verspricht aber aber, dass man sich von einer Krankheit erholen oder nach einem Verlust wieder neue Erfolge erzielen wird.

Rettung

kann auf Angst deuten, aber auch eine reale Gefahr ankündigen, die man nicht auf die leichte Schulter nehmen darf.

Rettungswagen

kündigt an, dass man für seine Anstrengungen keine Anerkennung und Belohnung finden wird.

Revolution

kündigt eine tief greifende Veränderung im Leben an, die durch eine seelisch-geistige Entwicklung in Gang kommt; sie kann erhebliche Opfer fordern, der Ausgang ist ungewiss.

Revolver

warnt oft davor, in einer Angelegenheit etwas erzwingen zu wollen. Zuweilen deutet er auch an, dass man längst zu einem Ergebnis gelangt wäre, wenn man mehr Entschlossenheit und Tatkraft hätte (siehe auch unter dem Stichwort Waffe).

Rezept

soll nach alten Traumbüchern eine falsche Nachricht ankündigen. Teilweise zeigt es auch, dass man einen Mittelweg zwischen widerstrebenden psychischen Inhalten suchen sollte oder sich vor einem einfachen Patentrezept zur Scheinlösung von Problemen hüten muss.

Rheumatismus

(der Gelenke oder Muskeln) kann auf eine Selbstbeschränkung hinweisen. Oft kommen darin aber unterdrückte Enttäuschungen, Ärger oder Verbitterung zum Ausdruck, die man bewusst verarbeiten muss.

Rhinozeros

(Nashorn) wird meist als äußere Macht gedeutet, die nicht auf innerer Autorität begründet ist; vielleicht stehen dahinter Minderwertigkeitsgefühle oder Geltungsdrang. Das Horn des Tieres kann auf Angst vor Impotenz hinweisen.

Richter

steht oft für inneren Ausgleich und einen hoch entwickelten, vielleicht übersteigerten Gerechtigkeitssinn. Im Einzelfall verspricht er, dass man den gerechten Lohn (das kann aber auch eine Strafe sein) erhalten wird.

Richtplatz

versteht man traditionell als Symbol für Ehre und Ansehen.

Riegel

symbolisiert ein Geheimnis, das man lüften wird, wenn man den Riegel zurückschiebt.

Riese

verkörpert häufig Gefühle, Triebe oder sexuelle Bedürfnisse, die so übermächtig werden, dass man sie nicht länger unterdrücken kann. Außerdem kann er Männlichkeit, Selbstwert- und Überlegenheitsgefühl anzeigen. Wird man von ihm verfolgt, soll das nach alten Traumbüchern den unerwarteten Erfolg in einer riskanten Angelegenheit versprechen.

Rind

deutet man meist als starke sexuelle Triebhaftigkeit oder Besitzgier. Spannt man es vor einen Wagen, wird man durch harte Arbeit letzten Endes zu Wohlstand gelangen. Schlachtet man das Tier, wird man vor größeren Ausgaben und damit vor Verlusten gewarnt.

Rinde

(des Baums) kann auf zu viel Offenheit und Vertrauensseligkeit im Umgang mit anderen hinweisen, wodurch man leicht zu Schaden kommt. Schält man die Rinde ab, verspricht das oft Wohlstand durch mühselige Arbeit. Das Einritzen von Buchstaben oder Zeichen in die Rinde zeigt heimliche Bedürfnisse an, oft nach einer Liebesbeziehung.

Ring

symbolisiert zwischenmenschliche Bindungen; zuweilen sind sie zu eng und behindern die Selbstentfaltung. Findet man einen Ring, kann das auf Glück in der Liebe oder aber auch auf geschäftliche Probleme hinweisen. Wenn man den Ring verliert, steht oft eine schmerzliche Trennung bevor.

Ringen

(Ringkampf) deutet Auseinandersetzungen mit anderen an. Siegt man dabei, wird man sich durchsetzen und vom Gegner trennen. Verliert man den Kampf, sollte man sich um Versöhnung mit dem anderen bemühen.

Rinne

(Dachrinne) steht oft für einen Ausweg aus einer misslichen Lage oder für Trost im Unglück. Sie kann aber auch anzeigen, dass man die Orientierung im Leben verloren hat und deshalb mit Schwierigkeiten rechnen muss.

Rippe

kündigt an, dass man Dankbarkeit erwarten kann; das gilt besonders für die gebrochene Rippe.

Ritter

kann das Bedürfnis nach Schutz und uneigennütziger Hilfe anzeigen. Vielleicht bedeutet er aber auch, dass man sich gegen äußere Einflüsse abschirmen soll, um nicht vielleicht durch Aggressionen und Bosheiten verletzt zu werden.

Ritterspiel

soll nach altindischer Traumdeutung Ansehen und Ehrungen versprechen.

Ritual

(Zeremoniell) deutet meist auf übertrieben Förmlichkeit und Höflichkeit hin, die zur leeren Form erstarrt ist; dann sollte man sich wieder offener und aufrichtiger verhalten.

Rock

steht meist für erotische Bedürfnisse; die genaue Bedeutung ergibt sich oft aus folgenden Begleitumständen:

- Eleganter Frauenrock deutet bei Männern auf ein erotisches Abenteuer hin, Frauen verspricht er, dass sie den geliebten Mann erobern werden.
- Beschmutzter, schäbiger oder zerrissener Rock warnt vor einer flüchtigen Liebesaffäre, die dem Ruf schadet und mit einer Enttäuschung endet.
- Zu enger und/oder kurzer Rock kann bei Männern auf eine zwielichtige Affäre hinweisen, Frauen vor Zudringlichkeit warnen, an der sie nicht unschuldig sind.
- Zu weiter oder langer Rock kündigt an, dass man wegen einer Liebesbeziehung in Verlegenheit geraten oder ins Gerede kommen wird.
- Unterrock deutet man immer als starkes Bedürfnis nach Geschlechtsverkehr.
- Herrenrock steht bei Männern mit Beruf und Geld in Beziehung; ist er elegant, kündigt das Erfolge an, andernfalls Misserfolge und Verluste. Bei Frauen verdeutlicht der Herrenrock, der elegant aussieht, den Wunsch nach einer Liebesbeziehung;

der schäbige oder zerrissene Rock dagegen warnt vor Enttäuschungen, der fleckige vor einem schlechten Ruf durch eine Liebesaffäre.

Roggen(feld)

verheißt nach altindischer Traumdeutung eine glückliche Zeit mit lieben Menschen (siehe auch unter dem Stichwort Getreide).

Rohr

verspricht oft ein behagliches Leben mit gesichertem Wohlstand; zuweilen deutet es aber auch auf Ängste und Misserfolge hin.

Rollschuh

fordert zum Teil auf, sich mehr anzustrengen und keine Zeit zu vergeuden, kann aber auch vor Übereilung warnen; das bezieht sich auf konkrete Lebensumstände.

Rolltreppe

wird ähnlich wie Lift (siehe unter diesem Stichwort) verstanden.

Röntgenstrahlen

können Erkenntnisse und Einsichten veranschaulichen, die man zum Beispiel aus der Selbsterforschung gewinnt. Manchmal symbolisieren sie auch die Angst davor, entlarvt und durchschaut zu werden.

Rose

symbolisiert allgemein ein reiches Gefühlsleben, insbesondere auch den Wunsch nach einer »reinen« platonischen Liebe. Man muss vor allem die Farben beachten, die zu folgenden Deutungen führen können:

- Weiße Rose steht für »unschuldige«, oft schüchterne Liebe.
- Gelbe Rose bedeutet Eifersucht.
- Rote Rose zeigt eine leidenschaftliche Liebe an.

Die Heckenrose verkörpert eine gute Kameradschaft. Eine verwelkte Rose kann auf Enttäuschung oder Trennung hinweisen. Sticht man sich an einem Dorn, kündigt das oft Liebeskummer an.

Rosenkranz

deutet man häufig als Symbol für Krankheiten oder Todesfälle in der Familie. Manchmal kommt darin auch echte Religiosität zum Vorschein.

Rosine

steht oft für absterbende Gefühle und Hoffnungen, die man aufgeben muss. Zuweilen zeigt sie an, dass man versucht, ohne viel Mühe die angenehmen Seiten des Lebens zu genießen, dabei aber scheitern wird.

Rosshändler

(Ross-, Pferdemarkt) versteht man als allgemeines Warnzeichen vor Täuschung und Betrug.

Rost

symbolisiert Vergänglichkeit und Altern. Manchmal warnt er auch vor dem Verlust des guten Rufs. Der Ofenrost steht für erkaltete Gefühle und Leidenschaften.

Rot

wurde bei den Farben (siehe unter diesem Stichwort) erklärt.

Roulette

ermahnt meist, sich nicht allein auf das Glück zu verlassen Wenn man gewinnt, muss man mit Verlusten rechnen, verliert man im Traum Geld dabei, soll das Gewinne ankündigen.

Rübe

kann als Phallussymbol für sexuelle Bedürfnisse stehen. Wenn man sie erntet oder verzehrt, verheißt das oft Freude und Wohlstand, die man sowohl dem Glück als auch der eigenen Anstrengung zu verdanken hat; vor allem gelbe Rüben werden in diesem Sinne verstanden. Verkauf von Rüben kann dagegen Misserfolge und Lächerlichkeit bei angestrengten Bemühungen ankündigen.

Rücken

wird meist im Sinne von Hinten (siehe unter diesem Stichwort) gedeutet. Unter Umständen symbolisiert er Angst vor unbewussten Einflüssen oder Gefahren, also alles, was sich »hinter dem Rücken« abspielt.

Rucksack

kann Belastungen und Verpflichtungen verkörpern, die man mit sich herumschleppt, durch die man behindert und eingeschränkt wird; man sollte versuchen, sich davon teilweise zu befreien.

Ruder

wird wie Paddel (siehe dort) gedeutet.

Ruf

(Rufen) kann Erkenntnisse aus dem Unbewussten anzeigen, die oft auf reale Risiken im Alltag hinweisen. Manchmal wird man auch auf einen anderen Menschen aufmerksam gemacht, dem man helfen sollte, eine schwierige Phase zu überwinden.

Ruhe

kann als Symbol innerer Ausgeglichenheit in positivem Sinn auftauchen. Unter Umständen ermahnt sie aber auch, nicht so bequem zu sein, sich nicht auf den Lorbeeren auszuruhen, weil man sonst Rückschläge erleiden wird.

Ruhm

warnt meist vor Eitelkeit und Geltungsdrang, die mit Minderwertigkeitsgefühlen in Zusammenhang stehen können.

Ruine

deutet häufig auf die Vergangenheit hin, die man noch nicht verarbeitet hat. Häufig kommen auch Erschöpfungszustände durch chronische Überforderung oder verzehrende Leidenschaften, zuweilen Angst vor Alter und Krankheit darin zum Vorschein. Gelegentlich warnt das Symbol konkret vor materiellem Ruin.

Rum

deutet man wie Alkohol (siehe unter diesem Stichwort).

Rund

hat ähnliche Bedeutung wie Kreis oder Rand (siehe unter diesen Stichwörtern).

Rundfunk

versteht man im Sinne von Radioapparat (siehe unter diesem Stichwort).

Rune

(Schriftzeichen) steht für ein Geheimnis, das man gut hüten soll oder das man lüften wird.

Runzeln

sollen nach altindischen Traumbüchern hohes Alter versprechen. Oft erkennt man darin auch Lebenserfahrung und wird darauf hingewiesen, dass man sie im Alter nutzen sollte oder aber sich nicht negativ von ihnen beeinflussen lassen darf.

Ruß

(Rußig) kann materiellen Gewinn ankündigen. Im Einzelfall weist er auch darauf hin, dass man sich bei einer Arbeit nicht scheuen darf, »beschmutzt« zu werden, weil man nur dann Erfolge erzielen wird. Teils warnt er auch vor übler Nachrede und Verleumdung.

Rüssel

steht als Phallussymbol für sexuelle Bedürfnisse, im weiteren Sinn für die Gesamtheit des Trieblebens (siehe auch unter dem Stichwort Elefant).

Rüstung

versteht man wie Ritter (siehe dort).

Rute

wird ähnlich wie Peitsche (siehe unter diesem Stichwort) gedeutet.

Rutschbahn

symbolisiert nach alter Traumdeutung den Neid der Mitmenschen, weil man viel Glück und Erfolg hat.

S

als geschriebener, plastischer oder gesprochener Buchstabe verkörpert im Traum alle die Fähigkeiten und Mittel, die man zur guten Lebensbewältigung benötigt. Die genaue Deutung erkennt man jedoch erst aus den anderen Symbolen, die zusammen mit diesem Buchstaben im Traumgeschehen eine Rolle spielen.

Saal

deutet man oft als Bedürfnis nach Frohsinn und Geselligkeit. Manchmal wird man ermahnt, nicht auf Kosten (zum Nachteil) anderer ein Vergnügen oder einen Erfolg anzustreben, weil das zu Konflikten führt. Eine Versammlung mit Debatten kann Streit ankündigen.

Saat

wird im Sinne von Frucht oder Getreide (siehe unter diesen Stichwörtern) als Lohn für eigene Bemühungen verstanden.

Sabbat

interpretiert man wie Sonntag (siehe unter diesem Stichwort).

Säbel

deutet man wie Degen (siehe unter diesem Stichwort).

Sack

symbolisiert allgemein Inhalte des Unbewussten, die man genauer erforschen sollte. Je nach den Begleitumständen kann er vor allem folgende konkrete Bedeutung haben:

- Leerer Sack kündigt an, dass man trotz aller Anstrengung erfolglos bleibt.
- Voller Sack verspricht zwar Erfolg, an dem man unter Umständen aber keine Freude haben wird.
- Getreidesack weist auf Erfolg, gleichzeitig aber auf potenzielle Neider hin.
- Kartoffelsack deutet spärlichen Erfolg an, der an einer misslichen Situation wenig ändert.

- Im Sack kramen kann eine Enttäuschung ankündigen.
- Holt man etwas aus dem Sack, muss das zusätzlich gedeutet werden.
- Öffnet sich der Sack oder fällt etwas aus einem Loch darin, wird man einen Misserfolg erleben.

Sackgasse

warnt allgemein vor falschen Absichten und Zielen; man verrennt sich dadurch in Probleme, aus denen es keinen Ausweg mehr gibt. Manchmal kommen darin auch sexuelle Bedürfnisse zum Vorschein, die Schuldgefühle verursachen.

Safari

deutet den Wunsch nach Abwechslung und Abenteuer an; häufig ist damit die Entdeckungsreise ins eigene Unbewusste gemeint.

Safran

kann für Weisheit und wichtige Erkenntnisse stehen. Zuweilen fordert er auf, dem Leben mehr Farbe und Würze zu geben.

Säge

soll nach altindischer Traumdeutung eine erniedrigende Arbeit ankündigen. Außerdem sind folgende Begleitumstände zu berücksichtigen:

- Säge sehen kann eine Trennung verkünden, aus der man Nutzen zieht.
- Mit der Säge arbeiten fordert auf, keine Anstrengung und Mühe zu scheuen.
- Stumpfe Säge bringt zum Ausdruck, dass man falsch vorgeht und keinen Erfolg haben wird.

Sägespäne

werden oft als sexuelle Bedürfnisse gedeutet, für die man sich schämt. Auch Heilung von einer Krankheit sollen sie nach alten Traumbüchern anzeigen.

Saite(n)

deutet auf das Bedürfnis nach einem Vergnügen hin, weist aber zugleich darauf hin, dass man dabei Schaden nehmen kann.

Salat

wird wie Gemüse (siehe unter diesem Stichwort) gedeutet, vor allem als Sinnbild der Vitalität. Geschossener Salat steht für sexuelle und andere Triebbedürfnisse.

Salbe

kann Trost und Hilfe nach schmerzlichen Erfahrungen versprechen. Kauft man sie, soll das nach alten Traumbüchern ermahnen, mehr auf die Gesundheit zu achten.

Salbei

verheißt ein langes, gesundes Leben.

Salmiak

(meist Geruch) kündigt eine unangenehme Nachricht an.

Salz

wird allgemein als Symbol für Gesundheit, Vitalität, Erfolg und Glück verstanden. Wenn man es sieht, zeigt das den guten Start einer Angelegenheit an. Salz essen kann auf gute Freundschaft und Erfüllung von Wünschen hinweisen. Wird das Salz verschüttet, muss man vor allem in der Familie mit Problemen rechnen.

Salzfass (-streuer)

warnt davor, immer gleich aufzubrausen; das kann auf ein cholerisches Temperament hinweisen.

Salzsäule

steht für Stillstand der persönlichen Entwicklung, weil man zu stark von der Vergangenheit beeinflusst wird.

Samen

wird im Sinne von Keim (siehe unter diesem Stichwort) verstanden.

Samt

bringt oft zum Ausdruck, dass man nach mehr Ansehen und Geltung strebt. Trägt man Samtkleidung, warnt das vor Eitelkeit und Überheblichkeit. Kauf von Samt soll Wohlstand verheißen.

Sanatorium

kann konkret zu mehr Ruhe und Entspannung auffordern, weil man sonst durch Überforderung beeinträchtigt wird. Sieht man es, kommt man über einen Verlust oder eine Enttäuschung meist rasch hinweg.

Sand

wird oft als Hinweis darauf gedeutet, dass man sein Leben, seine Absichten und Pläne zu wenig überlegt und abgesichert (auf Sand gebaut) hat; Erfolge sind deshalb unsicher.

Sanduhr

symbolisiert die Vergänglichkeit; insbesondere weist sie darauf hin, dass man seine Zeit mit unnützen Dingen vergeudet und im Leben nichts erreicht.

Saphir

wurde bei Juwelen (siehe unter diesem Stichwort) gedeutet.

Sardellen

versprechen meist einen guten Gang der Geschäfte oder anderer Vorhaben.

Sarg

fordert auf, die Vergangenheit zu begraben, damit man unbeschwert das weitere Leben gestalten kann. Liegt man selbst darin, kann das auch Glück ankündigen, auf das man sich aber nicht zu sehr verlassen darf. Der leere Sarg weist auf unnötige Sorgen hin.

Satan

(Teufel) kann unbeherrschte Gefühle, Leidenschaften und Ängste verkörpern, deren Energie man sinnvoller nutzen sollte. Zum Teil weist er auf einen Konflikt zwischen Bewusstsein und Unbewusstem hin, der erkannt und verarbeitet werden muss.

Satt

(Sättigung) kann bei Hunger körperbedingt als Bedürfnis nach Nahrung auftauchen. Oft steht dahinter jedoch die Aufforderung, nicht so träge zu sein.

Sattel

kann vor Überheblichkeit warnen oder anzeigen, dass man andere nicht aus Egoismus missbrauchen darf. Im Einzelfall kommen darin unangenehme Aufgaben um Vorschein, die man sich aufgebürdet hat. Sitzt man fest im Sattel, steht das für eine gesicherte Zukunft. Fällt man herunter, soll das nach alter Traumdeutung auf Glück im Spiel hinweisen (darauf darf man sich aber nicht verlassen und zu viel riskieren).

Sattler

deutet man als Helfer bei Plänen und Zielen, die man allein nicht verwirklichen kann.

Sauerstoff

kann Tatkraft und Vitalität des Träumers zum Ausdruck bringen.

Säugen

(bei Tieren) verspricht ähnlich wie Milch (siehe unter diesem Stichwort) eine gute Zukunft.

Säugling

steht oft für eine unreife, unsichere Persönlichkeit, die sich aber gut entwickeln wird. Allgemein deutet man ihn als günstiges Zeichen für eine angenehme, sichere Zukunft, wenn er nicht abgemagert ist, schreit oder fällt.

Säule

wird ähnlich wie Pfahl (siehe unter diesem Stichwort) verstanden; sexuelle Bedürfnisse zeigt sie als Phallussymbol nur selten an. Die umgestürzte oder geborstene Säule wird als Warnung vor Problemen gedeutet, bei denen man auf keine Hilfe hoffen kann.

Säure

steht für Angst oder zersetzenden Zynismus; damit schadet man sich selbst am meisten.

Saxophon

warnt davor, sich in Nebensächlichkeiten zu verzetteln oder an Klatsch und Tratsch zu beteiligen. Spielt man es selbst, soll man anderen nicht auf die Nerven fallen.

Schach

fordert meist auf, mehr den Verstand zu gebrauchen, damit man nicht hintergangen wird.

Schachtel

deutet man wie Paket (siehe unter diesem Stichwort).

Schaden

den man im Traum nimmt, steht für Misserfolg und Enttäuschung, aus denen man für die Zukunft lernen sollte. Nach altindischer Traumdeutung soll er einen guten Verdienst versprechen.

Schaf

zeigt einen sanftmütigen, leicht beeinflussbaren, oft naiven Menschen an; man sollte darauf achten, dass man nicht von anderen ausgenutzt wird (siehe auch unter dem Stichwort Lamm).

Schäfer

soll nach altindische Deutung geschäftlichen Erfolg versprechen.

Schafherde

verkörpert den Wunsch nach Frieden, außerdem Fleiß und Bescheidenheit; das führt zu geringem, aber sicherem Wohlstand.

Schafwolle

kann guten Lohn für anstrengende Arbeit verheißen.

Schale

(Umhüllung) fordert oft auf, sich von fremden Einflüssen zu befreien. Vielleicht kann sie aber auch im Sinne von Fassade (siehe unter diesen Stichwörtern) gedeutet werden.

Schale

(Gefäß) mit Obst, Konfekt oder Getränken kann eine erholsame Zeit ankündigen; zum Teil muss der Inhalt der Schale zusätzlich gedeutet werden, um eine vollständige Deutung zu erhalten.

Schallplatte

versteht man wie Grammophon (siehe unter diesem Stichwort).

Scham

(Schamhaftigkeit) kann auf verdrängte Schuldgefühle und Hemmungen (auch sexuelle) hinweisen. Zum Teil warnt das Symbol vor Leichtgläubigkeit; man soll sich nicht von anderen verführen lassen. Allgemein soll die Schamhaftigkeit nach alter Traumdeutung auf einen guten Charakter hindeuten.

Schamlosigkeit

warnt meist vor dem Verlust des Ansehens und guten Rufs durch eigene Schuld.

Schande

kündigt nach alten Traumbüchern an, dass man ein Geschenk erhalten wird.

Scharfrichter

weist auf eine schwierige Lage hin, die man jedoch gut überstehen wird, auch wenn das lange Zeit nicht so scheint.

Scharlach

kündigt Gesundheit oder Genesung von einer Krankheit an.

Schärpe

wird nach alter Deutung als Lob und Anerkennung verstanden.

Schatten

steht allgemein für unbewusste Vorgänge und Inhalte, die man erhellen, also bewusst machen und verarbeiten muss. Dabei kann es sich um verdrängte Erfahrungen, Scham, Schuldgefühle oder Ängste handeln, manchmal auch um Ereignisse, die unmerklich vorbereitet werden und ihre Schatten vorauswerfen. Weitere Deutungen sind nach folgenden Begleitumständen möglich:

- Schatten sehen deutet oft auf ungerechtfertigte Sorgen und Ängste hin.
- Eigenen Schatten sehen kündigt Sorgen und Schwierigkeiten an.
- Im Schatten stehen kann anzeigen, dass man durch andere beschützt oder stark beeinflusst wird; manchmal kommt darin auch Enttäuschung oder Verbitterung zum Ausdruck, weil man auf der Schattenseite lebt.
- Schattenspiel warnt vor Hinterlist und Täuschung anderer.

Schatz

wird in alten Traumbüchern als geschäftlicher Erfolg verstanden. Tiefenpsychologisch kann darin aber auch die Frage nach dem Sinn des eigenen Lebens zum Vorschein kommen, die man für sich selbst beantworten muss. Findet man einen Schatz, warnt das vor Verlusten und Enttäuschungen.

Schatzgräber

deuten altindische Traumbücher als Warnung vor Betrug und Täuschung.

Schauen

(im Sinne von genau hinsehen) fordert auf, sich mehr zu konzentrieren; worauf sich das bezieht, erkennt man aus den anderen Symbolen des Traums und den realen Lebensumständen.

Schaufel

kündigt an, dass man zu einer unangenehmen Aufgabe verpflichtet wird, der man sich nicht entziehen kann.

Schaufenster

warnt vor Verführbarkeit und zu viel Vertrauen.

Schaukel

symbolisiert, dass es im Leben ständig auf und ab geht; man soll sich weder auf das Glück verlassen noch das Unglück überbewerten. Sieht man die Schaukel, kann das auf Entscheidungsschwäche hinweisen, man schwankt zwischen mehreren Möglichkeiten. Sitzt man auf der Schaukel, deutet das auf einen inneren Konflikt (zum Beispiel zwischen Pflicht und Neigung) hin. Zuweilen bringt sie auch sexuelle Bedürfnisse zum Ausdruck.

Schaum

warnt vor Illusionen vor allem in einer Liebesbeziehung.

Schauspieler(in)

kann darauf hinweisen, dass man äußerlich eine Rolle spielt, die nicht mit der Persönlichkeit übereinstimmt und entlarvt werden kann. Es kann auch der Wunsch nach mehr Anerkennung und Geltung sein (oft übersteigert).

Scheck

verkörpert ein Versprechen, das man einlösen muss oder das man von einem anderen erhielt. Im Einzelfall wird man aber auch vor leeren Versprechungen gewarnt.

Scheibe

kann im Sinne von Glas oder Kreis (siehe unter diesen Stichwörtern) verstanden werden.

Scheidung

taucht manchmal wirklich bei Eheproblemen auf, wenn man eine Trennung befürchtet, oder warnt vor Untreue, die eine Beziehung gefährdet. Wird man im Traum geschieden, steht das aber auch für Treue.

Scheintod (-toter)

enthält meist die Aufforderung, sich nicht mit der Verdrängung von Einsichten und Erfahrungen zu begnügen, weil das auf Dauer keine Probleme löst; oft bezieht sich das auf Konflikte mit anderen Menschen.

Scheinwerfer

symbolisiert allgemein Konzentration und Aufmerksamkeit; das fordert auf, sich auf eine bestimmte Angelegenheit zu konzentrieren. Nach vorn gerichtete Scheinwerfer erhellen die Zukunft, weisen insbesondere auf Hindernisse des Lebenswegs hin. Steht man selbst im Scheinwerferlicht, kann das vor Geltungsdrang oder Entlarvung unlauterer Absichten warnen.

Scheiterhaufen

zeigt, dass man Absichten, Pläne, Erwartungen, Hoffnungen oder auch eigene Ideale aufgeben muss, weil sie unrealistisch sind.

Schemel

verheißt nach alten Traumbüchern eine behagliche, wenn auch bescheidene Zukunft. Im Einzelfall deutet man ihn auch im Sinne von Knien (siehe auch unter dem Stichwort).

Schenke

(Gasthaus) warnt oft vor Leichtlebigkeit, kann aber auch das Bedürfnis nach Geselligkeit anzeigen. Nach altindischen Traumbüchern kündigt sie Ärger mit anderen an, wobei zum Teil der Missbrauch von Alkohol (siehe unter diesem Stichwort) eine Rolle spielt.

Schenken

versteht man wie Geschenk (siehe unter diesem Stichwort).

Scherben

können als allgemeines Glückssymbol gelten. Oft ermahnen sie aber, nicht zu ungestüm vorzugehen oder übermütig zu werden, weil sich sonst Erwartungen und Hoffnungen leicht zerschlagen.

Schere

kann bei Männern auf unbewusste Kastrationsangst aus der Kindheit hinweisen, die häufig mit Angst vor sexueller Betätigung verbunden ist. Allgemeiner deutet man sie als bevorstehende Trennung von einem Menschen. Manchmal kommt darin die Neigung zu Ironie, Sarkasmus oder übertriebener Kritik zum Vorschein, die zwischenmenschliche Beziehungen belastet.

Scherenschleifer

soll nach alter Traumdeutung Streit mit anderen verkünden, an dem man aber selbst unschuldig ist.

Scherz(en)

kündigt meist Sorgen, Kummer und schwere Verluste an.

Schielen

weist darauf hin, dass man eine Angelegenheit aus einem falschen Blickwinkeln betrachtet. Allgemein kommen darin falsche Lebenseinstellungen zum Vorschein, die man erkennen und korrigieren muss (siehe auch unter diesen Stichwörtern Auge, Brille).

Schießen

symbolisiert oft einen inneren Konflikt, der durch widerstrebende Eigenschaften oder Ziele entsteht. Hört man Schüsse, kann das wichtige Erkenntnisse und Neuigkeiten ankündigen, die aber oft mit Sorgen und Gefahren verbunden sind. Wenn man selbst schießt, fordert das auch auf, sich von Sorgen,

Kummer und Ärger zu befreien, indem man sie offen zeigt.

Schießpulver

versteht man wie Dynamit (siehe unter diesem Stichwort).

Schiff

steht für die Persönlichkeit und ihre Art, sich im Leben zu behaupten. Häufig ist damit der Wunsch nach Veränderung verbunden, den man aber sorgfältig überlegen muss; vor allem das Schiff im Sturm oder Nebel kann vor den Gefahren voreiliger Veränderungen warnen. Geht das Schiff unter oder liegt es auf dem Trockenen, kündigt das ein Scheitern von Plänen an, weil man sie wahrscheinlich nicht gründlich genug vorbereitet hat. Weitere Bedeutungen ergeben sich aus den Symbolen Boot, Jacht und Meer (siehe auch unter diesen Stichwörtern).

Schiffbruch

wird oft als Misserfolg durch Hindernisse und Gefahren auf dem Lebensweg verstanden, an denen man scheitern wird. Rettet man Schiffbrüchige, verspricht das aber, dass man einer Notlage doch noch entgehen wird. Nach altindischer Traumdeutung soll er aber Glück, Erfolge und Gewinne ankündigen.

Schild

(zum Beispiel Firmenschild) bringt das Bedürfnis nach Verständnis und Selbstdarstellung zum Ausdruck, insbesondere wenn es sich um ein Schild mit dem eigenen Namen (siehe auch unter Name) handelt.

Schild

(zum Schutz) deutet man als Teil der Rüstung wie Ritter (siehe auch dort).

Schildkröte

symbolisiert meist Sensibilität und reiches Gefühlsleben; diese Eigenschaften werden aber hinter scheinbarer Härte und Gleichgültigkeit verborgen, weil man Verletzungen fürchtet. Bewegt sich das Tier langsam, ermahnt das oft zu Geduld, Ausdauer und Beharrlichkeit, damit man alle Hindernisse allmählich überwindet.

Schildwache

kann für einen Verteidigungswall stehen, den man gegen Verletzungen durch die Umwelt um sich herum errichtet hat; das weist oft auf scheinbare Gleichgültigkeit oder gesteigerte Aggressivität gegen andere hin. Zuweilen steht dahinter auch eine misstrauische Grundhaltung zur Umwelt.

Schilf(rohr)

deutet häufig auf Anpassungsfähigkeit an die Lebensumstände hin, die aber

nicht aus Schwäche und Unsicherheit, sondern aus Klugheit, Überlegung und Berechnung resultiert; man gibt sich dabei nicht auf, sondern beugt sich den Verhältnissen vorübergehend, bis man sie verändern kann. Im Einzelfall kann Schilf auf Unentschlossenheit in einer bestimmten Angelegenheit hinweisen.

Schimmel (-pilz)

zeigt meist, dass aus dem Unbewussten eine Gefahr droht, die allmählich die gesamte Persönlichkeit erfasst; oft kann man sie nur mithilfe einer Psychotherapie erkennen und bewältigen.

Schinken

verkörpert eine Lebenseinstellung, die zu stark auf materielle Werte und Genuss ausgerichtet ist; nach altindischer Traumdeutung kündigt das an, dass es einem im Augenblick zwar gut geht, was sich später aber ändern wird.

Schirm

deutet man wie Regenschirm (siehe unter diesem Stichwort).

Schlacht

kann Aufregungen und Streitigkeiten ankündigen. Oft fordert sie aber auf, den ersten Schritt zur Versöhnung mit einem Gegner zu tun. Zuweilen weist sie auch auf reizbare Schwäche des Nervensystems hin, die behandelt werden muss.

Schlachten

wird als materieller Erfolg gedeutet, bei dem man aber seinen guten Ruf aufs Spiel setzen wird, wenn man ihn auf unlautere Weise erzielt.

Schlachthof

deutet man ähnlich wie Schlachten, die Warnung vor dem Verlust des Ansehens ist aber noch ausgeprägter.

Schlaf(en)

warnt manchmal vor der Neigung, die Augen vor der Realität zu verschließen, in Illusionen zu versinken, der Eigenverantwortung auszuweichen. Zum Teil kommen darin auch Anlagen und Eigenschaften zum Vorschein, die im Unbewussten warten, bis sie geweckt und genutzt werden. Wenn man mit jemandem schläft, deutet das auf sexuelle Bedürfnisse oder allgemeiner auf die Sehnsucht nach eigenem Liebesglück hin.

Schlafzimmer

steht häufig für sexuelle Wünsche; damit verbunden ist oft die Warnung vor einer Enttäuschung. Beobachtet man andere Leute darin, kann das auf übersteigerte Neugierde oder Einmischung in fremde Angelegenheiten hinweisen; wird man selbst im Schlafzimmer beobachtet, kommt man möglicherweise in eine peinliche Situation und wird bloßgestellt.

Schlagbaum

steht für Hindernisse auf dem weiteren Lebensweg, die man nur durch Offenheit und Geradlinigkeit überwinden wird.

Schlagen

(Schläge), die man im Traum erhält, sind nach altindischer Deutung ein Zeichen dafür, dass man gefördert und begünstigt wird.

Schlamm

symbolisiert Begierden, Leidenschaften und materielle Bestrebungen, die man selbst als »unsauber« empfindet; oft steht dahinter die Angst, dass man sie nicht mehr beherrschen kann und dadurch auf Abwege gerät, die das weitere Leben möglicherweise ins Unglück führen. Allgemein deutet Schlamm auf unbewusste Inhalte hin, aus denen man das zukünftige Leben gestalten kann. Vielleicht findet man im Schlamm auch einen Schatz oder ein Juwel (siehe unter diesen Stichwörtern). Außerdem kann er im Einzelfall die Überwindung psychischer Probleme ankündigen, die durch unbewusste Inhalte entstanden.

Schlange

wird oft als Phallussymbol gedeutet, das sexuelle Bedürfnisse verkörpert; dabei kann angezeigt werden, dass diese Triebe vergeistigt (sublimiert) wurden, wofür vor allem eine Krone auf dem Kopf der Schlange spricht. Allgemein steht sie für Triebe, Instinkte und Gefühle aus dem Unbewussten, die das Bewusstsein erreichten und die persönliche Entwicklung bestimmten. Außerdem sind noch folgende Bedeutungen möglich:

- Sich windende Schlange warnt oft vor Versuchungen, Falschheit oder ungezügelter Triebhaftigkeit.
- Sich häutende Schlange fordert auf, einen Wandel im Leben vorzunehmen, die Vergangenheit zu überwinden.

- Aufgerichtete Schlange symbolisiert das Streben nach hohen Idealen und geistiger Entwicklung.
- Weiße, gelbe oder goldene Schlange steht ebenfalls für geistige Weiterentwicklung.
- Blaue Schlange deutet auf Religiosität, violette auf geistige Energie hin.
- Rote Schlange verkörpert hauptsächlich sexuelle Triebe, orangefarbene Schlange Erotik im weitesten Sinne.
- Grüne Schlange weist auf die psychische Energie hin.

Das Ursymbol der Schlange sollte immer gründlich durch individuell Assoziationen analysiert werden, dann gewinnt man daraus wichtige Einblicke in die eigene Persönlichkeit.

Schleier

symbolisiert oft Flucht aus der Realität in die Isolierung, die mit Selbsttäuschung oder Täuschung durch andere verbunden ist. Der zerrissene Brautschleier warnt vor Illusionen vom Partner, die jäh enttäuscht werden; oft kann das zur Trennung führen.

Schleifen

(Schleifstein) kündigt Gefahren an, häufig den Betrug durch anderen Menschen.

Schleim

steht meist für geistige Trägheit und Antriebsschwäche, die durch Sorgen oder Depressionen zu erklären sind. Manchmal verkörpert er auch Eigenschaften, die man an sich selbst als eklig ablehnt.

Schlinge

kann ankündigen, dass man den erhofften Liebespartner nicht »einfangen« wird. Vielleicht will sie aber auch eindringlich vor einer Falle im weiteren Leben warnen.

Schlingpflanze

deutet auf Unsicherheit, Selbstzweifel oder unlautere Verstrickungen hin, die mit Misserfolgen und Verlusten enden.

Schlitten

soll nach altindischer Traumdeutung versprechen, dass man ein Ziel schnell erreicht. Es können aber auch Risiken bestehen, insbesondere wenn er umkippt oder man an einem Schlittenrennen teilnimmt.

Schlittschuh (laufen)

kann auf eine ausgeglichene Persönlichkeit hinweisen, dafür spricht vor allem der Tanz auf dem Eis. Bewegt man sich unsicher oder bricht ins Eis ein, warnt das vor eigener Ungeschicklichkeit, mit der man gute Aussichten zunichte macht.

Schloss

(Gebäude) weist auf Stolz, Hochmut oder Eitelkeit hin, wenn man sich selbst darin wohnen sieht. Sieht man es, kann das aber Ansehen und Erfolge verheißen.

Schloss

(an der Tür) steht für Hindernisse, die man durch Vernunft und Einsatz der richtigen Mittel umsichtig bewältigen kann. Lässt es sich nicht öffnen, ist das ein Zeichen dafür, dass man scheitern wird.

Schlosser

deutet an, dass man zur Überwindung von Hindernissen einen erfahrenen Helfer benötigt.

Schlucht

warnt vor Risiken, die man nicht unbedacht eingehen darf.

Schlüssel

kann Vernunft und Logik verkörpern, mit denen man Hindernisse überwindet (siehe auch unter diesem Stichwort Schloss). Als Phallussymbol bringt er manchmal sexuelle Bedürfnisse zum Ausdruck.

Schlüsselblume

steht für die Sehnsucht nach Liebe und ermahnt, geduldig darauf zu warten.

Schmelzen

kann man nur zusammen mit anderen Symbolen (zum Beispiel Eis) verstehen. Allgemein fordert es auf, seelische Verhärtungen (oft im Gefühlsbereich) zu lösen, vielleicht auch in einer Auseinandersetzung auf den anderen zuzugehen.

Schmelztiegel

rät, innere Widersprüche miteinander zu verschmelzen, damit man sich weiter entwickelt und wieder zur inneren Harmonie findet; insbesondere geht es dabei um Wünsche, Hoffnungen und Leidenschaften.

Schmerz

steht für eine seelische Verletzung (zum Beispiel Enttäuschung, Zurückweisung, Trennung); zur individuellen Deutung muss man oft beachten, wo der Schmerz besteht, und dieses Symbol zusätzlich für eine ganzheitliche Interpretation deuten. Nach altindischer Traumdeutung soll der Schmerz aber ein freudiges Ereignis in der Familie ankündigen.

Schmetterling

symbolisiert oft Freude und Glück, die sich aus zunächst unscheinbaren Dingen entwickeln können (siehe auch unter dem Stichwort Raupe). Manchmal steht der Schmetterling aber auch für Unbeständigkeit, Unzuverlässigkeit und Untreue.

Schmied(en)

deutet Tatkraft, Energie und Kreativität an, mit denen man die Chancen des Lebens wahrnehmen soll. Das kann unter Umständen ein großes Glück ankündigen, wenn man sich nur genügend anstrengt.

Schminke(n)

versteht man im Sinne von Kosmetik (siehe auch unter dem Stichwort).

Schmuck

(Schmücken) kann veranschaulichen, dass man sich selbst nicht aufrichtig nach außen darstellt, sondern zu Übertreibung und Selbstüberschätzung neigt, weil man nach Ansehen und Geltung strebt.

Schmutz

tritt oft bei Minderwertigkeits- und Schuldgefühlen auf, wenn man sich als unansehnlich oder unmoralisch empfindet; darüber hilft zum Teil nur eine Psychotherapie hinweg. Weitere Bedeutungen können sich aus den Symbolen Dung, Erde oder Schlamm (siehe auch unter diesen Stichwörtern) ergeben.

Schnabel

(eines Tiers) fordert zu mehr Selbstsicherheit und Mut auf, damit man sich besser durchsetzt und seinen Standpunkt gut behauptet.

Schnecke

deutet im Einzelfall an, dass man sich zu stark abkapselt und in sich selbst zurückzieht; das ist vor allem bei sensiblen, überempfindlichen Menschen der Fall. Allgemein kann sie aber auch zu mehr Geduld und Beharrlichkeit auffordern.

Schneckenhaus

deutet man wie Schnecke, Austern oder Muschel (siehe unter diesen Stichwörtern).

Schnee

taucht oft bei Gefühlsproblemen auf, warnt dann vielleicht vor ihrer Unterdrückung oder zeigt an, dass sie sich abkühlen, aber neu belebt werden können. Manchmal steht er auch für das Altern, was dann bei Männern mit Angst vor Impotenz verbunden sein kann.

Schneemann

fordert zur Kaltblütigkeit in einer Angelegenheit auf.

Schneesturm

kündigt Schwierigkeiten an, verspricht aber, dass man sie bewältigen wird.

Schneiden

deutet man meist als Trennung; das kann sich sowohl auf Menschen, die

Vergangenheit oder Ziele, Ideale, Hoffnungen und Werte beziehen, von denen man sich löst. Manchmal weist es auch darauf hin, dass man sich in einer Angelegenheit »geschnitten« hat, also keinen Erfolg erzielen wird.

Schneider(in)

versteht man oft als Warnung vor Oberflächlichkeit; man wird dann leicht getäuscht, weil man sich nur von Äußerlichkeiten leiten lässt, oder legt zu viel Wert auf das eigene Äußere. Sieht man ihn bei der Arbeit, weist das darauf hin, dass man in einer bestimmten Angelegenheit auf Hilfe angewiesen ist.

Schnitter

auf dem Feld verspricht Erfolg und mehr Ansehen durch harte Arbeit.

Schnittlauch

steht ebenfalls für Erfolg; dazu muss man aber die Aufmerksamkeit auf Dinge lenken, die man vorher zu wenig beachtete.

Schnitzen

(Holzschnitzer) symbolisiert die Erfahrungen, die einen Menschen prägten. Konkret fordert das auf, an sich selbst und an den eigenen Problemen zu arbeiten; dadurch wird der Verlauf des weiteren Lebenswegs maßgeblich mitbestimmt.

Schnupfen

kündigt Ärger und andere Unannehmlichkeiten für die nächste Zeit an.

Schnupftuch

soll nach altindischer Traumdeutung Streit in der Familie anzeigen; nur das weiße Schnupftuch wird in den meisten Deutungen als allgemeines Glückssymbol verstanden.

Schnur

deutet man meist im Sinne von Faden (siehe auch unter dem Stichwort). Außerdem spielen folgende Begleitumstände oft eine Rolle:

- Schnurknäuel fordert auf, mehr Ordnung ins Leben zu bringen; das kann sich auch auf Vorgänge im Unbewussten beziehen.
- Schnur aufknoten kündigt eine mühselige Arbeit an.
- Schnur aufschneiden warnt vor einer Enttäuschung.
- Schnur eines Pakets öffnen verspricht eine große freudige Überraschung.

Schnurrbart

deutet man wie Bart (siehe auch unter dem Stichwort).

Schokolade

kann auf gute Gesundheit hinweisen; wenn man sie verschenkt, will man sich einen anderen wohlgesonnen machen.

Schornstein (-feger)

deutet man wie Kamin (siehe auch unter dem Stichwort).

Schoten

(von Hülsenfrüchten) fordern auf, ein Geheimnis zu lüften oder eine Angelegenheit zu durchschauen; das erklärt sich aus den konkreten Lebensumständen.

Schotte

(Schottland) symbolisiert neben Sparsamkeit auch Bescheidenheit, Gerechtigkeitssinn, Vorsicht und Bedachtsamkeit; darum sollte man sich im Alltag mehr bemühen.

Schraube

kann für eine unangenehme, verzwickte Angelegenheit stehen, in die man sich nicht verwickeln lassen sollte. Oft kommt darin auch der Wunsch nach Sicherheit und Festhalten des Erreichten zum Vorschein. Dreht man eine Schraube ein, wünscht man sich eine dauerhafte Beziehung zu einem anderen; die gelockerte Schraube dagegen zeigt, dass sich eine wichtige Beziehung wesentlich verschlechtert hat.

Schraubstock

weist darauf hin, dass man sich in der Klemme befindet, in Schwierigkeiten steckt, aus denen man sich nicht so leicht befreien kann.

Schrecken

(Erschrecken) kann Verunsicherung und Angst verkörpern, die oft durch Einsichten ins eigene Unbewusste entstehen, die man noch nicht verarbeitet hat.

Schreiben

(Schrift) umfasst Teile der Persönlichkeit, die man allmählich klarer erkennt und besser versteht. Das Symbol kann außerdem im Sinne von Name oder Papier (siehe auch unter diesen Stichwörtern) verstanden werden.

Schreibfeder

soll nach alten Traumbüchern eine sehr freudige Nachricht ankündigen.

Schreibmaschine

verspricht raschere Erfolge, wenn man seine Hilfsmittel richtig einsetzt. Manchmal fordert sie auch auf, eine unangenehme Sache bald zu bereinigen.

Schriftstück

deutet man ähnlich wie Quittung oder Rechnung (siehe unter diesen Stichwörtern).

Schritt

(Schreiten) fordert oft auf, nichts zu überstürzen, sondern auf dem Lebensweg einen Schritt vor den anderen zu setzen. Schreitet man, deutet das häufig auf übertriebenen Stolz hin.

Schröpfen

steht für eine kurze Freude, für die man teuer bezahlen muss.

Schrumpfen

kündigt an, dass etwas an Bedeutung verliert, dem man bisher zu viel Beachtung schenkte; das kann sich auch im positiven Sinn auf Sorgen und Probleme beziehen.

Schublade

kann wie Kasten (siehe auch unter dem Stichwort) verstanden werden.

Schuh

kann einen Standpunkt oder den festen Stand auf dem Boden der Realität verkörpern; vor allem bei Frauen bringt er oft auch sexuelle Bedürfnisse zum Ausdruck. Folgende Begleitumstände können die genaue Deutung erleichtern:

- In Schuhen gehen kündigt viel Zeitaufwand für eine wenig lohnende Sache an.
- Schöne, bequeme Schuhe stehen für Erfolge, abgetragene für Misserfolge.
- Verliert man einen Schuh, macht man vielleicht eine interessante Bekanntschaft.
- Kauf von Schuhen warnt vor leeren Versprechungen anderer, denen man nicht vertrauen darf.
- Holzschuhe sollen geschäftliche Probleme anzeigen.
- Braune Schuhe versprechen eine günstige Wendung in einer wichtigen Angelegenheit.

Schuhmacher

(Schuster) fordert auf, einen falschen Standpunkt zu ändern. Bringt man Schuhe zu ihm, kann eine wenig Erfolg versprechende Angelegenheit mithilfe anderer Menschen doch noch zu einem zufrieden stellenden Ende gebracht werden.

Schulden

sollen nach alten Traumbüchern vor falschen Freunden warnen. Zum Teil kommt darin auch ein Minderwertigkeitsgefühl zum Vorschein, man fürchtet dann, dass man anderen etwas »schuldig« bleibt, nicht viel Wert für sie hat.

Schule

fordert meist auf, aus Erfahrungen zu lernen. Manchmal weist sie darauf hin, dass man in nächster Zeit mit einer Prüfung des Schicksals rechnen muss.

Schüler

kann vor einer Dummheit warnen, in die man verwickelt wird.

Schulter

steht für Tatkraft und Energie, mit der man bewältigt, was man aufgebürdet bekommt. Weint man sich daran aus, sehnt man sich nach Trost und Hilfe; weint sich ein anderer an der eigenen Schulter aus, deutet das oft auf Mitgefühl hin.

Schurz

wird oft als Mühe, Plage und andere Unannehmlichkeiten im häuslichen Bereich verstanden. Eine schöne Schürze kann auch vor Schürzenjägerei warnen.

Schuss

deutet man wie Schießen (siehe auch unter dem Stichwort).

Schüssel

versteht man im Sinne von Gefäß (siehe auch unter dem Stichwort).

Schutt

kündigt nach alten Traumbüchern bessere Lebensverhältnisse an, nachdem man vorher erhebliche Schwierigkeiten und Probleme überwunden hat.

Schwager

(Schwägerin) deutet man allgemein als Ärger mit der Verwandtschaft. Hört man ihn/sie sprechen, kann das vor Klatsch und übler Nachrede warnen.

Schwalbe

symbolisiert die Sehnsucht nach häuslichem Glück; man kann es vor allem dann erwarten, wenn die Schwalben ins Haus flattern.

Schwalbennest

kündigt oft an, dass man bald heiraten wird. Befinden sich Eier oder Junge darin, steht dahinter der Wunsch nach Kindern. Das zerstörte Nest warnt vor häuslichem Unfrieden.

Schwamm

ermahnt, schwere Verleumdungen nicht auf die leichte Schulter zu nehmen, sondern sich davon reinzuwaschen.

Schwan

verkörpert Gefühle, oft auch die Sehnsucht nach glücklicher Ehe. Der singende oder sterbende Schwan kann anzeigen, dass eigene Gefühle nicht erwidert werden.

Schwangerschaft

(Schwangere) versinnbildlicht meist neue Pläne und Hoffnungen, die in uns heranreifen und schließlich erfolgreich verwirklicht werden.

Schwanz

steht für Sexualität und Triebe, zum Teil für Tatkraft und Zielstrebigkeit.

Wedelnder Schwanz wird als Glückssymbol verstanden. Der lange Schwanz bereitet darauf vor, dass man lange auf einen Erfolg warten muss. Packt man den Schwanz, geht man in einer Angelegenheit falsch vor.

Schwarz

kann für die »dunklen« Seiten der Persönlichkeit stehen, die man trotzdem akzeptieren muss. Allgemein kann es auch im Sinne von Dunkelheit (siehe auch unter dem Stichwort) gedeutet werden.

Schwarze

versteht man wie Eingeborene (siehe unter diesem Stichwort).

Schwefel

fordert meist auf, Ordnung ins Leben zu bringen und sich von manchen Eigenschaften zu befreien. Manchmal kann er auch eine Krankheit ankündigen.

Schweigen

deutet man als innere Ausgeglichenheit, Frieden und Abgeklärtheit, die man erreicht hat oder anstreben sollte.

Schwein

steht für eine materialistische Lebenseinstellung, die oft mit Besitzgier und wenig gezügelten Begierden verbunden ist. Allgemein kann man es als Glückssymbol sehen, was sich meist auf den materiellen Bereich bezieht.

Schweinefleisch

kündigt einen Erfolg an, der zulasten anderer geht.

Schweiß

soll nach alten Traumbüchern die Heilung von einer Erkrankung versprechen. Allgemeiner fordert er auf, sich von verdrängten Inhalten des Unbewussten zu befreien; unter Umständen stehen dahinter auch Ängste.

Schwelle

symbolisiert eine Veränderung des Lebens, die man durch eine Entscheidung eingeleitet hat; steht man vor der Schwelle, muss man eine wichtige Entscheidung im Leben erst noch treffen.

Schwert

wird manchmal im Sinne von Kreuz (siehe auch unter dem Stichwort) verstanden. Es kann aber auch für Tatkraft, Willensstärke, Fairness und Idealismus stehen und vielleicht Anerkennung für diese Eigenschaften versprechen.

Schwester

verkörpert jene Eigenschaften, die einem zwar »verwandt« sind, die man aber nicht voll akzeptiert. Nach alten Traumbüchern soll sie auch für gute Gesundheit stehen oder eine gute (oft geschäftliche) Beziehung anzeigen.

Schwiegermutter

versteht man in der altindischen Traumdeutung als Symbol für geschäftliche Erfolge. Andere Traumbücher dagegen deuten sie als Warnung vor Streitigkeiten. Die genaue Bedeutung hängt auch mit davon ab, ob man tatsächlich eine gute oder schlechte Beziehung zu seiner Schwiegermutter hat.

Schwiegersohn/-tochter

soll auf einen Irrtum hinweisen; das bezieht sich oft auf einen Menschen, über dessen Eigenschaften man sich täuscht.

Schwiegervater

kündigt einen Erfolg als Lohn für eigene Bemühungen an.

Schwimmen

(Schwimmer/in) kann sich auf unbewusste Instinkte, Triebe und Gefühle beziehen, mit denen man entweder in Einklang lebt oder in Widerspruch steht. Je nach den weiteren Begleitumständen ergeben sich vor allem folgende spezielle Bedeutungen:

- Schwimmen im klaren Wasser steht allgemein für Erfolg und Glück.
- Schwimmen in trübem oder stürmischem Wasser kündigt Probleme an.
- Mit anderen schwimmen weist darauf hin, dass man in einer Angelegenheit Rat und Hilfe benötigt.
- Nichtschwimmer, der im Wasser untergeht, kann auf eine Gefährdung durch Inhalte des Unbewussten hindeuten, wenn diese nicht mehr unterdrückt werden können und ins Bewusstsein durchbrechen.

Schwindel

deutet man wie Betrug (siehe auch unter diesem Stichwort).

Schwindelgefühl

entsteht zum Teil körperbedingt bei Krankheiten, eine Untersuchung sollte beim Verdacht bald in Angriff genommen werden. Oft zeigt es aber, dass das innere Gleichgewicht gefährdet ist; die psychischen Ursachen ergeben sich aus den konkreten Lebensumständen.

Schwitzen

versteht man wie Schweiß (siehe auch unter dem Stichwort).

Schwören

(Schwur) interpretiert man wie Eid (siehe auch unter dem Stichwort).

See

versteht man im Sinne von Meer (siehe auch unter dem Stichwort).

Seefahrt

wird wie Reise (siehe auch unter dem Stichwort) und Boot oder Schiff (siehe auch unter diesen Stichwörtern) gedeutet.

Seeräuber

ermahnt zu harter Arbeit, die zum Erfolg führt.

Segelboot

(Segeln) deutet man wie Boot oder Schiff (siehe auch unter diesen Stichwörtern); außerdem muss oft noch das Symbol Wind (siehe auch unter dem Stichwort) bei der Gesamtinterpretation mit berücksichtigt werden.

Segen

(Segnen) kann für Glück auf dem weiteren Lebensweg stehen, wenn man dafür alle Energien einsetzt. Segnet man selbst jemanden, soll man anderen uneigennützig helfen.

Seide

bringt oft Eitelkeit, Streben nach mehr Ansehen und Geltung zum Ausdruck; dahinter stehen aber keine entsprechenden Leistungen, sodass man meist scheitern wird.

Seidenraupe

deutet man im Sinne von Raupe (siehe auch unter dem Stichwort).

Seife

zeigt an, dass man sich von einem Verdacht oder einer Schuld reinwaschen soll. Benutzt man sie zum Waschen, muss man oft auch mit Hinterlist und Verleumdung rechnen.

Seifenblase

symbolisiert die Vergänglichkeit; das bezieht sich meist auf Erwartungen, Hoffnungen oder Illusionen, die nicht erfüllt werden.

Seifenschaum

kann wie Seife (siehe auch unter dem Stichwort) verstanden werden. Nicht selten deutet er auch auf überschäumende Gefühle hin, die man besser beherrschen muss.

Seil

steht oft für gefühlsmäßige oder sexuelle Abhängigkeit, die so stark ist, dass man Angst davor hat. Außerdem sind je nach den Begleitumständen im Traum noch folgende Bedeutungen möglich:

- Seil sehen fordert auf, sich mit anderen zu verbünden, um ein Ziel zu erreichen.
- Seil zum Festbinden oder Verschnüren verwenden kündigt an, dass eine gewünschte Verbindung nicht gelingen wird.
- Seil aufknoten fordert zur mehr Toleranz anderen gegenüber auf, damit man die Verbindung zu ihnen nicht zerstört.

Seiltänzer

bedeutet inneres Gleichgewicht, das durch Risiken gefährdet sein kann. (Umgangssprachlich daher auch »Drahtseilakt«) Stürzt er vom Seil, wird man Schaden nehmen, während der Tanz auf dem Seil vor Übermut warnt oder Erfolge und Harmonie verspricht. Nicht selten kommt in dem Symbol eine tiefe seelische Krise zum Vorschein, die man durchstehen muss, auch wenn man fürchtet, dabei das innere Gleichgewicht und die Stabilität zu verlieren.

Sekundant

taucht im Traum nicht als Helfer auf, sondern warnt vor schwerer Verleumdung durch eine vertraute Person.

Semmel

deuten alte Traumbücher als allgemeines Erfolgssymbol. Der Kauf soll Gewinne verkünden, isst man sie, verspricht das Erfolg durch Beharrlichkeit. Auch Semmelmehl versteht man im Sinne von Ansehen und Erfolg.

Senf

warnt davor, sich auf »krumme« Geschäfte einzulassen.

Sessel

versteht die traditionelle Traumdeutung als bevorstehende chronische Krankheit.

Seuche

(Epidemie) weist auf eine übertriebene materialistische Einstellung hin, die das ganze Leben »infiziert« und die innere Harmonie gefährdet; man muss diese negative Tendenz abbauen, um Glück auch außerhalb von Besitz zu finden.

Sektion

(Sezieren eines Körpers) deutet auf einen scharfen, analytischen Verstand hin, der aber das Gefühlsleben unterdrückt.

Sichel

fordert auf, sich auch für kleine Erfolge mehr anzustrengen. Manchmal steht sie für tiefe Lebensangst.

Sieg

kündigt zwar einen Erfolg an, der aber nicht sehr lange Bestand haben wird.

Siegel

steht für etwas Endgültiges, das man nicht mehr ändern kann; zum Teil bezieht sich das auf eine abgeschlossene Arbeit, ein Geschäft oder die Trennung von einem Menschen.

Signal

versteht man stets als Hinweis oder Warnung im Sinne von Glocke, Klingel oder Pfeife (siehe auch unter diesen Stichwörtern).

Silber

kann ähnlich wie Mond (siehe auch unter dem Stichwort) als Symbol der Seele stehen. Münzen verheißen finanziellen Gewinn, Barren warnen vor zu hohen Erwartungen.

Singen

(Gesang) kann innere Harmonie und gute soziale Beziehungen anzeigen, Letzteres vor allem beim gemeinsamen Singen. Zuweilen begleitet es auch gefühlsbetonte Erinnerungen an schöne Zeiten.

Sinken

warnt vor Unausgeglichenheit und moralischer Haltlosigkeit, gelegentlich auch vor schlechter körperlicher Verfassung.

Sintflut

symbolisiert plötzlich übermächtig werdende Gefühle, die das ganze Seelenleben überschwemmen; man muss sie besser beherrschen und die eigene Vernunft aktivieren.

Sirup

ermahnt zur gründlichen Überlegung, damit man keine Fehler macht.

Sitz

(Sitzen) deutet man im Sinne von Stuhl (siehe auch unter dem Stichwort).

Ski

(Ski laufen) kann anzeigen, dass man in einer schwierigen Situation ein Hilfsmittel benötigt. Steigt man im Schnee nach oben, wird man langsam, aber sicher seine Ziele erreichen. Die Abfahrt dagegen kündigt Misserfolge an, vor allem die Schussfahrt nach unten, die ein Unglück androht.

Sklave

(Sklavin) warnt vor starken Begierden und Leidenschaften, von denen man sich abhängig gemacht hat, das bezieht sich manchmal auf eine sehr starke emotionale oder sexuelle Bindung.

Skorpion

kann Aggressivität, Sarkasmus, Zynismus oder Bosheit verkörpern; oft steht dahinter Verbitterung über eine Enttäuschung, die man noch nicht verarbeitet hat.

Smaragd

wurde bei Juwelen (siehe auch unter dem Stichwort) erklärt.

Socken

deutet man wie Strumpf (siehe auch unter dem Stichwort).

Sofa

steht für den Wunsch nach einem behaglichen, beschaulichen Leben. Oft kommen darin Erinnerungen an die gute alte Zeit zum Ausdruck, die man zurücksehnt.

Sohn

symbolisiert alle Erwartungen und Hoffnungen für die Zukunft. Nicht selten kommt in Träumen von Eltern darin das Verhältnis zum eigenen Sohn zum Vorschein.

Soldat

fordert zu Selbstdisziplin auf, weil man sonst durch sein Verhalten Streit und Konflikte provoziert. Allgemeiner kündigt er eine unangenehme Veränderung im Leben an. Soldaten bei einer Parade sollen nach alter Traumdeutung ein glückliches Ereignis ankündigen. Vor allem bei Frauen kommt darin zuweilen der Wunsch nach einem sexuellen Abenteuer zum Ausdruck.

Sommer

steht für Energie, Tatkraft und persönliche Reife, im weiteren Sinn für die Ernte des Lebens, die man einbringen und sichern sollte, ehe der Herbst (siehe auch unter dem Stichwort) beginnt.

Sommersprossen

weisen meist auf ein falsches Selbstbild hin, das man durch eigene Fehler und Schwächen befleckt sieht. Zusätzlich steht die Angst dahinter, dass andere diese Flecken erkennen.

Sonne

symbolisiert das bewusste Leben, das man mit Energie und Tatkraft gestalten soll; gleichzeitig verspricht sie Erfolg, Lebensfreude und Gesundheit. Steht man im Sonnenschein, deutet das auf mehr Ansehen hin. Geht die Sonne unter, verspricht das den erfolgreichen Abschluss einer Angelegenheit. Die blutrote Sonne dagegen kündigt schwerwiegende Probleme an.

Sonnenbad

fordert auf, sich von Zwängen zu befreien, die Lebensfreude, Zufriedenheit und Energie blockieren.

Sonnenblume

deutet die altindische Traumlehre als fröhliches, unbeschwertes Gemüt.

Sonnenfinsternis

kann Krankheit, Misserfolge, Depressionen oder eine andere »Verdüsterung« des Lebens ankündigen; sie wird aber nicht lange anhalten.

Sonnenuhr

soll nach traditioneller Traumdeutung anzeigen, dass man sich leider vergeblich um einen Erfolg bemüht.

Sonntag

fordert auf, sich mehr Erholung und Entspannung zu gönnen. Zuweilen kommt darin auch Frömmigkeit oder Sehnsucht (siehe auch unter den Stichwörtern) nach einem friedlicheren Leben zum Ausdruck.

Souterrain

versteht man wie den Keller, Grotte oder Gruft (siehe auch unter diesen Stichwörtern).

Spalier

kündigt nach altindische Traumdeutung an, dass man Neuigkeiten erfahren wird; das gilt besonders, wenn Vögel darin sitzen und zwitschern.

Spargel

symbolisiert als Phallussymbol sexuelle Bedürfnisse, manchmal auch eine flüchtige Leidenschaft.

Spaten

kann allgemein für eine schwere, langwierige Arbeit stehen. Tiefenpsychologisch verstanden fordert er auf, im Unbewussten zu »graben«, um mehr Selbsterkenntnis zu erlangen.

Spatz

warnt oftmals vor leeren Versprechungen oder auch vor Klatsch und Tratsch. Er kann aber auch das Bedürfnis nach Geselligkeit anzeigen, vor allem wenn im Traum mehrere Spatzen gesehen werden.

Speck

deutet man ähnlich wie Schinken oder Schwein (siehe auch unter diesen Stichwörtern). Zuweilen kündigt er an, dass die »fetten Jahre« vorüber sind; man muss dann mit Mühen und Sorgen rechnen.

Speer

kann für Zorn und andere Aggressionen stehen, die man besser beherrschen muss. Außerdem kann er auf verletzende Kritik hinweisen, die man sich nicht gefallen lassen darf.

Speichel

wird häufig als Demut und Unterwürfigkeit gedeutet, mit der man im Leben nicht weiterkommt. Vielleicht warnt er auch vor unaufrichtigen Menschen, die einem nur »schön tun«.

Speicher

deutet man als Dachboden (siehe auch unter dem Stichwort).

Speise

versteht man als Mahlzeit (siehe auch unter dem Stichwort).

Sperma

kann im Sinne von Keim (siehe auch unter diesem Stichwort) vor allem als Lebenskraft und Energie gedeutet werden. Oft symbolisiert es auch männliche Potenz oder den Wunsch der Frau nach einem potenten, sexuell aktiven Mann.

Spiegel

zeigt die eigene Persönlichkeit; sieht man sich selbst darin, sollte man sich genauer erforschen, um zur Selbsterkenntnis zu gelangen, während der blinde Spiegel vor einem falschen Selbstbild warnt.

Spiel(en)

kann Leichtsinn und Oberflächlichkeit zum Ausdruck bringen. Je nach individuellen Lebensumständen weist es auch darauf hin, dass man das Leben nicht zu ernst nehmen sollte. Lotterien und andere Glücksspiele warnen vor Enttäuschungen und Verlusten.

Spielzeug

deutet auf eine unreife Persönlichkeit hin; man muss Kindlichkeit und Naivität überwinden und sich weiterentwickeln.

Spinne

steht oft für sexuelle Bedürfnisse und andere Leidenschaften, in denen man sich verfangen hat; häufig ist das mit Ängsten und Schuldgefühlen verbunden.

Spinnen

(Spinnrad) zeigt den Wunsch nach Geborgenheit in einem behaglichen Familienleben an.

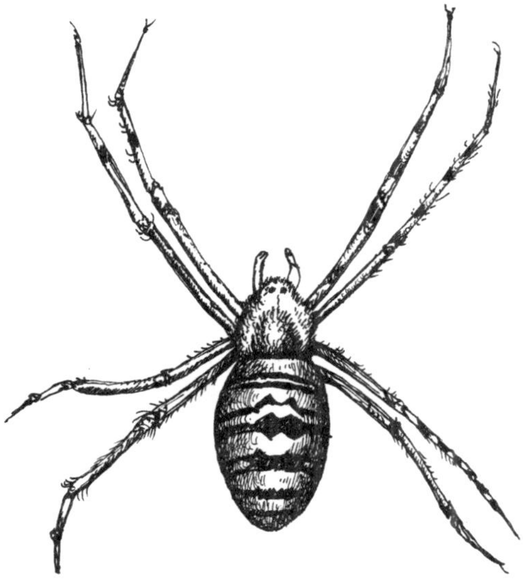

Spinnennetz

kann ähnlich wie Spinne gedeutet werden. Im Einzelfall kommt darin eine zu enge Mutterbindung oder andere Beziehung zum Ausdruck, durch die man in der Selbstentfaltung behindert wird.

Spion

warnt oft vor Täuschung und Verrat durch andere. Sieht man sich selbst als Spion, kann das vor dem Verlust des guten Rufs warnen.

Spital

soll nach altindischer Traumdeutung Armut und Krankheit ankündigen. Allgemeiner deutet es auf eine günstige oder negative Lebensveränderung oder eine tiefe Lebenskrise hin, verspricht dann aber auch, dass man sie gut überstehen wird.

Spitzen

an Unterwäsche symbolisieren sexuelle Bedürfnisse; an der übrigen Kleidung deuten sie auf eine Enttäuschung hin.

Sporen

stehen für Wohlstand und Ansehen, die man aber nicht erzwingen darf.

Sprache

(Sprechen) deutet das Bedürfnis nach sozialen Kontakten an, insbesondere auch den Wunsch, von anderen verstanden und anerkannt zu werden.

Sprachrohr

kann im Sinne von Sprache als Hilferuf der Seele bei Einsamkeit verstanden werden.

Spreu

weist darauf hin, dass man sich zu viel mit unwichtigen Dingen befasst. Manchmal wird sie auch als Symbol des Wohlstands verstanden.

Springen

(Sprung) fordert oft auf, mutig eine Chance zu nutzen oder Hindernisse zu überwinden; damit kann Angst vor dem Risiko verbunden sein. Vielleicht kommt darin auch zum Ausdruck, dass man in einer Angelegenheit über den eigenen Schatten springen soll.

Spritze

wird als Phallussymbol ähnlich wie Injektion (siehe dort) gedeutet.

Spucken

versteht man im Sinne von Speichel (siehe auch unter dem Stichwort).

Stab

(Stecken, Stock) kann auch als Phallussymbol bei sexuellen Bedürfnissen auftauchen. Weitere Bedeutungen ergeben sich aus den Begleitumständen:

- Stab sehen weist auf Unzuverlässigkeit hin.
- Auf den Stab stützen warnt davor, sich auf andere zu verlassen.
- Mit einem Stock geschlagen werden deutet an, dass sich jemand an einem rächen will.
- Zerbrochener Stab soll auf Streit oder Untreue hinweisen.

Stachel

taucht oft bei Menschen auf, die dazu neigen, übertrieben gegen die Ansprüche der Mitwelt aufzubegehren; sie werden vor den Reaktionen der anderen auf diese eigene Handlungsweise im Traum gewarnt. Manchmal hat er auch sexuelle Bedeutung.

Stachelbeere

kann Streit in einer Liebesbeziehung ankündigen. Wenn Frauen von Stachelbeeren träumen, soll sie nach altindischen Traumbüchern auf einen unfreundlichen Ehemann hinweisen.

Stacheldraht

warnt vor Liebesabenteuern, die eine Ehe sehr stark gefährden können.

Stachelschwein

soll traditionell eine gute Bekanntschaft ankündigen.

Stadt

bringt oft das Bedürfnis nach Geselligkeit und Abwechslung zum Ausdruck. Die Kleinstadt kann auch gute Geschäfte versprechen, die Großstadt dagegen symbolisiert Unruhe und Sorgen.

Stahl

deutet man wie Eisen (siehe auch unter dem Stichwort).

Standesamt

bringt manchmal den Wunsch nach einer Heirat zum Ausdruck. Oft kündigt es aber auch Probleme mit dem Partner an.

Stange

versteht man wie Rohr oder Stab (siehe auch unter diesen Stichwörtern).

Stapellauf

markiert einen neuen Lebensabschnitt, der sehr erfolgreich verlaufen wird.

Star

(Vogel) ermahnt, nicht so redselig und naiv-vertrauend zu sein.

Star

(Berühmtheit) kann ähnlich wie Schauspieler (siehe auch unter dem Stichwort) verstanden werden.

Starr

(Erstarrung) bringt feste Prinzipien, Meinungen und Überzeugungen zum Ausdruck; man sollte sie kritisch überprüfen, damit das Leben nicht unnötig eingeschränkt wird.

Statue

steht für Gefühlskälte, Gleichgültigkeit und Überheblichkeit; diese Eigenschaften sollte man mildern.

Staub

kann das Bedürfnis nach dem einfachen, naturnahen Leben in bescheidenen Verhältnissen verkörpern; da es aber oft nicht lange anhält, darf man keine voreiligen Veränderungen vornehmen. Aufgewirbelter Staub kündigt Kummer an und warnt davor, zu viel Aufsehen erregen zu wollen.

Stechen

(Stich) ermahnt manchmal zur Vorsicht, damit man nicht von anderen verletzt wird. Oft kommen darin aber auch die Antriebe und Motive zum Ausdruck, von denen man sich zu mehr Anstrengungen anstacheln lassen sollte.

Stecknadel

deutet an, dass man den kleinen Widerwärtigkeiten des Alltags nicht zu viel Bedeutung beimessen, sich nicht unnötig darüber aufregen sollte.

Steigbügel

verspricht, dass man ein Ziel erreicht und dadurch mehr Ansehen erringt (siehe auch unter den Stichwörtern Pferd, Sattel).

Steil

deutet man im Sinne von Berg oder Abgrund (siehe auch unter diesen Stichwörtern), das ergibt sich aus den Begleitumständen des Traums.

Stein

kann ähnlich wie Felsen (siehe auch unter dem Stichwort) Hindernisse anzeigen, die man überwinden muss. Oft symbolisiert er auch Hartherzigkeit, Gefühlskälte oder Hass. Bricht man Steine, soll das nach altindischer Traumdeutung Erfolg durch harte Arbeit versprechen. Edelsteine deutet man wie Juwelen (siehe auch dort).

Stelze

warnt vor Eitelkeit und Selbstüberschätzung, man kommt dadurch leicht zu Fall.

Stempel

deutet man wie Siegel oder Name (siehe auch unter diesen Stichwörtern).

Sterben

wird wie Tod (siehe auch unter diesem Stichwort) verstanden.

Stern

symbolisiert allgemein das Streben nach höheren Zielen und Idealen; damit kann die Warnung verbunden sein, nicht zu ehrgeizig nach den Sternen zu greifen. Funkelnde Sterne kündigen Glück in der Liebe an, wolkenverhangene warnen oft vor Unglück und Enttäuschungen.

Sternschnuppe

wird als allgemeines Glückssymbol gedeutet.

Steuer

(Lenkrad) versinnbildlicht den Willen, der das Leben lenkt; man wird dann oft vor falschen Zielen gewarnt.

Steuer

(Abgabe) kann auf Verluste oder Abhängigkeiten deuten.

Steuermann

verkörpert alles, was den Lebensweg bestimmt. Insbesondere warnt er oft vor unbewussten und äußeren Einflüssen.

Sticken

(Stickerei) kann zu Geduld und Geschicklichkeit (oft im Umgang mit anderen) auffordern. Manchmal ermahnt dieses Traumbild auch, nicht zu stolz auf eigene Leistungen zu sein.

Stiefel

versteht man wie Schuh (siehe auch unter dem Stichwort).

Stier

symbolisiert ausgeprägte Männlichkeit und sexuelle Potenz, im weiteren Sinne Energie, Tatkraft und Durchsetzungsvermögen.

Stierkampf

warnt vor zu ungestümem Vorpreschen in einer Angelegenheit, zuweilen auch vor der Einmischung in Auseinandersetzungen, weil man dafür nur Undank erntet.

Stirn

kann Verstand, Vernunft und Charakter verkörpern. Befindet sich ein Auge darauf, deutet das auf Weisheit hin. Zuweilen fordert sie auf, sich gegen Angriffe zu wehren.

Stock

deutet man wie Stab (siehe auch unter dem Stichwort).

Stolpern

kündigt Hindernisse an, die zwar aufhalten können, den Erfolg jedoch nicht verhindern.

Storch

bringt oft den Wunsch nach Kindern zum Ausdruck, kann aber auch Erinnerung an die eigene Kindheit symbolisieren.

Stoß(en)

wird zum Teil als Anstoß verstanden, der zu mehr Aktivität auffordert. Außerdem kann er sexuelle Bedürfnisse und Aggressivität zum Vorschein bringen.

Stottern

(Stotterer) zeigt oft an, dass man sich nur schwer verständlich machen kann; dahinter stehen meist Ängste und Minderwertigkeitsgefühle.

Strafe

(Sträfling) deutet man häufig als Glücks- und Erfolgssymbol. Teilweise stehen dahinter verdrängte, psychische Inhalte (oft Triebe und Ziele), die man selbst nicht zulässt, weil man sich schuldig fühlt; das erklärt sich meist aus neurotischen Fehlhaltungen, die verarbeitet werden müssen.

Strahlenkranz

(Aura, Heiligenschein) symbolisiert die Ausstrahlung, die man auf andere hat. Zuweilen steht echte Frömmigkeit oder Heuchelei dahinter.

Straße

steht allgemein für den Lebensweg; zur individuellen Deutung sind vor allem folgende Begleitumstände wichtig:

- Straße sehen zeigt an, wie die nächste Zukunft verläuft; oft wird das als Symbol der Hoffnung verstanden.
- Straße voller Menschen kann das Bedürfnis nach Geselligkeit anzeigen, aber auch vor schwerwiegenden Konflikten warnen.
- Verlassene Straße bedeutet, dass man sich nur auf sich selbst verlassen darf, mit keiner Hilfe von außen rechnen kann.
- Breite Straße, oft mit schönen Gebäuden oder Bäumen, verheißt eine glückliche, erfolgreiche und zufriedene Zukunft.
- Enge Straße kann auf Schwierigkeiten hinweisen, man wird eingeengt und behindert.
- Von der Straße abweichen warnt vor der bisherigen Lebensrichtung, die nicht im Einlang mit der Persönlichkeit steht.

Strauß

deutet man wie Blumenstrauß (siehe auch unter dem Stichwort).

Strauß

(Vogel) ermahnt, die Augen nicht vor der Realität und ihren Problemen zu verschließen, das Leben mutig und ohne Illusionen selbst zu gestalten.

Strick

kann Beziehungen zu anderen verkörpern, durch die man sich eingeengt fühlt. Manchmal fordert er auf, die Kräfte und Fähigkeiten zu vereinigen und auf ein Ziel zu konzentrieren.

Stricken

verkörpert oft eine monotone, langwierige Arbeit, der man sich aber nicht entziehen kann. Manchmal kommt darin die Neigung zum Ausdruck, bestimmte Dinge unnötig zu komplizieren.

Stroh

kann ähnlich wie Heu (siehe auch unter dem Stichwort) verstanden werden. Teilweise kündigt es materielle Not an.

Strohhut

fordert zu mehr Mut und Tatkraft auf.

Strom

deutet man entweder wie Elektrizität oder Fluss (siehe auch unter diesen Stichwörtern).

Strumpf (-band)

weist häufig auf sexuelle Bedürfnisse hin, die in symbolischer Form im Traum befriedigt werden. Auf Dauer wird man mit dieser Scheinbefriedigung aber nicht glücklich, sondern sollte die Bedürfnisse mehr ausleben.

Stube

kündigt eine Ortsveränderung an, meist einen Umzug.

Student(in)

steht für eine fröhliche Gesellschaft, an der man teilnehmen wird oder die man sich wünscht.

Stuhl

symbolisiert allgemein die soziale Stellung und das Ansehen bei anderen. Oft weist er auch auf das Bedürfnis nach Ruhe und Erholung hin, die man derzeit in der Hektik des eigenen Lebens nicht findet. Ähnelt er einem Thron, kann das nach alter Traumdeutung ein ehrenvolles, einflussreiches Amt versprechen.

Stumm

fordert auf, die eigenen Bedürfnisse und Gefühle deutlicher zum Ausdruck zu bringen.

Sturm

kann auf eine tiefe seelische Erschütterung durch aufwühlende Erfahrungen oder Ängste hinweisen; sie stören das innere Gleichgewicht, wenn man sie nicht bald verarbeitet. Altindische Traumbücher verstehen ihn als Warnung vor Unfrieden (meist in der Familie).

Sturz

warnt vor Hindernissen und Problemen, an denen man (anders als beim Stolpern, siehe auch unter diesem Stichwort) scheitern wird.

Süden

kann man oft wie Italien (siehe auch unter dem Stichwort) interpretieren. Allgemein kommt darin die geistige Prägung des Handelns und Verhaltens zum Ausdruck; das lässt sich nur individuell je nach Lebensumständen verstehen.

Sumpf

deutet man wie Morast oder Schlamm (siehe auch unter diesen Stichwörtern).

Suppe

hat die allgemeine Bedeutung von Mahlzeit oder Nahrung (siehe auch unter diesen Stichwörtern). Im Einzelfall fordert sie auch auf, eine problematische Angelegenheit, für die man selbst verantwortlich ist, mit allen Konsequenzen durchzustehen, auch wenn das noch so schwierig und schmerzlich ist (die Suppe auslöffeln, die man sich selbst eingebrockt hat).

Suppentopf

versteht die altindische Traumlehre als Symbol eines ordentlichen Hauswesens, allgemeiner als geordnete Lebensverhältnisse, die man bereits hat oder sich endlich schaffen sollte. Isst man daraus, kann das eine sorglose Zeit ankündigen.

Süßholz

(Lakritze) wird im Sinne von »Süßholz raspeln« verstanden; es warnt davor, einem Liebespartner zu viel zu versprechen und schön zu tun, weil das durchschaut wird und mit einer Enttäuschung endet.

T

als plastischer, geschriebener oder gesprochener Buchstabe steht allgemein für Gefühle, Wünsche und Ideale; die genaue Bedeutung ergibt sich erst aus anderen Symbolen und den individuellen Lebensumständen. Manchmal kann es auch im Sinne von Kreuz (siehe auch unter dem Stichwort) interpretiert werden.

Tabak

symbolisiert meist Männlichkeit, was sich mit daraus erklärt, dass Frauen früher kaum rauchten. Pfeife, Zigarre und Zigarette deuten als Phallussymbol sexuelle Bedürfnisse an. Sieht man deutlich den Tabakrauch, macht das auch auf unfruchtbare Anstrengungen aufmerksam, die sich in Rauch auflösen werden.

Tablette

versteht man wie Arznei oder Pille (siehe auch unter diesen Stichwörtern).

Tafel

deutet man im Sinne von Tisch (siehe auch unter dem Stichwort).

Tafel

(zum Schreiben) fordert meist auf, aus Erfahrungen zu lernen. Zuweilen weist sie darauf hin, dass man Rat und Hilfe benötigt. Wischt man die Tafel ab, muss man wahrscheinlich von Plänen und Hoffnungen Abschied nehmen Erkennt man Buchstaben, Wort (Wörter) oder Zahlen (siehe auch unter diesen Stichwörtern) auf der Tafel, werden diese zusätzlich gedeutet.

Tag

steht für einen bestimmten Lebensabschnitt; die weitere Bedeutung ergibt sich aus den Vorgängen im Traum.

Tagebuch

weist auf Erinnerungen hin, die man noch verarbeiten muss.

Tagedieb

kündigt nach alten Traumbüchern Ärger und Sorgen an.

Taglöhner

kann finanzielle oder berufliche Erfolge verheißen.

Tal

kündigt an, dass Wünsche sich erfüllen und man danach etwas Ruhe verdient hat. Manchmal taucht es auch bei Depressionen auf.

Taler

soll nach alter Traumdeutung ein frohes Ereignis ankündigen.

Talglicht

deutet man wie die Kerze (siehe auch unter dem Stichwort).

Talmud

(Sammlung jüdischer religiöser Überlieferungen) versteht man wie die Bibel (siehe auch unter dem Stichwort).

Tambour(in)

kündigt belanglose Nachrichten oder ein harmloses Vergnügen an.

Tango

wird ähnlich wie Tanz (siehe auch unter dem Stichwort) verstanden, betont aber erotische Bedürfnisse.

Tank

setzt man mit materieller Sicherheit gleich; der gefüllte steht für eine gesicherte Zukunft, der leere für materielle Sorgen. Zusätzlich muss oft der Inhalt gedeutet werden (siehe auch unter diesen Stichwörtern Alkohol, Benzin, Wasser, Wein).

Tanne

ist oft ein Phallussymbol, das sexuelle Bedürfnisse anzeigt. Im weiteren Sinn kommt das Bedürfnis nach Harmonie und stiller Freude darin zum Ausdruck. Eine hohe Tanne soll auch ein langes Leben verheißen.

Tannenzapfen

verspricht ein glückliches Ereignis, das man dem Zufall zu verdanken hat.

Tante

soll nach alten Traumbüchern ein Geschenk oder eine Erbschaft ankündigen.

Tanz

(Tanzen) deutet auf innere Harmonie oder spontan ausgelebte Gefühle hin. Zum Teil verdeutlicht er erotische

Wünsche (vor allem Tango, siehe auch unter dem Stichwort), die zu einem flüchtigen Abenteuer führen können.

Tanzsaal (-veranstaltung)

fordert auf, mehr fröhliche Gesellschaft zu suchen. Vielleicht ermahnt das auch, nicht so oberflächlich und vergnügungssüchtig zu sein.

Tapete

deutet man im Sinne von Anstrich und Fassade (siehe auch unter diesen Stichwörtern).

Tasche

symbolisiert meist Erfahrungen, Gefühle, Energien und geistige Besitztümer, die in einem Menschenruhen und mehr genutzt werden sollen. Manchmal steht sie auch für sexuelle Bedürfnisse.

Taschendieb

fordert allgemein zu mehr Vorsicht auf, weil man zu vertrauensselig ist.

Taschenlampe

kündigt an, dass man Licht in eine unklare Angelegenheit bringen soll.

Taschenmesser

wird in der Regel als Warnung vor Not und Unglück verstanden.

Taschenspieler

ermahnt, sich nicht täuschen und betrügen zu lassen.

Taschentuch

kann für Abschied und Trennung stehen, die sehr schmerzt.

Tasse

versteht man wie Gefäße (siehe auch unter diesem Stichwort).

Taub

(Taubheit) fordert auf, mehr auf das zu achten, was in der Umgebung vorgeht, weil man sonst Enttäuschungen und Verluste erleben wird.

Taube

verkörpert ein weiches, sanftes Gemüt, die Sehnsucht nach Harmonie und Frieden in der Liebe.

Tauchen

(Taucher) kann Angst vor dem Unbekannten (oft vor dem eigenen Unbewussten) versinnbildlichen; dann wird man zu mehr Mut aufgefordert und soll auch Risiken eingehen, die man nicht genau kalkulieren kann.

Tauen

(Tauwetter) fordert auf, seelische Verhärtungen zu lösen und mehr Gefühle

zuzulassen, sich aus starren Gewohnheiten, Routine und Vorurteilen zu befreien. Manchmal sollte man mehr Anteil am Schicksal anderer nehmen.

Taufe

kündigt eine seelisch-geistige Erneuerung an, die das Leben grundlegend verändern wird. Vor allem geht man daraus innerlich gefestigter hervor und ist den Stürmen des Lebens besser gewachsen.

Tee

wird ähnlich wie Kaffee (siehe auch unter dem Stichwort) verstanden.

Teer

weist auf jene »dunklen« Seiten der Persönlichkeit hin, die einem zäh anhaften, sodass man sich noch nicht von ihnen befreien konnte. Manchmal deutet er auch auf eine unangenehme Beziehung hin, aus der man sich nicht lösen konnte.

Teich

symbolisiert die geheimsten Wünsche, Hoffnungen, Gefühle und Leidenschaften, die man im bewussten Zustand kaum sich selbst eingesteht. Wenn das Wasser klar ist, sollte man zu ihnen stehen, bei trübem Wasser aber versuchen, sie zu verändern. Der Teich mit Fischen kann finanzielle Gewinne ankündigen.

Teig

deutet man im Sinne von Backen und Brot (siehe auch unter diesen Stichwörtern).

Teint

versteht man wie Fassade und Kosmetik (siehe auch unter diesen Stichwörtern).

Telefon

zeigt das Bedürfnis nach sozialen Kontakten an. Nimmt man den Hörer nicht ab, besteht oft Angst oder Hemmung vor einer Kontaktaufnahme.

Telegraf

(Telegramm) kündigt eine Neuigkeit, Überraschung oder Nachricht an, die unvermutet eintrifft. Beim Telegramm wird man darüber meist erschrecken.

Teller

steht für Pläne, Absichten, Bedürfnisse und Begierden. Gefüllt kündigt er Erfolge an, leer Misserfolge. Ist der Teller übervoll, soll man nicht zu viel erwarten oder verlangen, sonst wird man scheitern.

Tempel

symbolisiert den Körper als Wohnung von Geist und Seele, die miteinander in Einklang und Harmonie stehen. Deshalb wird man ein zufriedenes, glückliches Leben führen.

Tenne

verspricht gute materielle Erfolge in nächster Zeit.

Teppich

verkörpert ähnlich wie Mosaik (siehe auch unter dem Stichwort) das eigene Leben; je nach Muster kann es chaotisch oder sinnvoll verlaufen. Zuweilen warnt er vor zu hohen Idealen, Erwartungen und Plänen, die man dann später doch nicht so einfach realisieren kann.

Terpentin

(Öl) fordert auf, im Leben etwas zu »reinigen«, also klarzustellen.

Terrasse

kann einen Besuch ankündigen. Oft steht sie für Pläne, die man in Angriff nehmen soll und erfolgreich beendet.

Testament

bedeutet nach alten Traumbüchern, dass man ein hohes Alter erreicht.

Teufel

verkörpert jene Gefühle, Wünsche, Begierden und Leidenschaften, die man bewusst zwar ablehnt, von denen man aus dem Unbewussten aber doch stark beeinflusst und geschädigt wird. Man muss lernen, sie bewusst anzunehmen und zu verändern.

Theater

deutet man wie Bühne oder Schauspieler (siehe unter diesen Stichwörtern).

Thermometer

zeigt ein kühles oder heftiges Temperament, Gefühlskälte oder -wärme an. Manchmal warnt es auch vor Unzuverlässigkeit.

Thermosflasche

deutet an, dass man ein augenblickliches Gefühl oder die gute Beziehung zu einem anderen »warm halten« soll.

Thron

wird im Sinne von Stuhl (siehe auch unter dem Stichwort) verstanden.

Tierarzt

verspricht in einer seelischen Notlage, dass man aus eigener Kraft darüber hinwegkommen wird.

Tiere

stehen allgemein für Triebe, Instinkte, Leidenschaften und Begierden, für alles da also, was man als primitiv ablehnt, aber doch nicht übermäßig unterdrücken darf. Gezähmte Tiere warnen vor Gefahren, insbesondere vor Täuschung und Hinterlist. Sprechende Tiere ermahnen, weniger vertrauens- und redselig zu sein.

Tiger

steht für mächtige Triebe und Instinkte, die man besser beherrschen muss. Greift er an, muss man sich vor aggressiven, rachsüchtigen Menschen hüten; die altindische Traumdeutung versteht das als einen Feind, den man bewusst noch nicht entlarvt hat. Erlegt man den Tiger, nimmt man aber keinen Schaden durch die Aggressionen anderer.

Tinte

fordert manchmal auf, mehr auf das Unbewusste und seine Botschaften zu achten. Vielleicht soll man auch eine Absicht genauer vorausplanen oder eine Angelegenheit endlich zum Abschluss bringen. Sieht man die Tinte, kann das vor anonymer Verleumdung warnen. Der Tintenklecks wird oft als Schuldgefühl gedeutet.

Tisch

kann den Wunsch nach fröhlicher Gesellschaft symbolisieren. Allgemein steht er für das äußere Leben, zum Beispiel die Arbeit. Ist er schön gedeckt, spricht das für Glück und Erfolge, andernfalls für Misserfolg und Kummer. Ferner kann er im Sinne von Altar (siehe auch unter dem Stichwort) verstanden werden.

Tischler

verspricht einen großen Erfolg durch fleißige Arbeit.

Tochter

versteht man in ähnlichem Sinn wie Sohn (siehe auch unter dem Stichwort).

Tod

markiert meist das Ende eines Lebensabschnitts; man wird mit neuen Plänen und Hoffnungen in eine neue Phase eintreten und soll dabei die früheren Erfahrungen beachten. Die altindische Traumlehre versteht ihn als Symbol für Gesundheit und Lebensfreude.

Toilette

deutet man im Sinne von Abort oder Exkrementen (siehe auch unter diesen Stichwörtern).

Tomate

steht für leidenschaftliche, oft verheimlichte Liebe. Wenn man sie erntet, deutet das auf eine gereifte Persönlichkeit hin.

Topf

wird wie Gefäß (siehe auch unter dem Stichwort), manchmal auch wie Kreis (siehe auch unter dem Stichwort) interpretiert.

Töpfer (-scheibe)

verdeutlicht äußere Einflüsse, die das eigene Leben prägten; vielleicht muss man sich mehr davon lösen, um sich selbst verwirklichen zu können.

Tor

steht meist für ein Hindernis auf dem Lebensweg. Geht man hindurch, wird man es überwinden. Das verschlossene Tor kann ankündigen, dass man sich mehr anstrengen muss, vielleicht aber trotzdem scheitert; das hängt davon ab, ob man es öffnen kann oder davor stehen bleibt.

Tor (Narr)

deutet man wie Clown (siehe auch unter dem Stichwort).

Tot

(Toter) versteht man wie Tod (siehe auch unter dem Stichwort).

Töten

(Morden) kann unterdrückte Gefühle und ähnliche psychische Inhalte symbolisieren, die man wieder zulassen sollte.

Totenbahre

verheißt nach alter Traumdeutung gute Geschäfte.

Totengräber

soll traditionell Neuigkeiten ankündigen oder auf einen Feind aufmerksam machen; das ergibt sich aus den individuellen Lebensumständen.

Tragbahre

kann einen Unglücksfall ankündigen, wenn man selbst darauf liegt. Trägt man sie, wird man aus einer misslichen Situation doch noch Nutzen ziehen können.

Tragen

weist auf bevorstehende schwere Arbeit hin.

Trance

kann entweder auffordern, das Unbewusste besser zu erforschen, oder davor warnen, sich übermäßig in sich zurückzuziehen, nur noch um die eigene Person zu kreisen und dabei wichtige Menschen zu vergessen.

Träne

kann auf Gefühlsreichtum, Selbstmitleid oder Depressionen hinweisen. Manchmal lösen sich dadurch auch innere Spannungen, vor allem bei Menschen, die im Alltag nicht befreiend weinen können. Sieht man Tränen bei anderen, soll das auf ein freudiges Ereignis hinweisen.

Trapez

(geometrische Figur) deutet an, dass Verstand und Vernunft im täglichen Leben nicht überbetont werden dürfen, weil sonst Gefühle und Intuitionen zu kurz kommen.

Trapez

(im Zirkus) versteht man im Sinne von Seiltänzer (siehe auch unter dem Stichwort).

Traube

deutet man traditionell als Zeichen guter Gesundheit. Weitere Bedeutungen können sich aus folgenden Begleitumständen ergeben:

- Süße Trauben versprechen vor allem Liebe, Geborgenheit, Zärtlichkeit.
- Saure Trauben stehen für Probleme, die man nur lösen kann, wenn man selbst nachgibt.
- Weiße Trauben versprechen Gewinne, blaue warnen vor Verlusten.
- Trauben am Rebstock kündigen Erfolge an, wenn man sich dafür anstrengt.

Trauer

kündigt Ärger und Verdruss an, die aber nur kurz dauern.

Trauerbrief

verspricht eine günstige Nachricht.

Trauerkleid

steht für ein freudiges Ereignis und schönes Erlebnis.

Traum

im Traum kann vor Tagträumerei mit Flucht vor der Realität warnen.

Traurigkeit

verspricht, dass Wünsche und Hoffnungen bald erfüllt werden.

Trauring

zeigt Sehnsucht nach Liebe und Ehe an. Verliert man ihn, kann eine Liebesbeziehung gefährdet sein. Streift man ihn vom Finger ab, warnt das vor eigener Untreue.

Treiben lassen

deutet an, dass man sich erholen und entspannen soll. Es kann aber auch davor warnen, dass Inhalte des Unbewussten übermächtig werden und einen »umtreiben«. Wird man angetrieben, soll man nichts überstürzen.

Treibgut (-sand)

bedeutet, dass man innerlich haltlos, verängstigt oder verzweifelt ist und in diesen Gefühlen unterzugehen droht; das erfordert nicht selten psychotherapeutische Hilfe.

Treibstoff

deutet man wie Benzin und Tank (siehe auch unter diesen Stichwörtern).

Treppe

wird im Sinne von Leiter (siehe auch unter dem Stichwort) verstanden. Steigt man hinauf, kann das vor allem auf Streben nach mehr Einfluss, Autorität und Macht hinweisen, die man aufgrund eigener Leistungen auch verdient.

Tretmühle

symbolisiert Unzufriedenheit mit einem monotonen Leben, aus dem man kreative Auswege suchen sollte. Insbesondere muss geprüft werden, von welchen wiederkehrenden unbefriedigenden Aufgaben und Pflichten man sich befreien kann.

Tribüne

kann Geltungsbedürfnis symbolisieren, wenn man selbst darauf steht oder sitzt. Teilweise deutet sie aber auch Menschen oder Vorgänge an, denen man mehr Aufmerksamkeit schenken muss. Die altindische Traumdeutung versteht sie als allgemeines Gefahrensymbol.

Trichter

kündigt einen Engpass im Leben an, den man aber durch Vernunft überwinden wird.

Trinken

steht für ein starkes Bedürfnis, eine Sehnsucht oder heftige Leidenschaft, die bald erfüllt wird. Trinkt man aus einem Pokal, kündigt das Wohlstand an.

Trinkgeld

fordert auf, sich einen anderen gewogen zu machen, um seinen guten Rat zu erhalten.

Trog

ermahnt zur Sparsamkeit, damit man Wohlstand und andere Ziele erreicht. Beim Backtrog müssen zusätzlich die Symbole Backen, Brot und Teig (siehe auch unter diesen Stichwörtern) beachtet werden.

Trommel

kann wie Puls (siehe auch unter dem Stichwort) verstanden werden oder eine wichtige Nachricht ankündigen. Trommelt man selbst, will man zu viel Aufmerksamkeit erregen und macht sich dadurch vor anderen leicht lächerlich.

Trost

(Trösten) verspricht baldige Hilfe bei Sorgen und Problemen.

Tuch

kann wie Seide (siehe auch unter dem Stichwort) verstanden werden. Allgemein kündigt es nach alten Traumbüchern gute Geschäfte an.

Tür

deutet man wie Tor und Haus (siehe auch unter diesen Stichwörtern).

Türke

(Türkin, Türkei) versteht man wie Persien (siehe auch unter dem Stichwort).

Tunnel

wird oft als Angst vor einer ungewissen Zukunft verstanden; kommt man wieder heraus, verspricht das ein günstiges Schicksal. Manchmal steht dahinter die Erinnerung an die eigene Geburt; dann kann Psychotherapie notwendig werden, um das Geburtstrauma zu verarbeiten.

Turm

deutet einen großen Erfolg an, nach dem man aber nicht übermütig werden darf. Auch das Streben nach Ansehen kommt darin zum Vorschein. Der einstürzende Turm warnt vor Misserfolgen, der Turmwächter vor Hindernissen, die zu einer Enttäuschung führen.

U

als geschriebener, plastischer oder gesprochener Buchstabe wird im Sinne von Becher oder Kelch (siehe auch unter diesen Stichwörtern) gedeutet.

U-Bahn

steht für den Einfluss des Unbewussten auf die Lebensrichtung.

Übelkeit

ist eine Ermahnung, nicht das rechte Maß im Leben zu verlieren, weder zu verlangen noch anzustreben.

Überfahren

werden kann anzeigen, dass man in eine Verlegenheit (auch finanziell) kommt. Überfährt man jemanden, warnt das vor Unaufmerksamkeit.

Überfall

soll nach altindischer Lehre vor Verfolgungen durch andere warnen. Allgemein deutet er auf unbewusste Gefühle, Wünsche und ähnliche Inhalte hin, die plötzlich ins Bewusstsein durchbrechen.

Überfluss

warnt vor einem Verlust, der aber nur gering ausfallen wird.

Übergabe

kann im Sinne von Kapitulation auffordern, sich einer misslichen Situation nicht länger zu widersetzen, weil man sie doch nicht mehr ändern kann. Wenn man jemandem etwas übergibt, warnt das vor Verlusten durch eigene Unvorsichtigkeit.

Überlaufen

(Überkochen) zeigt an, dass man sich durch Überschwang und Voreiligkeit selbst schaden wird; man sollte bedachtsamer vorgehen.

Überläufer

(Abtrünniger) fordert auf, mutiger die eigenen Überzeugungen zu vertreten.

Überraschung

kündigt unerwartete Probleme an, die man nur durch vorsichtiges Handeln vermeiden kann.

Überrumpeln

fordert Mut zur raschen Überwindung von Hindernissen und Problemen, weil sonst neue Ängste und Bedenken dem entgegenstehen.

Überschwemmung

soll nach altindischer Traumdeutung vor finanziellen Schwierigkeiten warnen. Tiefenpsychologisch deutet man sie als bewusste Inhalte, die das Bewusstsein plötzlich überfluten; wenn das Wasser dabei trüb aussieht, kann das gefährlich werden.

Überzieher

(Mantel) ermahnt, mehr auf die Gesundheit zu achten.

Ufer

kann die Grenze zwischen Bewusstsein und Unbewusstem darstellen; das fordert auf, sich selbst zu erforschen. Manchmal weist es auch darauf hin, dass man Entscheidungen über den weiteren Lebensweg treffen muss, nachdem man bereits neue Ufer erreicht hat.

Uhr

versinnbildlicht den Lauf des Lebens, die Vergänglichkeit der Zeit; oft soll man rasch Entscheidungen treffen, damit nicht unnütz Zeit vergeudet wird. Steht die Uhr, geht eine Lebensphase zu Ende. Die goldene Uhr kann vor Täuschung und Betrug warnen.

Uhu

steht ähnlich wie Eule (siehe unter diesem Stichwort) für Erfahrung und Weisheit.

Umarmung

kann vor Arglist warnen, Vorsicht ist angebracht.

Umbringen

(einen Menschen) verspricht, dass man einer Gefahr entgehen wird.

Umfallen

soll nach altindischer Traumdeutung eine Krankheit oder einen Todesfall ankündigen.

Umweg

warnt davor, vom rechten Lebensweg abzuweichen, weil dann Pläne und Absichten zum Scheitern verurteilt sind.

Auch geistige Unbeweglichkeit und Umständlichkeit kann darin zum Ausdruck kommen.

Umzug

versteht man traditionell als innere Unrast, die auf Schuldgefühle zurückzuführen ist. Manchmal fordert er auch auf, seine Pläne und Absichten zu ändern, weil sie in der augenblicklichen Form nicht zu verwirklichen sind.

Unfall

enthält eine Warnung, die sich oft auf eigenen Leichtsinn bezieht; man muss das Leben umsichtiger und überlegter gestalten, sonst kommt man zu Schaden. Worauf sich das konkret bezieht, ergibt sich aus den persönlichen Lebensumständen.

Ungeheuer

bringt Ängste zum Ausdruck. Teils warnt es vor verdrängten Inhalten des Unbewussten, die ständig bedrohen, wenn sie nicht bewusst verarbeitet werden, teils kann sich die Bedrohung aus äußeren Lebensumständen (zum Beispiel Absichten) ergeben.

Ungeziefer

deuten alte Traumbücher oft als Glückssymbol vor allem für finanzielle Angelegenheiten. Vernichtet man es, soll das zu mehr Fleiß auffordern.

Unglück

hat im Traum meist gegenteilige Bedeutung; manchmal warnt es aber auch vor einem unkalkulierbaren Risiko, das man nicht eingehen sollte.

Uniform

deutet man im Sinne von Soldat (siehe unter diesem Stichwort).

Unkraut

weist oft auf Triebe, Leidenschaften und Begierden hin, die »ins Kraut schießen«, wenn man sie nicht besser beherrscht. Jätet man Unkraut, wird man Misserfolge und andere Schwierigkeiten durch eigenes Bemühen verhindern können.

Unrat

bedeutet Abfall oder auch Dung (siehe auch unter dem Stichwort).

Unrecht

das einem widerfährt, soll bessere Gesundheit versprechen; tut man einem anderen Unrecht, warnt das vor Krankheit oder bezieht sich konkret auf ungerechtes Verhalten.

Unterkleidung (-hemd, -hose, -rock)

symbolisieren oft unbewusste Einflüsse auf das eigene Verhalten, die man bewusst machen und verstehen soll. Oft kommen darin aber auch sexuelle Bedürfnisse zum Vorschein.

Unterseeboot

steht ebenfalls für unbewusste Einflüsse auf das eigene Leben; die genaue Bedeutung ergibt sich aus den Symbolen Boot, Schiff oder auch Tauchen (siehe unter diesen Stichwörtern).

Urin

versteht man wie Exkremente (siehe unter diesem Stichwort).

Urkunde

wird wie Quittung oder Rechnung (siehe unter diesen Stichwörtern) gedeutet.

Urlaub

fordert oft zur Erholung auf, wenn chronische Überforderung das Nervensystem geschwächt und gereizt hat. Zuweilen warnt er auch davor, sich durch Untätigkeit günstige Chancen entgehen zu lassen.

Urne

deutet man wie Sarg (siehe unter diesem Stichwort).

Urteil

zeigt häufig, dass man gegensätzliche Teile der eigenen Persönlichkeit ausgleichen muss, um wieder gelassener zu werden. Außerdem kann es auffordern, andere nicht zu verurteilen, sondern eine für alle Beteiligten gerechte Versöhnung anzustreben. Fällt man selbst ein urteil, warnt das häufig vor Irrtümern, die schwere Folgen haben können.

Urwald

kündigt an, dass Sorgen und Enttäuschungen bevorstehen.

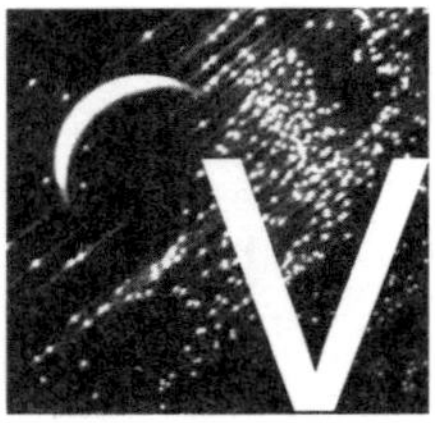

V

als plastischer, gesprochener oder geschriebener Buchstabe steht für Siege und Erfolge, die man wahrscheinlich erzielen wird.

Vagabund

verkörpert manchmal persönliche Eigenschaften, die man ablehnt, aber nicht verdrängen, sondern bewusst verändern sollte. Umgang mit ihm zeigt, dass man schlechte Gesellschaft hat, die den guten Ruf gefährdet. Sieht man sich selbst so, kann das allgemein einen ungünstigen Lebensweg ankündigen.

Vagina

(Scheide) deutet nicht nur sexuelle Bedürfnisse an. Oft symbolisiert sie Eigenschaften, die im weitesten Sinn mit seelisch-geistiger Fruchtbarkeit zu tun haben, zum Beispiel Kreativität, Fantasie, Intuition und Ideen, die daher im wirklichen Leben gefördert werden sollten.

Vampir

deutet man oft wie Ungeheuer (siehe unter diesem Stichwort). Altindische Traumbücher verstehen ihn als Warnung vor eigener Gutmütigkeit, die von anderen ausgenutzt wird.

Varieté

kann im Sinne von Bühne, Schauspieler (siehe auch unter diesen Stichwörtern) verstanden werden. Allgemein zeigt es an, dass man selbst nicht weiß, was man eigentlich will; man sollte eine klare Linie in den Lebensweg bringen.

Vase

wird wie Gefäß oder Kelch (siehe unter diesen Stichwörtern) verstanden; bei Blumenvase wird zusätzlich das Symbol Blume (siehe auch unter diesem Stichwort) berücksichtigt.

Vater

steht teilweise für das Verhältnis zum eigenen Vater und/oder verdeutlicht jene Wesenszüge, die er durch seine Erziehung beeinflusst hat; dahinter erkennt man nicht selten erotische Störungen, die in der Kindheit begründet wurden. Er kann aber auch auf einen starken Einfluss durch eine Vaterfigur bei einer unreifen Persönlichkeit hinweisen. Allgemein symbolisiert er Männlichkeit, Energie und Tatkraft.

Vaterunser

versteht man wie Gebet (siehe unter diesem Stichwort).

Vegetarier

wird wie Asket (siehe unter diesem Stichwort) gedeutet.

Veilchen

zeigt Sehnsucht nach häuslichem Glück, Ehe und Familie an. Wenn Unverheiratete die Blume geschenkt erhalten oder pflücken, soll das nach alten Traumbüchern eine baldige Heirat verheißen.

Verachtung

deutet man nach alten Traumbüchern als zukünftigen finanziellen Gewinn.

Verband

weist auf seelische Verletzungen (zum Beispiel eine Enttäuschung) hin, die man erst verarbeiten muss, um wieder innere Ruhe zu haben.

Verbannung

kündigt oft eine plötzliche unerwartete Veränderung der Lebensverhältnisse an, die günstig oder ungünstig ausfallen kann.

Verbeugung

bringt Demut und Unterwürfigkeit zum Ausdruck; wenn man diese Haltungen nicht ändert, wird man zeitlebens in kleinen Verhältnissen bleiben müssen.

Verbindung

(meist mit Menschen) fordert oft auf, in einer Angelegenheit nach Verbündeten zu suchen. Zuweilen warnt sie auch vor falschen Freunden, denen man einfach nicht vertrauen darf.

Verblendung

warnt vor unüberlegtem oder riskantem Verhalten in einer Angelegenheit, durch das man zu Schaden kommt und das Ansehen gefährdet.

Verbrennen

kündigt oft an, dass man sich durch voreiliges Verhalten in einer Sache »die Finger verbrennt«. Wenn ein Objekt verbrannt wird, deutet das an, dass man eine Erfahrung verarbeiten soll, damit sie ihren Einfluss verliert; dabei muss aber unbedingt der Symbolgehalt des verbrannten Objekts im Traum mit beachtet werden.

Verbrühen

fordert auf, sich gegen eine ungerechte, verletzende Kritik energisch zu wehren. Sieht man andere verbrüht, soll man selbst gerechter und fairer sein.

Verdammen

deutet auf eigene Intoleranz und Ungerechtigkeit gegen andere hin, die oft mit Vorurteilen verbunden ist. Alte Traumbücher sehen darin, dass man einer Gefahr oder Versuchung glücklich entgehen wird.

Verdruss

(Ärger) kann Aggressivität verkörpern, die immer wieder zu Konflikten führt, wenn man sie nicht besser beherrscht. Manchmal kommt darin auch ein mürrisches Wesen zum Ausdruck.

Verdursten

soll nach altindischer Traumdeutung teure Ausgaben ankündigen, die man gut bedenken muss.

Verehrung

(eines Menschen oder Objekts) deutet an, dass man gegenüber fremden Einflüssen kritischer sein sollte, sich ihnen nicht einfach unterwerfen darf.

Verein

kann das Bedürfnis nach Kontakt mit Gleichgesinnten anzeigen. Vielleicht fordert er aber auch auf, mehr dem eigenen Kopf zu folgen, nicht auf andere zu hören, auch wenn sie es scheinbar gut meinen, sich nicht jeder Mode anzupassen.

Verfall

(oft eines Gebäudes) weist häufig auf eine tiefe seelische Krise hin, in der die bisherigen Ideale, Werte und Prinzipien ihre Bedeutung verloren haben, ohne dass man sie schon durch neue ersetzt hat. Diese Veränderung steht man zuweilen nur mit psychotherapeutischer Hilfe schadlos durch.

Verfolgung

macht oft auf Verleumdung durch andere aufmerksam, gegen die man sich wehren muss. Vielleicht steht aber auch ein Schuldgefühl dahinter, das man verarbeiten sollte. Verfolgt man selbst jemanden, soll man ein Unrecht, das man an einem anderen begangen hat, wieder gutzumachen versuchen, sich mit ihm vertragen und aussöhnen.

Vergewaltigung

kann symbolisieren, dass man Teile der eigenen Persönlichkeit massiv unterdrückt und dadurch seelischen Schaden nimmt. Ferner macht sie im Einzelfall darauf aufmerksam, dass man rücksichtslos über die Bedürfnisse anderer hinweggeht oder dass die eigenen Bedürfnisse durch andere übergangen werden. Auch sexuelle Bedürfnisse können dahinter stehen, oft verbunden mit dem starken Wunsch, sich mehr hingeben zu können.

Vergiftung

symbolisiert oft negative Gefühle, Erwartungen und Einstellungen, die das ganze Leben ungünstig beeinflussen, zum Beispiel Hass oder Angst. Zum Teil kann dieser Zustand nur psychotherapeutisch bewältigt werden. Manchmal zeigt das auch den Wunsch an, Probleme und Konflikte auf einfache Weise mit einem Schlag zu lösen, was jedoch nicht dauerhaft gelingen wird, sondern letztlich die Schwierigkeiten noch verschlimmert. Alte Traumbücher sehen dahinter eine Warnung vor böswilligen Nachbarn.

Vergissmeinnicht

fordert oft auf, sich mit dem Lebenspartner zu versöhnen, damit die alten Gefühle füreinander sich wieder einstellen. Verschenkt man die Blume, kann das für Treue sprechen, obwohl man sich in der Liebesbeziehung vernachlässigt und einsam fühlt.

Vergolden

weist darauf hin, dass man andere nicht dauernd durch eine glänzende Fassade (siehe unter diesem Stichwort) täuschen kann, sondern irgendwann durchschaut wird.

Vergraben

steht oft für den Versuch, schmerzliche Erfahrungen oder negative Eigenschaften zu verdrängen; da das auf Dauer nicht gelingt, soll man sie bewusst verarbeiten. Manchmal beinhaltet das die Aufforderung, mehr aus sich herauszugehen und Gesellschaft zu suchen.

Verhaftung

(Verhaften) kann für Schuldgefühle stehen, die sich aus Absichten, Bedürfnissen und Verhaltensweisen erklären, die man an sich selbst ablehnt; man sollte sie analysieren und annehmen oder ändern. Manchmal weist das auch darauf hin, dass man sich aus eigener Schuld in einen falschen Verdacht bringt.

Verhör

kann zu mehr Selbsterforschung auffordern. Konkret deutet es an, dass man vor einer Entscheidung oder Meinungsbildung noch mehr Informationen einholen muss, damit man keinen Fehler begeht.

Verhungern

weist auf unbefriedigte Bedürfnisse und Gefühle hin; man »hungert« dann oft zum Beispiel nach Liebe, Zuneigung oder Anerkennung.

Verirren

steht für eine falsche Lebensrichtung mit Absichten und Zielen, die nicht in

Einklang mit der eigenen Persönlichkeit stehen. Man wird entweder scheitern oder mit den Erfolgen nicht glücklich werden.

Verkauf(en)

kann nach alter Traumdeutung vor unreellen Geschäften warnen. Im tieferen Sinn kommt darin zum Ausdruck, dass man Überzeugungen und Ideale verrät, um einen materiellen Vorteil zu erlangen, dadurch aber nicht zufrieden und glücklich wird.

Verklagen

kündigt zwischenmenschliche Konflikte an, die man oft selbst durch Klatsch und Verleumdung verschuldet. Wird man selbst verklagt, fordert das zur Versöhnung auf oder verspricht, dass man sich von einem Verdacht reinwaschen kann.

Verknöcherung

weist auf Gewohnheiten, Routine oder verhärtete Einstellungen und Gefühle hin, die das Leben stark einschränken. Man muss versuchen, sich wieder freier zu entfalten.

Verkriechen

kann Scham und Schuldgefühle wegen eigener Handlungen anzeigen; man sollte versuchen, die Folgen derselben wieder gutzumachen, das Verhalten nicht einfach verdrängen.

Verkrustung

deutet man ähnlich wie Verknöcherung (siehe unter diesem Stichwort), die Aufforderung, die Kruste aufzubrechen, ist hier noch stärker. Manchmal deutet sie auch auf einen empfindsamen Menschen hin, der sich durch eine raue Schale vor Verletzungen durch andere schützen will, deshalb aber nicht richtig verstanden wird.

Verlassen fühlen

steht für Vereinsamung, die man durchbrechen muss. Verlässt man jemanden, kommen darin Gefühle und andere psychische Inhalte zum Vorschein, von denen man sich gelöst hat, ohne sie schon durch neue Inhalte zu ersetzen.

Verletzung

entsteht durch Enttäuschungen, Kränkungen, Ungerechtigkeit oder Trennung von einem geliebten Menschen, wenn diese Erfahrungen unverarbeitet verdrängt werden.

Verleumdung

die man selbst erleidet, soll nach alten Traumbüchern hohes Ansehen verheißen. Verleumdet man einen anderen, wird man dagegen an Ansehen einbüßen.

Verlieren

(zum Beispiel Geld) hat im Traum gegenteilige Bedeutung, man wird also Erfolge und Gewinne erzielen.

Verlobung

kann Sehnsucht nach Zuneigung, Ehe und Familie verkörpern, bei Verheirateten das Bedürfnis nach einer besseren Partnerbeziehung. Allgemein kommt darin der Wunsch nach engen zwischenmenschlichen Beziehungen zum Ausdruck.

Vermögen

kündigt oft finanzielle Sorgen und empfindliche Verluste an, die man selbst verschuldet.

Versalzen

(von Speisen) kann andeuten, dass eine Hoffnung oder ein Plan sich nicht verwirklicht, weil andere einen Strich durch die Rechnung machen. Nach alten Traumbüchern kann das auch häuslichen Ärger oder eine heimliche Liebesaffäre anzeigen.

Versammlung

deutet man wie Verein (siehe unter diesem Stichwort).

Verschenken

fordert oft auf, nicht nur auf den eigenen Vorteil bedacht zu sein, sondern sich uneigennützig zu engagieren. Verschenkt man etwas, kündigt das materiellen oder seelisch-geistigen Gewinn an.

Verschwendung

deutet man traditionell als Warnung vor falschen Freunden, von denen man verlassen wird, sobald man in Not gerät.

Verschwinden

zeigt oft an, dass man unangenehme Erfahrungen rasch verdrängen möchte. Ferner können darin Absichten, Erwartungen und Hoffnungen zum Ausdruck kommen, die man aufgeben muss, weil sie sich nicht verwirklichen lassen.

Versicherung

wird manchmal wie Kaufmann (siehe unter diesem Stichwort) verstanden. Oft ist sie als allgemeines Warnsignal zu sehen, dessen Bedeutung sich aus den individuellen Lebensumständen ergibt.

Versöhnung

kann nach altindischer Deutung einen baldigen Erfolg versprechen, den man nach viel Mühe auch verdient hat. Andere Traumbücher warnen damit vor einem unversöhnlichen Feind.

Verspätung

zeigt meist die Neigung, sich vor Entscheidungen zu drücken und Angelegenheiten vor sich herzuschieben; dadurch verpasst man viele Chancen, die das Leben bietet. Allgemein kann sie für einen zögerlichen, von unnötigen Skrupeln geplanten, willensschwachen und unsicheren Menschen stehen.

Verspottung

kann ankündigen, dass eine Absicht scheitert und man sich damit auch noch lächerlich macht. Altindische Traumbücher deuten sie als Lob oder Anerkennung, die man bald erwarten kann.

Versteinerung

versteht man wie Verknöcherung (siehe unter diesem Stichwort).

Verstopfung

die sich nicht körperbedingt aus Darmträgheit erklärt, kann im übertragenen Sinn die Neigung zu Geiz oder die Unfähigkeit, Gefühle offen zu zeigen, symbolisieren. Es fällt schwer, etwas herzugeben, seien es nun materielle oder seelisch-geistige Werte.

Verstorbener

wird im Sinne von Tod (siehe unter diesem Stichwort) verstanden und daher ebenso gedeutet.

Vertrag

warnt davor, eine lästige Verpflichtung einzugehen, die wenig Lohn und Dank bringt. Kann man ihr nicht entgehen, muss man lernen, sich damit abzufinden, und an andere Dinge zu denken.

Verwandte(r)

fordert auf, Teile der Persönlichkeit, die man bewusst kennt, aber nicht voll akzeptiert, endlich anzunehmen, um inneren Frieden zu finden. Konkret kann darin auch das Verhältnis zu Verwandtschaft zum Ausdruck kommen. Alte Traumbücher deuten sie als Streit mit der Nachbarschaft.

Verwundung

(Verwundeter) versteht man wie Verletzung (siehe unter diesem Stichwort).

Vieh

steht für Triebe, Instinkte und andere Teile der Persönlichkeit, die man als primitiv empfindet, zu denen man aber dennoch stehen muss. Zuweilen kommen auch sexuelle Bedürfnisse zum Vorschein, die man ablehnt und unterdrückt.

Viehhändler (-markt)

warnt davor, andere übers Ohr hauen zu wollen oder gar selbst betrogen zu werden.

Viereck

kann wie die Zahl Vier (siehe unter diesem Stichwort) verstanden werden.

Villa

deutet man wie Palast (siehe unter diesem Stichwort).

Violett

wurde bei den Farben (siehe unter diesem Stichwort) erklärt.

Visitenkarte

wird wie Name (siehe unter diesem Stichwort) interpretiert. Eine fremde weist darauf hin, dass jemand eine Beziehung zu einem selbst sucht, die günstig sein kann.

Vogel

steht für geistiges Streben, Ideale und Intuition; man will sich über die augenblicklichen Verhältnisse erheben. Sitzt er im Käfig, weist das auf Hindernisse bei den »Höhenflügen« hin, der leere Käfig kündigt Enttäuschungen an. Weitere Bedeutungen ergeben sich aus den Symbolen Adler, Fliegen, Nest und Taube (siehe unter diesen Stichwörtern).

Vogelscheuche

symbolisiert alle Eigenschaften und Verhaltensweisen, die man an sich selbst oder anderen ablehnt. Konkret fordert sie oft auf, das negative Urteil über einen anderen zu korrigieren, weil es voreilig war.

Vollmacht

die man erhält, warnt davor, dass man von anderen zu deren Zwecken missbraucht wird. Erteilt man sie selbst, versucht man meist, sich vor einer sehr unangenehmen Sache zu drücken.

Vorhang

versteht man wie Gardine oder Schleier (siehe unter diesen Stichwörtern).

Vorne

(Vorderseite) verkörpert alles, was äußerlich sichtbar oder einem bewusst ist (siehe auch unter dem Stichwort Hinten).

Vorschrift

macht auf Ratschläge aus dem Unbewussten oder von anderen Menschen aufmerksam, durch die man zwar eingeschränkt wird, die aber nützlich sein können.

Vorzimmer

ermahnt, nicht zu großspurig, herrisch und überheblich zu sein.

Vulkan

warnt oft, dass verdrängte Inhalte des Unbewussten plötzlich durchbrechen und viel Unruhe ins Leben bringen können. Ferner kann er hohe innere Anspannung, Aggressivität, Wut oder Hass symbolisieren (siehe auch unter dem Stichwort Lava).

W

als Buchstabe hat in Träumen keinen Symbolgehalt, eine Deutung erübrigt sich.

Waage

kann auf übersteigerten Ordnungs- und Gerechtigkeitssinn hinweisen, zu mehr Toleranz auffordern. Oft zeigt sie auch an, dass man vor einer Entscheidung alle Aspekte der Angelegenheit sorgfältig abwägen muss. Nach altindischer Traumdeutung soll sie Reichen zusätzliche Gewinne, armen noch mehr Not ankündigen.

Waagschale

warnt meist, dass man sein Verhalten (oft Ungerechtigkeit) bald bereuen muss.

Wache

(Wächter) deutet man ähnlich wie Polizei oder Soldat (siehe unter diesen Stichwörtern).

Wacholder (-beeren)

verheißt Gesundheit, Glück, Erfolg, Ansehen und Ruhm.

Wachs

interpretiert man oft wie Kerze (siehe unter diesem Stichwort), weißes Wachs soll nach alter Traumdeutung auf gute Gesundheit hinweisen. Allgemein kann darin zum Ausdruck kommen, dass man sich zu leicht von außen beeinflussen lässt.

Wade

symbolisiert häufig sexuelle Bedürfnisse. Unschöne Waden warnen vor Ärger und Misserfolgen, behaarte vor unangenehmen Überraschungen und Enttäuschungen.

Waffe

steht allgemein für Aggressivität, Rücksichtslosigkeit, starke Begierden und unreife Sexualität (vor allem männlicher Jugendlicher). Ferner kann sie vor Streitigkeiten und Gegnern warnen. Die unbrauchbare Waffe deutet an, dass man Probleme nur mit Umsicht, nicht gewaltsam lösen wird. Weitere Bedeutungen können sich aus den einzelnen Waffen (siehe unter den jeweiligen Stichwörtern) ergeben.

Wagen

kann im Sinne von Auto (siehe unter diesem Stichwort) verstanden werden. Zieht ihn ein Tier, ergibt sich die Bedeutung aus diesem Symbol (siehe unter den Stichwörtern Esel, Kamel, Ochse, Pferd). Eine Rikscha, die ein Mensch zieht, ermahnt den Träumer, andere nicht für seine Zwecke einzuspannen (auszunützen).

Wahn

kündigt oft an, dass Erwartungen und Hoffnungen sich nicht erfüllen werden. Sieht man sich selbst als wahnsinnig, hat man in einer Angelegenheit (oft in der Liebe) den Kopf verloren und handelt nicht mehr vernünftig.

Wahrheit

taucht oft symbolisch in Träumen biederer, rechtschaffener Menschen auf.

Wahrsager(in)

deutet man wie Astrologe (siehe unter diesem Stichwort).

Waise

bringt die Sehnsucht nach Geborgenheit, emotionaler Sicherheit und Liebe zum Ausdruck. Außerdem kann sie jene Teile der Persönlichkeit verkörpern, die man übermäßig unterdrückt. Konkret wird manchmal vor einem Menschen gewarnt, der einen im Stich lassen wird.

Wal

deutet man im Sinne von Elefant und Fisch (siehe unter diesen Stichwörtern).

Wald

taucht oft auf, wenn man die Orientierung im Leben verloren hat, das Wesentliche nicht mehr wahrnimmt; das fordert auf, ernsthaft nach dem Sinn des eigenen Lebens zu forschen, um wieder eine Richtung zu finden. Der grüne Wald soll Glück und Erfolg, der kahle Unglück ankündigen. Der Waldrand zeigt an, dass man aus einer misslichen Situation wieder herausfindet, zuweilen weist er aber auch auf eine bevorstehende Trennung hin.

Waldhorn

zeigt, dass man Sympathien bei anderen genießt.

Wall

deutet kleine Hindernisse an, die man leicht überwindet. Ferner kann er das

Bedürfnis nach Schutz und Geborgenheit anzeigen oder vor faulen Ausreden warnen, die leicht durchschaut werden.

Wand

steht manchmal für das Bedürfnis nach Sicherheit, kann aber auch darauf hinweisen, dass man in der Selbstentfaltung eingeschränkt wird. Häufiger kommen darin auch unüberwindliche Hindernisse und Schwierigkeiten zum Vorschein, gegen die man vergeblich anrennt; das kann daran liegen, dass man sie auf falsche Weise zu lösen versucht.

Wanderer

(Wandern) deutet allgemein Veränderungen auf dem weiteren Lebensweg an, die Abwechslung, aber auch Gefahren mit sich bringen können. Folgende Begleitumstände können bei der Deutung helfen:

- Gemächlich wandern verspricht, dass man langsam, aber sicher vorankommt.
- Müde, erschöpft oder schleppend wandern kündigt große Anstrengungen an.
- Bergauf oder bergab wandern deutet man wie Berg (siehe unter diesem Stichwort).
- Rucksack beim Wandern tragen weist auf Belastungen hin, die man auf sich nehmen muss.
- Ärmlich aussehender Wanderer kündigt oftmals Enttäuschungen und Misserfolge an.
- Pilger fordert zur Demut und zum Vertrauen in höhere Führung auf.

Wange

kann Gesundheit, Glück und Erfolg versprechen, wenn sie voll und rot aussieht. Die blasse, faltige Wange dagegen kündigt Kummer, Sorgen und Krankheit an. Geschminkte Wangen deutet man im Sinne von Fassade und Kosmetik (siehe unter diesen Stichwörtern).

Wanne

symbolisiert das Bedürfnis, sich von Fehlern und Schuld reinzuwaschen. Allgemein wird man dadurch aufgefordert, sich dem Einfluss der Vergangenheit zu entziehen, ein neues Leben zu beginnen.

Wanze

deutet man wie Ungeziefer (siehe unter diesem Stichwort).

Wappen

(Wappentier) kann ähnlich wie Name oder Adler (siehe unter diesen Stichwörtern) verstanden werden. Oft steht es auch für Erinnerungen, die plötzlich auftauchen und verarbeitet werden sollen.

Wärme

(Warm) versteht man wie Hitze (siehe unter diesem Stichwort), aber in abgemilderter Form.

Warze

kann eigene Schwächen anzeigen, von denen man befürchtet, dass andere sie erkennen, dass man also bloßgestellt wird. Sieht man sie bei anderen, wird man bei einem nahe stehenden Menschen eine Schwäche erkennen und enttäuscht werden.

Wäsche

(Waschen) kann ähnlich wie Wanne (siehe dort) gedeutet werden. Oft warnt sie auch vor »schmutziger« Wäsche, also vor Klatsch und übler Nachrede.

Wäschekorb

mit schmutziger Wäsche wird wie Wäscherin (siehe unter diesem Stichwort) verstanden. Enthält er saubere Wäsche, wird man sich erfolgreich gegen Verleumdungen wehren.

Wäscherei

steht für jene psychischen Inhalte, die man ändern muss, um sich üble Nachrede und andere Probleme zu ersparen.

Wäscherin

weist darauf hin, dass man durch andere verleumdet wird.

Wasser

ist ein Ursymbol, das allgemein das eigene Seelenleben mit den bewussten und unbewussten Inhalten verkörpert. Die individuelle Bedeutung ergibt sich aus den Begleitumständen, wobei vor allem die folgenden, begleitenden Einzelheiten des Traums aufschlussreich für die Deutung sind:

- Klares Wasser steht für einen ausgeglichenen, harmonischen psychischen Zustand als Voraussetzung von Glück, Erfolg und Liebe.
- Trübes oder schmutziges Wasser bringt ungünstige seelische Vorgänge zum Ausdruck, die oft mit Unsicherheit, materialistischen Einstellungen, mangelnder Selbstkenntnis oder als »unrein« abgelehnten Eigenschaften und Gedanken zu tun haben.
- Aufgewühltes Wasser kündigt »stürmische« Zeiten mit Sorgen und Aufregungen an.
- Spiegelbild von sich selbst oder anderen im Wasser sehen warnt vor Selbsttäuschung, Illusionen oder Täuschung durch andere.

Außerdem können für die Deutung noch die Farben (siehe unter diesem Stichwort) des Wassers, das Gefäß (siehe unter diesem Stichwort) oder die Symbole Bach, Fluss, Meer und Ufer (siehe unter diesen Stichwörtern) sehr wichtig sein, wenn man nach einer umfassenden Interpretation strebt.

Weben

(Weber) verheißt Glück und Gewinne, wenn man sehr fleißig und sparsam ist.

Webstuhl

versinnbildlicht das Netz der sozialen Beziehungen, in denen man lebt; er kann auffordern, diese auszuweiten und zu pflegen.

Wecker

wird im Sinne von Glocke, Pfeife oder Signal (siehe unter diesen Stichwörtern) verstanden, wobei man auch die Bedeutung der Uhr (siehe unter diesem Stichwort) mit berücksichtigen muss.

Weg

versteht man wie Straße (siehe unter diesem Stichwort), zusätzlich kann man Wandern (siehe unter diesem Stichwort) mit der Deutung heranziehen.

Weib

(Weiblichkeit) deutet man wie Frau (siehe unter diesem Stichwort), der erotische Symbolgehalt ist dabei stärker ausgeprägt.

Weide

steht für Anpassungsfähigkeit, die zwar nützlich sein kann, aber nicht aus Angst oder Minderwertigkeitsgefühlen übertrieben werden darf. Sie kann auch ermahnen, Problemen nicht aus Bequemlichkeit aus dem Weg zu gehen.

Weihnachten

soll nach alten Traumbüchern Freude ankündigen.

Weihrauch

(Weihwasser) kann für das Streben nach Idealen und hohen geistigen Werten stehen, teilweise verbunden mit Religiosität. Das Weihwasser zeigt manchmal an, dass man sich von Schuld reinwaschen, geläutert aus einer Krise hervorgehen möchte. Manchmal wird man auch vor Heuchlern gewarnt.

Wein

steht für Vitalität, Energie und Lebensfreude. Die weitere Bedeutung ergibt sich aus den Symbolen Alkohol, Rebe und Traube (siehe unter diesen Stichwörtern), teilweise muss man auch Bacchus (siehe unter diesem Stichwort) berücksichtigen.

Weinen

baut im Traum oft innere Spannungen vorübergehend ab, vor allem, wenn man im Wachzustand über bestimmte Dinge nicht weinen kann. Manchmal kommt darin auch die Reue über einen Tag zum Ausdruck, was mit Selbstmitleid verbunden sein kann. Das weinende Krokodil (umgangssprachlich für Krokodilstränen) warnt vor Heuchelei. Alte Traumbücher verstehen Weinen auch noch als Grund zur Freude im eintönigen Alltag.

Weinlese

kündigt eine Arbeit an, die man gern und erfolgreich erledigen wird.

Weinstock

deutet man wie Rebe (siehe unter diesem Stichwort).

Weintrauben

versteht man wie Trauben (siehe unter diesem Stichwort).

Weiser

(Weisheit) wird ähnlich wie Guru (siehe unter diesem Stichwort) interpretiert.

Weiß

als Farbe (siehe unter diesem Stichwort) steht für Unschuld, Reinheit und Vervollkommnung, nach der man strebt, die man aber nie ganz erreicht.

Weizen

deutet man wie Getreide oder Korn (siehe unter diesen Stichwörtern).

Welpe

(junger Hund) symbolisiert Spontaneität, Arglosigkeit, Zutrauen und Zuneigung; meist wird man aufgefordert, freundliches Entgegenkommen von anderen Menschen aus der eigenen Umwelt nicht zurückzuweisen.

Weltuntergang

wird allgemein als schwere seelische Erschütterung verstanden; oft handelt es sich dabei um eine Trennung von einem nahe stehenden Menschen oder um Einsichten, die alle bisherigen Überzeugungen, Werte und Ziele infrage stellen und einen Neuanfang erforderlich machen.

Werkzeug

kann auf praktische Intelligenz hinweisen. Tiefenpsychologisch betrachtet erkennt man darin die Möglichkeiten zur Gestaltung des Lebens entsprechend der eigenen Anlagen und Fähigkeiten, die mehr genutzt werden sollten.

Wertpapier

deutet man wie Aktien (siehe unter diesem Stichwort).

Wespe

steht für »niedrige« Instinkte, Triebe und Gefühle, vor allem Wut, blinde Aggressivität, Hass oder Rache, vor denen der Träumer gewarnt wird. Manchmal symbolisiert sie auch einen vertrauten Menschen, von dem man getäuscht und geschädigt wird.

Weste

versteht man wie Jacke und Kleidung (siehe unter diesen Stichwörtern).

Westen

fordert auf, innere Gegensätze miteinander zu versöhnen, um ausgeglichener zu werden. Dabei handelt es sich oft um Widersprüche zwischen Pflicht und Neigung, Gefühl und Vernunft oder zwischen unvereinbaren Zielen.

Wette

(Wetten) deutet ein Risiko an, das man nicht genau kalkulieren kann; man sollte sorgfältig prüfen, ob man es eingehen will, und sich vorher die möglichen Konsequenzen eines Misserfolgs vergegenwärtigen.

Wetter

steht für die seelische »Wetterlage«, also für die vorherrschenden Stimmungen. Dabei erkennt man oft die folgenden Wetterverhältnisse:

- Sonnenschein steht für Optimismus, der sich aus Energie und Selbstvertrauen ergibt.
- Bewölkung symbolisiert Pessimismus, Angst und Depression, manchmal auch Verzweiflung (vor allem bei schwarzen Wolken).
- Aufreißende Bewölkung kündigt an, dass man in einer schwierigen Situation Grund zur Hoffnung hat; ihr Ende ist abzusehen und wird weniger schlimm ausfallen, als man befürchtete.
- Regen deutet darauf hin, dass unterdrückte Gefühle wieder zugelassen werden und die innere Spannung nachlässt; das kann aber auch zur Überschwemmung (siehe unter diesem Stichwort) führen.
- Sturm oder Wind (siehe auch unter diesen Stichwörtern) kündigt unterschiedlich starke Gefühlsausbrüche an.

Wetterfahne (-hahn)

kann auf eine »wetterwendische« Persönlichkeit hinweisen, die launisch und unberechenbar ist. Zum Teil warnt sie davor, sich um des eigenen Vorteils willen stets nach dem Wind zu drehen, also übermäßig anzupassen.

Wetterleuchten

bedeutet, dass Veränderungen im Leben (siehe auch unter dem Stichwort Gewitter) bevorstehen.

Wettkampf

vesteht man wie Olympiade (siehe unter diesem Stichwort).

Widder

steht für Männlichkeit, Potenz, Ausdauer, Kraft und Zähigkeit, die man für den weiteren Lebensweg braucht. Er kann gleichzeitig zu gründlicher Überlegung auffordern, ehe man etwas in Angriff nimmt.

Wiege

enthält oftmals die Warnung vor zu viel Vertrauen; man wird eingelullt, in

Sicherheit gewiegt, obwohl Vorsicht und Misstrauen angebracht sind.

Wiese

symbolisiert meist den eigenen Lebensraum, vor allem wenn sie eingezäunt ist; die Bedeutung ergibt sich daraus, was man auf der Wiese wahrnimmt (siehe unter den zutreffenden Stichwörtern). Allgemein fordert sie zur Entspannung auf.

Wilderer

(Wildern) bringt unbewusste Vorgänge zum Ausdruck, die behindern oder gefährden und die innere Harmonie stören; oft hat das mit sexuellen Bedürfnissen zu tun.

Wildschwein

versteht man wie Schwein (siehe unter diesem Stichwort), es warnt aber besonders vor Rücksichtslosigkeit.

Wind

verkörpert geistig-seelische Kräfte, die – teils unbewusst – das Leben beeinflussen. Kommt er von hinten, verheißt das rasche Fortschritte, von vorne deutet er Hindernisse an.

Windel
bedeutet nach altindischer Traumlehre, dass man guten Mutes sein darf.

Windhund
warnt oft vor Untreue; manchmal verlangt er eine rasche Entscheidung, weil sonst eine günstige Gelegenheit vertan wird.

Winken
wird allgemein im Sinne von Signal (siehe unter diesem Stichwort) verstanden. Winkt man beim Abschied, verspricht das meist, dass eine Trennung nicht für immer sein wird.

Winter
versteht man im Sinne von Eis und Kälte (siehe unter diesen Stichwörtern).

Wirt(in)
bringt das Bedürfnis nach unbeschwert fröhlicher Geselligkeit und Abwechslung zum Ausdruck. Im Einzelfall ermahnt es auch, nicht zu oberflächlich und leichtsinnig zu sein.

Witwe(r)
warnt oft davor, sich in Erinnerungen und Gefühle zurückzuziehen; das Leben muss aktiver gestaltet werden. Zuweilen kann das auch bedeuten, dass man zu sich selbst finden, mehr in sich hineinhorchen muss, um zum Beispiel eine Lebenskrise zu bewältigen.

Wolf
symbolisiert aggressive Triebe, Instinkte und Begierden; sie können zur Gefahr werden, wenn man sie nicht besser beherrscht. Allgemein wird er als Hinweis auf eine äußere Gefahr oder einen feindseligen Menschen verstanden.

Wolke
deutet man wie Bewölkung (siehe unter dem Stichwort Wetter).

Wolkenkratzer
warnt meist vor Überheblichkeit, Stolz oder hochtrabenden Plänen; man wird dadurch leicht in Schwierigkeiten geraten.

Wolle
symbolisiert allgemein ein sanftmütiges, weiches Gemüt, das sich nach menschlicher Wärme und Zärtlichkeit sehnt. Arbeitet man damit, wird das im Sinne von Stricken (siehe unter diesem Stichwort) verstanden. Nach altindischer Traumdeutung werden auch die Farben der Wolle wie folgt gedeutet:

- Weiße Wolle warnt vor zu viel Vertrauensseligkeit.
- Schwarze Wolle fordert auf, sich nicht um Verleumdungen zu kümmern, weil die Urheber sich selbst entlarven werden.

- Grüne Wolle verspricht eine glückliche Wendung in einer misslichen Angelegenheit.
- Rote Wolle soll anzeigen, dass man bei Frauen kein Glück hat.

Wort

deutet man allgemein wie Buchstabe oder Name (siehe unter diesen Stichwörtern); meist enthält es eine Botschaft aus dem Unbewussten, die man auch deutlich hören oder lesen kann.

Wrack

wird oft im Sinne von Ruine (siehe unter diesem Stichwort) verstanden; im Allgemeinen warnt es vor einem Scheitern im Leben.

Wunde

kann wie Verletzung (siehe unter diesem Stichwort) gedeutet werden.

Würfel

soll nach alten Traumbüchern zukünftiges Glück ankündigen.

Wurm

steht für sexuelle und andere Triebe, die man selbst als »niedrig« ablehnt und unterdrückt. Im weiteren Sinn kann er die Vergänglichkeit symbolisieren, aus der Neues entsteht (oft ähnlich wie Dung, siehe unter diesem Stichwort).

Wurst

stellt oft als Phallussymbol sexuelle Bedürfnisse dar. Allgemeiner hat sie mit einer materialistischen Lebenseinstellung zu tun, die man korrigieren sollte. Verzehrt man sie, kündigt das eine nette, aber oberflächliche Bekanntschaft an.

Wurzel

symbolisiert die grundlegenden Bedürfnisse, Werte und Prinzipien, auf denen das ganze Leben aufgebaut ist; darin können auch enge Bindungen an andere Menschen sichtbar werden. Ferner kann sie je nach Begleitumständen wie folgt verstanden werden:
- Wurzel essen verspricht gute Gesundheit.
- Wurzel ausgraben fordert auf, einer Angelegenheit auf den Grund zu gehen oder sich selbst besser zu erforschen.
- Über eine Wurzel stolpern oder fallen kündigt Hindernisse an, die manchmal aus dem eigenen Unbewussten stammen.
- Zahnwurzel warnt vor falschen Hoffnungen, Enttäuschungen und Kränkungen.

Wüste

weist häufig darauf hin, dass man zu nüchtern, sachlich und vernünftig lebt; darüber werden die emotionalen Bedürfnisse vernachlässigt, man fühlt sich unglücklich. Nicht selten führen solche Einstellungen auch zur Vereinsamung und Monotonie des Lebens. Schließlich kann die Wüste auch für tiefe Existenzangst und Unsicherheit stehen. Die individuelle Bedeutung ergibt sich aus den konkreten Lebensumständen.

Wut

(Zorn) symbolisiert innere oder äußere Konflikte, die beunruhigen; man muss versuchen, sie zu verarbeiten, sich zum Beispiel mit einem Gegner auszusöhnen.

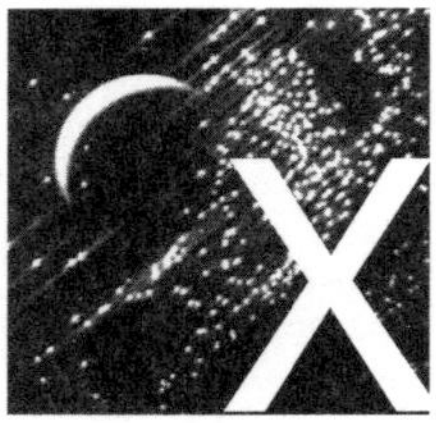

X

taucht als Buchstabe gesprochen, geschrieben oder plastisch auf. Oft wird es als Kreuz (siehe unter diesem Stichwort) oder als Symbol des Unbekannten, Ungewissen gedeutet, manchmal auch im Sinne der Zahl (siehe unter diesem Stichwort) Zehn. Vielleicht kreuzt man damit auch etwas an, das Aufmerksamkeit oder eine Entscheidung fordert, oder durchkreuzt etwas, was damit verhindert oder ausgelöscht wird.

Xanthippe

soll nach alten Traumbüchern auf Schwierigkeiten in der Ehe hinweisen, oft auf Zank und Streit, weil man sich nicht mehr verträgt.

X-Beine

stehen für Probleme und Hindernisse auf dem Lebensweg, für die man selbst verantwortlich ist. Zuweilen kommt darin auch Ungerechtigkeit zum Ausdruck, gegen die man sich wehren muss.

Xylophon

(Musikinstrument) kann zuweilen auf musikalische Begabung hinweisen, die man fördern sollte. Meist ermahnt es aber, nicht mit den Gefühlen anderer zu spielen.

Y

als gesprochener, plastischer oder geschriebener Buchstabe weist meist auf etwas Unbekanntes hin, das genauer erforscht werden soll. Seltener zeigt es sexuelle Bedürfnisse an.

Yacht

(Jacht) wird wie Boot oder Schiff (siehe unter diesen Stichwörtern) gedeutet.

Yankee

(Amerikaner) steht für Geschäftstüchtigkeit, Unternehmungslust, Pioniergeist und »hemdsärmeliges« Verhalten, mit dem man Absichten erfolgreich verwirklicht; man wird aber auch ermahnt, etwas mehr Rücksicht auf andere zu nehmen.

Yoga

(Yogi) versteht man wie Asket oder Guru (siehe unter diesen Stichwörtern).

Z

kann als geschriebener, gesprochener oder plastischer Buchstabe ebenfalls für das Unbekannte stehen, zum Beispiel für ein unkalkulierbares Risiko. Zum Teil wird es auch wie Blitz oder Elektrizität (siehe unter diesen Stichwörtern) verstanden.

Zacken

hat zuweilen ähnliche Bedeutung wie der Buchstabe Z. Außerdem kann er auf Hindernisse oder Irrwege im Leben hinweisen oder einen Misserfolg ankündigen, den man sich selbst zuzuschreiben hat.

Zähigkeit

fordert auf, an einem Plan unbeirrt festzuhalten, ausdauernd daran zu arbeiten, auch wenn Probleme auftauchen, weil man dann zum Erfolg gelangt. Zuweilen kann aber auch vor Starrsinn und Uneinsichtigkeit gewarnt werden, mit denen man sich in einer aussichtslosen Angelegenheit verrennt.
Die genaue Bedeutung ergibt sich aus den individuellen Lebensumständen.

Zahl(en)

kann mit einem tatsächlichen Ereignis in Beziehung stehen und erfordert dann keine Deutung. Auch eine Zahl (zum Beispiel Geburtstag, Telefon- oder Hausnummer), an die man sich im Wachzustand vergeblich zu erinnern suchte, kann im Traum wieder einfallen. Zuweilen träumt man von Glückszahlen, die aus unerklärlichen Gründen später wirklich in einer Lotterie gezogen werden, aber verlassen darf man sich darauf nicht. Jede Zahl kann aber auch ihre eigene Bedeutung haben, vor allem die Zahlen von 1 bis 13, die wir genauer deuten:

- Null steht für Leere und Nirwana, für den chaotischen Anbeginn und für das Nichts, in dem alles verschwindet. Konkret kann sie Sehnsucht nach Selbsterkenntnis, innerem Frieden, Meditation und höhere Einsichten anzeigen. Teilweise deutet man sie auch wie Kreis oder den

Buchstaben O (siehe unter diesen Stichwörtern).

- Eins symbolisiert das Unteilbare, das in allem anderen aufgeht, ohne sich zu verändern, und das Fundament, auf dem das Leben begründet ist. Man versteht das oft im Sinne von Individualität, geistiger Unabhängigkeit und Bedürfnis, mit sich selbst oder mit allem Sein eins zu werden.
- Zwei teilt in Gegensätze wie Gut und Böse, Licht und Dunkel, Innen und Außen, bringt Widersprüchlichkeiten in der eigenen Persönlichkeit zum Ausdruck und fordert auf, damit leben zu lernen und ständig den Ausgleich zu suchen.
- Drei bedeutet das Neue, das durch die Vereinigung von zwei Elementen entsteht; oft bezieht sich das auf widersprüchliche Eigenschaften oder Pflichten und Neigungen. Manchmal kommt auch der Wunsch nach einem Kind darin zum Ausdruck. Allgemein steht die Zahl für Kreativität oder für das gesamte Seelenleben mit Ich, Über-Ich und Es.
- Vier verkörpert innere Ausgeglichenheit, Stärke und Festigkeit, außerdem Sinnlichkeit und Naturverbundenheit.
- Fünf versinnbildlicht oft den Körper (Kopf, Arme und Beine) und seine Bedürfnisse, fordert dann zu besserem Körperbewusstein auf. Traditionell deutet man sie als die Vereinigung der vier Grundelemente der mittelalterlichen Alchemie zu neuen Formen, also als die Fülle der individuellen Lebensmöglichkeiten.
- Sechs symbolisiert Harmonie und Symmetrie; das bezieht sich häufig auf die Einheit von Körper, Geist und Seele, die man miteinander in Einklang bringen soll. Manchmal warnt sie auch vor Krankheiten.
- Sieben kann auf den Einfluss kosmischer Energien und rhythmischer Schwingungen (Biorhythmen) hinweisen, mit denen man in Einklang leben sollte. Ferner kann sie für die körperliche und seelisch-geistige Entwicklung stehen, die man in Sieben-Jahres-Schritte (Kindheit, Schulzeit usw.) unterteilt.
- Acht enthält eine Auf- und Abwärtsbewegung; sie wird deshalb als Symbol von Untergang und Tod gedeutet, denen Aufstieg und Widergeburt folgen. Konkret weist das oft darauf hin, dass man aus Not und Sorgen herausfindet oder im Glück nicht leichtsinnig werden darf.
- Neun steht am Ende der einstelligen Zahlen, versinnbildlicht also das Ende einer Entwicklung, der eine neue Phase auf einer höheren Ebene folgt.
- Zehn entsteht als Kombination von Null, die das ursprüngliche Chaos umfasst, und Eins, die für Anfang steht, der sich aus dem Chaos entwickelt. Man soll also in der weiteren Entwicklung die neuen Pläne und Ziele auf den früheren Erfahrungen begründen.
- Elf kann als Weiterentwicklung auf einem höheren Niveau gedeutet werden. Zuweilen ermahnt sie als vorletzte Stunde auch, dass es höchste Zeit zum Handeln wird.

- Zwölf spielt in der Mythologie seit alters eine wichtige Rolle, zum Beispiel die zwölf Zeichen des Tierkreises in der Astrologie; man deutet sie als die Summe der Erfahrungen oder Möglichkeiten, die man für die weitere Entwicklung nutzen muss. Außerdem kann sie Ideale, Weisheit, Vernunft, Hoffnung, Liebe und ähnliche Dinge verkörpern, die erst die große Vielfalt des Lebens ausmachen.
- Dreizehn wird als Ganzheit des Lebens und der Persönlichkeit interpretiert. Oft sieht man darin auch ein Unglückssymbol, seltener ein Glückszeichen.

Zahn

deutet auf materielle und sexuelle Bedürfnisse hin. Die genaue Bedeutung ergibt sich vor allem aus folgenden Begleitumständen:

- Gesunde Zähne verheißen Erfolge und materielle Gewinne.
- Schlechte, lockere oder ausfallende Zähne warnen vor Misserfolgen und Verlusten.
- Zahn plombieren fordert auf, Probleme nicht zu verdrängen, sondern zu lösen.
- Wird einem ein Zahn gezogen, muss man mit finanziellen Schwierigkeiten oder enttäuschten Erwartungen rechnen.
- Zieht man selbst einem anderen einen Zahn, kann man aus den Problemen eines Menschen Nutzen ziehen oder einen Widerstand überwinden.
- Falsche Zähne können auf Geltungsbedürfnis und Eitelkeit oder Scheinerfolge hinweisen, bei anderen warnen sie vor Täuschung.
- Zähne zeigen weist darauf hin, dass man andere einzuschüchtern oder zu verletzen versucht.

Zahnarzt

symbolisiert oft Hilfe, die man in einer schwierigen Situation erhofft. Er kann aber auch vor unüberlegtem Handeln warnen, mit dem man anderen Schaden zufügt.

Zahnrad

verspricht, dass man Hindernisse aus eigener Kraft energisch überwinden wird; dabei darf man auch vor ungewöhnlichen Maßnahmen nicht zurückschrecken.

Zahnradbahn

kündigt einen langsamen, beschwerlichen, aber sicheren Aufstieg im Leben an.

Zahnschmerzen

deuten auf Probleme hin, von denen man sich nicht unterkriegen lassen darf; durch rechtzeitiges Handeln lassen sie sich bald lösen.

Zahnstocher

kann einen finanziellen Gewinn verheißen; verwendet man ihn selbst, muss man aber mit einem Verlust rechnen.

Zange

symbolisiert eine Zwangslage, aus der man sich nur schwer befreien kann.

Zank

(Streit) fordert zur Versöhnung auf; den ersten Schritt muss man aber selbst tun, weil man einen anderen ungerecht behandelt hat.

Zärtlichkeit

kann für die Sehnsucht danach stehen. Oft erkennt man darin eine empfindsame, wenig belastbare, leicht zu verletzende und zur Schwermut neigende Persönlichkeit, die dem rauen Alltag kaum gewachsen ist.

Zaum

fordert auf, sich selbst besser zu beherrschen oder das Leben aktiv zu gestalten, dann wird man auch erfolgreich sein. Oft muss man zusätzlich das Tier (siehe unter den betreffenden Stichwörtern) gedeutet werden, das man am Zaum hält.

Zaun

kann für das Bedürfnis nach Sicherheit und Geborgenheit stehen. Oft erkennt man darin auch Hindernisse, die man manchmal selbst errichtet hat, weil man sich zu wenig zutraut und dadurch selbst einschränkt.

Zebra

weist darauf hin, dass Schwarz und Weiß, Glück und Unglück nahe beieinander liegen. Man soll die Dinge also stets von zwei Seiten betrachten, im Glück nicht übermütig werden und im Unglück dagegen nicht verzweifeln.

Zehe

fordert auf, unbeeinflusst von anderen seinen eigenen Weg zu gehen.

Zeichnung

kann Erinnerungen verkörpern, die wieder bewusst werden. Zuweilen symbolisiert eine Zeichnung auch Pläne oder kündigt an, dass man vor eine vollendete Tatsache gestellt wird.

Zeigefinger

vesteht man als warnenden Hinweis oder Anklage. Außerdem kann der ausgestreckte Zeigefinger ankündigen, dass man sich selbst wegen eines Fehlers oder Vergehens Vorwürfe machen muss.

Zeiger

(meist der Uhr) fordert auf, eine Entscheidung zu treffen, ehe es zu spät ist.

Häufig muss man auch die Zahl (siehe unter diesem Stichwort) für die gesamte Deutung berücksichtigen, auf die er hinweist.

Zeitung

steht oft für Neuigkeiten, die man beachten muss. Vielleicht kommt darin auch Angst vor einer peinlichen Enthüllung zum Vorschein. Allgemeiner versteht man sie als innere Unsicherheit, weil man sich zwischen der Fülle von Möglichkeiten nicht entscheiden kann.

Zelt

verkörpert ein Lebensgebäude, das auf unsicheren Fundamenten errichtet ist und keine Geborgenheit vermittelt. Das kann sich auch aus Abenteuerlust und Leichtsinn erklären. Manchmal fordert das Zelt auf, sich von allem zu befreien, was die Selbstentfaltung, Zufriedenheit und Lebensfreude behindert.

Zeppelin

(Luftschiff) kann als Phallussymbol sexuelle Bedürfnisse verkörpern, die man vergeistigt hat; sie können zur Quelle der Kreativität werden. Oft deutet er auch einen sozialen Aufstieg mit viel Ansehen oder rasche Erfolge an.

Zepter

deutet auf das Streben nach Ansehen, Geltung, Autorität und Macht hin, das übersteigert vorhanden sein kann.

Zerbrechen

vesteht man nur aus dem zerbrochenen Gegenstand. Glas und Porzellan gelten zum Beispiel als Glückssymbole, andere Objekte erklären sich aus den zerbrochenen Gegenständen (siehe unter den zutreffenden Stichwörtern).

Zerreißen

fordert oft auf, sich aus einer Gefühlsbindung oder Pflicht zu lösen, die unnötig belastet. Zerreißt man einen Brief, muss man mit unangenehmen Nachrichten rechnen.

Zettel

ermahnt oft, sich nicht mit unbedeutenden, belanglosen Dingen abzugeben, mit denen man nur Zeit vergeudet. Nach altindischer Traumdeutung fordert er zu mehr Fleiß auf.

Zeuge

(Zeugin) versteht man wie Eid (siehe unter diesem Stichwort).

Zeugnis

kündigt meist eine Bewährungsprobe an. Erkennt man im Traum, dass es gut ist, wird man diese Probe voraussichtlich nicht so gut überstehen, während das schlechte Zeugnis als günstiges Vorzeichen zu deuten ist. Manchmal kommt auch die Angst vor einem Zeugnis zum Ausdruck, das man tatsächlich erwartet; bei Schulkindern deutet das oft auf Erziehungsfehler der Eltern hin.

Ziege

versteht man allgemein als Symbol der Genügsamkeit und Ausdauer, die gerade auch in schwierigen Situationen bei der erfolgreichen Bewältigung helfen; manchmal kommt darin (vor allem im Ziegenbock) auch Halsstarrigkeit, Uneinsichtigkeit und Aggressivität zum Vorschein, die wenig nützlich sind. Im Einzelfall zeigt sie bei entsprechenden Lebensumständen an, dass man Fehler und Verantwortungen auf einen Sündenbock abzuwälzen versucht oder selbst als solcher missbraucht wird.

Ziegel

als Baustein steht für eine gesicherte Lebensgrundlage; stellt man ihn selbst her, muss man nach altindischer Traumdeutung allerdings vorsichtig mit Geldausgaben sein. Dachziegel zeigen an, dass man sich geborgen und sicher fühlen kann.

Ziehen

(meist eines Wagens) kündigt viele Mühen an, für die man kaum Dank und Lohn erwarten kann; ob man sich ihnen entziehen kann, lässt sich nur aus den individuellen Lebensumständen erkennen. Wenn andere etwas ziehen, wird man vielleicht Helfer brauchen oder aber von den Mühen anderer profitieren, ohne viel dazu beigetragen zu haben.

Ziehharmonika

steht für Harmonie in einer Gefühlsbeziehung; vielleicht erwartet man mehr davon, sollte aber auch dieses bescheidene Glück nicht unterbewerten.

Zielen

(Zielscheibe) symbolisiert Absichten, Pläne, Ziele und Hoffnungen, die man in Angriff nehmen soll.

Zigarre

(Zigarette, Zigarillo) bringen als Phallussymbol lediglich sehr primitive sexuelle Bedürfnisse zum Ausdruck.

Zigeuner(in)

symbolisiert Intuition, ausgeprägte Individualität, die sich schwer sozialen Normen unterwirft, Unabhängigkeit und ein unstetes Leben. Auf alten Vorurteilen beruht die Deutung als Warnung vor Falschheit, Täuschung und Geschäftstüchtigkeit. Weissagungen von Zigeunern können manchmal eintreffen, oft warnen sie aber ebenfalls vor Täuschung; zuweilen kommt darin auch die Neigung zum Mystischen oder das Bedürfnis nach Rat in einer misslichen Lage zum Vorschein.

Zigeunermusik

soll nach alten Traumbüchern den Wunsch nach einem romantischen Liebesabenteuer anzeigen.

Zimmer

verkörpert als Teil des Hauses (siehe unter diesem Stichwort) einen Teil der Persönlichkeit oder einen Lebensabschnitt. Fühlt man sich in einem engen Zimmer eingeschlossen, kann das auf Vereinsamung hinweisen, vor allem bei geschlossenen Türen und Fenstern.

Zimmermann

fordert auf, eigene Kraft und schöpferische Energie einzusetzen, um das Leben unabhängiger zu gestalten.

Zinn

verstehen altindische Traumbücher als Warnung vor Überheblichkeit. Gießt man Zinn, kündigt das eine seltsame Nachricht an.

Zinsen

weisen darauf hin, dass man sich für die Verwirklichung von Zielen und Hoffnungen einsetzen muss; sie warnen vor falschen Zielen, für die man zu viel von der Persönlichkeit, von Idealen und Überzeugungen hingeben müsste.

Zirkel

deutet an, dass man in Gewohnheiten befangen ist, sich in einer Angelegenheit im Kreis (siehe unter diesem Stichwort) bewegt und deshalb keine Lösung findet.

Zirkus

kann für Kreativität stehen, mit der man überraschende Problemlösungen findet, die andere und man selbst nicht für möglich gehalten hat.

Zischen

setzt man mit innerer Anspannung in Beziehung, die zum »Überdruck« führt; man muss sie allmählich vermindern, um eine explosive Entladung (vor allem von Gefühlen) zu vermeiden.

Zither

kann eine harmonische Liebesbeziehung ankündigen; spielt man sie selbst, muss man oft mit Liebeskummer rechnen.

Zitrone

deutet oft Verärgerung, Enttäuschung und Verbitterung an, die man jedoch nicht überbewerten darf, weil sie bald überstanden sind. Manchmal kann auch ein Misserfolg (umgangssprachlich »mit Zitronen handeln«) oder eine Täuschung dahinter stehen.

Zoll

(Zöllner, Zollstation) kann für den Tribut stehen, den man dem Leben für Freude, Glück und Erfolg geben muss; man soll also nicht mit dem Schicksal hadern, wenn es einmal nicht so günstig ist, sondern sich an schöne Zeiten erinnern, die wiederkehren werden. Manchmal warnt er auch vor Bloßstellung, wenn man etwas zu verbergen hat.

Zoo

symbolisiert das Triebleben, wobei man zum besseren Verständnis zum Teil das einzelne Tier (siehe unter dem zutreffenden Stichwort) deuten muss. Allgemein fordert er auf, Triebe und Instinkte besser zu beherrschen oder nicht so stark zu unterdrücken.

Zopf

kann ermahnen, Kraft und Energie auf ein Ziel zu konzentrieren. Häufig warnt er aber vor »alten Zöpfen«, vor allem Gewohnheiten, Einstellungen, Erwartungen und Überzeugungen, die überholt sind und endlich abgeschnitten werden sollten, weil sie die weitere Entwicklung hemmen.

Zorn

deutet man wie Zank (siehe unter diesem Stichwort).

Zuchthaus

versteht man als Gefängnis (siehe unter diesem Stichwort).

Zucker

verkörpert die angenehmen Seiten des Lebens und alles, was an der eigenen Persönlichkeit als positiv empfunden wird; vielleicht wird man aufgefordert, das Leben positiver zu gestalten. Isst man ihn, kann das auch darauf hinweisen, dass man sich selbst in einer Angelegenheit täuscht, sie zu positiv sieht und dadurch vielleicht Schaden nimmt.

Zug

hat die Bedeutung von Eisenbahn (siehe unter diesem Stichwort).

Zugbrücke

die über einen Graben einer Burg führt und heruntergelassen wird, und man dann darüber hinwegschreitet, deutet auf offene Ohren bei einem anstehenden Projekt hin. Eine Zugbrücke, die nicht heruntergelassen wird, deutet auf bevorstehende Schwierigkeiten hin.

Zügel

versteht man wie Zaum (siehe unter diesem Stichwort).

Zulu

wird wie Eingeborene (siehe unter diesem Stichwort) gedeutet.

Zunge

verdeutlicht oft erotische Bedürfnisse, allgemeiner auch Gefühle, die sich immer stärker aufdrängen, aber besser beherrscht werden sollten. Im weiteren Sinne verkörpert sie Selbstdarstellung und Kontaktaufnahme. Manchmal steht dahinter die Ermahnung, seine Zunge (also das, was man sagt) besser im Zaum zu halten.

Zuspätkommen

im Traum ist als Mahnung des Unbewussten zu verstehen, sich zusammenzunehmen und nicht eine Gelegenheit zu verpassen, die sich gerade bietet.

Zweig

wird als Teil des Lebens (siehe unter dem Stichwort Baum) gedeutet, wobei man je nach Begleitumständen folgende genauere Bedeutungen unterscheidet:

- Grüne und blühende Zweige verkünden, dass Hoffnungen sich erfüllen und positive Lebenserfahrungen bevorstehen.
- Kahle, dürre Zweige warnen vor Misserfolgen und Enttäuschungen oder stehen für Erfahrungen, die man zu verdrängen sucht.
- Am Boden liegende Zweige zeigen an, dass Hoffnungen und Pläne gestorben sind, weil man nicht genug Mut und Kraft hatte, um sie zu verwirklichen.
- Verbrannte Zweige versteht man als vergebliche Mühen.

Zweikampf

(Duell) kündigt Probleme mit Anderen an, oft in einer Liebesbeziehung.

Zwerg

symbolisiert allgemein unbewusste Energien und Kräfte, die das Leben unmerklich beeinflussen; man sollte sie genauer erkennen, damit sie bewusst genutzt werden können. Zum Teil steht er auch für Eigenschaften und Erfahrungen, die man nicht »klein machen«, also nicht vernachlässigen oder verdrängen darf. Häufig kommen darin aber Minderwertigkeitsgefühle zum Ausdruck, die sich oft daraus erklären, dass Eitelkeit und Geltungsbedürfnis unbefriedigt bleiben.

Zwiebel

verspricht neuen Mut, Hoffnung und gute Gesundheit. Schneidet oder verzehrt man sie (oft mit Tränen), kündigt das eine schmerzliche Erfahrung an, die man aber bald überstehen wird.

Zwillinge

warnen vor einer folgenschweren Verwechslung oder einem Irrtum; worauf sich das bezieht, ergibt sich aus den ganz konkreten Lebensumständen.

Zwirn

fordert oft zu mehr Geduld auf. Allgemein versteht man ihn wie Faden (siehe unter diesem Stichwort).

Zylinder

kann in unterschiedlicher Form auftauchen und wird danach im Sinne von Hut, Lampe, Auto oder Maschine (siehe unter diesen Stichwörtern) gedeutet.

Zypresse

kündigt Enttäuschung und Trauer (oft in einer zwischenmenschlichen Beziehung) an, enthält aber auch den Trost, dass bald neues Glück winkt.

Adressenverzeichnis

Berufsverband
Deutscher Psychologen e. V.
Heilsbachstraße 22
D-53123 Bonn

Deutsche Akademie für
Psychoanalyse e. V.
Mozartstraße 14
D-80336 München

Deutsche Gesellschaft für
Psychosomatische Medizin
Geiselgasteigstraße 203
D-81545 München

Deutsche Gesellschaft für
Psychotherapie und
Tiefenpsychologie
Alte Rabenstraße 24
D-20148 Hamburg

Schweiz
Schweizer Berufsverband für
Angewandte Psychologie
Hedwigstraße 3
CH-8032 Zürich

Schweizer Psychotherapeuten-
Verband
Byfangweg 36
CH-4051 Basel

Österreich
Allgemeine ärztliche Gesellschaft
für Psychiatrie
Poliklinik
Mariannengasse 10
A-1090 Wien

Berufsverband österreichischer
Psychologen
Liebiggasse 5
A-1010 Wien

Wiener Arbeitskreis für
Tiefenpsychologie
Otto-Baum-Gasse 5
A-1060 Wien

Wiener Psychoanalytische Vereinigung
Doblhoffgasse 9
A-1010 Wien

Literaturhinweise

Aeppli, Ernst: Der Traum und seine Deutung, München 1984

Crisp, Tony: Träume sind mehr als Träume, Bergisch-Gladbach 1978

Dieckmann, Hans: Träume als Sprache der Seele, Fellbach 1984

Faraday, Ann: Die positive Kraft der Träume, München 1973

Faraday, Ann: Deine Träume, Schlüssel zur Selbsterkenntnis, Frankfurt 1980

Freud, Sigmund: Die Traumdeutung, Frankfurt 1984

Freud, Sigmund: Über Träume und Traumdeutungen, Frankfurt 1984

Fromm, Erich: Märchen, Mythen, Träume, Stuttgart 1980

Garfield, Patricia: Kreativ träumen, Interlaken 1980

Hark, Helmut: Träume als Ratgeber, Freiburg 1983

Hillmann, James: Am Anfang war das Bild, München 1983

Kurth, Hanns: Lexikon der Traumsymbole, Genf 1980

Sechrist, Elsie: Cayce Traumbuch – Praktische Anleitung zur Trauminterpretation, München 1983

Taylor, Jeremy: Das innere Universum – Die schöpferische Kraft der Träume, Reinbek 1988

Ullmann/Zimmermann: Mit Träumen arbeiten, Stuttgart 1986